北京市西城区第一图书馆
入藏地方文献目录提要
(2010—2015)

北京市西城区第一图书馆 编

学苑出版社

编委会

主　　任：孙劲松

副 主 任：古杨利

主　　编：阎　峥

副 主 编：郑彩萍

编　　委：（按姓氏笔画排序）

卢艳霞　李肖华　杨　砚　邹希宽

郑彩萍　周　园　林　毅　赵志鹏

殷　芳　葛　明　魏天凤

目 录

序言 /1
凡例 /1

A 方志、概况 /1
B 自然环境 /21
C 人文地理 /23
D 历史 /69
E 人物 /85
F 社会生活 /93
G 政治、法律 /107
H 经济管理 /137
K 工业 /151
M 城镇建设与管理 /153
N 商业、服务业、旅游业 /167
P 文化 /177
Q 教育 /187
R 体育 /207
S 医药卫生 /211
T 文学 /215
X 艺术 /223

文献题名汉语拼音索引 /235
文献题名汉字笔画索引 /259

序 言

2013年，西城区第一图书馆地方文献室编辑出版了《北京市西城区图书馆藏地方文献目录提要》，引发了广大读者的热烈反响，受到图书馆界专业人士的关注和好评。时隔3年，《北京市西城区第一图书馆入藏地方文献目录提要（2010-2015）》即将付梓，该书对了解西城文化发展的脉络、研究西城文化、推动区域科学发展具有重要的参考价值。

西城区是北京建城定都的肇始之地，文化底蕴深厚，文化资源丰富，文化特色鲜明。西城区历史文化呈现五大特色：一是三千年历史文脉连绵不断，是唯一能体现北京建城、建都历史变迁全过程的区域；二是拥有古都北京独特的"琼山碧水"景观风貌和博大精深的皇家宫苑、王府、坛庙文化；三是历史文化名人荟萃，士大夫文化、士绅文化高度聚集，文化、教育成就显著；四是宗教门类俱全，场所多，规格高，标志性强，宗教文化特色突出；五是老北京市井风情浓郁，传统商业文化、戏曲文化、民俗文化种类齐全，繁荣发达。在这片沃土上，文人雅士健笔挥毫，机关团体以书传政，创作了大批反映西城区政治、经济、文化、教育、科技、人文、风俗、民情之历史和现状的作品，我们称之为"西城地方文献"。

西城区第一图书馆自成立地方文献室以来，致力于地方文献的搜集与整理，截至目前，馆藏地方文献近4700种、6900余册，为方便读者，已逐本提炼，编写了内容提要。如今，呈现在读者面前的《北京市西城区第一图书馆入藏地方文献目录提要（2010-2015）》，是对2010-2015年间馆藏地方文献的全面梳理，包括各出版机构的正式出版物，也包括各政府部门的非正式出版物。

地方文献的功能是收藏和开发特定区域人类社会实践的文化成果，这些成果是图书馆馆藏资源建设中的一种独特的文献资源，是一个地区政治、经济、文化发展的缩影，具有重要的历史和信息价值。

面向"十三五",西城区确立了以"记忆西城、书香西城、艺术西城、时尚西城"为新格局、以"家庭文化、社区文化、校园文化、机关文化、企业文化、军营文化"为新载体的工作目标。西城区第一图书馆在区文化委的领导下,围绕区域文化发展规划,逐步探索完善,建立多元的公共文化服务体系,必将丰富地方文献资源,为地方文献工作的发展开创新局面。

编委会

2016 年 8 月

凡 例

一、本书收录西城区图书馆地方文献室2010年初至2015年底入藏的中文图书、期刊、地图，不含古籍、报纸。

二、本书以《北京地方文献分类法》为基础，根据所收文献的具体情况与实际内容编制。全书分为方志·概况、自然环境、人文地理、历史、人物、社会生活、政治·法律、经济管理、工业、城镇建设与管理、商业·服务业·旅游业、文化、教育、体育、医药卫生、文学、艺术17个大类，共收入目录1236条。

三、本书著录内容分为版本形态描述（包括索取号、序号、题名、责任者、出版者、出版年、出版地、页码、开本、国际标准书号、价格等）和内容提要（包括收录内容、收录时间、文献价值等）两部分。

（一）序号：本书收录条目的顺序编号，全书连续排序。

（二）书名：包括书名、副书名，以及说明书名的文字。

（三）著者：包括著者、译者以及点校、编辑等责任者。

（四）开本：一般著录该书实际的长度尺寸（厘米），长度小于宽度的，著录成"长×宽"格式。

（五）装帧：只著录平装以外的精装、线装等特殊形式。

（六）出版时间、价格：一般按实物著录，时间、价格不能明确的，该项不予著录。

（七）原书著录项目缺漏，由本书编者考证添加的著录内容，加方括号"[]"以示区别。

四、丛书一般逐本著录。年鉴、期刊等连续出版物因反映内容大致相同，一般只著录首次入藏书目。

五、书后附两种题名索引，以备查检。一种是按文献题名的首字拼音字母音序排列，一种是按文献题名的首字笔画排列。

A 方志、概况

A1/6.1　　　　　　　　　　　　0001

北京志．1，综合卷／张明义，王立行，段柄仁主编．—北京：北京出版社，2013

10,885 页；27cm

ISBN 978-7-200-09633-0

精装：CNY 150.00

本卷包括北京的自然环境、行政区划与人口、深邃厚重的历史文化名城、首都社会主义建设的曲折探索、改革开放和建设现代化国际大都市等内容。

A1/6.12　　　　　　　　　　　0002

北京志．12，政权·政协卷／北京市地方志编纂委员会[编]．—北京：北京出版社，2013

10,11,901 页：照片；27cm

ISBN 978-7-200-09667-5

精装：CNY 190.00

本卷分行政建置包括政府沿革、行政辖区、行政管理体制；机构与官员包括机构组成、机构职能、官员利用、官员任免、官员年表；政务管理包括政府工作制度、政府法制、行政监察、信访工作制度、政府外事、报告工作与接受监督；城市规划与建设包括城市规划、重点公共工程及市政建设；经济管理与体制改革；社会管理；专记。

A1/6.16　　　　　　　　　　　0003

北京志．16，政务卷／张明义，王立行，段炳仁主编．—北京：北京出版社，2010

10,446 页；27cm

ISBN 978-7-200-08384-2

精装：CNY 96.00

本志记述了监察事业的发端，从秦汉追溯源头到新中国成立以来行政监察工作的发展。包括组织机构、行政监察、纠风工作、对监察工作的监督、宣传教育、交流六个方面。

A1/6.18　　　　　　　　　　　0004

北京志．18，共产党卷／张明义，王立行，段炳仁主编．—北京：北京出版社，2012

10,12,593 页：图，照片；27cm

ISBN 978-7-200-09234-9

精装：CNY 180.00

本志是《北京志》的分志，记述的上限为 1920 年 10 月，即北京共产党小组成立之时，下限为 1997 年底，即中共北京市第八次党代会召开。全书共分概述、组织沿革、会议、政治运动、组织建设、宣传教育、统一战线、纪律检查、调查研究、党校、机关政务等十一个部分。

A1/6.23　　　　　　　　　　0005

北京志. 23, 人民团体卷 / 张明义, 王立行, 段柄仁主编. —北京：北京出版社, 2011

10,405 页：照片；27cm

ISBN 978-7-200-08755-0

精装：CNY 120.00

本卷记述年代从19世纪末到20世纪末。共分组织与建设、工作与活动、少先队组织三部分，记述了本市各级团组织（含少先队）的组织建设、历史沿革以及青年运动、思想教育、群众性文明创建活动等。

A1/6.27　　　　　　　　　　0006

北京志. 27, 政法卷 / 张明义, 王立行, 段柄仁主编. —北京：北京出版社, 2008

10,680 页：照片；27cm

ISBN 978-7-200-07460-4

精装：CNY 145.00

本书共70余万字，以述、志、图、表成书。上限始于北京司法审判活动发端，下限至1995年，是历史上第一部专门记述北京地区司法审判的专志。

A1/6.31　　　　　　　　　　0007

北京志. 31, 军事卷 / 张明义, 王立行, 段柄仁主编. —北京：北京出版社, 2003

494 页：地图, 照片；27cm

ISBN 7-200-04996-4

精装：CNY 100.00

本志反映北京武警总队自1949年组建伊始至1998年期间的基本发展情况，部分重要内容适当顺延。全书共分建制机构兵员、勤务、军事工作、政治工作、后勤保障五部分。

A1/6.38　　　　　　　　　　0008

北京志. 38, 综合经济管理卷 / 张明义, 王立行, 段柄仁主编. —北京：北京出版社, 2010

10,339 页：照片；27cm

ISBN 978-7-200-08376-7

精装：CNY 106.00

本志按照科学分类和社会分工设置篇目。长期生活、工作在北京，对北京乃至全国的经济和社会发展有重要影响的人物，不分籍属均予收录。本志上限追溯事业发端及建置之始，下限到2000年底。

A1/6.40　　　　　　　　　　0009

北京志. 40, 综合经济管理卷 / 张明义, 王立行, 段柄仁主编. —北京：北京出版社, 2005

10,466 页：照片；26cm

ISBN 7-200-05889-0

精装：CNY 90.00

本志记述时间：上限为公元前770年，下限到公元1995年。本着详今明古的原则，重点记述1977年北京市物价局建局以来的物价工作。共分物价管理、商品价格、非商品价格三部分。

A1/6.55　　　　　　　　　　0010

北京志. 55, 市政卷 / 张明义, 王立行, 段柄仁主编. —北京：北京出版社, 2002

10,10,544 页：照片, 地图；27cm

ISBN 7-200-04454-7

精装：CNY 99.00

本书分为电车、公共汽车、出租汽车、地下铁道四篇，介绍了北京市公共交通车辆、线路、运营、场站、管理、维修、职工教育等情况。

A1/6.58   0011

北京志．58，市政卷／张明义等主编．—北京：北京出版社，2004

10，12，590页：照片；27cm

ISBN 7-200-05098-9

精装：CNY 105.00

本志是一部系统记述北京铁路历史发展历程的专业性志书，记述时间起于1865年，止于1995年末。全书分概述、铁路建设、运输设备、科学技术、铁路运输、企业管理、经营管理七篇，书后附索引。

A1/6.59   0012

北京志．59，市政卷／北京市地方志编纂委员会编．—北京：北京出版社，2000

10，24，466，14页：照片，地图；27cm

ISBN 7-200-04040-1

精装：CNY 96.00

本志由中国民航华北管理局主持，中国国际航空公司、北京首都国际机场、中国航空油料华北公司共同完成。上限1919年，下限1990年。内容涉及机场、飞机、航线、航空运输、通用航空、经营安全、科技教育、队伍机构等十四个方面及1991-1995年北京民航发展概况。

A1/6.61   0013

北京志．61，市政卷／北京市地方志编纂委员会[编]．—北京：北京出版社，2004

10，455页：图，地图；27cm

ISBN 7-200-05079-2

精装：CNY 87.00

本志由中国网通集团北京市通信公司编写，是北京电信史第一部专业志。上限清光绪十年（1884），下限1990年。北京电信发展概要延至1991—1995年。

A1/6.62   0014

北京志．62，工业卷／张明义，王立行，段柄仁主编．—北京：北京出版社，2005

10，22，680页：图；27cm

ISBN 7-200-05103-9

精装：CNY 180.00

本卷《黑色冶金工业志》由首钢技术研究院工业志编辑部编写，上限追溯到北京地区黑色冶金工业的发端，下限至1998年底；本卷《有色金属工业志》由北京市有色金属工业总公司编写，上限起事业发端，下限至1998年。

A1/6.71   0015

北京志．71，工业卷／张明义，王立行，段柄仁主编．—北京：北京出版社，2011

10，632页：彩照；27cm

ISBN 978-7-200-08375-0

精装：CNY 245.00

本卷《医药工业志》全面记述北京行政区划内医药工业包括医药行业的发展变化情况，上限追溯到明朝，下限至1998年年底。本卷《印刷工业志》以新中国成立后近50年的发展历程为重点，记述了有实物和文献资料可考察的一千多年来北京地区印刷业的发展历史。

A1/6.72   0016

北京志．72，农业卷／张明义，王立行，段柄仁主编．—北京：北京出版社，2008

10,617 页：照片；26cm
ISBN 978-7-200-06938-9
精装：CNY 150.00

本书是在农村经济各专业志的基础上，综合记述北京市农村经济发展与改革的一部志书。全书为 3 篇 13 章 53 节，既发挥了严谨的纲目框架的作用，又体现了用观点统率材料的特点。本书内容涉及年代长、覆盖面广，领导机构和存档制度几经变动，资料分散甚至遗失，诸多问题还有待深入研究。

A1/6.79C 0017

北京志.79，商业卷/张明义，王立行，段柄仁主编．—北京：北京出版社，2003
10,10,295 页：图；27cm
ISBN 7-200-04934-4
精装：CNY 67.00

本志记述时间：上限追溯事业发端及建制之始，下限到 1994 年底，《概述》结尾部分根据需要略有延伸。主要反映新中国北京供销合作社的政府管理、组织制度、业务经营等情况。

A1/6.80A 0018

北京志.80A，商业卷/张明义，王立行，段柄仁主编．—北京：北京出版社，2004
10,380 页：照片；26cm
ISBN 7-200-05494-1
精装：CNY 70.00

本志记述时间：上限追溯到北京地区粮油生产、加工和流通的发端，下限根据情况没有统一断限，大部分记述至 1995 年。共分粮食、食油、科技教育、组织机构四篇。

A1/6.80D 0019

北京志.80D，商业卷/张明义，王立行，段柄仁主编．—北京：北京出版社，2009
10,220 页：图；27cm
ISBN 978-7-200-07962-3
精装：CNY 90.00

本志记述北京市烟草专卖事业及烟草生产从发端到 1995 年的发展、演变情况。共分烟草专卖、烟草制品、烟草流通、科技与教育、烟草文化禁控措施、机构与队伍六章。

A1/6.90B 0020

北京志.90B，文化艺术卷/张明义，王立行，段柄仁主编．—北京：北京出版社，2009
470 页：图，照片；27cm
ISBN 978-7-200-07299-0
精装：CNY 180.00

本书是《北京志》中的文化艺术卷，含美术志、摄影志、书法篆刻志三个板块。分别收录美术、摄影、书法、篆刻方面的作品、重要活动、机构、出版物等具体内容，全面反映了北京地区文化艺术的发展与成就。

A1/6.94 0021

北京志.94，档案卷/北京市地方志编纂委员会[编]．—北京：北京出版社，2003
10,430 页：照片；27cm
ISBN 7-200-04938-7
精装：CNY 85.00

本志记述时间：上限追溯事业发端及建置之始，下限到 1995 年底。记述范围：以下限北京行政区域为准。记述内容：以类系事，按照详今明古的原则，全面、客观记述了北京地区档案事业产生、发展、变化的历史过程。

A1/6.95　　　　　　　　　　0022

北京志.95,著述卷／张明义,王立行,段柄仁主编.—北京:北京出版社,2011

498 页:照片;27cm

ISBN 978-7-200-08377-4

精装:CNY 180.00

本书收录出自北京的专家、学者、作家之手和在北京地区编辑出版的著作。如内容与北京关联的各类著述;少数内容虽与北京没有直接联系,但属于在北京编纂、创作的重要典籍、文献和著作。书目起止年代上至北京著述撰写出版的发端,下至 2004 年底。

A1/6.103　　　　　　　　　　0023

北京志.103,卫生卷／张明义,王立行,段柄仁主编.—北京:北京出版社,2003

16,603 页:地图,照片;26cm

ISBN 7-200-04935-2

精装:CNY 108.00

本志主要记述金、元、明、清、中华民国、中华人民共和国至 1990 年底北京卫生事业兴衰的史实。包括管理、机构、卫生运动、防疫、医疗、中医、药政、名医成就、卫生状况等十二个篇章。

A1/6.105A　　　　　　　　　 0024

北京志.105A,民族·宗教卷／张明义,王立行,段柄仁主编.—北京:北京出版社,2006

10,332 页:照片;27cm

ISBN 7-200-06347-9

精装:CNY 85.00

本志记述时间:上限追溯事业发端及建制之始,下限到 1995 年底。主要反映北京实施多民族政策少数民族充分享有的政治、经济、文化教育、风俗信仰等方面的情况。

A1/6.107A　　　　　　　　　 0025

北京志.107A,民俗·方言卷／刘景华主编.—北京:北京出版社,2012

10,260 页:照片,地图;27cm

ISBN 978-7-200-09303-2

精装:CNY 85.00

本志是《北京志》的分志,包括服饰民俗、饮食民俗、居住民俗、交通民俗、经济活动中的民俗、人生礼仪和社会风俗、传统艺术与娱乐游戏民俗、民族习俗与宗教信仰等八个部分。全书资料翔实,有较强的可读性和存史价值。

A1/6.110　　　　　　　　　　0026

北京志.110,商业卷／张明义,王立行,段柄仁主编.—北京:北京出版社,2009

10,220 页:照片,图;26cm

ISBN 978-7-200-07962-3

精装:CNY 90.00

本志由北京市地方志编纂委员会编。全书约 27 万字,共设 7 章,记述了北京烟草专卖事业及烟草生产从发端到 1994 年的发展和演变情况。较详细的介绍了民国时期的专卖制度,是一部烟草商史参考书。书中记述了西城区什刹海岸的烟袋斜街。

A1/10.1　　　　　　　　　　 0027

北京志:北京奥运会志.上／蒋效愚主编.—北京:北京出版社,2012

22,490 页:照片;29cm

ISBN 978-7-200-09344-5

精装：CNY 1680.00（全2册）

本志是《北京志》的分志，全面、系统地记述了北京奥运会申办、筹办、举办的全过程，上限为1990年7月3日，下限到2010年12月31日。全书分上、下两册，以述、记、志、图、表、录等形式进行记述，包括组织机构、奥运申办、场馆建设、项目竞赛、志愿者等十三个篇章。

A1/10.2　　　　　　　　　　0028

北京志：北京奥运会志．下／蒋效愚主编．—北京：北京出版社，2012

491-999页：照片；29cm

ISBN 978-7-200-09344-5

精装：CNY 1680.00（全2册）

本志是《北京志》的分志，全面、系统地记述了北京奥运会申办、筹办、举办的全过程，上限为1990年7月3日，下限到2010年12月31日。全书分上、下两册，以述、记、志、图、表、录等形式进行记述，包括组织机构、奥运申办、场馆建设、项目竞赛、志愿者等十三个篇章。

A1/11（2015）.2　　　　　　0029

北京地方志．2015年第2期（总第72期）／谭烈飞主编．—北京：[北京市地方志编纂委员会办公室]，2015

64页：照片；29cm

本刊由北京市地方志学会主办，一般包括特载、修志文件、志鉴论坛、专稿选登、史志杂瓣、工作交流等栏目，及时反映北京市各行各业的史志工作动态。

A1：21/1.1　　　　　　　　0030

前门志稿．卷一，会馆1／《前门志稿》编委会编．—北京：[东城区文化委员会]，[出版年不详]

284页：图；29cm

精装：CNY 500.00

本志共十一卷，分为会馆卷、院落卷、商号卷、街巷卷、文物卷。志书通过摘抄历史档案、踏勘建筑遗存、走访常住居民，把前门地区会馆、院落、商号、街巷、文物的信息连缀起来，对前门地区历史文化进行深入挖掘和整理、对民族文化的传承起到重要作用。

A1：21/1.2　　　　　　　　0031

前门志稿．卷二，会馆2／《前门志稿》编委会编．—北京：[东城区文化委员会]，[出版年不详]

285-565页：图；29cm

精装：CNY 500.00

本志共十一卷，分为会馆卷、院落卷、商号卷、街巷卷、文物卷。志书通过摘抄历史档案、踏勘建筑遗存、走访常住居民，把前门地区会馆、院落、商号、街巷、文物的信息连缀起来，对前门地区历史文化进行了深入挖掘和整理、对民族文化的传承起到重要作用。

A1：21/1.5　　　　　　　　0032

前门志稿．卷五，院落3／《前门志稿》编委会编．—北京：[东城区文化委员会]，[出版年不详]

560-846页：图；29cm

精装：CNY 500.00

本志共十一卷，分为会馆卷、院落卷、商号卷、街巷卷、文物卷。志书通过摘抄历史档案、踏勘建筑遗存、走访常住居民，把前门地区会馆、院落、商号、街巷、文物的信息连缀起来，对前门地区历史文化进行了深入挖掘和整理、对民族文化的传承起到重要作用。

A1:21/1.6　　　　　　　　0033

前门志稿. 卷六, 院落4 /《前门志稿》编委会编. —北京:[东城区文化委员会],[出版年不详]

852-1152页：图；29cm

精装：CNY 500.00

本志共十一卷，分为会馆卷、院落卷、商号卷、街巷卷、文物卷。志书通过摘抄历史档案、踏勘建筑遗存、走访常住居民，把前门地区会馆、院落、商号、街巷、文物的信息连缀起来，对前门地区历史文化的深入挖掘和整理、对民族文化的传承起到重要作用。

A1:21/1.7　　　　　　　　0034

前门志稿. 卷七, 院落5 /《前门志稿》编委会编. —北京:[东城区文化委员会],[出版年不详]

1158-1454页：图；29cm

精装：CNY 500.00

本志共十一卷，分为会馆卷、院落卷、商号卷、街巷卷、文物卷。志书通过摘抄历史档案、踏勘建筑遗存、走访常住居民，把前门地区会馆、院落、商号、街巷、文物的信息连缀起来，对前门地区历史文化的深入挖掘和整理、对民族文化的传承起到重要作用。

A1:21/1.8　　　　　　　　0035

前门志稿. 卷八, 商号1 /《前门志稿》编委会编. —北京:[东城区文化委员会],[出版年不详]

308页：图；29cm

精装：CNY 500.00

本志共十一卷，分为会馆卷、院落卷、商号卷、街巷卷、文物卷。志书通过摘抄历史档案、踏勘建筑遗存、走访常住居民，把前门地区会馆、院落、商号、街巷、文物的信息连缀起来，对前门地区历史文化进行了深入挖掘和整理、对民族文化的传承起到重要作用。

A1:21/1.9　　　　　　　　0036

前门志稿. 卷九, 商号2 /《前门志稿》编委会编. —北京:[东城区文化委员会],[出版年不详]

310-612页：图；29cm

精装：CNY 500.00

本志共十一卷，分为会馆卷、院落卷、商号卷、街巷卷、文物卷。志书通过摘抄历史档案、踏勘建筑遗存、走访常住居民，把前门地区会馆、院落、商号、街巷、文物的信息连缀起来，对前门地区历史文化进行了深入挖掘和整理、对民族文化的传承起到重要作用。

A1:22/5　　　　　　　　0037

方志西城 / 西城区史志办[编]. —北京：[西城区史志办], 2015

1册：彩照；22×30cm

精装

本画册为纪念首都功能核心区行政区划调整暨新西城成立五周年而作。全书分为历史西城、人文西城、现代西城、五年事记四部分，以大量图片展现了新西城的历史文化与现代风姿。

A1:220/4　　　　　　　0038

北京市宣武区广安门外街道志／北京市宣武区广安门外街道志编纂委员会编.—北京：北京出版社，2006

415页：彩照，地图；21cm

ISBN 7-200-05866-1

精装：CNY 100.00

本书详实地记录了广安门外街道的自然地理、社会发展、现代历史、城市建设、区域经济、政治背景、文化、卫生体育事业等内容，客观地叙述了新中国成立前后，特别是改革开放以来广安门外街道的发展历程。

A1:220/5　　　　　　　0039

广安门外街道志／北京市宣武区广安门外街道志编纂委员会编.—北京：北京市宣武区广安门外街道志编纂委员会，2002

15,10,413页：照片，地图；21cm

精装：CNY 100.00

广安门外街道位于宣武区西部。本志准确记录了该街道的自然地理、社会发展、现代历史、城市建设、区域经济、政治背景、科教文卫等事业。采用记述体，以类系事。上溯起源，下限为1994年。本志为内部出版物。

A1:220/6.1　　　　　　0040

北京市西城区月坛街道社区志.上／李红兵，王奇主编.—北京：中共北京市西城区月坛街道工委，[2010]

376页：图；29cm

CNY 120.00（全2册）

本书是西城区月坛街道26个社区的《社区志》，是历史和发展的真实记载，是各社区的第一本文献资料，基本反映了各社区的特点和亮点。本书是了解月坛地区沧桑变迁历史的指南，也是对外交往的名片和袖珍百科全书。

A1:220/6.2　　　　　　0041

北京市西城区月坛街道社区志.下／李红兵，王奇主编.—北京：中共北京市西城区月坛街道工委，[2010]

377-778页：图；29cm

CNY 120.00（全2册）

本书是西城区月坛街道26个社区的《社区志》，是历史和发展的真实记载，是各社区的第一本文献资料，基本反映了各社区的特点和亮点。本书是了解月坛地区沧桑变迁历史的指南，也是对外交往的名片和袖珍百科全书。

A1:24/1　　　　　　　0042

北京市宣武区志／林福临，王廷柱，邢丛罗主编.—北京：北京出版社，2004

30,885页：照片，地图；26cm

ISBN 7-200-05937-4

精装：CNY 160.00

本志全面、系统地记录了宣武区有史料记载以来的历史发展脉络，是汇集全区自然、人文、社会、经济、历史和现状的地情书，包含自然环境、人口、民族、宗教、综合经济管理、科技、城区建设等具体内容。时间上限尽可能追溯到事物发端及建置之始，下限止于1994年底。

A1:240/1　　　　　　　0043

大栅栏街道志／北京市宣武区大栅栏街

道志编审委员会[编].—北京:机械工业出版社,1997

14,459 页:照片,地图;21cm

精装

全志共 24 章约 20 万字,内容涉及地区的建置沿革、人口、城市建设、街道居委会、政法、人民武装、群众社团、商业、城市管理、文化场所、文艺团体、文物古迹、教育医疗等。

A2/2 (2010)　　　　　　　　0044

北京市情数据手册 = Beijing Basic Facts and Data. 2010 / 中共北京市委党校[编].—北京:中共北京市委党校,2010

121 页;19cm

CNY 12.00

本书是一本综合性的数据资料汇编,是反映 2009 年北京市各方面情况的基本指标。包括基本数据篇、专题数据篇和比较数据篇三部分,展示了北京住房、轨道交通、文化创意产业等方面的有关数据,从不同视角和层面反映了北京的发展变化和未来前景。

A2/9.1　　　　　　　　　　0045

当代中国的北京:(征求意见稿).上册 /《当代中国的北京》编辑部[编].—北京:《当代中国的北京》编辑部,1987

407 页;20cm

CNY 170.00(全 3 册)

本书分上、中、下三册,记述了北京解放后经过 38 年的建设在经济发展、社会科学、文化教育等方面所取得的成就及经验教训。在附录二,有 1952–1955 年北京市行政区关于西城建制变更的记录:城区内九个区调整合并为七个区,第二区为西单区,第四区为西四区。

A2/9.2　　　　　　　　　　0046

当代中国的北京:(征求意见稿).中册 /《当代中国的北京》编辑部[编].—北京:[《当代中国的北京》编辑部],1987

411-959 页;20cm

CNY 170.00(全 3 册)

本书分上、中、下三册,记述了北京解放后经过 38 年的建设在经济发展、社会科学、文化教育等方面所取得的成就及经验教训。在附录二,有 1952–1955 年北京市行政区关于西城建制变更的记录:城区内九个区调整合并为七个区,第二区为西单区,第四区为西四区。

A2/9.3　　　　　　　　　　0047

当代中国的北京:(征求意见稿).下册 /《当代中国的北京》编辑部[编].—北京:[《当代中国的北京》编辑部],1987

963-1320 页;20cm

CNY 170.00(全 3 册)

本书分上、中、下三册,记述了北京解放后经过 38 年的建设在经济发展、社会科学、文化教育等方面所取得的成就及经验教训。在附录二,有 1952–1955 年北京市行政区关于西城建制变更的记录:城区内九个区调整合并为七个区,第二区为西单区,第四区为西四区。

A2/10　　　　　　　　　　0048

城池漫游 = Strolling Around the City:[中英文本]/ 王志纯主编.—北京:北京美术摄影出版社,2006

322 页:图;29×29cm

ISBN 7-80501-350-0

精装：CNY 360.00

《北京风韵》为系列作品集，现有《名胜巡礼》《城池漫游》《园林胜境》，均由图片配以中英文注释。本书为《城池漫游》，以大量彩画、照片示以历史积淀。西城作为古都中心区，皇家宫苑建设占有绝对优势，这是一套有收藏价值的图集资料。

A2/12　　　　　　　　　　　0049

北京实用资料大全／北京人民广播电台编．—北京：改革出版社，1992

18,505 页；27cm

ISBN 7-80072-310-0

精装：CNY 29.00

本书采用基本情况介绍、统计图表、单位简介、名录一览等形式，对北京的历史沿革、自然概况、政治经济、城市建设、商业旅游、科技卫生、文艺体育、民俗民情等各方面的情况作了介绍，是一部大型综合性、实用性工具书。

A2/15.1　　　　　　　　　　0050

北京．上／陶一凡主编．—北京：当代中国出版社，2011

444 页：图，地图；24cm

ISBN 978-7-80170-945-5；CNY 180.00（全 2 册）

本书是《当代中国城市发展》丛书的北京卷，分上、下两册，内容由京城当代历史的回顾、北京城建设中的问题研究，以及城市未来发展的展望等三大部分组成。全书史论结合、图文并茂，可以作为研究北京城市问题、查询北京城市信息的参考书。

A2/15.2　　　　　　　　　　0051

北京．下／陶一凡主编．—北京：当代中国出版社，2011

445-904 页：图，地图；24cm

ISBN 978-7-80170-945-5；CNY 180.00（全 2 册）

本书是《当代中国城市发展》丛书的北京卷，分上、下两册，内容由京城当代历史的回顾、北京城建设中的问题研究，以及城市未来发展的展望等三大部分组成。全书史论结合、图文并茂，可以作为研究北京城市问题、查询北京城市信息的参考书。

A2/16　　　　　　　　　　　0052

北京地理风光／北京市朝阳区职业教育中心教材部［编］．—北京：北京市朝阳区职业教育中心，1992

258 页：地图；19cm

CNY 25.00

本书全面介绍了北京市的行政区域、交通运输、旅游景点等地理知识，既适用于各类职业教育，还可作为地理教学的补充教材或学生的课外读物。书后附有北京市的各级文物保护单位名录。

A2:22/6（2008）　　　　　　0053

北京西城年鉴．2008／林铎主编．—北京：中华书局，2008

22,406 页：彩照，地图；27cm

ISBN 978-7-101-06342-4

精装：CNY 120.00

本年鉴反映的是 2007 年 1 月 1 日至 12 月 31 日期间，西城区在各条战线、各个方面所发生的重大事件和新的情况，系统汇集了许多重要文献。设有特载、大事记、政党团体、政权政协、政法军事、工商贸易、综合经济管理、财政税务、金融、城区建设等19个一级栏目。

A2:22/6（2009）:2　　　　　　0054
北京西城年鉴．2009／张建东主编．—北京：北京出版社，2009
23,418页：彩照；26cm
ISBN 978-7-200-08052-0
精装：CNY 160.00

本年鉴反映的是2008年1月1日至12月31日期间，西城区在各条战线、各个方面所发生的重大事件和新的情况，系统汇集了许多重要文献。设有特载、大事记、政党团体、政权政协、政法军事、工商贸易、综合经济管理、财政税务、金融、城区建设等20个一级栏目。

A2:22/6（2010）:2　　　　　　0055
北京西城年鉴．2010／张建东主编．—北京：北京出版社，2010
25,446页：照片；27cm
ISBN 978-7-200-08460-3
精装：CNY 160.00

本年鉴是一部综合性、资料性工具书。自2000年起，逐年编纂出版，全面记述上一年度西城区在各条战线、各个方面所发生的重大事件和新的情况，系统汇集了许多重要文献。设有特载、大事记、政党团体、工商贸易、城市管理、社会生活、人物等约20个一级栏目。

A2:22/6（2011）:2　　　　　　0056
北京西城年鉴．2011／张建东，王少峰主编．—北京：北京出版社，2011

35,577页：照片，地图；26cm
ISBN 978-7-200-08990-5
精装：CNY 180.00

本年鉴记述2010年1月1日至12月31日期间西城区发展情况。重点反映原西城区、宣武区合并以后，作为首都功能核心区的西城区区情变化。设有特载、专文、大事记、党派、政权政协、群众团体、政法军事等20个栏目。

A2:22/6（2012）:2　　　　　　0057
北京西城年鉴．2012／王少峰主编．—北京：北京出版社，2012
34,592页：彩照；27cm
ISBN 978-7-200-09437-4
精装：CNY 180.00

本年鉴是一部综合性资料性工具书，记述了西城区在2011年度发生的重大事件和新情况，设有大事记、党派、政权政协、群众团体、城市建设、科技教育等20个栏目。本书可为领导决策提供参考依据，为各行各业提供有价值的资料，对了解西城、研究西城有重要作用。

A2:22/6（2013）　　　　　　　0058
北京西城年鉴．2013／北京市西城区地方志编纂委员会办公室编．—北京：中华书局，2013
32,476页：照片；30cm
ISBN 978-7-101-09800-6
精装：CNY 180.00

本年鉴全面记述了2012年度重大项目建设、综合经济管理、工业商务、金融、城市建设、交通邮电公用事业、城市管理、科技教育、文化旅游体育卫生、社会生活、街道、人物、统计资料等情况，收有西城区2012年内党、政、军、各民主党派、各人民团体、街道、部分企业负责人名录，驻区部分单位负责人名录，以及获国家、中央部委、北京市奖励与荣誉称号的单位和个人名单。

A2:22/6（2014） 0059

北京西城年鉴. 2014／北京市西城区地方志编纂委员会办公室编. —北京：中华书局，2014

34,443 页：地图，彩照（28 页）；29cm

ISBN 978-7-101-10443-1

精装：CNY 180.00

本年鉴是一部综合性资料性工具书，记述了西城区在2013年度发生的重大事件和新情况，设有大事记、党派、政权政协、群众团体、城市建设、科技教育等21个栏目。本书可为领导决策提供参考依据，为各行各业提供有价值的资料，对了解西城、研究西城有重要作用。

A2:22/17 0060

西城区社区居委会行政区划代码手册／北京市西城区统计局编. —北京：[北京市西城区统计局]，[2005]

53 页；21×30cm

本手册由西城区统计局2005年12月重新修订。结合西城区实际情况，重新修订、编印了《西城区社区居委会行政区划代码手册》，用于全区各种统计调查中使用的规范化编码。

A2:22/18 00601

区情概览＝ New Impression New Start：新印象·新起点／北京市西城区委区政府研究室，北京市西城区统计局、调查队 [编]. —北京：[北京市西城区委区政府研究室]，[2010]

72 页：图；26cm

本书是北京市做出首都功能核心区行政区划调整后，由西城区委区政府研究室和西城区统计局共同编辑而成。包括基本概况、综合经济概况、重点街区概况、文化资源概况、社会事业发展概况等七章。

A2:22/20 0062

北京西城历史文化概要／刘洋主编. —北京：北京燕山出版社，2010

418 页：图，照片；23cm

ISBN 978-7-5402-2516-2；CNY 48.00

原宣武区和原西城区合并新西城区以后，由区委宣传部牵头，区文委、文联、社科联、旅游局、档案局等部门参与，组织众多专家学者，在原来西城文化史研究的基础上，重新梳理新西城的历史文化，编纂了此书。

A2:22/21 0063

激情宣武：凝眸2009／北京市宣武区新闻中心 [编]. —北京：北京市宣武区新闻中心，[2010]

302 页：照片；24cm

该书由宣武区新闻中心编。共分激情点燃梦想、宣武有明珠、共同行动、和谐的社会美好的生活四篇，从各个角度再现全区各条战线在2009年所涌现出来的感人事迹和激情影像。载体主要是报告文学和通讯。

A2:22/22 0064

西城记忆＝ The Memory of Xicheng：西

城区档案馆珍藏图片集粹 / 吕燕裙，金子成主编．—北京：北京西城区档案馆，[2010]

212 页；30×30cm

精装

本书由西城区档案馆编。选择图片 4000 余张，从政治、经济、教育卫生、文化文物、古都风貌、现代城市等六个方面，展示了西城区从 1949 年北平和平解放至今的发展历程。

A2:22/23　　　　　　　　0065

白塔寺地区 / 王彬主编．—北京：中国文史出版社，2011

502 页：照片；24cm

ISBN 978-7-5034-3098-5；CNY 49.80

白塔寺位于北京旧城西部，建于元代，距今近八百年，是北京二环路以内的标志性建筑。它与周围的大小胡同和道路构成了白塔寺地区。本书由西城区政协文史资料委员会编辑，内容含该地区有关街巷沿革、宗教、府邸、学校、医院、商号、机构、今昔人物等诸多史料。

A2:22/24　　　　　　　　0066

宣南文脉：一个街道主任眼中的城市性格 / 白杰著．—北京：中国商业出版社，2005

342 页：照片，地图；21cm

ISBN 7-5044-5572-5；CNY 28.00

本书是作者担任北京市宣武区人民政府广安门内街道办事处主任时的研究性著作。该书以区域为研究空间，时间跨越三千多载，全面揭示了宣南地区的历史文化发展脉络，是一部有价值的历史学研究成果。

A2:22/25（2010）　　　　0067

北京宣武年鉴．2010 / 张建东，王刚主编．—北京：中华书局，2010

24,31,435 页：彩照，地图；27cm

ISBN 978-7-101-07692-9

精装：CNY 105.00

本年鉴是一部综合性资料工具书。自 2002 年起逐年编纂出版，记述宣武区各条战线、各个方面在上一年度发生的重大事件和新情况。设综述、特载、大事记、城市建设、街道、统计资料、附录等 20 个一级栏目，为领导决策提供参考，为各行各业提供有价值的资料。

A2:22/26　　　　　　　　0068

前瞻前行 / 北京市西城区统计局，北京市西城区经济社会调查队 [编]．—北京：[北京市西城区统计局]，[出版年不详]

57 页；26cm

活页装

本资料由西城区统计局编写，包括"十一五"硕果、"十二五"规划纲要主要目标安排及第六次人口普查主要数据指标等内容，透过数据展示了西城"十一五"成就和"十二五"发展前景。

A2:22/27　　　　　　　　0069

西城之最 = Xicheng District's Greatests / 吴元增主编．—北京：中共北京西城区委宣传部...[等]，2012

212 页；28×28cm

精装

本书收录西城区在城市发展中，创造出的诸多"之最"，是西城区光辉历史和发展成就的特殊表达。全书分为城市地理、经济生活、历史时政、文教学术、民俗民风五大单元，描述了西城区域内人、事、物在某一侧面的发展特色，具有知识性和可读性。时间截至2010年底。

A2:22/28（2007） 0070

西城区情. 2007年 / [北京市西城区统计局，北京市西城区经济社会调查队编]. —北京：北京市西城区统计局，2008

116页；20cm

精装

为使各级领导和各部门及时掌握2007年全区经济社会主要指标完成情况，本资料收集了2007年统计公报、年度资料、月度资料、季度资料以及统计常识五部分内容以供参考。

A2:22/28（2009） 0071

西城区情. 2009年 / [北京市西城区统计局，北京市西城区经济社会调查队编]. —北京：北京市西城区统计局，[2010]

120页；20cm

精装

本资料由西城区统计局组织编写，包括统计公报、年度资料、月度资料、季度资料以及统计常识等内容，全面反映2009年度西城区经济、社会发展情况。

A2:22/28（2010） 0072

西城区情. 2010 / [北京市西城区统计局，北京市西城区经济社会调查队编]. —北京：北京市西城区统计局，[2011]

106页；20cm

活页装

本资料收集了2010年统计公报、年度资料、月度资料、季度资料以及统计常识五部分内容供参考，以便掌握全区经济社会主要指标完成情况，并对以往统计资料进行核实修正。

A2:22/28（2011） 0073

西城区情. 2011 / [北京市西城区统计局，北京市西城区经济社会调查队编]. —北京：北京市西城区统计局，[2012]

120页；20cm

活页装

本资料收集了2011年统计公报、年度资料、月度资料、季度资料以及统计常识五部分内容供参考，以便掌握全区经济社会主要指标完成情况，并对以往统计资料进行核实修正。

A2:22/30 0074

北京西城 = Xicheng Images：[中英对照] / 孙劲松，史占清，巨菲责任编辑. —北京：[北京市西城区人民政府新闻办公室]，[出版年不详]

74页：照片；18×18cm

本画册图文并茂、中英对照，从京华之始、古韵新风到现代西城、百业兴旺的不同侧面展示西城的无限活力和文脉传承。其中包括金融街、什刹海、大栅栏等西城地标。

A2:22/31 0075

西城概况 = Xicheng Facts：[中英对照] / 孙劲松主编. —北京：[北京市西城区人民政府新闻办公室]，[2011]

33,45页：照片；21cm

本书用中英文两种文字全面介绍了新西城的各个方面，包括剪影西城、活力西城、宜居西城、魅力西城、和谐西城五个部分，具体包括行政区划、功能定位、人口、历史沿革、综合实力、文化创意、公共事业、生态环境、社会保障、公共文化等内容。

A2:22/32　　　　　　　　　　0076
我眼中的西城／北京市西城区第一图书馆编 .—北京：[北京市西城区第一图书馆]，2013
97页：照片；27×25cm
本画册是"我眼中的西城"摄影比赛优秀作品集，收录90余幅照片，用镜头语言展现了西城区丰富的历史文化景观，展示了西城独特的人文气质，可以让读者更直观地感受西城、了解西城。

A2:22/33　　　　　　　　　　0077
今日宣武：[中英文本]／中共北京市宣武区委宣传部[编].—北京：中共北京市宣武区委宣传部，2010
64,78页：照片；21cm
本书是一本多角度介绍宣武区情的资料性图书，包括宣武概览、活力宣武、商务宣武、文化宣武、和谐宣武、朝阳宣武六大板块，含中、英两种文字。

A2:24/1　　　　　　　　　　0078
华彩宣武：[画册]／李德平主编.—北京：中国工人出版社，2003
309页：照片，图；37cm
ISBN 7-5008-3254-0
精装：CNY 350.00
本书是全面反映宣武区历史悠久、绚烂文化的大型画册。力求做到历史内容与现实内容相结合，资料性和可读性相结合，学术性与通俗性相结合。内容包括宣南春秋、文苑大观、革命热土、时代先锋等。

A2:24/2　　　　　　　　　　0079
北京宣武百科全书／李德平主编.—北京：中国城市出版社，2002
21,19,614页：照片，图；29cm
ISBN 7-5074-1455-8
精装：CNY 486.00
本书是一部全面反映宣武区的历史文化和发展现状的权威性工具书，包括自然地理、历史、区划·地名·街巷、政治·法律、经济、城市建设、科学技术、教育、文化、医疗卫生、体育、社会、人物13个方面的内容，含1500多个条目，除个别条目外，资料时间下限为2001年。

A3/5（2010）　　　　　　　0080
茶余饭后话北京. 2010年版／边建，李荦主编.—北京：中国档案出版社，2010
300页：图，照片；23cm
ISBN 978-7-5105-0143-2；CNY 36.00
这是北京电视台《茶余饭后话北》系列丛书第5本。既传承知识，又解疑释惑，寓学术研究、考证史实于书中是本书的特色。其中部分章节的作者如王铭珍、徐志长、崔普权等都曾经到西城区图书馆做过公益讲座。

A3/5（2011）:2　　　　　　0081
茶余饭后话北京. 2011年版／李荦主编.—北京：学苑出版社，2011
289页：图；23cm
ISBN 978-7-5077-3731-8；CNY 39.00
本书汇集了2010年一年来北京城市服

务管理广播《茶余饭后话北京》播出的节目精华，分为风流人物千秋照、琴曲书画皆雅好、百业兴旺谁创造、街巷形制有奥妙、古建辉煌竞争俏等六部分，共88篇文章，图文并茂，有重要的文献史料价值。

A3/5 (2012) : 2　　　　　　　0082

茶余饭后话北京. 2012年版/李荦主编. —北京：学苑出版社，2012

268页：图；23cm

ISBN 978-7-5077-3941-1；CNY 35.00

本书从2011年已播出和待播出的《茶余饭后话北京》节目中精选出17位嘉宾的近百篇文稿，集结成建党伟业、辛亥百年、帝都人物、日下往事、曲艺与古籍、旧迹寻踪等主题，反映了栏目在制作内容、形式和质量上的特色。

A3/9 (2012)　　　　　　　　0083

北京学研究. 2012，北京文化与北京学研究/张妙弟主编. —北京：同心出版社，2012

217页；24cm

ISBN 978-7-5477-0347-2；CNY 36.00

本书共收录论文23篇，主要围绕北京学与北京文化研究的关系、北京文化特征与定位、北京文化建设与区域文化软实力提升、北京城中轴线等文化遗产保护与传承、北京民俗文化研究及文献利用等领域展开探讨，有较强的学术价值。

A3/15.6　　　　　　　　　　0084

这里是北京. 第6辑/张妍主编. —北京：华艺出版社，2011

204页：彩图；23cm

ISBN 978-7-80252-266-4；CNY 36.00

本书由北京电视台《这里是北京》栏目组编辑。本辑分奇技·北京、守护·北京、传奇·北京、百姓·北京、重访·北京五部分，介绍了北京的王府宅第、巷陌民风等。其中详细解读了西城区图书馆馆藏资料《乾隆京城全图》。

A3/20　　　　　　　　　　　0085

北京市非物质文化遗产保护工作高级研讨班专家专题讲稿汇编/石振怀，吴彤彤主编. —北京：[北京市文化局社文处]，[2006]

104页；29cm

本汇编由北京市文化局社文处、北京群艺馆、西城区文化馆主办，汇集了高级研讨班赵书、刘锡诚等4位主讲人的专题讲稿，以及市文化局、人事局领导讲话和培训总结。

A3/23　　　　　　　　　　　0086

解读京城=Reading Beijing：京城图片珍藏版/聂鑫著. —北京：经济管理出版社，2008

504页；25cm

ISBN 978-7-80207-961-8；CNY 89.00

本书真实、立体、鲜活。既有地理信息、历史文脉、城市形态、城市伦理等内涵，也有京味十足的人文景观及思辨感悟，还有城市行进中的巨变等。

A3/24　　　　　　　　　　　0087

老北京的记忆/张善培著. —北京：社会科学文献出版社，2010

221页：图，照片；23cm

中国意象系列图书

ISBN 978-7-5097-1301-3：CNY 29.00

本书作者出生于北京，在北京生活了70多年，自青年时起收集抄录了包括历史、地理、文化、人文、民俗等关于老北京的诸多资料。本书是作者对自己亲历亲睹的古都风物的描绘，用平易亲切的文字记录了岁月的变迁，勾勒出一个原汁原味的老北京。

A3/25　　　　　　　　　　0088

宣南文化／李金龙主编．—北京：[出版者不详]，2003

147页：图，地图，照片；29cm

历史上的宣南文化，主指原宣武区的管辖范围。宣南地区没有北京皇城内巍峨的宫殿、辉煌的楼阁，但却由于荟萃了大批历代的文化精英，留下了许多可资观览、纪念的种种痕迹。如会馆、庙宇、戏院、园林等古迹胜景。

A3/26　　　　　　　　　　0089

七叶集／劳允兴著．—北京：北京出版社，2009

592页：照片，图；24cm

北京市文史研究馆馆员文库

ISBN 978-7-200-07660-8

精装：CNY 78.00

本书以历代北京城作为载体，叙述其文化的发展历程，脉络清晰，内容全面。全书分旧城新城篇、文化篇、隋唐幽州篇、人物篇四个部分，对旧城中心区、先农坛、法源寺等地都有详细的介绍。

A3/27　　　　　　　　　　0090

记忆宣武报：1995-2010．—北京：[出版者不详]，[2010]

252页：照片；24cm

《宣武报》是原宣武区区委、区政府的机关报，创刊于1995年，由月刊发展为周刊，共出刊884期。随着区划调整，原宣武报与原西城报合并组成新西城报，宣武报完成了她的历史使命，退出了历史舞台。

A3/28.1　　　　　　　　　0091

民间瑰宝耀京华：[中英对照]，西城区非物质文化遗产保护成果概览／北京市西城区文化委员会编．—北京：[北京景德文化发展有限公司]，2011

208页：彩图，照片；29cm

本书由西城区文化委员会编，共分非物质文化遗产保护工作介绍、非物质文化遗产名录、非物质文化遗产保护项目介绍、西城区家庭艺术馆介绍等章节，记录了西城区非遗保护项目和民间艺术资源。

A3/29（2006）　　　　　　0092

北京市非物质文化遗产信息汇编．2006年度／北京市非物质文化遗产保护工作办公室[编]．—北京：[北京市非物质文化遗产保护工作办公室]，[2007]

607页：图；29cm

精装：CNY 180.00

本书收录2006年度《北京日报》、《中国文化报》、《人民日报》等主流报纸关于北京市非物质文化遗产的信息报导300余篇，反映了该项工作的进展、亮点、难点等相关内容。书后附有项目索引。

A3/30　　　　　　　　　　0093

你不知道的京城旧事／谈宝森著．—北京：北京燕山出版社，2012

306页：照片；22cm

ISBN 978-7-5402-2806-4；CNY 38.00

本书是一部对老北京史料补缺的趣味性、纪实性文艺作品。内容涉及新中国建立前后的一些名流足迹，以及前门地区民俗文化的一些遗迹和沿革。本书资料大多是作者亲身经历和长期积累的，有一定的史料价值。

A3/31　　　　　　　　　0094

老北京的趣闻传说／蔚鑫主编．—北京：旅游教育出版社，2012

10,416页：图，肖像，地图；24cm

ISBN 978-7-5637-2248-8；CNY 39.80

本书从历史、城门牌楼、皇城、后宫逸事、名胜古迹、婚丧嫁娶等多角度对老北京进行全面解读，将老北京的故事呈现在读者面前，介绍了一个充满传奇的古都北京。本书内容浅显易懂，典故丰富，能让读者在趣味阅读中感受到老北京的底蕴。

A3/32　　　　　　　　　0095

解说老北京＝A Journey to Old Beijing／仝冰雪编．—北京：中国人民大学出版社，2012

169页：图，照片；24cm

ISBN 978-7-300-16267-6；CNY 29.00

本书以北洋总统府六任总统的大礼官黄开文研经读史的心得为主，以收藏家仝冰雪先生珍藏的老北京历史照片为辅，向读者展示出一个图文并茂的老北京，涉及清宫旧事、人物逸闻、老北京地理变迁及民间风俗礼仪等内容。

A3/33　　　　　　　　　0096

北京的一百张面孔：志书撷英／侯宏兴主编．—北京：九州出版社，2012

212页：彩图；24cm

ISBN 978-7-5108-1357-3；CNY 32.00

本书是北京市地方志编纂委员会办公室与《北京晨报》合作的一个栏目，以《北京志》内容为蓝本，用百姓喜闻乐见的语言，讲述老北京的民风民情民俗，以帮助读者深入了解北京地方文化。内容包括北京的怪、北京的吃、北京的绝、北京的钱、北京的乐。

A3/34　　　　　　　　　0097

志说北京：修志人眼中的北京／侯宏兴主编．—北京：文化艺术出版社，2012

285页：图，照片；24cm

ISBN 978-7-5039-5318-7；CNY 48.00

本书汇集了地方志工作者和新闻工作者合作，在《北京日报》专栏发表的文章，用讲故事、说历史、写观感等方式，分门别类地把志书中的有关内容解剖、改写而成。

A3/35　　　　　　　　　0098

北京史百题／王岗，高福美著．—北京：北京出版社，2011

215页：图；21cm

领导干部半日读 第二辑

ISBN 978-7-200-09026-0；CNY 28.00

本书为北京市委宣传部组织编写的"领导干部半日读"系列丛书之一，作为干部理论学习的参考读物，简明扼要、深入浅出，可读性强。内容包含重大历史事件、珍贵历史遗存、重要历史人物、特色民俗节日、名胜风光等。

A3/36 0099

历史文化街区保护与更新＝2012 Beijing Studies International Symposium on Preservation and Renewal of Historic Cultural Districts：北京学国际学术研讨会论文集／张宝秀主编． —北京：知识产权出版社，2013

326页：图；24cm

ISBN 978-7-5130-2051-0；CNY 58.00

本论文集收录论文33篇，主要关于历史文化街区的概念、历史文化街区保护的价值和意义、历史文化街区保护与更新的关系、历史文化街区保护工作中应注意的问题、一些城市历史文化街区保护的具体运作经验等方面的内容，还有少量关于地方文化的研究论文。

B 自然环境

B6/1 0100

北京历史地震资料汇编/王越主编.—北京：专利文献出版社，1998

186 页；20cm

ISBN 7-80011-322-1；CNY 48.00

地震灾害是北京地区的主要自然灾害之一。本书的出版，是北京防灾减灾事业的一项重要的基础性工作。该书信息量大，资料可靠，查阅方便，对北京市有关部门以及在京单位进行防震减灾决策、开展减灾工作、提高全社会防灾减灾意识，具有较高的使用价值。

B91/4 0101

永定河与北京城/朱祖希编著.—北京：中国地图出版社，2011

15,253 页：照片，图；21cm

北京科普创作出版专项资金资助

ISBN 978-7-5031-6297-8；CNY 22.00

永定河斜贯北京西南部，是北京地区最大的河流，亦是北京城的母亲河。凭借永定河所铸就的冲积平原，为北京城的起源、发展提供了良好的自然基础。本书重在解读湖泊河流与蓟城的密切关系、故宫的艺术成就等。

B91/5 0102

北京古运河与城市供水研究/蔡蕃[著].—北京：北京出版社，1987

234 页：图，地图；20cm

ISBN 7-200-00038-8；CNY 2.20

本书在大量历史文献与现代文献资料的基础上，经过野外实地踏勘，从水利科技角度出发，对历史上北京的漕运和城市供水排水问题进行系统研究，为北京地区合理开发利用水资源提供历史借鉴。

B93/3 0103

见证古都 = Botanic Heritages: Living History of Beijing：北京古树名木/高士武主编.—北京：长城出版社，2008

155 页：彩照；29cm

ISBN 978-7-80017-941-9

精装：CNY 180.00

本书由市园林绿化局收集 200 多幅彩色照片，展示了北京地区各府邸、公园、庙宇、远郊山区现存的古树名木，可谓茫茫林海，物竞天择，生物景观，风采迷人。树名："鲁迅手植黄刺玫"位于西城区阜成门内西三条胡同 21 号鲁迅故居。

B93/4 0104

北京古树神韵：[中英文本]/牛有成，赵凤桐主编.—北京：中国林业出版社，2008

347 页；28×28cm

ISBN 978-7-5038-5240-4

精装：CNY 699.00

该书由中国林业出版社出版。为迎接2008北京奥运会而制作。内容以照片作品为主。北京的古树名木有4万多株，位于西城的有中南海人字柏、北海唐槐等。

C 人文地理

C1/24　　　　　　　　　　　　0105
北京旧城 = The Old City of Beijing : [英汉对照] / 朱嘉广，马良伟主编. —北京：北京燕山出版社，2003
141 页：照片；29×29cm
ISBN 7-5402-1524-0
精装：CNY 180.00

本书是北京市规划设计研究院，在整理20世纪50-60年代老照片基础上编辑而成，基本体现了旧城原有的格局和风貌。重点突出了北京旧城的整体格局和特征，围绕着旧城的城墙、城门楼、南北中轴线、长安街以及旧城内主要街道组织资料，是一本具有收藏价值的史料图集。

C1/32（2010）　　　　　　　　0106
地图 = Map：北京人文地理. 2010 增刊 / 倪庆华主编. —北京：中国地图出版社，2010
160 页：照片，地图；26cm

这是《北京人文地理》杂志2010年增刊，全部内容专门介绍新西城史地文化之精华。包括封面聚焦——西城：都成之始、府第会馆、庙堂寺观、以文载商、京味悠长等章节。作者单霁翔等人，均为著名史地、文物学家。

C1/33　　　　　　　　　　　　0107
宣南鸿雪图志 / 王世仁主编. —北京：中国建筑工业出版社，1997
541 页；37cm
ISBN 7-112-03247-4；CNY 160.00

本《图志》共7部分，其中《图志》5篇，包括重要史迹的分布图、位置图、简介、实测图及照片集；《绪篇》为概述宣南文化史迹的论文2篇；《附录》为参考书目及现存史迹分类表，从不同角度记录宣南历史文化遗迹。

C1/34　　　　　　　　　　　　0108
北平 / 倪锡英著. —南京：南京出版社，2011
168 页：图；27cm
民国史料工程
ISBN 978-7-80718-851-3；CNY 28.00

本书是民国年间影响颇广的一套文化旅游丛书，书中用真实、简明、生动的笔触和大量珍贵的图片记载了北京城的地理形势、交通、名胜、古迹等方面内容，具有重要的历史文化价值，亦有较强的可读性。

C1/35　　　　　　　　　　　　0109
图说北京历史上的今天 / 张风主编. —北京：中央编译出版社，2011
367 页；24cm
ISBN 978-7-5117-1021-5；CNY 78.00

本书通过"画说"历史的直观方式，"口

述"历史的表达方式和"日记"历史的记载方式,为读者再现一个较为完整的北京城历史。既反映首都的主流历史,也反映北京的非主流历史。一幅幅反映百姓生活的照片,以普通人的视角记录了北京城的变迁。

C1/36　　　　　　　　　　0110

北京旧城/柯焕章主编. —北京:北京市城市规划设计研究院,[1996]

126页:照片;28×28cm

CNY 180.00

本画册围绕北京旧城的城墙、城门楼、南北中轴线、长安街以及其他几条主要街道等重要内容组织图片资料,并配以少量文字说明,重点突出了北京旧城的格局和整体特征。阅读此书,读者能对北京旧城有一个比较完整的印象。

C2/23　　　　　　　　　　0111

史说北京:插图本/北京市社会科学界联合会,北京史研究会,首都图书馆组编. —北京:中国人民大学出版社,2011

208页:图,照片,地图;23cm

ISBN 978-7-300-14074-2;CNY 38.00

本书为插图本,作者以北京的历史发展为脉络,讲述了北京从远古到民国时期的历史。在"北京的建都史"一节,介绍了位于西城的白塔寺、北海和砖塔胡同。

C2/24　　　　　　　　　　0112

古都北京/王岗著. —杭州:杭州出版社,2011

279页:照片,图;24cm

ISBN 978-7-80758-466-7;CNY 68.00

本书为中国古都系列丛书,脉络清晰,

图文并茂。它从城市变迁、宫殿园林、城垣街道、寺庙道观、文学艺术、风俗民情等方面反映和研究北京历史文化。作者在对历史进行梳理和描述的同时,融入了新的学术观点和见解。

C2/26　　　　　　　　　　0113

北京与江户:17—18世纪的城市空间/刘凤云著. —北京:中国人民大学出版社,2012

341页:图;23cm

ISBN 978-7-300-15561-6;CNY 49.80

本书以17-18世纪的北京与江户为基本线索,侧重研究了城市中的政治与商业,着重讨论了政治体制与城市的关系、社会角色与城市关系等问题。通过中日政治体制与都城形态的关系,揭示出政治与权力如何通过城市规划、强化管理等手段对城市空间进行干预。

C2/27　　　　　　　　　　0114

北京中轴线变迁研究/郭超著. —北京:学苑出版社,2012

434页;29cm

ISBN 978-7-5077-3966-4;CNY 80.00

本书在探索中轴线缘起的基础上,对元朝的上都、大都、中都以及明朝的中都、南京、北京进行了比较研究,从而对北京城,特别是它的中轴线变迁,提出了作者独到的看法。

C2/28　　　　　　　　　　0115

我与中轴线/杨柳萌,牛青山,孔繁峙主编. —北京:北京出版社,2012

250页:图;24cm

ISBN 978-7-200-09307-0；CNY 48.00

老北京城中轴线以其独特的历史地位和丰富的文化遗存，构成了古都风貌骨架。本书以留住文化根脉、彰显北京精神为主线，是一部新老北京人自己讲述亲身经历的故事书。

C2/29　　　　　　　　　　0116

老北京城/王同祯著. —北京：北京燕山出版社, 2000

119 页：照片；19cm

ISBN 7-5402-0915-1；CNY 8.00

本书对古今记载北京城建典籍网罗宏富，对各城垣旧址进行勘察，对古城的修建、设施、规制、工官制度及建城匠师均有介绍，并插入有趣传说，对研究北京城垣建筑史有重要的参考价值，对北京文物保护事业做出了贡献。

C2/30　　　　　　　　　　0117

聚焦中轴线/《聚焦中轴线》编委会编. —北京：北京出版社, 2012

179 页：照片；30×26cm

ISBN 978-7-200-09306-3

精装：CNY 188.00

中轴线南起永定门，北至钟鼓楼，浓缩了古都北京历史文化的精华。本书以参加"我眼中的中轴线"摄影比赛的优秀作品为基础，围绕中轴线上的各个地标性建筑进行编排，全书分龙脉绵亘、永定恒兴、正阳鸿业、天安民谐、太和祥瑞等八个板块。

C2/31　　　　　　　　　　0118

北京古都中轴线变迁丛考/郭超著. —北京：光明日报出版社, 2011

465 页：图；21cm

北京市哲学社会科学"十五"规划项目

北京学研究基地资助项目

ISBN 978-7-80206-908-4；CNY 198.00（全套）

中轴线文化可谓与华夏文化共生共荣，是华夏文化的最高表现形式，具有"活化石"的意义。本书是作者根据多年的研究成果，运用新方法论证新观点，内容涉及元大都和明北京两个朝代国都中轴线规划的传承问题，是对北京中轴线变迁的深入研究。

C2/32　　　　　　　　　　0119

皇城 = Imperial City / 北京皇城艺术馆，北京市东城区文化委员会编. —北京：皇城艺术馆, 2003

177 页：照片，图；23cm

CNY 25.00

本书包括皇城的历史和布局、皇城的建筑、皇城的水系桥梁、皇城御苑揽胜、皇城的胡同和四合院、皇城的文化风情、皇城的服务性七章内容。

C2/33　　　　　　　　　　0120

古都变迁说北京：北京蓟辽金元明清古都发展轨迹扫描/陈平著. —北京：华艺出版社, 2013

252 页：图；24cm

西城史迹

ISBN 978-7-80252-459-0；CNY 48.00

本书对北京城从商代末年的古蓟城到辽南京的发展历程进行了回顾与梳理；对从金中都经元大都到明、清北京城这四朝皇都的变迁脉络，做了较为深入的探究盘点。通过说北京、讲西城，从北京视角认知历史西城，对保护西城相关遗址有一定的启发。

C2/34 0121

中轴龙脉：古都风物图卷／方砚著·绘．——北京：东方出版社，2013

1册；29cm

ISBN 978-7-5060-6014-1

经折装；CNY 498.00

本画册展开即是16华里的中轴线长卷，从安定门外一直画到钟楼，并延伸至中轴线以北的元代土城。作者用写实的笔法，对老北京做了最真实的回望，再现了清末民初时期的北京风貌。此书图文并茂，装帧独特，是一本具有史料、文学、美学以及收藏价值的图书。

C3/43 0122

北京胡同四合院类型学研究 = Study on Typology of Beijing Hutong Sihe Yuan／尼跃红主编．——北京：中国建筑工业出版社，2009

292页：图，照片；24cm

北京市教委人文社科面上项目（2007年）

ISBN 978-7-112-10840-4；CNY 48.00

本书对北京旧城胡同、四合院开展研究，试图在理论上探索历史性城市有机更新的途径和依据；在实践上寻找历史性建筑与当代城市生活相适应的改造更新的方法和模式。

C3/44.1 0123

北京旧城胡同现状与历史变迁调查研究．上册／北京市测绘设计研究院编著．——北京：[北京市测绘设计研究院]，2005

271页：图；30cm

内部资料

CNY 1200.00（全2册）

本书内容包括北京旧城胡同状况一览表（1949年—2003年）、北京旧城街巷胡同系列图和北京旧城著名胡同简介三部分。其中，北京旧城街巷胡同系列图包括北京旧城街巷胡同图（元、明、清、1949年、1965年、1980年、1990年和2003年）、北京旧城胡同变迁图（1949年—2003年）、北京旧城著名胡同分布图和北京历史文化保护区内外胡同分布图。其中包括西城区（1949年—2003年）旧城胡同资料。

C3/44.2 0124

北京旧城胡同现状与历史变迁调查研究．下册／北京市测绘设计研究院编著．——北京：[北京市测绘设计研究院]，2005

275-500页：图；30cm

内部资料

CNY 1200.00（全2册）

本书内容包括北京旧城胡同状况一览表（1949年—2003年）、北京旧城街巷胡同系列图和北京旧城著名胡同简介三部分。其中，北京旧城街巷胡同系列图包括北京旧城街巷胡同图（元、明、清、1949年、1965年、1980年、1990年和2003年）、北京旧城胡同变迁图（1949年—2003年）、北京旧城著名胡同分布图和北京历史文化保护区内外胡同分布图。其中包括西城区（1949年—2003年）旧城胡同资料。

C3/45 0125

北京市街巷名称录／严肃编．——北京：群众出版社，1986

513,50页：地图；19cm

附：城区街巷图

本书以北京市1982年街巷名称为基础，参照解放以后出版的各种北京市街巷名称录编辑而成。书中收录的只是北京市四个城区（东城区、西城区、崇文区、宣武区）和四个近郊区（朝阳区、海淀区、丰台区、石景山区）的街巷或村庄名称，而不包括市辖远郊区各县、区的地名。

C3/46　　　　　　　　　　0126
北京市西城区街巷名称录／西城区人民委员会编．—北京：[西城区人民委员会]，1965

127页；19cm

CNY 80.00

本书是一本难得的西城区地方文献，编辑于1965年。此时正是北京市新旧街巷名称更替时期。本着新旧对照的原则，本书编辑的顺序为笔画索引、先街巷名称、被更改的街巷名称、派出所电话、管界示意图五部分。

C3/48　　　　　　　　　　0127
北京市街巷名称录汇编／北京市公安局[编]．—北京：北京市公安局，1986

434页；27cm

本书收集了东城、西城、崇文、宣武、朝阳、海淀、丰台、石景山、门头沟、燕山十个区的街、巷、胡同、自然村的名称，依据1982年各区《地名录》和近两年来各区街巷实际变化情况编写，便于各级公安保卫部门和有关单位展开工作。

C3/54　　　　　　　　　　0128
胡同寻故／骆玉兰编著．—北京：北京出版社，2010

250页：彩图；24cm

ISBN 978-7-200-08352-1；CNY 36.80

本书由《北京晚报》胡同记忆版刊发的文章选编而成，以如今已经消逝或正在拆迁的胡同为切入点，展现了胡同的历史沿革、往事烟云、名人轶闻、民风民俗等内容。书中还附有大量的老地图与插图。

C3/55　　　　　　　　　　0129
北京地名发展史／孙冬虎著．—北京：北京燕山出版社，2010

362页：图；23cm

北京市社会科学理论著作出版基金资助

ISBN 978-7-5402-2458-5；CNY 36.00

本书沿着时间线索梳理了北京地名形成和演变的基本脉络，按照空间线索揭示了各个区县在地名语词、发展过程等方面的地域特色，如西城区街巷名称的变迁。具体内容分为北京地名的时代变迁、北京地名的区域发展上、下两篇。

C3/56　　　　　　　　　　0130
实用北京街巷指南／王彬主编．—北京：北京燕山出版社，1987

527页；19cm

ISBN 7-5402-0036-7；CNY 25.00

本书以区为界，地区（办事处）为单元，首先介绍街巷的名称、方向、起止、号数，而后记述街巷两侧的单位。所录内容截止到1986年5月30日。

C3/57　　　　　　　　　　0131
北京街巷地名趣谈／施连方著．—北京：中国国际广播出版社，1992

11,276页；18cm

ISBN 7-5078-0318-X；CNY 15.00

古都北京街巷地名繁多，但都与自然界的山河井池、动植物、方位、人体有关。如月坛南路、马甸桥、大茶叶胡同、抄手胡同等。本书对于研究全国各地许多城市街巷地名具有一定参考价值。

C3/58　　　　　　　　　　0132

信步胡同／杨大洲著．—北京：华文出版社，2003

271页：照片；22cm

ISBN 7-5075-1325-4

精装：CNY 118.00

本书以大量图片介绍了北京的胡同，包括大门、门墩、门钌、砖雕、影壁等胡同细节特写。其中有在大金丝胡同、南玉带西巷与白塔巷等西城境内拍摄的多幅照片。

C3/59　　　　　　　　　　0133

北京胡同＝Hutong in Beijing／陈光中编著．—合肥：黄山书社，2011

168页：彩照，图；21cm

中国红 读图时代 562

ISBN 978-7-5461-2028-7；CNY 59.00

本书为中英文对照版。作者陈光中介绍了北京胡同的来历，在胡同漫步的感受，以及胡同里的特色建筑。其中含烟袋斜街的特色店铺、砖塔胡同东口的万松老人塔等是与西城相关的内容。

C3/60　　　　　　　　　　0134

北京胡同玩全指南＝Beijinghutong Guide & Map／蒉鑫主编．—北京：旅游教育出版社，2011

157页：彩照，地图；22cm

玩全指南

ISBN 978-7-5637-2124-5；CNY 30.00

本书对于旅游爱好者非常实用。从行前准备、北京胡同初体验、分区导览、旅游锦囊、地图检索几方面介绍了北京好吃、好住、好玩儿的地方，并特制了12幅导览地图。其中介绍了砖塔胡同、大栅栏街、烟袋斜街、什刹海周边的美景。

C3/61　　　　　　　　　　0135

北京胡同／马玲著．—北京：世界知识出版社，2011

297页：照片；24cm

ISBN 978-7-5012-4040-1；CNY 48.00

作者马玲为香港《广角镜》杂志主笔。抗战时，她的父辈们曾住在南城磁器口一带的大杂院。因而在部队长大的她尽管没住过胡同却喜欢往胡同里钻。此书是作者亲自拍摄的胡同照片图册集，有的胡同现已消失。其中含九道弯胡同、砖塔胡同等西城史料。

C3/62　　　　　　　　　　0136

烟袋斜街：老北京风情典藏／什刹海风景区管理处，什刹海研究会编．—北京：当代中国出版社，2008

51页；26cm

ISBN 978-7-80170-756-7

精装：CNY 50.00

本书由什刹海风景管理处和什刹海研究会编。烟袋斜街位于什刹海前海和后海的连接处，是著名燕京小八景"银锭观山"所在地。

C3/63　　　　　　　　　　0137

琉璃厂史画／沈念乐主编．—北京：文

化艺术出版社，2001

120页；22×22cm

ISBN 7-5039-2030-0

精装：CNY 38.00

本书是一部图文并茂、以历史为主的图册。共有名衢溯源、书业春秋、古玩珍藏、荣宝异彩、梨园寻踪、厂甸风情六部分。

C3/64　　　　　　　　　　　0138

什刹海的胡同和四合院 / 于永昌著 . —北京：当代中国出版社，2011

272页：图，照片，地图；21cm

ISBN 978-7-5154-0019-8；CNY 29.00

本书为《什刹海小丛书》之一，书中对北京西城什刹海地区胡同、四合院的形成、演变、历史文化内涵和保护、利用，有较全面的介绍。

C3/65　　　　　　　　　　　0139

北京胡同记忆 = Hutongs of Old Beijing：[中英文本] / 戴程松绘画 撰文 . —北京：学苑出版社，2012

206页：图；22cm

故园画忆系列

ISBN 978-7-5077-3974-9；CNY 48.00

本书记录了戴程松从2004年到2007年这四年的胡同写生足迹，从其所画的200多幅写生中选出不同种类、不同风格的作品180幅。随写生还附带简要文字介绍和部分日记。

C3/66　　　　　　　　　　　0140

琉璃厂小志 / 孙殿起著 . —上海：上海书店出版社，2011

392页；23cm

ISBN 978-7-5458-0550-5；CNY 40.00

琉璃厂文化一条街形成于清代中叶，琉璃厂书市历年最久。本志所辑资料，博采约取，力求翔实。凡诗文笔记，或诸家志乘中有与琉璃厂及北京书市有关者皆在取材之列，并按性质分章。

C3/67　　　　　　　　　　　0141

中华人民共和国地名词典，北京市 / 褚亚平主编 . —北京：商务印书馆，1991

416,39页：地图，照片；21cm

ISBN 7-100-00953-7

精装：CNY 82.00

本词典以1978年开始进行的我国第一次地名普查成果为基础，吸取地理、历史、语言、民族等学科的研究成就编纂而成，收录了新中国成立以来的地名约10万个。本卷收录北京市、区、县地名3003条。

C3/68　　　　　　　　　　　0142

胡同与北京城 / 王越编著 . —北京：中国地图出版社，2011

373页：照片，地图；21cm

北京科普创作出版专项资金资助

ISBN 978-7-5031-6298-5；CNY 32.00

本书开篇叙述胡同的实质和胡同一名的来源，介绍北京胡同的历史演进、北京胡同的地理特色、北京名人辈出的渊源，胡同和四合院，街巷名称的演变，最后以北京的历史文化保护结题。附录北京旧城一览表。

C3/69　　　　　　　　　　　0143

地名与北京城 / 孙冬虎编著 . —北京：中国地图出版社，2011

317页：图；21cm

北京科普创作出版专项资金资助

ISBN 978-7-5031-6299-2；CNY 28.00

本书介绍了北京城乡的地名究竟是在怎样的历史地理背景下产生发展的，具有怎样的北京风格和北京气派，通过地名的变迁我们能够看到一个怎样的北京等内容。丰富的北京地名犹如历史在不同时期留给这座城市的印章，记录城市发展的足迹，折射城市文化韵味。

C3/70　　　　　　　　　　0144

北京的胡同四合院 = Hutong and Siheyuan in Beijing：[画册] / 首都博物馆，北京市档案馆编. —北京：北京燕山出版社，2012

204 页：照片，地图；29cm

ISBN 978-7-5402-2827-9；CNY 168.00

胡同与四合院是北京城文化包容性、递升性、创造性的源泉之一。全书分三个单元，图文并茂。第一单元介绍了胡同演变、胡同走向和胡同风物；第二单元介绍了四合院的中轴布局、建筑类型、庭院装饰；第三单元从胡同生活、家庭起居、穿戴游艺三方面介绍了北京的市井人家。

C3/71　　　　　　　　　　0145

北京胡同名称集注 / 郭剑萍集注. —北京：出版社不详，[1999]

147 页；21cm

CNY 100.00

胡同是立体的民俗风情馆，胡同标牌对胡同名称的历史沿革、变迁及该胡同的重要史迹、典故作了简要说明，它是胡同文化的重要内容。本书作者自 1997 年开始抄录这些胡同名称简介，范围包括东城、西城、宣武、崇文，1999 年又对东城和西城的胡同名称简介一一进行现场校对，查漏补缺。

C3/72　　　　　　　　　　0146

德胜映像 = Dengsheng Impression / 陈献森主编. —北京：[中共北京市西城区委德胜街道工作委员会]，[2012]

55 页：照片；26×30cm

本画册是向十八大献礼的纪念册，以大量的图片介绍了德胜街道的历史、科技、创新、民生、服务等多方面内容，向读者展示一个现代的、智能的、和谐的德胜。

C3/73.1　　　　　　　　　0147

北京市地名志，城近郊区卷 / 北京市地名志编纂委员会[编]. —北京：北京出版社，1996

26，1143 页：照片，地图；27cm

ISBN 7-200-02894-0

精装：CNY 280.00

本志是一部大型的地名专业志书，共选收京城近郊区、政区、聚落、街巷地名1917 条，记述每条地名的标准名称、标准读音、地理位置、行政辖属、名称来历等信息，并将八区全部地名附表介绍概况，以便读者查找。本志所录信息截至 1993 年底。

C3/74　　　　　　　　　　0148

北京城旧影寻踪 / 党洁编著. —北京：北京理工大学出版社，2012

284 页；24cm

北京青年政治学院学术著作出版基金资助

ISBN 978-7-5640-5605-6；CNY 65.00

本书以东城区和西城区为研究对象，以各区的街道办事处为划分单元，整理记录了北京旧城主要街巷内的文物古迹、名人故居以及历史遗存，附录部分收录了858处名人故居以及290处会馆，是对北京旧城文物古迹全面而概要的记录。

C3/75　　　　　　　　　　　　0149

北京市宣武区地名志／宣武区地名志编辑委员会［编］．—北京：北京出版社，1993

13,569页：照片，地图；27cm

ISBN 7-200-01988-7

精装：CNY 70.00

本地名志本着详今略古、古为今用的原则，力求观点正确、资料可靠、内容详实、图文并茂，充分反映宣武区的地方特色和时代特点，涉及各行各业的方方面面。

C3/76.1　　　　　　　　　　　0150

琉璃厂古韵今朝，文集／北京市西城区文化委员会［编］．—北京：[北京市西城区文化委员会]，[2011]

95页：照片，图；24cm

本文集由西城区文化委员会编，有摹乾隆年间绘本的琉璃厂示意图，文章涉及琉璃厂历史沿革考、琉璃厂老字号、古建、人物等内容。

C3/76.2　　　　　　　　　　　0151

琉璃厂古韵今朝，图集／北京市西城区文化委员会［编］．—北京：[北京市西城区文化委员会]，[2011]

44页；24cm

本图集由西城区文化委员会编，含琉璃厂街景、荣宝斋、中国书店、戴月轩、宏宝堂、汲古阁、清秘阁、茹古宅、电子商务、

第一街评审等内容。

C3/77　　　　　　　　　　　　0152

北京旧城胡同实录／施卫良，杜立群，马良伟主编．—北京：中国建筑工业出版社，2008

422页：图；29cm

ISBN 978-7-112-09974-0；CNY 159.00

本书通过考证调研，对胡同的概念确定了较为明晰的定义，同时梳理了胡同形成、演变的脉络，并以文字、图纸、图像的形式记录了北京胡同的保护与发展现状，对现阶段胡同真实状况作了总结，为今后胡同研究提供了较为完整的材料。

C3/78　　　　　　　　　　　　0153

胡同里的老北京／王艳芝，秦江涛编著．—北京：星球地图出版社，2013

196页：图，地图；24cm

ISBN 978-7-5471-1291-5；CNY 27.00

本书分为东城篇、西城篇，精选40多条最经典的胡同进行详细介绍，包括胡同的历史、人物、故事传说等内容，涵盖地理位置、乘车路线、周边美食等旅游资讯。本书信息量大，兼具导游与收藏价值。

C3/79　　　　　　　　　　　　0154

地名里的老北京／杨舒编著．—北京：星球地图出版社，2013

201页：图，地图；24cm

ISBN 978-7-5471-1092-8；CNY 27.00

本书以老北京地名为引子，通过对一个个地名的讲述，牵出地名背后所发生的鲜为人知的故事。书中开篇为北京的起源与变迁，后又分章节介绍了北京地名中的"龙"、

北京地名中的"坟"等内容,向读者展现了一个富有韵味的老北京。

C3/80　　　　　　　　　　0155

走街串巷品文化:大栅栏胡同游/芦秀荣主编. —北京:中共西城区大栅栏街道工委,[2010]

158页:图,照片;24cm

本书对大栅栏街道所辖114条街巷进行系统梳理,突显其历史沿革及文化符号,旨在传承复兴这个地区的历史文化、地域文化,让文化的魅力在新时期得以彰显。书中穿插大量胡同照片及素描作品,图文并茂。

C3/81　　　　　　　　　　0156

魅力大栅栏/田静,陈振海主编. —北京:[出版社不详],2012

60页:照片;26×25cm

本画册分文化新风、古街新韵、老店新颜、院落新貌四个篇章,展示了大栅栏地区文化元素传统与创新的新风、世纪老街沧桑与变化的新韵、百年老店继承与发展的新颜以及最美院落和谐与包容的新貌。

C3/82　　　　　　　　　　0157

北京市宣武区地名录/北京市宣武区人民政府[编]. —北京:北京市宣武区人民政府,1982

198页:照片;19×26cm

内部资料

本书编写于1982年,是一本查找、了解和校核宣武区地名的工具书。它为公安、民政、邮电、交通、文教、测绘、旅游、工商贸易、城市管理等方面,以及人民群众日常生活交往,提供标准化的街巷名称和有关的地名资料,是地名科学管理的基础资料。

C3/83　　　　　　　　　　0158

消逝中的风情:京城胡同/沈延太,王长青著. —台北市:龙图腾文化有限公司,2011

126页:照片;25cm

ISBN 978-986-6100-46-8;CNY 140.00

本书作者是一对居住在北京喜欢摄影的夫妻,他们走遍了京城的大小胡同进行采访摄影,旨在将行将消失的老北京胡同生活记录下来。全书共分为五部分,分别是城根儿胡同、京城胜景胡同、胡同里的故居和会馆、胡同人家的生活和胡同四合院的变迁。

C3/84　　　　　　　　　　0159

北京胡同故事/赵书主编. —北京:文物出版社,2009

255页:照片;21cm

ISBN 978-7-5010-2745-3;CNY 32.00

本书由北京民协许多民间会员以口头非物质文化遗产的形式对北京民间故事的收集整理并编撰而成,既是北京民间文学传承工作的一项具体成果,也是对"人文北京"、"文化北京"的宣传和诠释。

C3/85　　　　　　　　　　0160

北京地名漫谈/北京市地名办公室,北京史地民俗学会编. —北京:北京出版社,1990

187页;19cm

ISBN 7-200-01224-6;CNY 35.00

本书从北京的地名入手,梳理了北京城内地名的由来、发展及变迁等史料内容。全书收录文章约60篇,包括"话说德胜门"、

"长安街的变迁"、"北京的大西天和小西天"等篇,具有较高的史料价值。

C3/86　　　　　　　　　　　　0161

北京的胡同四合院:展览画册/北京市档案局(馆)编.—北京:北京市档案局(馆),[2013]

176页:照片,地图;29cm

本书为"北京的胡同四合院"展览的画册,通过132组件文物、500余件档案、100余张图片展示北京胡同四合院的丰富内容。全书分为胡同、四合院、人家三大部分,分别讲述胡同形成的历史渊源、胡同与城市规划的关系以及胡同四合院所呈现的北京人的生活轨迹。

C3/87　　　　　　　　　　　　0162

北京大栅栏:[中英对照]/艾丽,陈振海主编.—北京:[大栅栏街道工委],[出版年不详]

126页:照片;26×27cm

大栅栏地处北京正阳门西南侧,其古老的街市和建筑是古都北京重要的人文瑰宝和文化资源。本册图文并茂、中英对照,展示了大栅栏地区的银号、戏楼、胡同、琉璃厂文化、报业文化、会馆文化。

C3/88　　　　　　　　　　　　0163

云起时百年街景影像展 = Beijing Street Image 1912-2012.—北京:[出版者不详],[2012]

230页:照片;29×29cm

本画册立足城市普通行人的视点,将视线投向北京城市的公共生活空间之街景,撷取从不同视角、拍摄于不同年代的影像资料,展示北京城历经帝制皇城、民国北平、新中国首都之景象变迁。书中新旧照片交错排列,令人有穿越时空之感。

C3/89　　　　　　　　　　　　0164

城粹:西直门/[智地中国·北京焊桥房地产开发有限公司编].—北京:[智地中国·北京焊桥房地产开发有限公司],[出版年不详]

198页:照片;23cm

CNY 50.00

这是一本关于西直门的过去和现在的书。通过对城市源头的不断思考,从贵基、贵水、贵地、贵筑四个角度,全面展现了西直门不同时期的标志性建筑。书中穿插许多新旧图片,展示了西直门地区厚重悠久的历史和繁华蓬勃的今天。

C3/90　　　　　　　　　　　　0165

北京胡同文化/罗保平著.—北京:北京燕山出版社,2014

252页:图;23cm

ISBN 978-7-5402-3383-9;CNY 38.00

本书从北京城的历史发展与城市文化的角度探讨北京街巷胡同的发展源流、所表现出的各种文化现象与胡同中的社会生活,从政治、经济、文化与社会各个层面揭示了胡同文化的基本内涵与价值,对胡同研究是一种新的尝试。

C3/91　　　　　　　　　　　　0166

大栅栏胡同记忆/芦秀荣,罗光辉主编.—北京:[大栅栏街道工委],[出版年不详]

71页:图;29×21cm

本画册由大栅栏街道与徐悲鸿中学联合编印。大栅栏是老北京最古老城市肌理的文脉遗存，学生们用黑白画笔手绘而成的胡同画面，既是历史的图景，也是他们对历史的追忆和思考。

C3/92　　　　　　　　　　0167
坊间珍闻：什刹海访谈录 / 西城区文物保护研究所，西城区文物保护协会编 . —北京：北京出版社，2015
　　449 页：图，照片；24cm
　　西城文研
　　ISBN 978-7-200-11015-9；CNY 58.00
本书辑录什刹海地区散落在民间的各种传说、逸闻 80 余篇，这些传说和逸闻由民间百姓口口相传，内容丰富，并具有一定的史料价值。通过作者的挖掘与整理，展示了贴近地区老百姓的"接地气"的什刹海文化内涵，对什刹海的历史人文，起到拾遗补缺的作用。

C4/35　　　　　　　　　　0168
图说老北京：京门九衢 / 大运河翰林文化藏书编委会编 . —北京：中国书店，2010
　　199 页；26cm
　　大运河翰林文化藏书
　　ISBN 978-7-80663-529-2；CNY 62.00
本书横切清康熙至乾隆这一历史时代的断面，艺术地再现古都北京昔日恢弘繁盛的历史面貌。内容包括：老北京城的变迁与格局、西便门与阜成门、西直门、德胜门等。

C4/36　　　　　　　　　　0169
北京名胜 = Best Sights in Beijing：[中英文本] / 望天星，王勇编 . —北京：中国世界语出版社，1997
　　190 页；26cm
　　ISBN 7-5052-0157-3
本书图文并茂，并用中、英文对照介绍了天安门、故宫、北海公园、颐和园、天坛、圆明园遗址公园、大观园、长城、明十三陵、雍和宫、大钟寺、卢沟桥、香山公园等 13 处北京名胜古迹。

C4/37　　　　　　　　　　0170
北京风物佚闻录 / 宋经伦编著 . —北京：中国戏剧出版社，2000
　　277 页：照片，地图；20cm
　　古迹传说
　　ISBN 7-104-01008-4；CNY 19.00
本书从寺庙寻踪、古建佚闻、奇山探古、博物群览等方面介绍了北京地区五十多处风景名胜。其中包括西城的"帝王庙与无字碑"等。

C4/38　　　　　　　　　　0171
园林胜境 = Classical Gardens and Parks：[中英文本] / 王志纯主编 . —北京：北京美术摄影出版社，2003
　　331 页：图；29×29cm
　　ISBN 7-80501-261-X
　　精装：CNY 360.00
《北京风韵》为系列作品集。现有《名胜巡礼》《城池漫游》《园林胜境》。均由图片配以中英文注释。本书为《园林胜境》，以大量彩画、照片示以历史积淀。西城作为古都中心区，皇家园林建设占有绝对优势，是一套有收藏价值的图集资料。

C4/45　　　　　　　　　　0172

巍巍古都 / 王贵祥主编. —北京：外语教学与研究出版社，2010

288 页：图，照片；24cm

ISBN 978-7-5600-9882-1；CNY 53.00

本书选取在中国历史进程中占有重要地位的西安、洛阳、开封、南京、北京五个都城，逐一介绍其演变和特点，展现了中国城市文化的独特风貌。阅读本书，可增加读者对这些古都的了解，引起读者进一步探究的兴趣。

C4/47　　　　　　　　　　0173

中华名园大观 / 罗哲文，柴福善编著. —北京：机械工业出版社，2010

293 页：图；24cm

ISBN 978-7-111-29873-1；CNY 39.00

本书收录我国具有代表性的皇家园林和私家园林 70 余座，包括北京的北海、恭王府花园，上海的豫园，苏州的燕园等。在对这些园林进行翔实重点又全面的文字介绍的同时，辅以照片 300 余幅，是一本不可多得的保护和弘扬我国古典园林优秀传统的力作。

C4/48　　　　　　　　　　0174

古今北京 / 周沙尘编著. —北京：中国展望出版社，1982

407 页：照片，图；19cm

本书内容林林总总，古今兼收，包含北京中轴线、名园古迹、街道故事、古今文化、公用事业、名人故居等内容。全书用 36 万字记录了 10 个世纪以来的北京古城景象，对人们深入了解北京，具有一定的作用。

C4/48:2　　　　　　　　　0175

古今北京 / 周沙尘著. —北京：东方出版社，1989

517 页：照片，地图；21cm

ISBN 7-5060-0088-1；CNY 60.00

本书介绍了北京城的历史变迁、人物掌故以及当今概貌，内容丰富，资料翔实，是游览北京的寺庙、道观和文物古迹的指南。除此之外，它也是一本具有史地知识性的良好读物。

C4/49　　　　　　　　　　0176

北京中轴线历史文脉 / 沈方，张富强著. —北京：金城出版社，2011

254 页：图，照片；24cm

ISBN 978-7-80251-826-1；CNY 38.00

本书由北京市景山公园管理处编辑，以由南至北的顺序，介绍了中轴线上重要的历史建筑，以及通过历史、文化、建筑等体现出的中国优秀传统文化内涵。

C4/50　　　　　　　　　　0177

北京风景集萃 = Beijing in A Nutshell：[中英文本]. —北京：中国世界语出版社，1991

144 页：地图，彩图；26cm

ISBN 7-5052-0043-7；CNY 30.00

本书以图文并茂的形式介绍了北京天安门、故宫、北海、长城等 13 个著名风景古迹。其中包括西城区境内的北海、天坛、大观园、恭王府花园。

C4/51.1 (1)　　　　　　　0178

北京西城文物史迹. 第 1 辑，文物卷 / 刘季人编撰. —北京：北京燕山出版社，2011

13,357 页：图，照片；30cm

ISBN 978-7-5402-2758-6

精装：CNY 880.00（全2册）

本书为上下两册。上册为文物卷，收录西城区的历史文化保护区与文物保护单位；下册为史迹卷，收录西城区未列入文物保护单位的历史遗迹和进步爱国革命史迹，西城区历史上的文物保护机构作为附录。书中记述范围指的是2010年6月区域合并之前的西城。

C4/51.1（2）　　　　0179

北京西城文物史迹. 第1辑, 史迹卷/刘季人编撰. —北京：北京燕山出版社，2011

28,345 页：图，照片；30cm

ISBN 978-7-5402-2758-6

精装：CNY 880.00（全2册）

本书为上下两册。上册为文物卷，收录西城区的历史文化保护区与文物保护单位；下册为史迹卷，收录西城区未列入文物保护单位的历史遗迹和进步爱国革命史迹，西城区历史上的文物保护机构作为附录。书中记述范围指的是2010年6月区域合并之前的西城。

C4/52　　　　0180

像史学家一样逛北京/窦欣平著. —北京：北京燕山出版社，2012

257 页：图；21cm

ISBN 978-7-5402-2839-2；CNY 36.00

本书以新颖的角度、丰富的内容，图文并茂的把知识性、趣味性、可读性有机的结合起来，帮助广大旅游者了解北京历史和传统文化。作者着眼皇城古迹，以"史"命题，让读者了解景观背后的故事和文化内涵。

C4/53　　　　0181

第一至五批全国重点文物保护单位保护管理调研资料手册/国家文物局编. —北京：国家文物局，2006

553 页：照片，图；29cm

ISBN ；CNY 160.00

结合"十一五"规划，国家文物局、中国文物研究所组织调研工作小组，摸清第一至五批国保单位和申请第六批国保单位的省级文保单位的家底机器保护维修管理现状。本手册全面反映了至今为止调研工作小组所进行的调查、统计、分析和研究成果，内容简明、数据翔实、分类齐全、查询方便，可满足管理使用需要。

C4/54　　　　0182

城脉：图解北京古城古建/朱正伦，李小燕著. —北京：北京大学出版社，2011

201 页；24cm

ISBN 978-7-301-19355-6；CNY 35.00

本书汇集大量历史资料、图片、手绘图，从宏观上讲述古城北京的城门城墙、城池水道、街巷胡同、四合院民居及牌楼的概况；从微观上介绍其规制、形状、结构、作用、优势等欣赏的标准与尺度、内涵与品位。全书以图代述、以文解图、图文互补，有较强的可读性。

C4/55　　　　0183

北京秘境＝Inside Beijing：52段重新发现北京的旅程/牛文怡编. —桂林：广西师范大学出版社，2013

282 页：彩照，地图；24cm

理想国

ISBN 978-7-5495-2665-9；CNY 48.00

本书是《TimeOut 北京》杂志同名栏目的文章精选集，向读者展现了52处散落在北京城中的文化遗迹与历史遗存。本书可以作为北京文化观光指南、了解北京城市发展与保护的读物，也可以作为重新体验和发现当下北京的读本。

C4/55.2　　　　　　　　　0184

北京秘境. 贰，48段重新发现北京的旅程 /《TimeOut 北京》杂志编. —桂林：广西师范大学出版社，2013

265页：彩照，地图；24cm

理想国

ISBN 978-7-5495-4024-2；CNY 48.00

本书精选了北京的48处秘境，包括：湖广会馆、旧书局、老澡堂、三圣庵、皇家火神庙、原京棉二厂、报国寺、海淀镇、慈悲庵等。

C4/56　　　　　　　　　0185

古都北京 / 王南著. —北京：清华大学出版社，2012

476页：图，地图；23cm

ISBN 978-7-302-29477-1；CNY 65.00

本书从空间鸟瞰、历史沿革、各类型古建筑以及城墙、宫殿、坛庙、陵墓、园林、街市、民居、王府、会馆、寺塔、道观等各种建筑类型的角度逐一介绍，展现了古都北京在城市规划设计与古建筑营造方面取得的杰出成就。书后附有插图目录及图片来源。

C4/57　　　　　　　　　0186

北京风景名胜 = In Beijing：[摄影集] / 何宁主编. —北京：五洲传播出版社，2010

237页：照片；30cm

ISBN 978-7-5085-1878-7

精装：CNY 160.00

本画册力求成为北京风景名胜的最新百科画卷，囊括古今风景名胜150余处，精选国内外摄影师经典图片400余幅，直观、立体的展现北京古老而又现代的巨幅景致、迷人细节，彰显北京不可复制的独特魅力。

C4/58　　　　　　　　　0187

文物古迹览胜：西城区各级文物保护单位名录 / 北京市西城区文化委员会编. —北京：[北京市西城区文化委员会]，[2011]

274页：彩照，地图；29cm

本书由西城区文化委员会编。西城区共有三级以上文物保护单位184处，其中区级78处。本书收集内容主要是这78处区级文物保护单位的图片和文字资料。

C4/59　　　　　　　　　0188

西城史迹：宫苑·坛庙·王府 / 北京市西城区文史学会编. —北京：团结出版社，2013

380页：照片；24cm

ISBN 978-7-5126-1646-2；CNY 40.00

本书分皇家宫苑、坛庙祠堂、王公府邸三大篇章，重点阐释了西城区内皇家宫苑、祭祀坛庙和清代王府这三种皇家遗产，深入研究其历史内涵，对于揭示西城皇家文化的特点，认识西城在北京的历史地位和价值，具有重要意义。

C4/60　　　　　　　　　0189

烟雨楼台：北京大学图书馆藏西籍中的清代建筑图像 / 张红扬，邹新明主编. —北京：中国人民大学出版社，2008

313页：照片，图；26cm

ISBN 978-7-300-09377-2；CNY 128.00

本书用500幅珍贵的历史照片还原清代建筑，包括城墙和城门、城乡全景、宝塔名楼、牌坊、会馆、基督教堂、公使馆舍、教会学校、火车站、贡院考场、官府衙门、花园府第、亭台楼阁、寺庙、祭坛、陵墓、街道、桥梁。

C4/61　　　　　　　　　　0190

北京深处：帝业 仙境 不拔地／张淑媛，张淑新，韩然著. —北京：中国旅游出版社，2010

398页；23cm

ISBN 978-7-5032-3990-8；CNY 35.00

本书以北京现有的历史文物和遗存及传统语言习俗为主线，介绍遗存的历史发展、文化内涵及发生的真实事件和趣闻传说。包括皇朝建都、帝都皇宸、皇家园林、帝祚坛庙、皇帝陵寝五编。

C4/62　　　　　　　　　　0191

帝京景物略／（明）刘侗，（明）于奕正撰. —北京：故宫出版社，2013

12,263页：图；26cm

明清美文十种

ISBN 978-7-5134-0379-5；CNY 66.00

本书由明末刘侗、于奕正合著，本版由栾保群注。此书集历史地理、文化和文学于一体，详细介绍了当时北京各地的寺庙祠堂、山川风物、名胜古迹、园林景观及河流桥梁，细数它们的渊源所自、本来状貌、风格特征和历史变迁，是北京名胜景观方面最重要的参考书。

C4/63　　　　　　　　　　0192

北京广安门外名人与旧址／王克昌著. —北京：中共北京市西城区委广安门外街道工作委员会，[2011]

156页：照片，图；21cm

本书以作者旧时的记忆、客观的调查、翔实的史料、个人的评说，来展现广安门外地区的历史人文以及发展变化，时间上贯穿古今，是一本带有趣味性的小史书。

C4/64　　　　　　　　　　0193

古都情韵游西城：[中英文本]／[西城区旅游事业管理办公室编]. —北京：[西城区旅游事业管理办公室]，[出版年不详]

103页：照片，图；21cm

本手册以中英文向读者介绍了西城区阜景文化旅游街、什刹海历史文化旅游风景区、西外旅游商务区、特色旅游及旅游项目、自助游备要等内容，是一本适合随身携带的口袋书。

C4/65　　　　　　　　　　0194

走进西城／北京市西城区《走进西城》编写组编著. —北京：北京出版社，2012

154页：图，地图；26cm

北京市西城区地方实验教材

ISBN 978-7-200-08898-4；CNY 10.30

本书是一本以区域文化为视角的综合性高中地方教材，以新西城的地理环境、历史发展、民俗民居、商贸金融、文化艺术、城市建设、文化遗产保护等内容为载体，展现西城文化底蕴，体现了西城的社会变迁与文明进步。

C4/66　　　　　　　　　　0195

当代北京古建筑保护史话／北京市古代建筑研究所著．—北京：当代中国出版社，2014

191页：图；23cm

ISBN 978-7-5154-0390-8；CNY 35.00

本书是《当代北京史话丛书》中的一种。全书以时间为序，分成新中国成立前的北京古建筑保护、新中国初期的北京古建筑保护、文革中的北京古建筑保护、改革发展时期的北京古建筑保护、新世纪的北京古建筑保护等章节。

C41/2　　　　　　　　　　0196

追寻：北京市爱国主义教育基地导览手册／北京市爱国主义教育基地领导小组编．—北京：北京出版社，2013

280页：照片，图；20cm

ISBN 978-7-200-09460-2；CNY 26.00

本手册收录全市16个区县151家市级爱国主义教育基地的资料，包括咨询电话、讲解介绍、参观资讯、游览线路等。按照地域，如东城篇、西城篇、朝阳篇、海淀篇、丰台篇、石景山篇等进行分类。

C41/3　　　　　　　　　　0197

北京市革命遗址通览／中共北京市委党史研究室编．—北京：中共党史出版社，2012

190页：照片；29cm

"十二五"国家重点出版物出版规划项目

ISBN 978-7-5098-1293-8

精装：CNY 90.00

2010年中共中央党史研究室统一部署，对全市革命遗址进行了广泛详细的普查，在进一步掌握北京市革命遗址的基本情况及保存状况的基础上，提高对遗址保护与利用的认识，收集了大量有关资料和图片汇编成书。本书内含200多处遗址的简要介绍。

C421/6.1　　　　　　　　　0198

京门九衢图．上卷／中国国家博物馆监制．—北京：中国国家博物馆，[2006]

1幅；38cm

北京市文化局，北京市旅游局联合出品

CNY 2980.00（全2册）

本图集以项链串珠的形式来展示老北京城"内九外七皇城四"的20个城门格局及其城门文化和特殊功能，使读者能对老北京的城市外观和文化内涵有一个完整的印象。本版为限量发行珍藏版。

C421/6.2　　　　　　　　　0199

京门九衢图．下卷／中国国家博物馆监制．—北京：中国国家博物馆，[2006]

1册；38cm

北京市文化局，北京市旅游局联合出品

CNY 2980.00（全2册）

本图集以项链串珠的形式来展示老北京城"内九外七皇城四"的20个城门格局及其城门文化和特殊功能，使读者能对老北京的城市外观和文化内涵有一个完整的印象。本版为限量发行珍藏版。

C421/7　　　　　　　　　　0200

北京正阳门／卢迎红主编．—北京：北京燕山出版社，2009

148页：图；23cm

ISBN 978-7-5402-2085-3；CNY 68.00

本书为老北京城门城墙系列出版物，主旨是提供准确、详实的历史文献资料基础，全面地评述、考证北京正阳门作为一个古代建筑群，在城市历史中地位和功能的演变，反映出地域和民俗文化的形成与消弭。

C421/8　　　　　　　　　　　　0201

地安门的前世今生／吴雅山著．—北京：北京燕山出版社，2014

241页：图；24cm

ISBN 978-7-5402-3559-8；CNY 32.00

本书作者以自己的亲身体会和经历讲述了京城百姓的普通生活，内容都是耳闻目睹或实地走访的史料，京味语言纯正，有一种"口述历史"的味道。书中对地安门周边的胡同、旧宅、人物、风土人情的回忆，是一种珍贵的北京记忆。

C422/3　　　　　　　　　　　　0202

未开放的紫禁城：讲述你所不知道的紫禁城／陈连营编著．—北京：九州出版社，2010

280页：图，折图，照片；24cm

ISBN 978-7-5108-0253-9；CNY 36.00

本书不仅讲述皇宫神秘故事，且深入透析紫禁城的文化史迹，向读者展现了明清帝王的生活过往。

C43/7　　　　　　　　　　　　0203

北京皇家园林树木文化图考／冯广平[等]著．—北京：科学出版社，2012

12,359页：彩照，彩图；29cm

中国树木文化图考系列

ISBN 978-7-03-033379-7

精装：CNY 188.00

本书以"以图说史"、"以物证史"的手法，以380余幅图片和详确的文献考证，介绍了130余种北京皇家园林常见树木，描述树木的文化内涵、皇家园林的树木景观、造园历史及分布现状等。

C43/8　　　　　　　　　　　　0204

清代北京皇城写真帖＝Photographs of Palace Buildings of BeiJing／（日）小川一真摄影．—北京：学苑出版社，2000

1函（172张）；31×44cm

ISBN 7-80060-753-4（盒装）；CNY 980.00

本书是近代日本文物摄影家小川一真在北京考察时的摄影作品集。作品拍摄于1901年，包括北京城、紫禁城内九重殿门、西苑、万寿山、天坛、先农坛等地，每幅照片都附有文字说明，是研究中国历史文化、宫廷建筑、园囿构造、美术装饰、文物考古等方面珍贵的历史资料。

C431/7　　　　　　　　　　　　0205

北海景山公园志／北海景山公园管理处[编]．—北京：中国林业出版社，2000

464页：图；26cm

ISBN 7-5038-2686-X；CNY 180.00

景山公园1955年以前隶属故宫博物院，之后并入北海公园管理处。本志记述北海公园及景山公园的历史和现状，上限追溯到辽代会同元年（938年），下限至1994年底。附有大事记、建筑修缮年表（建国后）、各种统计表、地形图和照片。

C431/8　　　　　　　　　　　　0206

北海团城／张富强著．—北京：中国档

案出版社，2003

57 页：照片，图；19cm

ISBN 7-80166-304-7；CNY 36.00（全6册）

本书为适应旅游事业发展需要而编写，它从历史演变、园林景观、文化内涵等方面介绍北京西城的北海和景山园林。该分册介绍了北海和景山的悠久历史、团城古迹等。

C431/9　　　　　　　　　　0207

北海琼华岛/张富强著. —北京：中国档案出版社，2003

56 页：照片；19cm

ISBN 7-80166-304-7；CNY 36.00（全6册）

本书为适应旅游事业发展需要而编写，它从历史演变、园林景观、文化内涵等方面介绍了北京西城的北海和景山园林。该分册介绍了北海琼华岛的各处风景和总体情况等。

C431/10　　　　　　　　　　0208

北海北岸风光/张富强著. —北京：中国档案出版社，2003

56 页：照片；19cm

ISBN 7-80166-304-7；CNY 36.00（全6册）

本书为适应旅游事业发展需要而编写，它从历史演变、园林景观、文化内涵等方面介绍北京西城的北海和景山园林。该分册介绍了北海北岸的万佛楼、五龙亭、九龙壁、铁影壁、镜清斋等。

C431/12　　　　　　　　　　0209

北海/张富强著. —北京：中国档案出

版社，2003

56 页：照片；19cm

ISBN 7-80166-304-7；CNY 36.00（全6册）

本书为适应旅游事业发展需要而编写，它从历史演变、园林景观、文化内涵等方面介绍北京西城的北海和景山园林。该分册介绍了北海的历史渊源、北海的风景，如白塔寺、半月成、永安寺等。

C431/13　　　　　　　　　　0210

北海大佛殿遗址2010年考古发掘完工报告：[图集]/北京市文物研究所[编]. —北京：[北京市文物研究所]，2010

27 页：图；30cm

精装：CNY 245.00

本书为北海大佛殿的考古发掘成果，通过考古发掘，掌握了大佛殿的结构，丰富了北京地区藏传佛教考古资料，对研究佛教考古、清代藏传佛教与清王朝的关系具有重要意义。

C436/2　　　　　　　　　　0211

景山/张富强著. —北京：中国档案出版社，2003

58 页：照片；19cm

ISBN 7-80166-304-7；CNY 36.00（全6册）

本书为适应旅游事业发展需要而编写，它从历史演变、园林景观、文化内涵等方面介绍北京西城的北海和景山园林。该分册介绍了景山园林的历史沿革、景山的风景，如绮望楼、万春亭、寿皇殿等。

C436/3　　　　　　　　　　0212

景山牡丹/沈方，朱淑云，刘世亮撰

文. —北京：中国林业出版社，2008

152页：彩照；29cm

ISBN 978-7-5038-5128-5

精装：CNY 180.00

本书图文并茂的介绍景山公园的牡丹花会品种，有引进日本、欧美的牡丹、芍药等近百个品种，也有收集的中国牡丹品种。使景山公园的花卉品种不断扩大，新技术、新思路促进提高了花卉品种的培育技术。

C436/4（2003—10）　　　　0213

景山公园年鉴汇编：2003—2010／景山公园管理处编. —北京：景山公园管理处，2010

484页：照片，图；26cm

CNY 160.00

本书记述了景山公园自2003年成立，至2010年的发展情况，并收录科研课题、历年行政工作总结、论文、大事记、荣誉档案等内容，展示了景山的文化底蕴及景山人对科学发展和文化建园的探索。

C436/5　　　　0214

景山寿皇殿历史文化研究／张富强著. —北京：金城出版社，2012

343页：图；24cm

ISBN 978-7-5155-0476-6；CNY 48.00

本书对景山园林的历史文化做了简单介绍，对景山寿皇殿的建筑变化、文化特色、历史功能和景山文化传承中的重要作用进行了深入研究。全书33万字，收录大量历史资料，蕴含了丰富的科学文化。

C437/2　　　　0215

北京动物园志／杨小燕主编. —北京：

中国林业出版社，2002

404页：照片，图；26cm

ISBN 7-5038-3161-8

精装：CNY 200.00

本志记事年限为清光绪三十二年（1906年）至1994年。附录中留存自乾隆十二年（1747年）至清光绪三十二年前与本园地理位置内有关的文献资料。本志第一部分记述农事实验场时期；第二部分记述新中国成立以后本园的建设发展情况；第三部分为附录，简略记述乐善园、继园。

C44/7　　　　0216

寺庙北京／王同祯著. —北京：文物出版社，2009

445页：图，照片；23cm

ISBN 978-7-5010-2871-9；CNY 80.00

本书主要内容包括：寺庙与宗教；寺庙中的各种神仙；寺院及其他宗教场所的管理；北京各类寺庙的发展历史；细说北京的寺庙；北京寺庙的规模与建造等。

C44/8　　　　0217

中国著名的寺庙宫观与教堂／余桂元著. —北京：中国国际广播出版社，2011

144页：图；23cm

中国读本

ISBN 978-7-5078-3268-6；CNY 16.00

本书分为著名的佛教寺庙、著名的道教宫观、著名的伊斯兰教寺庙和著名的基督教教堂四章。其中包括今北京西城区的法源寺、白云观、牛街礼拜寺、天主教南堂、西什库教堂等宗教建筑。

C44/9　　　　　　　　　　　　0218

北京百家佛寺寻踪／善无畏，邬育伟著．—北京：新华出版社，2012

212页：图；26cm

ISBN 978-7-5011-9796-5；CNY 58.00

本书搜集有关北京最著名的百家佛寺的相关史籍文本，通过走访见闻，记录佛寺的历史传承、民俗故事和现有风貌。全书记录北京市一百家佛教寺庵，其中寺庵96所，加上雍和宫、西天梵境、宗镜大昭和万佛堂，共百家。

C44/10　　　　　　　　　　　　0219

北京寺庙＝Beijing's Temples：中英对照／张铭绘画／撰文．—北京：学苑出版社，2013

140页：图；19×22cm

故园画忆系列

ISBN 978-7-5077-4280-0；CNY 38.00

本画册收录北京各地寺庙素描画稿140幅，这些分布在京城街巷和郊野山川的寺庙殿宇，承载着北京深厚的历史文化。通过简洁的线条图画呈现出来，可以唤起读者对北京寺庙文化的记忆，领略北京寺庙文化的风采。书中对每个寺庙都附有简短的中、英文文字说明。

C44/11　　　　　　　　　　　　0220

城脉：图解北京坛庙／朱正伦，李小燕著．—北京：北京大学出版社，2013

190页：照片，图；25cm

ISBN 978-7-301-22040-5；CNY 32.00

本书以大量照片和精细绘图，解读北京坛庙的建筑、布局、绘画、塑像及祭祀文化。包括北京诸坛的沿革、现状、建筑特点、祭祀的目的和所涉及的历史人物及天神地祇。

C44/12　　　　　　　　　　　　0221

北京旅游手册：北京寺庙游／程芳编著．—北京：京华出版社，2008

190页：图；24cm

ISBN 978-7-80724-464-6；CNY 23.80

这是一本专门介绍北京宗教旅游景点的特色手册，内容涵盖全北京的寺庙、庵堂、教堂、道观、宗祠的基本信息，并重点介绍了北京特色素菜、清真菜馆、北京庙会、宗教礼仪等。

C441.9/9　　　　　　　　　　　0222

北京历代帝王庙古建筑修缮工程专辑／王效清主编．—北京：北京燕山出版社，2008

291页：彩图；29cm

ISBN 978-7-5402-1786-0

精装：CNY 360.00

本书内容包括：北京历代帝王庙的祭祀体系、北京历代帝王庙的修缮管理、北京历代帝王庙的修缮设计、北京历代帝王庙的油饰彩画设计等七大部分。

C441.9/10　　　　　　　　　　0223

先农神坛／董绍鹏，潘奇燕，李莹著．—北京：学苑出版社，2010

211页：图，照片；23cm

ISBN 978-7-5077-3664-9；CNY 30.00

本书以图文并茂的形式，叙述了我国古代祭祀先农及相关神灵活动的产生、发展历程，明、清、近现代北京先农坛的沧桑。

C441.9/11　　　　　　　　　　0224

北京先农坛／董绍鹏，潘奇燕，李莹著．—北京：学苑出版社，2013

331页：图，照片；23cm

ISBN 978-7-5077-4257-2；CNY 48.00

本书以通俗的语言，介绍了先农坛的方方面面，如昔日坛内各类祭祀礼仪沿革及特点、建筑沿革及重要建筑的特色、先农文化的意义及对今天的启示等。书后还附有详尽的明、清、民国的北京先农坛大事年表及部分历史档案资料。

C442/15　　　　　　　　　　0225

清真古韵= An old Musilm Ton-Beijing Niujie Mosque：北京牛街礼拜寺/明晓艳主编. —北京：文物出版社，2009

321页：照片；29cm

ISBN 978-7-5010-2820-7

精装：CNY 320.00

本书用中、英、阿拉伯文及图片，全方位记述了牛街礼拜寺的历史沿革、建筑艺术、寺藏文物、宗教习俗、文化交流等详实的资料，是一部有收藏价值的史料图集。

C442/17　　　　　　　　　　0226

报国寺/金开诚主编. —长春：吉林出版集团有限责任公司，2010

120页：照片；23cm

中国文化知识读本

ISBN 978-7-5463-1273-6；CNY 14.80

本书内容包括：四川峨嵋山报国寺；四川乐至报国寺；福建金饶山报国寺；江苏苏州报国寺等。

C442/18　　　　　　　　　　0227

北京佛寺：[画册]/凌凡编著. —北京：中国民族摄影艺术出版社，2010

80页：照片；20×21cm

中国佛教协会名誉会长一诚长老题词

ISBN 978-7-5122-0088-3；CNY 40.00

本书中英文对照。介绍西城区的佛寺含有西黄寺、广化寺、广济寺、北京佛教居士林、白塔寺、法源寺、天宁寺。

C442/19　　　　　　　　　　0228

晨钟暮鼓/张克群著. —北京：机械工业出版社，2010

15,121页：图，照片；24cm

华章文化

ISBN 978-7-111-31503-2；CNY 28.00

本书作者是梁思成先生的学生，书中主要讲述的是北京的宗教建筑、古寺、道观、教堂、清真寺。北京作为六朝古都，在随处可见的历代建筑背后有着怎样的故事？历史建筑之美又体现在何处？打开本书，作者会如数家珍般将这些典故向您娓娓道来。

C442/21.1　　　　　　　　　0229

放手拈花：居士佛学培训班学员感悟集.一/定明主编. —北京：北京佛教文化研究所，2009

304页：照片；21cm

CNY 22.00

北京佛教文化研究所（西城区广化寺内），已举办40届佛学培训班，毕业4000多人。本书收录学员应用佛法智慧，揭开生命面纱，化解生命疑惑，认清生命真相等文章，为佛教人间教育的阶段性成果。

C442/22.1　　　　　　　　　0230

北京宣南寺庙文化通考.上/李金龙，孙兴亚主编. —北京：学苑出版社，2009

16,488页：图；26cm

ISBN 978-7-5077-3359-4

精装：CNY 590.00（全2册）

本书是一部大型工具书，分上、下两册，是迄今为止北京宣南寺庙历史文化最为翔实的记录。收录自西晋至1948年12月，在宣南所建寺庙共计460处。所录寺庙资料包括：寺庙名称、兴建时间、寺庙地址、变迁、文献资料、碑文拓片、诗词楹联、新老照片、寺庙平面图等。

C442/22.2　　　　　　　　　0231

北京宣南寺庙文化通考．下／李金龙，孙兴亚主编．—北京：学苑出版社，2009

489-1071页：图；26cm

ISBN 978-7-5077-3359-4

精装：CNY 590.00（全2册）

本书是一部大型工具书，分上、下两册，是迄今为止北京宣南寺庙历史文化最为翔实的记录。收录自西晋至1948年12月，在宣南所建寺庙共计460处。所录寺庙资料包括：寺庙名称、兴建时间、寺庙地址、变迁、文献资料、碑文拓片、诗词楹联、新老照片、寺庙平面图等。

C442/23.1　　　　　　　　　0232

北京内城寺庙碑刻志．第1卷／董晓萍，吕敏（Marianne Bujard）主编．—北京：国家图书馆出版社，2011

47,312页：图，照片；30cm

本书出版得到中国佛学院资助

ISBN 978-7-5013-4482-6

精装：CNY 680.00（全2册）

本丛书是法国远东学院和北京师范大学合作项目"北京寺庙碑刻与社会史"的初期成果，主要研究北京内城的寺庙与碑刻，目的是了解寺庙在城市中的作用及其与市民的关系。共拟设十一卷，本书为第一卷。

C442/23.2　　　　　　　　　0233

北京内城寺庙碑刻志．第2卷／董晓萍，吕敏（Marianne Bujard）主编．—北京：国家图书馆出版社，2011

317-875页：图，照片；30cm

本书出版得到中国佛学院资助

ISBN 978-7-5013-4482-6

精装：CNY 680.00（全2册）

本丛书是法国远东学院和北京师范大学合作项目"北京寺庙碑刻与社会史"的初期成果，主要研究北京内城的寺庙与碑刻，目的是了解寺庙在城市中的作用及其与市民的关系。共拟设十一卷，本书为第二卷。

C442/23.3　　　　　　　　　0234

北京内城寺庙碑刻志．第3卷／（法）吕敏（Marianne Bujard）主编．—北京：国家图书馆出版社，2013

479页：图，照片；30cm

本书出版得到中国佛学院资助

ISBN 978-7-5013-5144-2

精装：CNY 350.00

本书致力于北京寺庙的清查与研究，研究限定于京城北部，即"内城"范围之内。本卷共涉寺庙157座，其中为143座寺庙编写了庙志，著录碑刻43通。这些庙志描述了寺庙建筑的存废情况，追溯寺庙活动，重构寺庙的历史。

C442/24　　　　　　　　　0235

兴慈运悲 同心同德：2008年／怡学主编．—[北京]：[北京广化寺]，2008

168页：照片；21cm

广化寺僧团追寻古德先贤的足迹，在2008年倡导行慈运悲的精舍和理念，发扬关爱世间、回报社会的精神。本书展现2008年广化寺的弘法工作，包括庄严奥运、播撒和谐；奉献慈爱、抗震救灾；传承文化、爱国爱教；友好交流、共增法谊等。

C442/25　　　　　　　　　　　0236

北京西黄寺重修纪念/[香港新鸿基地产郭氏基金，中国藏语系高级佛学院编].—北京：[香港新鸿基地产郭氏基金]，[出版年不详]

88页：图，照片；26×27cm

精装：CNY 220.00

西黄寺位于德胜门外黄寺大街，始建于清顺治八年（1651年），五世达赖喇嘛进京朝觐顺治皇帝，进驻西黄寺。2006-2008年西黄寺复建慧香阁，修缮天王殿，使寺庙焕然一新。本册是对西黄寺重建的纪念册，内含大量照片。

C442/26　　　　　　　　　　　0237

智化寺：[中英文本]/北京文博交流馆编.—北京：北京燕山出版社，2003

1册：图；21×19cm

ISBN 7-5402-1528-3；CNY 18.00

本画册以图文并茂的方式对智化寺的由来、历史沿革、建筑群等进行了简单的介绍，让读者对智化寺有一个初步的了解。书后附智华寺大事记，全书含中、英两种文字。

C45/7　　　　　　　　　　　0238

道教全真第一丛林北京白云观/周高德，张嗣坚[著].—北京：[北京白云观]，1999

41页：图；19cm

本书为北京白云观编印，通过建制沿革、殿堂及附属建筑两部分对白云观各建筑进行了详细介绍，附白云观平面图。

C46/3　　　　　　　　　　　0239

历史遗痕：利玛窦及明清西方传教士墓地/林华[等]编.—北京：中国人民大学出版社，1994

157页：彩图，彩照；26cm

ISBN 7-300-01941-2；CNY 50.00

本书以明清时期先后到中国来传教的利玛窦、汤若望、南怀仁为主线，记述了利玛窦墓及明清以来外国传教士墓地（利玛窦墓地在西城境内）的历史变迁，并附众多传教士墓碑碑文。

C46/4　　　　　　　　　　　0240

京师贤良祠入祀名臣传/北京市西城区文物保护研究所编.—北京：华夏出版社，2014

403页：图；24cm

ISBN 978-7-5080-8137-3；CNY 62.00

本书以西城区珍贵历史文化资源贤良祠为研究对象，深入挖掘、全面展示了贤良祠深厚的文化内涵。全书分为上、下两篇，上篇言"物"，收录有关贤良祠历史文化方面的五篇专论；下篇述"文"，辑录有清一代入祀贤良祠诸臣的传记。

C47/29　　　　　　　　　　　0241

恭王府 = Prince Gong's Mansion：[中英文本]/谷长江主编.—北京：现代出版社，2003

71页：彩照；26×27cm

ISBN 7-80028-444-1

精装：CNY 160.00

本画册为中英双语版，介绍了恭王府的历史沿革、建筑布局及人文景观，展现了恭王府邸古建筑的宏伟气势，勾勒出了恭王府的大致景观。

C47/34　　　　　　　　　　　0242

恭王府手绘图 = A Hand Painting of Prince Gong's Mansion：珍藏版/北京通典图书有限公司编著. —北京：五洲传播出版社，[出版时间不详]

1幅；57×87cm（折后22cm）

本图由北京通典图书有限公司编著，绘制并介绍了约建于清乾隆时期的恭王府府内的多福轩、银安殿、独乐峰、流杯亭、安善堂等各项古典建筑。

C47/35.1　　　　　　　　　　0243

名人故居博览，北京卷/全国政协文史和学习委员会，北京市政协文史和学习委员会编. —北京：中国文史出版社，2011

333页：图，照片；24cm

ISBN 978-7-5034-2060-3；CNY 61.00

本书描述的是中国近现代历史上在北京生活过的产生重大影响的著名人物和他们的寓所，包括政治、军事、科教、文化、艺术等各个方面，以文化名人居多。西城区被收录其中的有38处，包括陈垣故居、宋庆龄故居、纪晓岚故居等。

C47/36　　　　　　　　　　　0244

北京宣南会馆拾遗/白继增著. —北京：中国档案出版社，2011

456页：照片，地图；24cm

ISBN 978-7-5105-0179-1；CNY 68.00

本书以宣南为地域空间，记述了明清以来宣南会馆的发展历程和存续脉络，史料详实，考辨清晰，是宣南会馆史的资料总汇，对研究宣南文化有较强的借鉴作用。

C47/37　　　　　　　　　　　0245

北京安徽会馆志稿/王灿炽纂. —北京：北京燕山出版社，2001

488页：照片；21cm

北京市社会科学理论著作出版基金资助出版

ISBN 7-5402-1377-9；CNY 30.00

该书由原宣武区档案馆编。清代，北京前门外宣武区会馆林立。安徽会馆位于今琉璃厂以西，是其中建成较晚，规模最大的一个。由北洋大臣李鸿章和湖广总督李翰章兄弟牵头，安徽籍达官贵人集资兴建。

C47/38.1　　　　　　　　　　0246

北京名人故居，西城卷/罗保平主编. —北京：北京出版社，2011

206页：图，照片；23cm

ISBN 978-7-200-08701-7；CNY 32.00

本书作者原系西城区史志办主任。本卷名人故居包括宋庆龄、郭沫若、鲁迅、李大钊、齐白石、梅兰芳、程砚秋、张自忠、熊希龄、祖大寿、周作民、董必武等。

C47/38.2　　　　　　　　　　0247

北京名人故居，宣武卷/罗保平主编. —北京：北京出版社，2011

265页：图，照片；23cm

ISBN 978-7-200-08699-7；CNY 46.00

本卷包括顾炎武、京报馆和邵飘萍、康有为、孙承泽、杨继盛、纪晓岚、朱彝尊、鲁迅、谭嗣同、梁启超、荀慧生、龚自珍、杨小楼、张君秋、奚啸伯等50位名人故居。

C47/39　　　　　　　　　　0248

和恭仁文：恭王府大事记／孙旭光主编． ——北京：中国民族摄影艺术出版社，2012

189页：图，照片；30cm

ISBN 978-7-5122-0233-7

精装：CNY 238.00

本书为恭王府全面开放以来的工作回顾，恭王府确立为历史遗址博物馆、综合文化展示空间、文化旅游全面发展的产业平台，探索恭王府文化发展新模式，实现从一个单纯的旅游景点向业务全面发展的国家级博物馆的转型。

C47/40.1　　　　　　　　　0249

中国名人故居游学馆：胡同氤氲，北京卷／张文彦撰文． ——北京：中国画报出版社，2005

279页：图；23cm

ISBN 7-80024-878-X；CNY 29.50

北京现存名人故居在百处以上，其中正式开放的只有7家，本书所涉及的都是现在所能查考的住址，将近60处，体例上按照人物的历史定位、职业类型和其本身气质来有机组合。包括"什刹海畔的波涛旧友"，如宋庆龄故居、张之洞故居、郭沫若故居；"寻常巷陌中的非常公民"，如溥仪故居、溥杰故居等。

C47/41　　　　　　　　　　0250

华府新辉：2009-2012年新闻报道／孙旭光主编． ——北京：中国民族摄影艺术出版社，2012

185页：彩照；29cm

ISBN 978-7-5122-0229-0

精装：CNY 238.00

本书由2009至2012年国内多家媒体对恭王府的短篇新闻报道汇编而成，记录了恭王府的发展轨迹与成绩，塑造了恭王府良好的社会形象，对恭王府的建设发展起到了推动作用。包括文物保护篇、展览陈列篇、公共教育篇、文化发展篇、景区建设篇、产业发展篇等。

C47/42　　　　　　　　　　0251

王府华章：2009-2012年媒体报道／孙旭光主编． ——北京：中国民族摄影艺术出版社，2012

139页：彩照；29cm

ISBN 978-7-5122-0230-6

精装：CNY 138.00

位于什刹海西岸的恭王府，集历史交织、文化交织、艺术价值于一身。近年来，恭王府各项建设事业蓬勃发展，取得良好的社会效益和经济效益。2012年，恭王府荣膺5A级景区。本书汇集国内多家媒体对恭王府的长篇新闻报道，记录了恭王府的发展轨迹与成绩，塑造了恭王府良好的社会形象，对恭王府的建设发展起到了推动作用。

C47/43　　　　　　　　　　0252

城默：北京名人故居的人文发现／秦红岭主编． ——武汉：华中科技大学出版社，2012

192 页：图；24cm

京华筑梦系列 北京市哲学社会科学规划项目（SJ201110016009）北京市属市管高校人才强教计划资助项目

ISBN 978-7-5609-7702-7；CNY 38.00

本书以北京有代表性的名人故居为主题，记录这座城市中的名人故居风景，反思名人故居保护之痛。通过作者的讲述，读者可以细细品味出那些寄寓在老房子中的情怀和思想，感受北京独特的文化情调和厚重的人文气息。

C47/44　　　　0253

恭王府风水大观／张一指著．—北京：新星出版社，2012

302 页：图，画像；24cm

ISBN 978-7-5133-0792-5；CNY 60.00

本书从风水学的角度揭示了恭王府的风水意象，详细阐述了风水学理论在恭王府的设计建构中的具体应用，对恭王府的屋舍、泉石、树草都有鞭辟入里的解析，并由此折射出了王府的兴衰轨迹及历代主人的命运起伏等内容。

C47/45　　　　0254

胡同氤氲：北京卷／张文彦，潘达撰文·摄影．—合肥：黄山书社，2013

308 页：图，照片；21cm

中国名人故居游学馆 读图时代 760

ISBN 978-7-5461-3211-2；CNY 39.00

本书是《中国名人故居游学馆》系列丛书之北京卷，收录现今所能查考的名人故居近 50 处，按照人物在历史上的定位、职业类型进行编排，通过一个个历史人物及故居遗迹反射出北京的文化根系。

C47/46　　　　0255

恭王府 = Prince Gong's Mansion：探游之旅．—[出版地不详]：[出版社不详]，[出版年不详]

54 页：彩照；12×21cm

本册为恭王府的宣传小册，恭王府是中国唯一保存完整、向社会开放的北京清代王府。小册从概览、探景、赏悉、休闲等角度展示恭王府的府邸、花园、文化展览、家具展示等。

C47/47　　　　0256

恭王府 = Prince Gong's Mansion／边伟执行主编．—北京：新华出版社，2010

92 页；21×21cm

ISBN 978-7-5011-9325-7；CNY 58.00

本画册以图文并茂、中英文相结合的方式详细介绍了恭王府。书中既有恭王府的全景图，也有关于门钉、游廊、甬路等具体建筑的特写，并收录不同季节的图片相互映衬，是一本具有欣赏性的画册。

C47/48　　　　0257

恭王府：[画册]／孙旭光主编．—北京：新华出版社，2011

141 页：照片；29cm

ISBN 978-7-5011-9715-6

精装：CNY 128.00

本画册全面介绍了恭王府的全景、府邸、花园，详尽到每一条路、每一座楼、每一座庙及各个亭台水榭，大部分图片都附有简短的中、英文字说明。全书既展示了恭王府壮丽的王府建筑，也揭示了其蕴含的深厚的历史文化。

C47/49.1 0258

恭王府：[中英文本]，府邸. —北京：新华出版社，2010

201页；37cm

ISBN 978-7-5011-9104-8

精装：CNY 880.00（全2册）

本画册分府邸、花园两册。书中前部分用不少的篇幅、中英两种文字介绍了恭王府的地理位置、王府格局及特点、王府的巅峰时刻，使读者对恭王府的来龙去脉有一个大致的了解。后面的图片则让读者直观地感受到恭王府的古建园林之美及历史韵味。

C47/49.2 0259

恭王府：[中英文本]，花园. —北京：新华出版社，2010

201页；38cm

ISBN 978-7-5011-9104-8

精装：CNY 880.00（全2册）

本画册分府邸、花园两册。书中前部分用不少的篇幅、中英两种文字介绍了恭王府的地理位置、王府格局及特点、王府的巅峰时刻，使读者对恭王府的来龙去脉有一个大致的了解。后面的图片则让读者直观地感受到恭王府的古建园林之美及历史韵味。

C47/50 0260

玄识清远：恭王府志愿者李振生文集／恭王府志愿者管理委员会编. —北京：[恭王府志愿者管理委员会]，[2015]

382页：图，照片；24cm

本书作者是恭王府志愿者，他在志愿服务期间刻苦钻研，对恭王府及其相关历史进行了深入的研究。本书即是作者的研究成果，涉及古建筑、王府主人、典章制度、文化生活、文物藏品、趣闻轶事多个方面，是研究王府文化的重要资料，对志愿讲解服务有较大帮助。

C48/2.1 0261

北京辽金史迹图志：幽燕千古帝王州. 上／梅宁华主编. —北京：北京燕山出版社，2003

305页；29cm

ISBN 7-5402-1558-5；CNY 400.00（全2册）

本书收录北京地区辽、金两代的史迹，包括建筑遗址、桥梁、塔、碑墓志、摩崖等。

C48/2.2 0262

北京辽金史迹图志：幽燕千古帝王州. 下／梅宁华主编. —北京：北京燕山出版社，2004

316页；29cm

ISBN 7-5402-1558-5；CNY 400.00（全2册）

本书收录北京地区辽、金两代的史迹，包括建筑遗址、桥梁、塔、碑墓志、摩崖等。

C49/8 0263

北京的山水／王永昌，王冰编著. —北京：中国城市经济社会出版社，1990

194页；19cm

ISBN 7-5074-0448-X；CNY 8.00

本书从山水交会北京湾、绿黛峰岚西山美、连冈叠嶂燕山雄、美化京城的水域四个方面讲述北京的地质沧桑，西山、燕山的无尽风光以及永定河等美丽的水域秀姿。

C490/27　　　　　　　　　0264

寺·塔·亭／王宏芝，张东杰编著.—长沙：湖南科学技术出版社，2009

136页：图；23cm

ISBN 978-7-5357-5613-8；CNY 32.00

本书主要介绍了中国传统的寺庙、塔、亭建筑，包括佛寺、汉传佛寺、显通寺、悬空寺、藏传佛寺等。

C490/28　　　　　　　　　0265

中国最美的城区之一＝One of the Most Beautiful Urban Districts in China：北京什刹海／傅华主编.—北京：当代中国出版社，2008

136页：彩图；28cm

ISBN 978-7-80170-757-4

精装：CNY 298.00

本画册用中、英两种文字，以大量的图片及简短的介绍，从赏、忆、品、悦四个篇章把什刹海的文化底蕴、秀丽风光展现出来，让来自四面八方的人们感受什刹海的永久魅力。

C490/29　　　　　　　　　0266

北京的桥／王同祯著.—北京：北京燕山出版社，2000

157页：照片；20cm

ISBN 7-5402-1337-X；CNY 18.00

本书共分二环路上的桥、二环路以内的桥、三环路上的桥、其它地方的桥等章节，详细介绍了北京自古至今千余座桥梁的名称、位置、功能、形态及其历史传说。

C490/30.1　　　　　　　　0267

北京的文化名片什刹海. 上／王粤主编.—北京：中华书局，2010

18,458页：图，照片；23cm

ISBN 978-7-101-07494-9；CNY 180.00（全2册）

什刹海犹如北京城市记忆的博物馆，它将元代以来历史上的北京城、当今的北京城、未来的北京城连在一起，同时也将西城与北京、与世界链接起来。本书为上下册，共分"历史从'三海大河'走来"等五篇，西城区委书记林铎和区长张建东分别为本书作序。

C490/30.2　　　　　　　　0268

北京的文化名片什刹海. 下／王粤主编.—北京：中华书局，2010

460-930页：图，照片；23cm

ISBN 978-7-101-07494-9；CNY 180.00（全2册）

什刹海犹如北京城市记忆的博物馆，它将元代以来历史上的北京城、当今的北京城、未来的北京城连在一起，同时也将西城与北京、与世界链接起来。本书为上下册，共分"历史从'三海大河'走来"等五篇，西城区委书记林铎和区长张建东分别为本书作序。

C490/31　　　　　　　　　0269

不平凡的历程：纪念什刹海研究会成立20周年／北京市西城区什刹海研究会［编］.—北京：什刹海研究会，2010

156页：彩照；23cm

本书由什刹海研究会2010年4月编，为研究会成立20周年而作。以文字和图片相结合的形式，对研究会20年的历程进行了回顾。分为"回顾"与"展望、历史与记忆"两篇。

C490/32　　　　　　　　0270

什刹海的变迁 / 宋夫让著. —北京：北京联合出版公司，2013

170 页：照片，地图；21cm

ISBN 978-7-5502-1266-4；CNY 20.00

本书为《什刹海小丛书》之一，对什刹海的形成、变迁、演变，以及新中国成立以来保护、建设、发展的过程进行了系统的介绍。读者阅读本书，对了解什刹海的历史文化和民俗风情，游览观光有一定的指导作用。

C490/33　　　　　　　　0271

什刹海与北京城的中轴线 / 于永昌著. —北京：当代中国出版社，2013

11,215 页：照片，地图；21cm

ISBN 978-7-5154-0198-0；CNY 25.00

本书主要介绍什刹海与元大都城兴建时的中轴线的确定及什刹海与元大都中轴线的关系。重点书写了什刹海历史文化保护区在北京中轴线上或迤近的一些名胜景观，包括钟鼓楼、万宁桥、火神庙、地安门等重要建筑。

C490/34（2009—13）　　　0272

什刹海文化研究：2009-2013 / 杨胜博主编. —北京：[北京市西城区什刹海研究会]，2013

12,551 页：照片，图；24cm

本书梳理了什刹海研究会 2009 至 2013 年的工作成果，收录什刹海研究会成立 20 周年纪念活动、什刹海历史文化保护区可持续发展的研讨、什刹海历史文化保护区生态建设的研讨、文化传承与实践等专题报告及研究文章。

C490/35　　　　　　　　0273

什刹海九记 / 什刹海研究会《什刹海九记》编辑部编. —北京：当代中国出版社，2014

358 页：图，照片，地图；24cm

ISBN 978-7-5154-0353-3；CNY 72.00

本书是一本研究什刹海的文集，包括治海撷英、海域探微、文萃弘海、街海变迁、沧海遗珠、临海名人、海子旅游、三海园林、百家说海九个篇章，简称"九记"。书中的每一"记"都从不同方面对什刹海的研究进行归纳总结，为什刹海的保护开发提供了有价值的参考。

C490/36　　　　　　　　0274

什刹海与京杭大运河 / 尹钧科著. —北京：当代中国出版社，2014

10,211 页：图，地图；21cm

ISBN 978-7-5154-0417-2；CNY 25.00

本书为"什刹海历史文化丛书"之一。书中介绍了北京城市发展史、京杭大运河开通及漕运史、北京著名风景区什刹海与京杭大运河的历史关联、新中国成立后人民政府对什刹海地区保护、建设、管理的成效。

C71/3　　　　　　　　0275

中国游记 = Travel to China /（日）芥川龙之介著. —北京：新世界出版社，2011

209 页；23cm

ISBN 978-7-5104-1203-5；CNY 28.00

本书作者系上世纪 20 年代日本小说家。他以大阪"每日新闻"社记者的身份，于

1921年3月至7月游历了中国的上海、江西、湖北、北京、山西等地，写下了很多游记。其中有北京什刹海游记。

C72/6:2　　　　　　　　　　0276

老北京旅行指南：《北平旅行指南》重排本／马芷庠著．—北京：北京燕山出版社，1997

18,413页：照片，图；20cm

ISBN 7-5402-0970-4；CNY 36.80

本书详细记述了三十年代旧都沿革、名胜古迹、食住游览、旅行交通、工商物产、文化艺术、公共团体、社会公益、风土习俗等方面的丰富史料，并刊有珍贵的古迹名胜照片188幅，是了解老北京沧桑历史文化的一本难得的书籍。

C72/12　　　　　　　　　　0277

北京八路游／程惠敏，张楠著．—汕头：汕头大学出版社，2008

191页：地图，照片，图；21cm

一线城市特色游

ISBN 978-7-81120-290-8；CNY 28.00

本书是一位土生土成的地道北京人和一位游学北京3年的香港人的一次"京港crossover"的结晶，书中以8条主题路线带你游走北京皇城的大小角落，记下了作者最单纯、最直接的北京感受。

C72/14　　　　　　　　　　0278

大北京：最有京味儿的88个地方／张维维，宇琦编著．—广州：广东旅游出版社，2010

272页：图，照片；23cm

ISBN 978-7-80766-191-7；CNY 35.00

本书是一本独具特色的旅游指南，书中图文并茂地罗列了北京最具京味京韵的游玩、购物、美食胜地，更附有价格、乘车路线、温馨提示等小贴士，是日常休闲、旅行游览的好帮手。

C72/15.1　　　　　　　　　0279

游遍中国，北京卷／李麟主编．—西宁：青海人民出版社，2003

331页：地图，彩图；18cm

ISBN 7-225-02435-3；CNY 380.00（全20册）

本书按行政区划介绍了北京城内著名的旅游景点及胜地，内容以文字介绍为主，让读者对所游景点有尽可能多的历史认识。书中对西城区的白塔寺、北海公园、梅兰芳纪念馆、恭王府等建筑有详细介绍。

C72/16　　　　　　　　　　0280

老北京新北京：2012—2013／《旅游圣经》编辑部［编著］．—北京：北京航空航天大学出版社，2012

440页：彩图，地图；21cm

ISBN 978-7-5124-0682-7；CNY 39.80

本书是八位热爱北京的资深背包客的游记，他们访遍北京的胡同、城墙、寺庙、老街，以优美流畅的文笔诠释人文景观。该书信息翔实、图文并茂，以北京特色为核心，使老北京城市的独特气质描摹贯穿全书，为读者提供了最具北京特色的景点、宾馆、饭店、休闲地等信息。

C72/17　　　　　　　　　　0281

古都北京的民俗与旅游／刘宁波，常人春［编著］．—北京：旅游教育出版社，

1996

300页：地图；20cm

ISBN 7-5637-0646-1；CNY 35.00

这部民俗旅游丛书着眼于对祖国各旅游胜地民俗风情的介绍，弘扬民俗文化，介绍各地风土人情。它将中国各大旅游区的内容分成若干册编写，采取生动轻松的笔调，系统全面的介绍有关知识。它不仅介绍了地方的风光名胜，还突出了较深的历史文化内涵。

C72/18　　　　　　　　　　0282

美丽北京／《美丽中国》编辑部编．—北京：中国旅游出版社，2013

399页：图，地图；16cm

走遍中国

ISBN 978-7-5032-4646-3；CNY 32.00

本书是一本旅游导览手册，图文并茂地介绍了北京的长城、故宫、颐和园等知名旅游景点，以及特色美食、购物点等旅游资讯。书中附有交通路线、特色旅游线路等小贴士。

C72/19　　　　　　　　　　0283

北京宣南文化游／李金龙主编．—北京：中国旅游出版社，2004

162页：彩照，地图；24cm

ISBN 7-5032-2540-8；CNY 30.00

本书分话说名园、坛寺寻踪、会馆故居、特色街区、梨园之乡、胡同古韵六个章节展示了宣武区研究宣南文化、打造特色旅游品牌的工作成果，让读者深度了解宣南丰厚的历史文化内涵，展示了老北京传统文化的独特魅力。

C72/20　　　　　　　　　　0284

西引时尚 城载盛典＝A Fashionable and Fabulous Xicheng District／芦廷弘[主编]．—北京：[出版社不详]，[出版年不详]

106页：照片，图；24cm

古都西翼，拥有3000多年建城史，800多年的建都史。境内云集24项国家级非物质文化遗产、32处国家级文物保护单位、18片历史文化保护区和101处会馆。本书介绍了皇家园林、王府宅邸、宗教寺庙、名人故居、胡同会馆、老字号等文化遗产。

C72/21　　　　　　　　　　0285

惠游西城／北京市西城区旅游行业协会，大众点评网，什刹海商会合作编写．—北京：[出版社不详]，[2012]

153页：照片；11×15cm

本书不仅包括什刹海文化旅游节活动内容、西城区精品旅游线路推荐，还涉及阜景文化、什刹海、大栅栏、琉璃厂、西单、护国寺、金融街、牛街等历史文化、民族特色街区的旅游推荐和优惠活动。

C72/22　　　　　　　　　　0286

北京西城旅游一册通＝A Tour of Beijing, A Discovery of Xicheng：2012年版／北京市西城区旅游发展委员会[编]．—北京：[北京市西城区旅游发展委员会]，[2012]

272页：照片，图；19cm

本书根据西城区旅游资源特点，以历史概括、发现引导的介绍形式，将西城旅游全方位、立体地展现出来。全书分为古韵与时尚两大部分，古韵包括游王府、逛老街、访古刹等内容；时尚部分包括都市风貌、博物殿堂、视听盛宴等内容。

C72/23　　　　　　　　　　　0287

北京旅游手册／北京旅游出版社编．——北京：北京旅游出版社，1986

338页：彩照，图；19cm

本书从多个方面介绍了北京概况，如公园名胜古迹、文娱体育活动场所、特种工艺品、商店市场、银行通讯交通等。

C72/24　　　　　　　　　　　0288

北京西城旅游一册通＝ A Tour of Beijing, A Discovery of Xicheng：2010年版／北京市西城区旅游发展委员会［编］．——北京：［北京市西城区旅游发展委员会］，[2010]

260页：照片，图；21cm

本书根据西城区旅游资源特点，以历史概括、发现引导的介绍形式，将西城旅游全方位、立体地展现出来。全书分为古韵与时尚两大部分，古韵包括游王府、逛老街、访古刹等内容；时尚部分包括都市风貌、博物殿堂、视听盛宴等内容。

C72/25.1　　　　　　　　　　0289

读北京游西城：西城故事．上册／梁昌新主编．——北京：新华出版社，2013

301页：图；24cm

ISBN 978-7-5166-0645-2；CNY 158.00（全2册）

本书分上、下两册，以图文并茂的方式，生动活泼的语言说古道今，向读者讲述北京西城的故事。全书包括皇城·中轴线的故事、什刹海·护国寺的故事、大栅栏·天桥的故事、琉璃厂的故事、阜景街的故事、名人地理的故事等十大板块。

C72/25.2　　　　　　　　　　0290

读北京游西城：西城故事．下册／梁昌新主编．——北京：新华出版社，2013

3016-599页：图；24cm

ISBN 978-7-5166-0645-2；CNY 158.00（全2册）

本书分上、下两册，以图文并茂的方式，生动活泼的语言说古道今，向读者讲述北京西城的故事。全书包括皇城·中轴线的故事、什刹海·护国寺的故事、大栅栏·天桥的故事、琉璃厂的故事、阜景街的故事、名人地理的故事等十大板块。

C74/1　　　　　　　　　　　0291

北京旅行指南．——北京：北京旅游出版社，1990

316页：照片；19cm

ISBN 7-113-00969-7；CNY 4.70

本书为到北京短期旅游、顺道旅游、购物、经商、出差办事的人介绍北京的旅游景点、老号名店、商业网点等。除此之外，还介绍了商业企业的法人，编录了中央各部委及其机构的联系要素。

C743/1　　　　　　　　　　0292

西城区按比例安排残疾人就业工作经验材料选编／西城区残疾人联合会［编］．——北京：［西城区残疾人联合会］，2006

93页：图；21cm

"九五"期间，西城区被中残联评为按比例安排残疾人就业工作先进单位。为了进一步推动西城区残疾人就业工作，让全社会都来关爱帮扶残疾人，使残疾人平等参与社会，共享社会物质文化成果，本册将部分社会单位和残疾人就业的典型事例选编成册，供大家交流学习。

C8/28　　　　　　　　　　0293

京韵杂述 / 崔金生著. —北京：文物出版社，2003

262页：照片；19cm

ISBN 7-5010-1447-7；CNY 15.00

本书用通俗的语言、详实的史料，向人们讲述了北京的城垣街巷、亭塔湖桥、商贾饮食以及平民百姓日常生活的变化，使人民了解老北京的历史风貌、风俗民情。

C8/29　　　　　　　　　　0294

回望老北京 / 杨澄著. —北京：中国对外翻译出版公司，2008

371页：图；25cm

ISBN 978-7-5001-1857-2；CNY 187.00

《回望老北京》一书，以叙说方式，配以盛锡珊的老北京画，分九章讲述了老北京城的魅力所在——风土人情与古城建筑，是一本有收藏价值的史料图集。

C8/39　　　　　　　　　　0295

日下帝京天 / 张熙骄著. —北京：华艺出版社，2010

233页：照片，图；24cm

ISBN 978-7-80252-155-1；CNY 28.00

本书用通俗、风趣、诙谐的笔调将北京城三千多年的历史、民俗重新解说了一遍。北京城究竟有怎样的魅力？或者说，是什么样的人，什么样的事儿，又平添了这座城的魅力？作者用移步换景的写法，带领着读者一路走、一路瞧、一路回味。

C8/41　　　　　　　　　　0296

阿龙聊北京 / 卢文龙著. —北京：京华出版社，2011

235页：照片，图；24cm

ISBN 978-7-5502-0102-6；CNY 25.00

在本书中，阿龙聊到了西城境内的京城福地白云观、三三见九什刹海、商贾云集鼓楼前、西单、西四等。其中有纪晓岚、郭守敬等旧居西城的人物。

C8/42　　　　　　　　　　0297

老北京那些事儿：三品顶戴洋教士看中国 / （法）樊国梁（Pierre Marie Alphonse Favier）著. —北京：中央编译出版社，2010

405页：图；24cm

ISBN 978-7-5117-0196-1；CNY 49.00

本书对中国尤其是北京进行了近乎百科全书式的介绍。由于作者自身的西方教育背景以及神学、哲学等学术背景，其对中国历史、文化、生活的内容都有着独特的理解。本书还是一部讲述天主教在中国的传教简史，是国内关于清末天主教传行中国的重要一手文献。

C8/43　　　　　　　　　　0298

纵横北京 / 姚延甲主编. —北京：华文出版社，2008

183页：图；21cm

ISBN 978-7-5075-2470-3；CNY 18.00

本书的编写目的是帮助导游员更深入地了解北京历史和人文地理，通过导游服务将美丽的新北京展示给每一位游客。全书共分六章，以时间、区域为线索，通过对景观、建筑的介绍使读者更深切地体会到北京城市文化的厚重和北京市在保护古都文物方面所做出的不懈努力。

C8/44   0299

老北京人文地图／洪烛著．—北京：新华出版社，2010

280页：照片，图；24cm

ISBN 978-7-5011-9431-5；CNY 28.00

本书分重温老北京、古迹寻痕、斯文向往和京华烟云四部分，作者在描摹众多的皇宫王府、寺庙碑塔、城楼戏园、古墓名陵的同时也力图捕捞这些名胜古迹中尘封的脚印，为读者做地理与人文的双重导游。

C8/45   0300

北京往事／洪烛著．—广州：花城出版社，2010

203页：地图，照片；26cm

名城往事记忆之旅

ISBN 978-7-5360-6018-0；CNY 32.00

本书作者用特有的方位感，以时间为横轴，从远古的青铜时代到近现代的革命运动；以空间为纵轴，从中心的紫禁城到郊区的明十三陵，在旧与新、过去与现在的对比碰撞中，引领读者穿梭于历史与现实之间，感受着北京这座古老名城历史的沧桑和沉重。

C8/46   0301

传奇老北京：《日下旧闻考》解读／高桂莲，施连芳编著．—北京：中共党史出版社，2011

282页：图；24cm

ISBN 978-7-5098-0867-2；CNY 32.00

本书以《日下旧闻考》为引子，介绍了现存的皇城、皇宫紫禁城、内九外七十六座城门、天地日月坛、孔庙、关帝庙、药王庙、灶君庙等老北京著名建筑、园林等景点。

C8/47   0302

浅谈宣南文化／王克昌［著］．—北京：［出版者不详］，2009

151页：图，照片；20cm

CNY 30.00

本书由宣南文化博物馆顾问王克昌先生所著，并非全面论述宣南文化，而是一本更正宣南文化中错误之处的书籍，收录关于虎坊桥的方位、外城兴建时间、我国第一家通讯社等考证类文章近50篇。

C8/48   0303

北京城区历史文化传承论坛材料汇编／［北京市政协文史和学习委员会编］．—北京：北京市政协文史和学习委员会，2010

327页：照片；24cm

该书是北京市政协于2010年10月5日召开的"北京城区历史文化传承论坛"的领导讲话、专家发言、大会发言、书面发言资料汇编。本次论坛共收到包括西城区政协副主席许伟、政协委员马毅等人在内的论文40篇。

C8/49   0304

宣南赋／［《宣南赋》编委会编］．—北京：［出版者不详］，[2010]

212页：图，照片；24cm

CNY 30.00

该书由原宣武区委宣传部邀请在宣南地区生活和工作过的一些专家、作家、学者、记者，撰写的记述和反映宣南历史文化的文章组成。含"天桥文化还能继承发展吗?"、"读《石钟山记》感悟求真务实"、"画家纪清远绘就真实纪晓岚"等佳作。

C8/50-2　　　　　　　　　　0305

北京不为人知的人间烟火/贾云峰著. —北京：民主与建设出版社，2011

288 页：图；21cm

ISBN 978-7-5139-0101-7；CNY 38.00

本书发掘了老北京鲜为人知的陈年往事，将历史尘封的生活断面完整地展示出来。

C8/51　　　　　　　　　　0306

无双毕竟是家山：传说之外的老北京/朱小平著. —北京：金城出版社，2011

229 页：图，照片；23cm

重现传奇都城的民间碎影

ISBN 978-7-5155-0047-8；CNY 29.80

本书作者朱小平系媒体工作者。他的写作功底在于能够充分占据史料的基础上，从文化、文史考证的角度，用胜地、名人和(通)俗事，把京华旧景鲜活地展现给读者。本书内容大量记述了西城区境内的人物、事件、景致。如什刹海忆旧、翠花街5号与张学良"密宅"等。

C8/52　　　　　　　　　　0307

京华感旧录/周简段著. —长春：吉林出版集团有限责任公司，2011

321 页：照片；23cm

ISBN 978-7-5463-5143-8；CNY 38.00

本书作者为著名文史、专栏作家，早年生活在北京，1976年定居香港。本书共分人情、掌故、风土、艺文、名声五篇。内容涉猎名胜古迹、文物珍宝、文史掌故、民俗风情。其中包含中南海畔的"金鳌玉蝀桥"等西城史迹。

C8/53　　　　　　　　　　0308

闲话北京往事/马天骥著. —北京：电子工业出版社，2011

250 页：图；24cm

ISBN 978-7-121-13301-5；CNY 29.80

本书含胡同春秋、皇城纪事、老字号与北京小吃、古都文物、大杂院风情、京城商情六部分。在"皇城纪事"部分，记述了早年位于西单旧刑部街东口的西单剧场的演出和经营情况。

C8/55　　　　　　　　　　0309

沐浴书香·品味西城：读《北京西城文化史》征文集/北京市西城区图书馆[编]. —北京：[出版者不详]，[2008]

238 页：图；25cm

本书收录西城区图书馆承办的"沐浴书香·品味西城"读书活动的征文110篇。此次读书活动以《北京西城文化史》为主要书目，旨在培养读者爱读书、读好书的良好习惯，同时对进一步深入研究西城文化，继承和创新西城文化有一定的积极作用。

C8/56　　　　　　　　　　0310

京都志趣/高文瑞著/摄影. —北京：中国社会出版社，2010

288 页：照片；24cm

ISBN 978-7-5087-3224-4；CNY 48.00

本书是一部既有知识性又有可读性的文集，内容丰富多彩，描述神形俱现，带领读者从皇家行宫陵寝的遗迹、宗教寺庙的变迁和城池、胡同的演进，去体会京都历史的深邃厚重，使读者在掌握历史知识的同时，尽情享受艺术的美感。

C8/57　　　　　　　　　　　　0311

京城文脉／金人著. —北京：中国文史出版社，2012

307页：照片；24cm

ISBN 978-7-5034-3141-8；CNY 28.00

本书作者系《民主》杂志主编，文史学者，着重研究清史、民国史、北京传统文化，对图书馆文献学、目录学颇有研究，是西城区图书馆资深读者和图书馆课题服务的引路人。本书分文脉书香、国府档案、宝刹风流、王府名苑、城垣文化等专题，梳理了北京的文脉。

C8/59　　　　　　　　　　　　0312

沐浴书香·品鉴西城：2011年读者主题征文活动征文集／李金龙，阎峥主编. —北京：北京市西城区图书馆，北京市西城区宣武图书馆，2011

184页；25cm

本书由西城区图书馆、西城区宣武图书馆主编。为了贯彻新西城发展战略，体现新西城传统文化特质，西城区委宣传部、文委、社科联等单位联合，在全区发起了"沐浴书香·品鉴西城"读书活动。

C8/60　　　　　　　　　　　　0313

北京历史与文化论文集／高凯军主编. —北京：北京出版社，2007

290页：图，照片；23cm

ISBN 978-7-200-07000-2；CNY 60.00

本书收录各专家、学者关于如何保护、传承北京历史与文化的论文22篇，涵盖政治、经济、文化、宗教等各个方面，有较高的学术价值，对城市发展、文化传承有一定的借鉴作用。

C8/61　　　　　　　　　　　　0314

逝去的风韵 = Twilight of the Imperial Capital：德国摄影师镜头下的老北京／陈红彦主编. —北京：国家图书馆出版社，2011

115页：照片；26cm

ISBN 978-7-5013-4715-5

精装：CNY 260.00

本画册收录的100张照片均由德国摄影师佩克哈默在华期间拍摄，具体时间为1914年至1927年。根据不同的拍摄主题，全书分为宫阙园林、街衢市景、寺庙宫观、百姓生活四部分，每一幅照片都能引起观众心中那最深处关于北京、关于过去的共鸣。

C8/62　　　　　　　　　　　　0315

北京读本／陈平原，郑勇主编. —上海：华东师范大学出版社，2010

212页；24cm

ISBN 978-7-5617-7555-4；CNY 25.00

本书意在倡导对"地域文化"的关注，对"本土文化"资源的开发。作者通过这套读本编选，向中国的教育界，以至思想文化界和读者朋友发出一个呼吁——"认识你脚下的土地！"让人从中领悟民族精神建设的重要和生命的意义及价值。

C8/63　　　　　　　　　　　　0316

晚清明信片集萃／留伯仙编著. —北京：东方出版社，2003

307页：照片；26cm

ISBN 7-5060-1149-2；CNY 220.00

本书收录的明信片反映了清末至民初的社会实况，对研究中国近代史、文化史、社会史和列强侵华史等，都具有重要的参考价值。全书分为人物肖像片、宏伟的古代建筑片、各种社会风光景色片、列强国侵华的实证片等六大主题。

C8/64　　　　　　　　　　　　0317

老北京五十年／王永斌著．—北京：华艺出版社，2012

313 页：图，照片；24cm

ISBN 978-7-80252-332-6；CNY 36.00

本书作者以一名老北京人的身份，以亲见亲闻、半自传体的方式记述了1900年至1950年间，北京城世事人文的变迁和历史文化的沿革，再现了老北京人的精神风貌和生活状态，表达了对北京的深厚情感。尤其难能可贵的是，本书解决了北京史研究的诸多悬案，并对失传的"老北京玩意儿"进行了重新考察和再现。

C8/65　　　　　　　　　　　　0318

暮鼓晨钟：西城历史文化述要／程刚著．—北京：地质出版社，2012

172 页：图，照片；21cm

ISBN 978-7-116-07712-6；CNY 39.30

本书集西城历史文化札记12篇，讲述了恭王府、历代帝王庙、法源寺等地的历史变迁与掌故。每篇文章均含有作者独到的眼界和研究视角，不同于一般的文史书籍，读者可从书中感受到西城历史文化中的浓郁诗意。

C8/66　　　　　　　　　　　　0319

京腔京韵／刘国昌著．—北京：人民日报出版社，2010

281 页：图；24cm

ISBN 978-7-5115-0020-5；CNY 45.00

本书是一本介绍北京风土人情的文集。全书分成五个部分，分别是京城景物篇、京华风情篇、坊间民俗篇、胡同人家篇、娱乐休闲篇。全书字里行间充满京腔京韵，对深度了解北京有较大帮助。

C8/67　　　　　　　　　　　　0320

接地气的历史书：从前有个老北京／宝康著．—北京：华夏出版社，2012

234 页：图；24cm

ISBN 978-7-5080-6927-2；CNY 32.00

本书作者是80后的北京人，以诙谐的笔触介绍了老北京的城址建筑、人文古迹、历史渊源、民风民俗和典故传说，并配以古朴的老图旧照，展现了北京深厚的文化底蕴和独特的社会风情。

C8/68.1　　　　　　　　　　　0321

城市中国，北京之西贵／李建军著．—台北：台湾知识库股份有限公司，[2009]

344 页：图；21cm

ISBN 978-986-6354-03-8；CNY 65.00

本书从北京城三千多年的建城史、八百多年的建都史说起，阐述了"西贵之说"的由来及历史渊源，分析了权贵、富贵、文贵、尊贵在北京西部的具体体现，让读者领略到"西贵"的变化与内涵，以及其对中国的影响。

C8/68.2　　　　　　　　　　0322

城市中国，北京之南贫／李建军著．—台北：台湾知识库股份有限公司，[2009]

271 页：图；21cm

ISBN 978-986-635-401-4；CNY 51.00

本书描述了北京南部的地理与生活细节，揭示了北京南部的诸多秘密，探讨了北京之南跳跃式发展的警世之道以及"南贫之说"的由来。本书对读者重新认识北京南部有一定帮助。

C8/69　　　　　　　　　　0323

我的老北京印象＝Peking Studies：荷兰大使夫人之民国见闻／（荷）爱伦·凯特林（Ellen Catleen）摄影·撰文．—北京：中央编译出版社，2011

127 页：图；25cm

ISBN 978-7-5117-1104-5；CNY 32.00

本书是民国时期，荷兰驻华大使的夫人艾伦·凯特琳拍摄的老北京风光、民俗照片，配以适量文字，编成的旧京图集。书中再现了当时祥和、安静的北京城及北京人的生活。

C8/70　　　　　　　　　　0324

北京往事：渐行渐远老北京／张征著．—北京：中国青年出版社，2012

17,311 页；23cm

ISBN 978-7-5153-0315-4；CNY 29.00

本书为作者亲历亲闻的老北京人文风情和往事忆旧。文中涉及故宫、北海公园、景山公园、隆福寺、大栅栏等重要地区，记述皇城、街巷、胡同的市井文化，回忆了工农兵仪仗队、卖报趣闻、节日游行等往事。

C8/71　　　　　　　　　　0325

寻找老北京＝In Search of Old Peking／（美）L.C.阿灵敦（L.C. Arlington），（英）威廉·卢因森（W. Lewisohn）著．—北京：清华大学出版社，2012

11,322 页：图，地图；23cm

ISBN 978-7-302-27267-0；CNY 39.00

本书作者以一个外国人的独特视角，对20 世纪二三十年代的老北京进行了详细描述，并结合文史资料、民间传说和老照片，对已消失和正在消失的老北京进行了翔实记录，对于在实际踏勘过程中的体会和感受也有颇多的记载。

C8/72　　　　　　　　　　0326

魅力宣武／吴君楚主编．—北京：宣武区教育系统关心下一代工作委员会，[2010]

181 页：图；21cm

ISBN　；CNY 28.00

本书是一本对青少年进行区情教育的读本，收录介绍宣武历史文化、名人轶事、传统老店等相关文章 40 余篇，可以帮助读者全面地了解宣武的历史与今天，更好地了解宣武的魅力，激发青少年的爱国热情。

C8/73　　　　　　　　　　0327

北京精神与文化／李建平[等]著．—北京：经济科学出版社，2012

142 页：图；23cm

北京市社会科学界联合会重点学术活动资助项目／北京史研究会主编

ISBN 978-7-5141-2071-4；CNY 18.00

本书深入解析了北京精神的内涵。分为四个方面，爱国——北京精神的核心、创新——北京精神的精髓、包容——北京精神的特征、厚德——北京精神的品质，分别由北京史研究会四位专家从北京历史文化这个视角进行解读。

C8/74　　　　　　　　　　0328

城色 / 刘一达著. —北京：中国社会出版社，2010

279 页：图；24cm

《北京眼》书系

ISBN 978-7-5087-3372-2；CNY 28.00

本书出自京味作家刘一达笔下，描写了古老都城的色彩色调。2008 年北京奥运为北京城市现代化建设提供了发展空间和舞台，北京文物古建的大修缮，使北京这座六朝古都和现代化世界城市有了自己的特色，这就是北京的城色。

C8/75　　　　　　　　　　0329

融通历史文脉 共建美好西城：西城区政协委员谈古都历史文化传承 / [政协北京市西城区委员会编]. —北京：[政协北京市西城区委员会]，2011

197 页；24cm

2010 年，北京市政协与西城区、东城区政协共同举办了"北京城区历史文化传承论坛"，就行政区划调整、资源整合展示和传承北京城区优秀文化遗产，本书汇编了政协委员和有关人士的研讨文章及发言。

C8/76　　　　　　　　　　0330

熟悉·陌生北京城 / 邓菊英主编. —北京：学苑出版社，2013

339 页：图；24cm

ISBN 978-7-5077-4218-3；CNY 48.00

本书为"首图讲坛·乡土课堂"十周年纪念文集，从帝京气象、京城名胜、名人寻踪、京华风俗四个方面解密北京城背后的文化底蕴和鲜为人知的逸闻趣事。

C8/77　　　　　　　　　　0331

北京京城文化 / 高文麒 [著]. —北京：经济科学出版社，2013

215 页：图；24cm

文化中国 深度行旅

ISBN 978-7-5141-3410-0；CNY 49.80

本书是《文化中国》旅行丛书的北京卷。全书分成建筑与历史、艺术与文学、科学与工艺、生活与传统、饮食文化、实用信息六大部分，深度介绍了北京的旅游资源及京味文化，是一本具有文化性和知识性的旅行图书。

C8/78　　　　　　　　　　0332

北洋北京 = The Pageant of Peking：摄影大师的视界 / 唐纳德·曼尼（Donald Mennie）摄影. —北京：中央编译出版社，2013

182 页：照片；24cm

ISBN 978-7-5117-1515-9；CNY 48.00

本书作者曼尼是一位英格兰商人，业余摄影家。书中收录了曼尼 66 幅作品。这些作品透过篷车、晨雾、湖泊、古塔、寺庙、桥梁、街市、胡同等影像，展现了北洋政府时期北京城的魅力和人民真实的生活状态。

C8/79　　　　　　　　　　0333

走读京城角落 / 陈光中著. —北京：三联书店，2013

261 页：图；22cm

ISBN 978-7-108-04342-9；CNY 38.00

本书讲述的是隐藏在京城犄角旮旯里的一些故事。北海公园的西北角、白塔寺内奇特的塑像、什刹海散落的名人故居、菜市口众多的会馆……每一处景致，都有鲜为人知的故事隐含其中，书中娓娓道来，读者若细致辨析，就可读到一幅绚丽多彩的北京历史画卷。

C8/80　　　　　　　　　　0334
皇城北京／祝勇著．—北京：海豚出版社，2013
10,223 页：图，照片；20cm
ISBN 978-7-5110-1525-9
精装：CNY 30.00

本书是一本介绍北京城的著作，与其他类似图书不同的是，作者运作的是文学故事的创作方法，将北京城作为故事的主角进行讲述。全书分成前传：山重水复；正传：王者轴线；后传：蝶化今生三个部分，文艺气息浓厚。

C8/81　　　　　　　　　　0335
故宫墙外那些事儿．—北京：新华出版社，2013
429 页：图；25cm
我们的口述文化史
ISBN 978-7-5166-0472-4；CNY 39.80

本书是一部东华门地区民众口述文化史。全书分为东华地标、流金岁月、寻常百姓、胡同变迁，收录文章56篇，介绍了东华门地区丰富的文化遗产资源，能够帮助当代人留住对已逝去往事的记忆，让后代人了解东华门地区过往的历史。

C92/5-2　　　　　　　　　0336
北京市地图册／中国地图出版社编著．—北京：中国地图出版社，2008
93 页；21cm
ISBN 978-7-5031-4753-1；CNY 24.00

本图册收集北京市政区、北京市地形、北京市交通、北京市旅游、北京城区图，并对区县概况、旅游简介等作文字备注，有助于读者全方位了解区县情况。

C92/7　　　　　　　　　　0337
加摹乾隆京城全图／北京市古代建筑研究所，北京市文物局资料信息中心编．—北京：北京燕山出版社，1996
1 盒；42cm
ISBN 7-5402-0296-3
活页盒装：CNY 660.00

本图以乾隆年《京城全图》为底本，又经加摹，以示与其他版本的区别。乾隆年《京城全图》绘制方法采取平面和立面相结合的形式，使平面的地图兼有鸟瞰图的某些特点。加摹以影印故宫本为蓝本，日本版为参考，另作地名表、地名索引和分类索引。

C92/8　　　　　　　　　　0338
北京古地图集 = Beijing in Ancient Maps／苏品红主编．—北京：测绘出版社，2010
349 页；38cm
ISBN 978-7-5030-2016-2
精装：CNY 1800.00

本图集是从中国国家图书馆地图专藏和书型古籍中遴选出的58种108幅有关北京的中外古地图，大致按成图（书）或出版的时间先后编排而成。通过展示北京城市的空间布局、市政建设等发展变化，勾勒出了北京城市的空间发展轨迹。

C92/9　　　　　　　　　　0339

北京内外城详图／中国书店[编制].—北京：中国书店，[出版年不详]

1幅：彩色；106×78.5cm

ISBN 978-7-80663-874-3；CNY 13.00

本图据王华隆所制的民国初期北京地图影印，详细记录了民国初年北京城的整体面貌，城中主要街道、城门、建筑及政府机关、外国使馆、医院、学校等均标注于图上。下附北海名胜图、四郊名胜图、颐和园名胜图，并收录有交通、购物、旅游的详细信息。

C92/10　　　　　　　　　0340

明清北京城图／徐苹芳编著.—上海：上海古籍出版社，2012

147页：图，地图；27cm

ISBN 978-7-5325-6262-6

精装：CNY 108.00

本书是对《明北京城复原图》和《清乾隆北京城图》的重新整理。另有一批有关清末以来北京风貌的图片附于书后，反映出近百年来北京市容的巨大变化。

C92/11　　　　　　　　　0341

民国二十一年（1932年）最新北平全书详图／中国地图出版社[编制].—北京：中国地图出版社，2012

1幅：彩色；78×53cm

ISBN 978-7-5031-6376-0；CNY 16.00

本图为民国二十一年（1932年）的一张老地图。当时的北京正处于城市空间迅速扩张之前，保持了老北京城的本色。本图留下了历史变革的印记，图中还配有"北平电车站一览表"，增加了时代气息。

C92/12　　　　　　　　　0342

西城区街道地图集／西城区民政局编制.—北京：西城区民政局，[2011]

33页；42cm

CNY 60.00

本图集在2010行政区划调整后，辖区人口、面积、资源发生很大变化的基础上，突出"一核、一带、多园区"的区域特色，分幅、准确、详细地标示西城区15个街道及所辖255个社区的概况和北京市及国家政府机关办事机构，标注旅游景点、文化文物、特色餐饮、娱乐设施、交通服务等信息。

C92/13　　　　　　　　　0343

侯仁之与北京地图／岳升阳主编.—北京：北京科学技术出版社，2011

209页：照片；43cm

ISBN 978-7-5304-5469-5

精装：CNY 860.00

本地图集精选侯仁之先生所藏的北京地图147幅，分成教学科研绘制图、教学、研究参考用图两部分，每一部分按年代先后排序，并辅以必要的说明。本图集集中反映了侯仁之先生的学术思想和研究成果，读者也可据此认识北京的历史环境演化和城市发展历程。

C92/14　　　　　　　　　0344

北京市地图集／星球地图出版社编制.—北京：星球地图出版社，2009

194页：图；27cm

ISBN 978-7-80212-810-1

软精装：CNY 68.00

本书是中国分省系列地图集的北京卷，运用特殊的语言和符号，采用地图的表现形式，形象地反映了北京的政区、地势、交通、旅游等综合信息，为读者在工作学习和出差旅游中了解交通情况、地域特点和风土人情提供了实用的工具指南。

C92/15　　　　　　　　　　　　0345

北京市行政区划图志：1949—2006年／李绍纯主编． —北京：中国旅游出版社，2007

193 页；25×26cm

ISBN 978-7-5032-3262-6；CNY 128.00

本图志是依据1949-2006年间北京市市、区县、街乡镇三级行政区划调整变更的政府档案资料，并参阅有关历史文献编绘而成的。内容包括：各级行政建制设立、撤销、合并，行政区域界线变更，政区名称命名、更名，政府办公驻地迁移等。

C92:22/1　　　　　　　　　　　0346

西城区社区地图集／刘传铭主编． —北京：北京市西城区民政局，[2009]

328 页：彩色；25×26cm

内部用图

CNY 150.00

本图集依据西城区街道行政区划调整和社区居委会规模调整的工作成果编制而成，是一部以区、街、社辖区边界线为主题内容的专题地图集。在文字说明中，对区、街、社的政区沿革历史也作了简要叙述，具有较强的实用性。

C921/8（2009）　　　　　　　　0347

北京新视野地图册：8月新版中英对照．2009／芦金伟主编． —北京：中国地图出版社，2009

56 页；30cm

ISBN 978-7-5031-4962-7；CNY 12.00

本书是最可信的实地调绘，记录有详实的公交站点，最新的地铁线路和清晰的乘车指南。该书还有详细的居住社区，可以带读者游玩于山间田地。

C921/8（2010）　　　　　　　　0348

北京新视野地图册：新版中英对照．2010／芦金伟主编． —北京：中国地图出版社，2009

56 页；30cm

ISBN 978-7-5031-4962-7；CNY 12.00

本书是最可信的实地调绘，记录有详实的公交站点，最新的地铁线路和清晰的乘车指南。该书还有详细的居住社区，可以带读者游玩于山间田地。

C921/9（2011）-3　　　　　　　0349

北京人行车手册．2011／地质出版社地图编辑室，北京新时代信息咨询有限公司编． —北京：地质出版社，2010

290 页：照片，地图；27cm

ISBN 978-7-116-05722-7；CNY 56.00

本书内容丰富，图文并茂，信息含量大，包括北京六环城区行车地图、北京城郊自助自驾游、北京周边省市自驾游、驾车安全常识、行车实用信息、休闲餐饮信息等栏目。书中还介绍了北京16个区县及周边省市的自然风景、名胜古迹，是旅游爱好者非常实用的旅游指南。

C921/10　　　　　　　　　　0350

北京交通旅游详图／杨小燕主编．—北京：中国地图出版社，2005

1幅：彩色；111×83cm，折后28×21cm

图背面为北京城区地图（1∶240000），并附北京各城区图及各旅游景点及介绍等。

ISBN 978-7-5031-3797-6；CNY 10.00

本图由2010年1月修订，含北京市区各主要道路、医院、饭店、文化建筑等基础设施。背面为北京郊区地图，并附北京各城区图及各旅游景点介绍等。

C921/11　　　　　　　　　　0351

北京城市地图／中国地图出版社编制．—北京：中国地图出版社，2011

1幅（轴）：彩色；110×154cm 于155×8×8cm函套内

ISBN 978-7-5031-5604-5；CNY 138.00

本地图为2011年新版，城区地图按2010年7月调整后的区域格局绘制，即原东城、崇文、西城、宣武调整为新的东城、西城两个行政区。

C921/12-2　　　　　　　　　0352

北京城市地图集＝Beijing City Atlas：中英文对照／刘翔宇，赵亮主编．—北京：地质出版社，2009

220页；21cm

ISBN 978-7-116-05439-4；CNY 25.00

本书的地图覆盖了北京六环路以内的城区及全部郊区县。中心城区使用较大比例尺地图，详细地表示了北京道路交通、城区街道路网以及政府机关、公园景点、购物中心、医院、学校等与生活工作息息相关的信息。

C921/13　　　　　　　　　　0353

北京六环地图：2011／郭艳芳，孙建勇制作．—北京：中国地图出版社，2008

图1幅：彩色；折成29×15cm

有说明，附北京市全图、首都机场示意图、重点区域放大图等。

ISBN 978-7-5031-4764-7；CNY 8.00

本地图为2011年版，包括北京市全图、北京城区详图，另有五六环出入口、加油站、停车场、中关村地下环廊及地面行车图、首都机场T3航站楼示意图等详细交通信息。

C921/14　　　　　　　　　　0354

北京交通旅游全图：全开等比例不变形六环图／吴建民责任编辑．—北京：测绘出版社，2010

1幅：彩色；75×104cm

含轨道交通换乘示意图，城区重点区域扩大图，北京市全图，公交线路一览表和北京主要旅游景点图。

ISBN 978-7-5030-2059-9；CNY 10.00

本地图为2011年版。包括新东城区、新西城区行政区划变动后的地图信息和全市所有公交线路，并有故宫、天坛、北海、颐和园等重点景点介绍及美食、购物好去处等旅游信息。

C921/15　　　　　　　　　　0355

北京生活地图册／卢宜玉，赵杏英主编．—北京：中国地图出版社，2007

220页；29cm

ISBN 978-7-5031-4353-3；CNY 28.00

本地图册为2007年版，收录83个双幅的城区分幅图，包含北京城区、北京市周边交通旅游图、北京市主要景点图、北京轨道交通与主要换乘站等交通信息，是一本实用的北京生活指南参考书。

C921/16　　　　　　　　　　　0356

北京城市地图/中国地图出版社编制.—北京：中国地图出版社，2009

1 幅；111×162cm，折后 37cm

附北京地铁交通示意图

ISBN 978-7-5031-5033-3；CNY 16.00

本版地图为 2009 年印制，2011 年修订，包括行政区划、道路交通、旅游景点、社区地名等信息。下附北京地铁交通示意图。

C921/17 (2002) -2　　　　　　0357

北京交通游览图：最新版．2002/张建华主编．—北京：中国地图出版社，2002

1 张；60×86cm，折后 30×15cm

ISBN 7-5031-2538-1；CNY 4.00

本地图分正反两面，正面是北京旅游景点分布图，附有 18 条旅游线路及详细的公交线路信息；背面是涵盖北京各区、县的区划详图，含地铁示意图。

C921/18　　　　　　　　　　　0358

北京旅游生活/雷京华主编．—北京：中国地图出版社，2008

214 页：彩照，地图；26cm

ISBN 978-7-5031-4846-0；CNY 46.00

本书以地图的方式呈现了北京的一些现代城市景观、奥运景区、时尚热点地区、博物馆和名人故居、影剧院、酒吧和公园、游乐场等各类主题。地图上表示的是各类主题分布情况，关于主题的精华内容也有专门的描述。本版为 2012 年修订版。

C93：B/1　　　　　　　　　　0359

北京市国土资源地图集/董怡国，樊凯主编．—北京：测绘出版社，1990

46 页：彩色；37cm

ISBN 7-5030-0467-3

精装：CNY 110.00

本书是一本综合性较强的参考图集，由序图、自然资源图、经济、社会图和国土整治与环境保护图四个部分组成，共有 46 个幅面，上百余幅图和表，并附有大量的文字说明和统计资料，全面反映了北京市自然条件、自然资源及其开发利用状况。

C93：D/2.1　　　　　　　　　0360

北京历史地图集．[一集]/侯仁之主编．—北京：北京出版社，1988

128 页；35cm

ISBN 7-200-00553-3

精装：CNY 2300.00

本图集以今北京市辖区为制图区域，主要反映北京历代政区沿革及城市变迁，具有重要的学术价值。书末附有《北京历史地图集地名索引》。

C93：D/4.1　　　　　　　　　0361

北京文物地图集：[中英文本]．上/北京市文物局编．—北京：科学出版社，2009

421 页：图，地图；30cm

ISBN 978-7-03-022193-3

精装：CNY 880.00（全 2 册）

本地图集由北京市文物局编。运用地图形式科学概括了北京的历史沿革、历次文物调查资料及数十年的考古发掘成果；综合反映了北京市文物工作取得的学术成果；全面记录了包括西城区在内的北京市行政区划内已知不可移动文物的状况。

C93:D/4.2　　　　　　　　0362

北京文物地图集：[中英文本]．下／北京市文物局编．—北京：科学出版社，2009

443 页；30cm

ISBN 978-7-03-022193-3

精装：CNY 880.00（全 2 册）

本地图集由北京市文物局编。运用地图形式科学概括了北京的历史沿革、历次文物调查资料及数十年的考古发掘成果；综合反映了北京市文物工作取得的学术成果；全面记录了包括西城区在内的北京市行政区划内已知不可移动文物的状况。

C93:D/5　　　　　　　　0363

北京宣南历史地图集／侯仁之，岳升阳主编．—北京：学苑出版社，2008

208 页；38cm

中共北京市宣武区委宣传部、北京市宣武区档案馆项目主持

ISBN 978-7-5077-3181-1

精装：CNY 590.00

本地图集分城市的形成与沿革、城市文化、城市经济等主题，收录地图60余幅，详细记录了宣南地区从周代迄至民国各个历史时期的山川地望、宫苑官署、会馆寺庙、名人故居、园林学校、街市商肆、人口分布等信息，对保护宣南历史文化遗产具有十分重要的意义。

D 历史

D1/8　　　　　　　　　　　　0364

北京地方文献报刊资料索引历史部分／首都图书馆北京地方文献部编．—北京：北京市哲学社会科学规划领导小组办公室，1988

362页；26cm

北京社科规划项目

本书是首都图书馆1961年，从2800余种报刊中检索编制而成，收录清末以来有关北京的论文、资料。本书仅限于历史部分，始于1904年，迄于1949年。书中分为辛亥革命以前的北京、北洋军阀时期的北京、国民党统治初期的北平、抗日战争时期的北平、解放战争时期的北平及考古与掌故等六类，原索引中有关晋察冀边区资料，亦一并收入。内容相同的资料以文章发表先后为序，又以专题相对集中的方式，保持资料的系统性和完整性。内容丰富，查阅方便，是研究北京史志的必备工具书之一。

D1/14.1　　　　　　　　　　0365

北京历史纲要．上册／曹子西主编．—北京：北京燕山出版社，1988

252页；21cm

ISBN 7-5402-0108-8；CNY 21.00

本纲要准确记述了北京的地理位置、自然环境、区县设置、人口、面积等。截止到1986年，北京市有常住人口971.2万人，流动人口115万人。下册第四节"北京的文化教育"里记述了新文化运动的领导者和倡导者如康有为、李大钊、鲁迅等人。

D1/14.2　　　　　　　　　　0366

北京历史纲要．下册／曹子西主编．—北京：北京燕山出版社，1990

329页；21cm

ISBN 7-5402-0207-6；CNY 21.00

本纲要准确记述了北京的地理位置、自然环境、区县设置、人口、面积等。截止到1986年，北京市有常住人口971.2万人，流动人口115万人。下册第四节"北京的文化教育"里记述了新文化运动的领导者和倡导者如康有为、李大钊、鲁迅等人。

D1/16　　　　　　　　　　　0367

北京历史文化／罗哲文等著．—北京：北京大学出版社，2004

332页：照片，地图；21cm

北京高等教育精品教材

ISBN 978-7-301-07615-6；CNY 18.00

本书以北京广播电视大学"北京历史文化"电视课程的文字讲稿整理编辑而成。"北京历史文化"是北京广播大学重点建设的一门具有乡土教育性质的、学历与非学历通用型课程。它是普及、传播先进文化的极好教材，为继续教育、终身教育发挥了重要作用。

D1/17.1　　　　　　　　　　0368

北京通史．第1卷／曹子西主编．—北京：北京燕山出版社，2012

12,432页：图；21cm

ISBN 978-7-5402-2740-1；CNY 680.00（全10册）

本书是由北京市社会科学院组织编撰的一部系统叙述北京历史的多卷本学术专著。叙述时间自约70万年至20万年以前出现的"北京人"起，至20世纪80年代末止。依北京的历史沿革和发展特点，分编十卷：远古至魏晋北朝卷；隋唐五代卷；辽代卷；金代卷；元代卷；明代卷；清代（1644—1840）卷上；清代（1840—1911）卷下；民国卷；当代卷。内容包括建制沿革、政区城区、政治军事、城市建设、经济贸易、文化教育、民族宗教、社会生活等。

D1/18　　　　　　　　　　　0369

旧京市井风情图谱／周佳泉编／绘．—北京：[出版者不详]，2011

165页：图；21cm

北京为五朝古都，文化底蕴丰厚，四季分明，不同季节、不同情趣。本书拣些北京多已湮灭消失的市井风情，参阅有关史料，挂一漏万地写绘于后。包括旧城、出行、市场、民俗和娱乐五部分，共76篇短文，配76幅图。

D2/1（49—1985）　　　　　0370

北京古代史论著资料索引．1949-1985／[王滨生，沈平主编]．—北京：国际文化出版公司，1990

200页；19cm

ISBN 7-80049-630-9；CNY 80.00

本索引收集1949年至1985年国内发表有关北京古代史论著资料。本索引分报刊资料和书目两部分，内容编排以历史顺序为先后，同一历史年代的，以发表先后为序。

D2/1（86—2000）　　　　　0371

北京古代史论著资料索引．1986—2000／首都博物馆资料信息研究中心编．—北京：首都博物馆资料信息研究中心，[2001]

393页；20cm

本书是《北京古代史论著资料索引（1949-1985）》的续编。

CNY 40.00

本索引收集1986年至2000年国内发表有关北京古代史论著资料。本索引分报刊资料和书目两部分，内容编排以历史顺序为先后，同一历史年代的，以发表先后为序。

D21/1　　　　　　　　　　0372

北京史大事纪年 北京胡同丛谈：关于地名考证的几个问题／北京史研究会，北京市社会科学研究所历史室[编]．—北京：[北京史研究会]，1981

100页；18cm

北京史研究通讯·增刊

CNY 30.00

本书内容分为三个部分，分别是：北京史大事纪年（远古到秦汉时期的征求意见稿）、北京胡同丛谈、关于地名考证的几个问题。本书对北京史、尤其是城建史的研究，以及首都的城市规划、地名的定名更名等工作，都有一定的参考价值。

D24/1.1　　　　　　　　　0373

明实录北京史料．一／赵其昌主编．—

北京：北京古籍出版社，1995

10,567 页；21cm

ISBN 7-5300-0099-3 精装：CNY 135.00（全 4 册）

本书摘录了《明实录》中有关北京地区的各种史料，包括建制、宫室、城坊、帝王的活动、国家的政令、民众的生活、政治、经济、军事、文化、外交等各个方面。

D25/4.1　　　　　　　　　　0374

清宫述闻：初续编合编本．上／章乃炜等编．—北京：紫禁城出版社，2009

420 页；26cm

ISBN 978-7-80047-907-6；CNY 80.00（全 2 册）

本书为《清宫述闻》初编与续编合编本。上册为禁垣：皇城内紫禁城；外朝：午门迄保和殿；外朝：午门左 东华门内；外朝：午门右 西华门内；内廷：乾清门迄顺贞门之乾清门内南庑各处。

D25/4.2　　　　　　　　　　0375

清宫述闻：初续编合编本．下／章乃炜等编．—北京：紫禁城出版社，2009

421-808 页；26cm

ISBN 978-7-80047-907-6；CNY 80.00（全 2 册）

本书为《清宫述闻》初编与续编合编本。下册为内廷：乾清门迄顺贞门之乾清门内东庑各处；内廷：东西六宫等处；内廷：景运门东；内廷：隆宗门西；内廷：神武门。

D25/6-2　　　　　　　　　　0376

清代翰林院制度 = The imperial academy system in Qing dynasty ／邱永君著．—北京：社会科学文献出版社，2007

188 页：彩照；24cm

ISBN 978-7-80230-396-6；CNY 33.00

本书对翰林院制度的源流、发展和结局等诸多问题进行了系统研究，并对其消亡的深层次原因进行了较为深入的分析。本书论点鲜明，考证精详，是一部具有较高学术价值的史学研究成果。作者为中国社会科学院研究员，现居住于西城区砖塔胡同。

D25/7　　　　　　　　　　0377

晚清京师南城政治文化研究／赵雅丽著．—南京：凤凰出版社，2011

597 页；24cm

ISBN 978-7-5506-0797-2；CNY 68.00

本书将晚清士大夫文化和京师南城（主要是宣南）社会环境相结合，分析以南城中下层京官为主体的政治文化模式及其流变。

D25/8　　　　　　　　　　0378

紫禁城行走漫笔／杨乃济著．—北京：紫禁城出版社，2005

339 页：照片，图；23cm

ISBN 7-80047-523-9；CNY 35.00

本书集中展现了作者几十年来对京城、皇城、紫禁城的研究成果，分为史迹考辨、宫廷旧事、杂考杂谈三部分，涉及恭王府、西华门、长春园等具体内容。本书语言生动流畅，有较强的可读性，对清史和北京史研究也有一定的参考价值。

D25/9　　　　　　　　　　0379

宣南：清代京师士人聚居区研究／岳升阳，黄宗汉，魏泉著．—北京：北京燕山出版社，2012

11,350页：图，地图；23cm

国家社会科学基金资助项目

ISBN 978-7-5402-2782-1；CNY 36.00

本书为国家社会科学基金会课题项目的研究成果，是论述北京宣南文化的重要著作。该书从一个崭新的角度，全方位、多角度的审视宣南文化，开拓了宣南文化研究在文化地理上的新领域。本书与《宣南鸿雪图志》一起，成为研究宣南文化的基础性资料。

D25/10　　　　　　　　　　　0380

德语文献中晚清的北京／（德）艾林波，（德）巴兰德等著．—福州：福建教育出版社，2012

362页：图，照片；23cm

ISBN 978-7-5334-5904-8；CNY 49.00

本书辑译了19世纪下半叶德国外交官、记者、医生、商人、公使夫人等13篇北京游记，真实记录了他们对北京的观感，北京城市建设的变迁，从中展现晚清时期中国北京的社会世相。

D254/1　　　　　　　　　　　0381

北京市西城区宣武图书馆馆藏文献辛亥革命资料选编／[北京市西城区宣武图书馆编]．—北京：北京市西城区宣武图书馆，2011

200页：照片；24cm

本书将西城区宣武图书馆资料阅览部馆藏有关辛亥革命的文献资料进行收集整理，介绍了辛亥革命的主要人物、主要事件、主要报刊、主要会党等内容。书后附有辛亥革命大事年表及馆藏"辛亥革命"书目。

D254/2　　　　　　　　　　　0382

辛亥革命与北京西城：1911-2011／李茂福，吕燕裙主编．—北京：中共北京市西城区委宣传部，[2011]

70页；28×28cm

为纪念辛亥革命100周年系列活动，中共北京市西城区委宣传部等单位编辑出版了本画册。旨在传承辛亥革命光荣传统，深度挖掘辛亥革命的历史文化内涵，进一步宣传西城、了解西城，实施文化兴区战略。

D254/3　　　　　　　　　　　0383

辛亥革命与北京／王芸，董援朝主编．—北京：北京出版社，2011

10,436页：图；24cm

ISBN 978-7-200-08769-7；CNY 52.00

本书围绕辛亥革命与北京这一主题，汇集了60余篇亲历者的回忆文章，记录了辛亥革命时期发生在北京及北京周边地区的重要历史事件和历史人物。这些史料不仅有解放初期载涛、梅兰芳等名人的珍贵回忆，也有当代人新撰写的文章，反映了北京的地域特色。

D3/1　　　　　　　　　　　0384

北京人民革命斗争：1919-1949／中共北京市委党史研究室，首都博物馆编．—北京：北京出版社，[1991]

155页；26×27cm

ISBN 7-200-01480-X 精装：CNY 100.00

本书收集近600幅图片，反映出新民主主义革命时期北京人民革命斗争的轮廓。

D3/3　　　　　　　　　　　0385

北京西城革命史词典／赵兵，吕燕裙主

编. —北京：中央文献出版社，2014

22,330 页；21cm

ISBN 978-7-5073-4166-9

精装：CNY 58.00

本书收录了西城区域内新民主主义革命时期的历史资料，反映了西城人民在中国共产党的领导下为争取民族独立和解放的斗争历史。全书包括：运动·事件·会议；团体·组织；人物；遗迹·旧址；报刊·文献；综合编 6 大部分，共收词目 429 条。

D33/1.1   0386

日本侵华罪行实证：河北、平津地区敌人罪行调查档案选辑. 上册 / 徐俊德，王国华主编. —北京：人民出版社，1995

15,750 页；20cm

ISBN 7-01-002273-9；CNY 245.00（全 2 册）

本书所收史料，选自北京市档案馆所藏河北高等法院档案全宗，收选史料计 762 件，按罪行人犯罪地区排列，上册为北平、天津、唐山地区，下册为保定、沧州、石门等地区。

D33/1.2   0387

日本侵华罪行实证：河北、平津地区敌人罪行调查档案选辑. 下册 / 徐俊德，王国华主编. —北京：人民出版社，1995

14,751～1469,25 页；21cm

ISBN 7-01-002273-9；CNY 70.00（全 2 册）

本书收选史料计 762 件，按罪行人犯罪地区排列，上册为北平、天津、唐山地区，下册为保定、沧州、石门等地区。

D33/3   0388

西城追忆·抗战西城 / 中共北京市西城区委宣传部，北京西城区档案局，北京市西城区新闻中心编著. —北京：北京时代华文书局，2015

355 页：照片；26cm

ISBN 978-7-5699-0450-5；CNY 46.00

本书共收录《西城追忆》49 篇文章，内容包括烽火西城、沦陷岁月、奋勇抗争、英雄人物、往事追忆五个部分。通过对抗战时期的往事回忆，控诉了日本帝国主义侵略者给人民带来的深重灾难，讴歌了北平人民为中华民族的独立共御外侮的英勇行动。

D33/4   0389

西城抗战图史 / 吕燕裙主编. —北京：[出版社不详]，2015

82 页：照片，地图；23cm

本画册收录近 200 张老照片，展现了西城抗战的伟大篇章，每张照片里都蕴含着一段血与火的故事，都凝聚着先辈们不屈的灵魂。全书分为古都怒吼、日军铁蹄、民族抗争三部分，后附西城区抗战遗迹示意简图。

D4/4   0390

西城建设史 / 戴卫红主编. —北京：北京出版社，2008

405 页：照片，地图；21cm

ISBN 978-7-200-08534-1；CNY 48.00

该丛书由 18 部史稿组成，追溯北京区县建设源头，描述发展过程。本书记述内容以现辖区为主，适当溯及以往和相邻地区。涉及北平、北京前后两个时期，反映客观事物变化，时间跨度为 1949 年 1 月至 2007 年底。

D6/4　　　　　　　　　　0391

东方帝都＝Eastern Imperial Capital：西方文化视野中的北京形象／吕超著．—济南：山东画报出版社，2008

11,322页：图，照片；23cm

ISBN 978-7-80713-685-9；CNY 24.00

本书选择的作者有来京的旅行家、传教士、商人、外交官、军人、记者、作家等，他们从各个角度介绍了中华帝京的历史文化和风土人情。

D6/9-2　　　　　　　　0392

京城故事／树军编著．—北京：西苑出版社，2009

248页：图；23cm

ISBN 978-7-80108-944-1；CNY 32.00

本书整理了北京城从蓟城、金中都，到元大都、明清都城过程中的部分皇城史料，分京城谜事、京城怪事、京城丧事、京城憾事、京城婚事五大篇章，为读者讲述了天坛的石头、天桥的八怪，揭开什刹海、大栅栏之谜，引导读者探寻那些曾经风光无限的城阙故地。

D66/3　　　　　　　　　0393

西城回眸：北京西城老同志回忆／赵兵主编．—北京：中共党史出版社，2011

364页：图，照片；24cm

ISBN 978-7-5098-1526-7；CNY 38.00

本书通过老同志的记述，展示西城区的发展历程和辉煌成就。与《峥嵘岁月——北京西城老同志回忆》、《往事珍影——北京西城老同志回忆》共同构成回忆系列。从老同志回忆的角度，较为完整地反映了西城区的历史变迁。

D67/4　　　　　　　　　0394

北京记忆／中共北京市委党史研究室编．—北京：中央文献出版社，2007

350页：照片；24cm

ISBN 978-7-5073-2421-1；CNY 48.00

本书由八位老人的口述史组成。这八位老人是：武光、郭献瑞、刘导生、陈明绍、刘涌、王笑一、白介夫、王大明。

D67/5.1　　　　　　　　0395

老北京人的口述历史．上／定宜庄著．—北京：中国社会科学出版社，2009

526页：照片，图；26cm

ISBN 978-7-5004-8196-6；CNY 110.00（全2册）

本书是一部以口述访谈为主的史学专著，旨在通过老北京人的口述，反映晚清以来北京人的生活变迁和历史命运，进而追溯近百年北京城市生活变迁的历史。全书分上、下两册，其中上册的内城篇里的第二部分——天潢贵胄的被访谈者大多是居住在西城区的宗室王公后裔。

D67/5.2　　　　　　　　0396

老北京人的口述历史．下／定宜庄著．—北京：中国社会科学出版社，2009

528-871页：照片，图；26cm

ISBN 978-7-5004-8196-6；CNY 110.00（全2册）

本书是一部以口述访谈为主的史学专著，旨在通过老北京人的口述，反映晚清以来北京人的生活变迁和历史命运，进而追溯近百年北京城市生活变迁的历史。全书分上、下两册，其中上册的内城篇里的第二部分——天潢贵胄的被访谈者大多是居住在西城区的宗室王公后裔。

D7/1（2009）.2　　　0397

北京档案史料.2009.2，档案中的北京五四/陈乐人主编.—北京：新华出版社，2009

348页：图；20cm

ISBN 978-7-5011-8839-0；CNY 22.00

五四运动爆发90周年之际，北京市档案馆以档案史料为依托，在前人整理的基础上，深入挖掘研究馆藏，运用翔实的史料、珍贵的照片，活泼的语言，重新解读五四运动，还原五四运动历史进程。本书再现那段波澜壮阔的历史场景和重大社会变革中的人和事。

D7/1（2009）.3　　　0398

北京档案史料.2009.3，庆祝中华人民共和国成立60周年专辑/陈乐人主编.—北京：新华出版社，2009

353页：图；21cm

庆祝中华人民共和国成立60周年专辑

ISBN 978-7-5011-8966-3；CNY 22.00

本辑为国庆60周年纪念专辑，刊布了1949年开国大典的宣传工作计划及总结，反映1959年首都国庆十大工程建设、绿化工程建设和北京市文化艺术工作迎接国庆10周年活动情况等8组史料。

D7/1（2009）.4　　　0399

北京档案史料.2009.4/陈乐人主编.—北京：新华出版社，2009

311页：图；20cm

ISBN 978-7-5011-9072-0；CNY 22.00

本书包括1935年北平时重修明长陵史料；北平解放后的首次工业登记；北京市私立中学沿革史；1958-1959年北京市开展群众文化工作史料选；李大钊早期宪政思想之基本内容及其实践活动；北京鲁籍会馆的近代变迁；高君宇、石评梅墓碑迁移始末等。

D7/1（2010）.1　　　0400

北京档案史料.2010.1/陈乐人主编.—北京：新华出版社，2010

310页：图；20cm

ISBN 978-7-5011-9184-0；CNY 22.00

本书内容包括：北平解放后第一次工业展览会、北平解放后的首次工业登记、北京市私立中学沿革史、北京市1954年手工业调查史料等。书中有位于西城区的华北中学、立达初级中学等学校的历史和沿革。

D7/1（2010）.2　　　0401

北京档案史料.2010.2/陈乐人主编.—北京：新华出版社，2010

337页：图；20cm

ISBN 978-7-5011-9279-3；CNY 22.00

本书内容包括：1954年北京市饮食、旅店、浴池、理发、照像业调查史料；1955年北京市河湖状况；新中国成立十年来北京市劳动保护工作成就等，还有关于什刹海、陶然亭等水系在1955年时的准确数据。

D7/1（2010）.3　　　0402

北京档案史料.2010.3，档案中的北平抗战/陈乐人主编.—北京：新华出版社，2010

326页：照片；20cm

ISBN 978-7-5011-9361-5；CNY 22.00

本书内容包括："九一八"后北平人民抗日活动史料选、1933年北平邮务工人斗争史料选、北大学生会声援卢沟桥抗战文件、北平突围血腥录等。书中有赵登禹大战广安门并殉职的详细史料。

D7/1（2010）.4　　　　　　0403

北京档案史料. 2010.4／陈乐人主编. —北京：新华出版社，2010

345页：照片，图；20cm

ISBN 978-7-5011-9454-4；CNY 22.00

本辑内容包括：1947年北平市筹备参加全国国货展览会史料、解放初期北京市改造连环画工作史料选、1956年北京市革命老根据地情况调查、1959年北京市女工劳动保护工作史料、明朝万历年间延庆的水利开发等。

D7/1（2011）.1　　　　　　0404

北京档案史料. 2011.1／陈乐人主编. —北京：新华出版社，2011

255页：照片；21cm

ISBN 978-7-5011-9592-3；CNY 28.00

本辑主要刊布以下史料：20世纪50年代初北京市社会购买力调查；1953年北京市贯彻婚姻法运动史料；20世纪50年代北京市人民生活情况调查；20世纪30年代中前期北平中学教师研究；明代北京城门司职与管理等。

D7/1（2011）.2　　　　　　0405

北京档案史料. 2011.2，档案中的北京党史与党建／陈乐人主编. —北京：新华出版社，2011

714页；24cm

ISBN 978-7-5011-9645-6；CNY 88.00

本书精选北京档案馆馆藏的关于北京党史与党建的档案，揭示了建党初期北平地下党工作的艰辛及建国后党建工作的方方面面，全书分为史料篇和文件篇两部分，时间自1919年至1965年。

D7/1（2011）.3　　　　　　0406

北京档案史料. 2011.3，辛亥革命后的北京／北京市档案馆编. —北京：新华出版社，2011

558页；24cm

ISBN 978-7-5011-9718-7；CNY 66.00

本书由北京市档案馆编。辑录了民国初年诸多政党的原始资料、若干重大历史事件的原始档案、孙中山灵榇奉移以及辛亥义士纪念档案等。

D7/1（2011）.4　　　　　　0407

北京档案史料. 2011.4／陈乐人主编. —北京：新华出版社，2011

262页；24cm

ISBN 978-7-5011-9797-2；CNY 28.00

本辑主要刊布以下史料：20世纪50年代初北京市社会购买力调查；1953年北京市贯彻婚姻法运动史料；20世纪50年代北京市人民生活情况调查；20世纪30年代中前期北平中学教师研究；明代北京城门司职与管理等。

D7/1（2012）.2　　　　　　0408

北京档案史料. 2012.2，档案中的北京文化／吕和顺主编. —北京：新华出版社，2012

553页；24cm

ISBN 978-7-5166-0004-7；CNY 66.00

本书共收录史料19组，其中新公布史料6组，主要内容有：20世纪50年代中期北京天桥剧场扩建史料、20世纪50年代后期北京市整顿和改造民间职业剧团史料、北京市文化艺术工作迎接国庆十周年史料选等。

D7/1（2013）.1　　　　　　　　0409

北京档案史料.2013.1／吕和顺主编.—北京：新华出版社，2013

304页：图；24cm

ISBN 978-7-5166-0438-0；CNY 35.00

本期档案史料包括20世纪50年代初北京市失业救济工作史料、1955年北京市公共交通远景规划草案初步意见、新中国成立后北京市十五年来教育事业发展史料、1972—1974年北京市地下水污染调查、清代京师的官营手工业等内容。

D7/1（2013）.2　　　　　　　　0410

北京档案史料.2013.2／吕和顺主编.—北京：新华出版社，2013

294页：图；24cm

ISBN 978-7-5166-0552-3；CNY 35.00

本期档案史料包括20世纪50年代北京市园林工作史料、1959年国庆绿化工程栽植大树总结、元明清时期北京城的建设、水井分布与清末北京城空间选择初探、前门大街等内容。

D7/10.66　　　　　　　　　　0411

北京文史资料.第66辑／北京市政协文史资料委员会编.—北京：北京出版社，2002

261页：照片；21cm

ISBN 7-200-04752-X；CNY 15.00

本辑"新闻出版"和"日伪史料"栏目的文章具有较高的史料价值。特意收录了话剧表演艺术家于是之先生的《土改日记》，留下了珍贵史料。

D7/10.67　　　　　　　　　　0412

北京文史资料.第67辑／北京市政协文史资料委员会编.—北京：北京出版社，2004

283页：照片；21cm

ISBN 7-200-05176-4；CNY 16.00

本辑以人物文章为主，《我所知道的于是之》为特稿。《海瑞罢官》一文介绍王雁对新中国戏曲改革的重大贡献。"京剧杂谈"收录了普通人的自述《我爱京剧》。

D7/10.68　　　　　　　　　　0413

北京文史资料.第68辑／北京市政协文史资料委员会编.—北京：北京出版社，2004

298页：照片；21cm

ISBN 7-200-05622-7；CNY 16.00

本辑选用剧作家李龙云的文章《今夜江心屿，月明风清——我心目中的文天祥》。连载冯其利撰写的《清朝王公府第》。"人物春秋"介绍冰心、老舍、郭小川等文化名人的生活片段。

D7/10.69　　　　　　　　　　0414

北京文史资料.第69辑／北京市政协文史资料委员会编.—北京：北京出版社，2004

313页：照片；20cm

ISBN 7-200-05650-2；CNY 16.00

本辑编录了鲜为人知的"张学良将军、蒋纬国先生访问记"；介绍了西安饭庄、玉华台饭庄；刊发了一组"五七干校纪实"文章，真实再现了知识分子在特定历史环境下的生存状态和心路历程。

D7/10.70　　　　　　　　0415

北京文史资料．第70辑／北京市政协文史资料委员会编．—北京：北京出版社，2005

331页：照片，图；21cm

ISBN 7-200-06363-0；CNY 18.00

本辑除收录纪念文章外，还收录了一些记录名人名居风采的文章，如《美术馆后街22号院》、《我所知道的作家杨朔》。其中有对五七干校生活的回顾，有记述京剧电影的史料，有对清廷府第的考察和调研。

D7/10.75　　　　　　　　0416

北京文史资料．第75辑／北京市政协文史和学习委员会编．—北京：北京出版社，2009

305页：图，照片；21cm

ISBN 978-7-200-08032-2；CNY 19.00

本辑特设专栏，纪念北平和平解放60周年。"改革开放30年回眸"收录《高考·留学·归国》等文，"人物春秋"收录《周恩来与梅兰芳二三事》，介绍了成仿吾、荀慧生、孙敬修、郭布罗·润麒等文化名人。

D7/17　　　　　　　　0417

北京文史五十年／王芸主编．—北京：中国文史出版社，2009

472页：照片；24cm

ISBN 978-7-5034-2527-1；CNY 50.00

本书记录了北京市文史资料工作的发展历程和广大文史工作者从事文史资料工作的经历、经验和体会。

D7/21.1　　　　　　　　0418

北京史研究．一／北京市社会科学院历史所编．—北京：北京燕山出版社，1986

392页；19cm

本书目录为中英文对照

本书是北京史研究会委托北京市社会科学院历史研究所负责编辑的北京史论文集。收入23篇论文。书末附有《北京史论文索引》（1982年）、《一九八二年北京史书目》。

D7/26　　　　　　　　0419

北京史研究会成立二十周年暨北京史研究与社会发展学术研讨会文集／北京史研讨会编．—北京：中国书店，2001

304页；21cm

ISBN 7-80663-106-2；CNY 40.00

本书由"北京史研究会成立20周年暨北京史研究与社会发展学术研讨会"的大会发言和论文材料集结而成，内容上重点讨论了北京城市现代化与历史文化遗存保护问题和北京文化建设与历史文化传承问题。

D7/27　　　　　　　　0420

燕都春秋／曹子西主编．—北京：北京燕山出版社，1988

421页；20cm

本书是北京市社会科学院历史研究所研究成果论文集。

ISBN 7-5402-0121-5；CNY 45.00

本书文章是从北京社会科学院历史研究所的研究成果《北京通史》、《今日北京》、《北京历史纲要》等书中选取出来的，集中反映了北京地区的主要史实，对于学习北京史、研究北京史有一定的参考价值。

D7/28.1　　　　　　　　　　0421

北京史苑. 第1辑/北京市社会科学研究所《北京史苑》编辑部编. —北京：北京出版社，1983

362页：照片；20cm

本书由北京市社会科学研究所编，包括燕京春秋、史学论丛、人物传记、宗教研究、经济史话、宫苑逸史、水利史话等栏目。力求从多方面、多角度展现北京方方面面的历史现状。

D7/29　　　　　　　　　　　0422

王灿炽史志论文集. —北京：北京燕山出版社，1990

392页：照片；19cm

ISBN 7-5402-0312-9；CNY 40.00

本书是作者学习和研究北京地方史志的成果之一，包含诸多北京地区文献掌故。书中以文献结合考古成果进行研究的方法，对北京历史、地理、风物、民俗研究者和方志编纂者大有帮助。论文集的内容对于北京地区史志的研究也有较强的参考价值。

D7/30　　　　　　　　　　0423

北京历史与现实研究/北京市社会科学院，北京社会函授大学，北京史研究会编. —北京：北京燕山出版社，1989

387页；19cm

ISBN 7-5402-0183-5；CNY 40.00

本书由1989年举办的"北京历史经验与首都两个文明建设"学术研讨会的部分发言和讨论集结而成，这些发言涉及对历史的回顾与反思，是历史经验、教训的总结，也展示了北京历史上的专题研究成果，对北京史的研究有较大的启迪与帮助作用。

D7/31　　　　　　　　　　0424

燕京春秋/北京史研究会编. —北京：北京出版社，1982

284页；21cm

CNY 35.00

本书所选编的文章，涉及北京历史的各个方面，大体上可以分为燕京春秋、经济史话、历史地理、城市建设、园林艺术、宫苑逸史、风云人物、文物考古等十二个部分，并附有北京图谱，对北京史的研究有较大的推进作用。

D7:22/7.4:3　　　　　　　　0425

北京西城往事. 第4部，西城追忆集粹/金子成主编. —北京：中国文史出版社，2009

377页：照片；25cm

ISBN 978-7-5034-2068-9；CNY 48.00

本书是《北京西城往事》系列丛书的第四部，收录《西城追忆》总第17至20期的文章。全书分为往事追踪、西城旧景、西城文萃、西城人物、西城胡同、西城名店、西城随笔、名人故居、什刹三海、梨园传奇十个部分。

D7:22/7.5:2　　　　　　　　0426

北京西城往事/李茂福，吕燕裙主编. —北京：[北京市西城区档案局（馆）]，2012

299页：照片，图；25cm

本书从西城区档案馆编发的《西城追忆》季刊中精选文章结集而成。这些文章都从特定的侧面叙述了西城地面上发生过的大事小情、人物过客、古迹名胜、城市肌理。更有多篇口述史料，具有存史、育人的价值。

D7.22/7.6:2　　　　　　　　　0427

北京西城往事.6／李茂福主编.—北京：[北京市西城区档案局（馆）]，2013

309 页：照片，图；25cm

本书是《北京西城往事》的第六部，也是《西城追忆》总第 47—50 期的精萃。书中文章涵盖老城旧影、戏曲、书画、民俗、民族、宗教、名胜古迹、饮食、交通等诸多方面，并配有十分罕见的老照片，内容广泛，叙述翔实。

D7.22/7.7:2　　　　　　　　　0428

北京西城往事.7／李茂福主编.—北京：[北京市西城区档案局（馆）]，2014

329 页：照片，图；25cm

本书是《西城追忆》总第 51—54 期的精萃，收录文章 57 篇，内容涉及遗迹旧址、名人故居、人物追忆、民风旧俗等多个方面，对了解西城的历史文化有较大帮助。

D7.22/8　　　　　　　　　　0429

宣武文史集萃／中国人民政治协商会议北京市宣武区委员会文史资料委员会编.—北京：中国文史出版社，2000

613 页：照片，图；21cm

ISBN 7-5034-1111-2

精装：CNY 50.00

本书分文人荟萃、梨园之乡、会馆云集、街巷纵横、千年古道、古寺园林、教卫史苑、英烈踪迹等方面，记述了宣武区的地方史。

D7.22/9　　　　　　　　　　0430

西城史迹：辛亥前后三十年／张世俊主编.—北京：团结出版社，2011

19,385 页：照片；24cm

ISBN 978-7-5126-0649-4；CNY 40.00

本书由西城区文史学会、西城区政协文史学习委员会编。从 1894 年到 1925 年的三十年间，北京发生了戊戌变法、义和团运动、八国联军入侵、慈禧光绪西逃、辛亥革命、五四运动等一系列重大事件，这些事件都在西城留下了史迹。该书部分章节的作者系西城区图书馆馆员。

D7.22/12　　　　　　　　　0431

西城追忆·文物保护专辑／姚华容，周海南主编.—北京：中国发展出版社，2014

411 页：照片，图；26cm

ISBN 978-7-5177-0299-3；CNY 68.00

本书收录《西城追忆》各期刊物中精选出来的与文保单位有关的文章 80 余篇，由西城史略、府邸宅院、坛庙春秋、衙署会馆、园林景观、百年沧桑、历史名人等内容组成，向读者介绍与西城有关的文物历史、名人往事以及地名趣闻等方面的内容。

D7.22/13（年）.期　　　　　0432

西城追忆.2011.1（总第 39 期）／李茂福，吕燕裙主编.—北京：北京市西城区档案馆，2011

58 页：照片，图；29cm

北京市西城区档案馆主办

本刊创于 2001 年 9 月，季刊。是西城区档案馆以馆藏档案、口述史料、回忆文章为主体创办的内部刊物。设置的主要栏目有往事追踪、胡同漫谈、人海撷英、西城旧景、西城文萃等。

D7.24/1　　　　　　　　　　0433
宣南士乡／吴建雍，赫晓琳著．—北京：北京出版社，2000
　　103页：图；21cm
　　ISBN 7-200-03791-5；CNY 8.00
　　本书研讨城市的发展历程，追溯发生在这里的政治风云、回顾社会生活的变迁，介绍城市悠久的传统文化。包括宣南士乡的形成和演变、宣南士人的生活、宣南的儒风士俗、宣南士子与朝鲜文人几部分。

D7.24/2.14　　　　　　　　　0434
宣武文史．第14辑／张文华主编．—北京：[政协北京市宣武区委员会文化文史委员会]，2008
　　401页：照片；24cm
　　1958年，关汉卿被世界和平理事会推选为世界文化名人，2008年是关汉卿戏剧创作750周年。本书由宣武区政协文史委员会编撰，主要为关汉卿及元杂剧作赏析，旨在传承中华文脉，弘扬民族文化。

D7.24/2.15　　　　　　　　　0435
宣武文史．第15辑／张文华主编．—北京：[中国人民政治协商会议]，2009
　　234页；24cm
　　宣武区的发展变化是中国三十年改革开放和建设发展成果的生动写照。本书为纪念改革开放三十周年而作，是对宣武区改革开放和现代化建设进程的见证，从不同角度、不同方面反映了宣武区三十年改革开放和现代化建设的情况。

D81/5　　　　　　　　　　0436
北京毛家湾出土瓷器／宋大川主编．—北京：科学出版社，2008
　　250页：彩图；29cm
　　ISBN 978-7-03-021876-6
　　精装：CNY 268.00
　　本书共收录器物293件，宋代5件，元代28件，明代260件。其中景德镇窑199件、磁州窑系44件、龙泉窑系30件、钧窑系13件等。

D81/7　　　　　　　　　　0437
北京古都历史文化讲座＝Lecture Series of the Ancient Capital Beijing's History and Culture／北京市文物保护协会编．—北京：北京燕山出版社，2009
　　593页：彩照，图；23cm
　　ISBN 978-7-5402-0703-8；CNY 60.00
　　本书是北京历史文化系列讲座讲稿的汇编，内容涵盖了古都北京的历史文化、文物古迹、民族宗教等。

D81/8.1　　　　　　　　　　0438
北京文物精粹大系＝Gems of Beijing Cultural Relics Series，石刻卷／梅宁华，陶信成主编．—北京：北京出版社，2004
　　257,43页：照片，地图；29cm
　　中英文本
　　ISBN 7-200-04903-4
　　精装：CNY 286.00
　　本书由北京市文物局编。依石刻的特点和价值分类，收录时间上迄东汉，下迄民国。共选录石刻257种，369副拓片及照片。其中有建于清代的北海琼岛昆仑石阴、阳两面石刻文物。

D81/9　　　　　　　　　　0439

北京石刻撷英 / 肖纪龙，韩永编著. —北京：中国书店，2002

218 页；20cm

ISBN 7-80568-988-1；CNY 14.00

本书为《京华博览丛书》系列之一。介绍了北京石刻文字的历史、类别和分布情况，共分石刻综述、古刻介绍、石刻琐记。其中包括西城历史文化名人冯公度。

D82/1.1　　　　　　　　　0440

毛家湾：明代瓷器坑考古发掘报告. 上 / 北京市文物研究所编著. —北京：科学出版社，2007

20,269 页：图；30cm

ISBN 978-7-03-020264-2

精装：CNY 468.00（全2册）

本书系统介绍了瓷器坑内出土的唐至明代中期的瓷器，包括景德镇窑、磁州窑、龙泉窑、钧窑等窑口，其中尤以明代中期景德镇窑瓷器最为丰富。

D82/1.2　　　　　　　　　0441

毛家湾：明代瓷器坑考古发掘报告. 下 / 北京市文物研究所编著. —北京：科学出版社，2007

272-478 页：图；30cm

ISBN 978-7-03-020264-2

精装：CNY 468.00（全2册）

本书系统介绍了瓷器坑内出土的唐至明代中期的瓷器，包括景德镇窑、磁州窑、龙泉窑、钧窑等窑口，其中尤以明代中期景德镇窑瓷器最为丰富。

D82/2　　　　　　　　　　0442

北京皇家建筑遗址发掘报告 / 北京市文物研究所编著. —北京：科学出版社，2009

146,28 页：图，折图；29cm

ISBN 978-7-03-025891-5

精装：CNY 128.00

本书共收录考古发掘和调查简报13篇，内容包括：故宫西河沿遗址、北京香山静宜园来青轩遗址、普渡寺遗址、地铁四号线圆明园车站御道遗址等。

D82/3　　　　　　　　　　0443

千古探秘 = Exploration of the Ancient Mysteries：考古与发现 / 首都博物馆编. —北京：中华书局，2009

18,368 页：图，照片；29cm

ISBN 978-7-101-06946-4；CNY 580.00

本书介绍了博物馆为本次展览筹集的261组件与考古工作直接相关的重要文物，试图向观众介绍遗址考古、墓葬考古、科技考古的基本知识，展示建国六十年来我国考古学的部分成就。

D82/5.1　　　　　　　　　0444

北京考古发现与研究：1949-2009. 上 / 宋大川主编. —北京：科学出版社，2009

242 页：地图，图；29cm

ISBN 978-7-03-025569-3

精装：CNY 600.00（全2册）

本书是对北京市考古工作建国60年来的成就性总结，记录了北京史前、北京夏商周至北京清代各个历史时期的考古工作。在"元大都旧址"（下册）一节，介绍了位于西城境内的北土城元大都遗址的考古情况。

D82/5.2　　　　　　　　　　　　**0445**

北京考古发现与研究：1949—2009．下／宋大川主编．—北京：科学出版社，2009

243-488 页：地图，图；29cm

ISBN 978-7-03-025569-3

精装：CNY 600.00（全 2 册）

本书是对北京市考古工作建国 60 年来的成就性总结，记录了北京史前、北京夏商周至北京清代各个历史时期的考古工作。在"元大都旧址"（下册）一节，介绍了位于西城境内的北土城元大都遗址的考古情况。

D82/6．　　　　　　　　　　　　**0446**

北京考古工作报告：2000—2009．平谷、通州、顺义卷／宋大川主编．—上海：上海古籍出版社，2011

11,332 页：图，地图，照片；30cm

ISBN 978-7-5325-5889-6

精装：CNY 2500.00（全 12 册）

在进入 21 世纪十年之际，北京市文物研究所将这十年建设项目施工前的考古工作报告编辑成《北京文物与考古系列丛书》。本套书为考古系列，共分城区卷、建筑遗址卷、奥运卷、南水北调卷、亦庄卷及城郊区县卷 12 册。

D82/7　　　　　　　　　　　　**0447**

当代北京考古史话／郭京宁著．—北京：当代中国出版社，2012

173 页：图；23cm

当代北京社会生活史话丛书

ISBN 978-7-5154-0122-5：CNY 28.00

本书以史话的形式，记述和反映新中国成立以来北京考古方面的发展变化情况。按照历史年代，介绍北京地区的考古工作和考古的新发现，引用考古资料截至 2011 年底。力求以真实的史料为依据，通过群众喜闻乐见的形式，向读者普及当代北京史的研究成果。

E 人物

E1/5.1　　　　　　　　　　　0448

北京历史人物传. 上册 / 曹子西主编. —北京：北京燕山出版社，2014

447 页；21cm

ISBN 978-7-5402-3311-2

精装：CNY 88.00（全 2 册）

本书筛选、编撰了北京历史演变、发展过程中曾做出过一定贡献，或者具有一定代表性与一定影响力，或者对当代仍有一定启发、认识或借鉴意义的近 700 名历史人物的简要传稿。传稿以传主卒年先后顺序排列，都是 1949 年 9 月末以前去世的历史人物。

E1/5.2　　　　　　　　　　　0449

北京历史人物传. 下册 / 曹子西主编. —北京：北京燕山出版社，2014

450-898 页；21cm

ISBN 978-7-5402-3311-2

精装：CNY 88.00（全 2 册）

本书筛选、编撰了北京历史演变、发展过程中曾做出过一定贡献，或者具有一定代表性与一定影响力，或者对当代仍有一定启发、认识或借鉴意义的近 700 名历史人物的简要传稿。传稿以传主卒年先后顺序排列，都是 1949 年 9 月末以前去世的历史人物。

E15/1　　　　　　　　　　　0450

清代宣南人物事略初编 / 王汝丰主编. —北京：北京燕山出版社，2006

669 页：地图；21cm

ISBN 7-5402-1723-5；CNY 40.00

该书以清代宣南社会为背景，以 100 多位清代在宣南居住的知名人物的生活为主线，记述了构成宣南文化主体的士人们的故事。是一部了解和认识宣南文化的工具书。

E17/7　　　　　　　　　　　0451

北京陶然亭地区名人及旧址 / 王克昌编著. —北京：[出版者不详]，2010

235 页：图，肖像；21cm

CNY 38.00

本书在"陶然亭地区名人与旧址"一章中，介绍了袁氏三杰、秋瑾、高君宇、石评梅、彭真、李大钊、邓颖超等人物故事。在"陶然亭周边地区名人与旧址"一章中，介绍了陈毅、张秀岩、彭子冈的事迹。附录则介绍了林则徐、龚自珍、谭嗣同、章太炎等历史人物。

E211/1　　　　　　　　　　　0452

关公的一百张面孔 / 北京历代帝王庙管理处编. —香港：香港国际出版社，2004

101 页：图，照片；21cm

ISBN 9-6247-9231-3；CNY 28.00

关公在中国是知名度和影响力都很大的人物，本书由坐落于西城区的历代帝王庙管理处编写。该书基于人们心目中对关公的不同认识，通过民众感兴趣的一个个细节，讲述关公、关公文化、以及关公背后蕴藏的东西。

E216/2.1　　　　　　　　　　　0453

李大钊传．上／朱成甲著．—北京：中国社会科学出版社，2009

566页：照片；24cm

ISBN 978-7-5004-8264-2；CNY 75.00

作者朱成甲主要阐述李大钊在1918年进入北京大学以前的人生历程。其中，重点阐述他在清末立宪运动、辛亥革命、二次革命、反袁护国、反段护法等重大历史事件中的表现与重要作用。本书不仅是个人传记，也是一部独特的中国近代思想史与政治史。

E216/3　　　　　　　　　　　　0454

李大钊传／朱文通主编．—天津：天津古籍出版社，2005

250页：照片；21cm

河北省哲学社会科学规划项目

ISBN 7-80696-204-2；CNY 18.00

本书是河北省哲学社会科学规划项目。作者皆为河北学者，对李大钊的家乡、出身、家庭状况、亲属关系描述的较为详细，写出了李大钊"勤于思考，善于思考"的一面，但对李大钊后期革命活动好思想涉及不多。

E216/4　　　　　　　　　　　　0455

李大钊研究资料索引：1927-2008／北京李大钊故居研究室编．—北京：文物出版社，2009

195页；21cm

ISBN 978-7-5010-2667-8；CNY 30.00

李大钊是中国共产主义运动的先驱、伟大的马克思主义者、杰出的无产阶级革命家、中国共产党的主要创始人之一。在2009年10月29日李大钊诞辰120周年之际，北京李大钊故居研究室编写了此索引。该书以《李大钊研究辞典》的资料为基础，以台湾《世界日报》做部分补充。

E216/5　　　　　　　　　　　　0456

李大钊家族史研究／宋霖著．—合肥：安徽省人民出版社，2005

333页：照片；24cm

ISBN 7-212-02734-0；CNY 35.00

该书是安徽省社会科学院重点科研项目之一。李大钊一家人的革命经历，贯穿整个20世纪，经历了20世纪中国几乎全部重大历史事件。因此，该项目研究，具有历史价值、学术价值和社会价值。

E216/6　　　　　　　　　　　　0457

北京中国大学英烈／凌靖主编．—[出版地不详]：[北京中国大学校友会]，[2007]

222页：肖像，照片；21cm

本书收录中国大学在大革命时期、土地革命战争时期、抗日战争时期、解放战争时期牺牲的30位烈士的英雄事迹，以追思烈士的丰功伟绩，并向纪念"中国人民抗日战争"70周年献礼，激励后人永远沿着烈士足迹前进。

E216/7.1　　　　　　　　　　　0458

李大钊北京十年．交往篇／王洁主编．—北京：中央编译出版社，2010

334页；23cm

ISBN 978-7-5117-0542-6；CNY 49.00

本书将与李大钊交往过的人物往来史迹一一加以陈述，在这些人物中，有关系中国民族民主革命进程、影响历史发展的重要人物；有五四时期的先进知识分子精英、仁人志士；还有青年学生……通过此书，读者能够更具体、更深入、更全面地了解李大钊。

E216/7.2　　　　　　　　　　0459
李大钊北京十年，思想篇/樊亚玲主编．—北京：中央编译出版社，2013
362 页；23cm
ISBN 978-7-5117-1764-1；CNY 72.00
本书介绍李大钊在北京十年（1916—1927 年）间所论说过的思想观点，对他的国家学说、社会主义理论、创建中国共产党的论述，以及哲学、史学、政治学、图书馆学等方面理论建设进行回顾和理论探讨，梳理国内外学者的解读，全面展示李大利学术思想的精华。

E216/7.3　　　　　　　　　　0460
李大钊北京十年，事件篇/王洁主编．—北京：中央编译出版社，2012
346 页；23cm
ISBN 978-7-5117-1260-8；CNY 68.00
本书收录李大钊在北京十年（1916—1927 年）的光辉事迹。五四运动、新文化运动、创建中国共产党、北京政变、建立国民统一战线等大事件频发，李大钊是这些历史事件的重要参与者。本书重温历史，旨在弘扬李大钊的丰功伟绩，学习他的革命精神。

E217/1　　　　　　　　　　0461
社区民警故事 = Community Police Story/北京市公安局西城分局政治处编著．—北京：中国广播电视出版社，2011
240 页：彩照；24cm
ISBN 978-7-5043-6345-9；CNY 48.00
本书是首都城区合并后西城分局的第一部警营文化作品，收录《社区民警故事》电影剧本及 12 篇记述分局优秀民警事迹的文章，客观记录了 12 位主人公立足平凡岗位的不平凡事迹，弘扬了"忠诚、团结、奉献"的西城警察职业精神。

E217/2　　　　　　　　　　0462
使命与责任：政协委员风采录/满运来主编．—北京：作家出版社，2007
468 页；23cm
ISBN 978-7-5063-4176-9；CNY 39.00
本书从自述的角度，生动地反映了各界委员在十届市政协的五年里，携手并肩、共同奋斗，履行职责、奉献社会的光辉事迹和动人风采。该书的出版，旨在更好地反映政协委员的履职风采和精神面貌。

E217/3（2010）　　　　　　　0463
"孝星"风采录．2010 年/孝星风采录编辑委员会[编]．—北京：[西城区老龄工作委员会]，2010
263 页；21cm
CNY 32.00
本书从西城区各街道推荐的典型中，精选了 50 名孝星事迹，分孝敬长辈、邻里互助、敬老工作和社会敬老四种类型进行汇编。书中内容真实、事迹感人，对促进社会主义精神文明建设，营造孝敬父母、关爱老人的良好风尚起到推动作用。

E217/4　　　　　　　　　　0464

我们的父亲杨易辰：1914-1997 / 杨长岭编辑、整理. —[出版地不详]：[出版者不详]，[2013]

159页：肖像，照片；21cm

本书是纪念中国大学百年校庆的献礼作品，用资料与照片记录了曾为中国大学学生的杨易辰，参加"一二·九"爱国学生运动，投身到抗日救亡大潮之中的过程，以此回顾历史、怀念先人。

E217/5　　　　　　　　　　0465

我们的父亲陈一帆 / 陈宏海编辑. —北京：[出版社不详]，2013

95页：照片；23cm

陈一帆同志百年诞辰暨中国大学百年校庆纪念

本书是纪念中国大学百年校庆的献礼作品，陈一帆曾是中国大学的学生，中国大学是其参加革命的起点。通过对陈一帆的回忆，再现了第二次国内革命战争、抗日战争、解放战争等风云激荡的时代。书后附有文章《中国大学与陈一帆》。

E217/6　　　　　　　　　　0466

百年立德：史立德在中国大学 / 郑尚可，史清义著. —[北京]：长征出版有限公司，[2013]

127页；21cm

本书是纪念中国大学百年校庆的献礼作品，记录了曾为中国大学学生会主席的史立德，在中国大学读书期间，参加北平学生爱国运动、抗日战争的史实，全面梳理了史立德与中国大学的深厚渊源，是不可多得的真实性史料。

E246/1　　　　　　　　　　0467

谁识杜陵忧患意 尘封诗史待重光：癸卯进士、诗人郭家声先生纪念专辑 / 郭正权主编. —北京：星球地图出版社，2009

173页：照片，彩图；30cm

CNY 90.00

郭家生是清末进士，民初著名诗人、教育家、辅仁大学国文系教授。本书为纪念郭家生专辑，由郭家生的孙子郭正权编辑，共分诗作篇、日记篇、拓藏篇及后记。

E247/3　　　　　　　　　　0468

不尽的思念：张延祜先生逝世周年纪念文集 / [张晓敏编]. —北京：[北京师范大学]，[2006]

122页：照片；23cm

张延祜1946年–1950年在辅仁大学社会系学习，1950年留校做社会系助教。曾任北京师范大学党委统战部常务副部长、校工会党组副书记、体育系主任兼党总支副书记、老干部处处长等职。本纪念文集为张延祜家人及朋友的忆文和悼文。

E247/4　　　　　　　　　　0469

撑起女三中的人们：记1949–1966年的教职工 / 段然登[编]. —北京：[出版者不详]，2012

77页：照片；29cm

本书为纪实性小册子，通过收集的照片和文字资料（包括口述历史），反映有关17年（1949年–1966年）来原女三中教职工的工作、生活情况。附女三中教职工名录。

E247/5　　　　　　　　　　0470

西城名师录 = Famous teachers in Xicheng

district／高子忠，田京生主编．—北京：中共北京市西城区委教育工作委员会，2012

120 页：照片；29cm

西城区名校云集，名师辈出。本书将区内仍然在岗的特级教师、市级学科教学带头人、近些年有突出成绩和特别贡献的教师事迹编制成集，起到表彰、宣传、鼓励、促进的作用。书后附有北京市西城区市级骨干教师名单。

E25/3　　　　　　　　　　　0471

鲁迅名言录／鲁迅著．—北京：人民文学出版社，2004

171 页：图；21cm

ISBN 7-02-004574-X；CNY 16.00

本书选收了关于兴国、人生、历史、文化、社会、德操、文学与艺术、科学与教育、知识与阅读方面的名言。书后还收录了哲语箴言。

E257/1　　　　　　　　　　　0472

北京我童年的故乡／（俄）司格林（尼·斯别什涅夫）著．—北京：东方出版社，2006

233 页：照片；21cm

ISBN 7-5060-2560-4；CNY 32.00

本书是俄罗斯资深汉学家司格林的回忆录。司格林是一个出生并生长在北京的俄罗斯人，中学时就读于辅仁大学附中，书中记录了他儿时的玩伴，学校里的同学，胡同里的叫卖声等等，并回忆了自己作为一个曾陪同过戈尔巴乔夫访华的资深翻译员所经历的翻译中的趣事。

E267/4　　　　　　　　　　　0473

我的父亲程砚秋／程永江著．—长春：时代文艺出版社，2010

271 页：图，照片；24cm

ISBN 978-7-5387-2740-1；CNY 45.00

本书是对程砚秋生平的介绍，收录海量绝品剧照、私家照片，展露了近百年梨园公案细节。

E267/5　　　　　　　　　　　0474

梅兰芳：[摄影集]／大型画传《梅兰芳》编辑委员会 [编]．—北京：北京出版社，1997

378 页；37cm

ISBN 7-200-02907-6 精装；CNY 930.00

梅兰芳 1894 年 10 月 22 日出生在北京前门外李铁拐斜街，梨园世家。本书分勤奋学艺沪上成名、锐意革新出访日本、访苏旅欧蓄须明志、焕发青春艺术精纯、梅艺流芳千秋永存五部分，以图片和注释介绍了梅兰芳精彩的艺术人生。

E267/6　　　　　　　　　　　0475

以观沧海：启功百年诞辰纪念文集／文物出版社编．—北京：文物出版社，2012

416 页：图，照片；23cm

ISBN 978-7-5010-3484-0；CNY 58.00

本书是启功先生诞辰 100 周年的纪念文集，其稿件大多来源于启先生的亲友、学生。文章分为"学术论文"和"纪念文章"两大类，表达了对启功先生的纪念与追思，也体现后人对前贤的尊重，对文化、艺术、学术的传承。

E267/7　　　　　　　　　　　0476

老天桥说杂技人生／金业勤著．—北京：金盾出版社，2009

344页：照片；23cm

ISBN 978-7-5082-6030-3；CNY 38.00

作者以京味十足的语言和真实鲜活的事例，生动地讲述了他从旧社会在天桥卖艺谋生，到成为新中国杂技团演员80多年间的风风雨雨、悲喜哀乐的人生。

E273/1　　　　　　　　　　0477

元代水利家郭守敬/蔡蕃著.—北京：当代中国出版社，2011

220页：图，地图；23cm

ISBN 978-7-80170-901-1；CNY 30.00

本书系什刹海研究会和西城区科委主编的《什刹海人物丛书》之一。作者从水利科学的角度，比较系统、具体、充分地阐述了郭守敬一生对我国水利建设，特别是对元大都水利建设的重大贡献。

E277/1　　　　　　　　　　0478

励耘学术承习录：纪念陈垣先生诞辰120周年/龚书铎主编.—北京：北京师范大学出版社，2000

322页：照片；21cm

ISBN 7-303-05606-8；CNY 16.00

为了纪念陈垣先生诞辰120周年，北京师范大学和中国社会科学院历史所联合举办了陈垣先生学术研讨会。本论文集主要研究陈垣先生的学术思想，每篇文章皆为精心之作。

E277/2　　　　　　　　　　0479

纪念陈垣校长诞生110周年学术论文集/纪念陈垣校长诞生110周年筹委会编.—北京：北京师范大学出版社，1990

530页：照片；20cm

ISBN 7-303-01122-6；CNY 10.70

为了纪念陈垣校长诞生110周年，北京师范大学举办了隆重的纪念活动，召开了学术研讨会，出版了学术论文集。本论文集共收录全国各地包括港台文章50余篇，主要是评论陈校长学术成就和回忆文章，作者均为陈垣的学生及亲朋好友。

E277/3　　　　　　　　　　0480

陈垣校长诞生百年纪念文集/北京师范大学[编].—北京：北京师范大学，[1980]

119页：照片；26cm

本文集由北京师范大学编辑。陈垣是北京师范大学前校长，著名历史学家、教育家。为纪念陈垣校长诞辰一百周年，该校组织了隆重的纪念活动，并将陈垣校长生前好友惠撰的鸿文编辑成纪念文集。

E277/4　　　　　　　　　　0481

陈垣校长诞生110周年纪念册/刘乃和主编.—北京：北京师范大学，1990

54页：照片；26cm

ISBN 7-303-01126-9；CNY 4.20

本纪念册由北京师范大学编辑出版。由陈垣校长的弟子刘乃和女士主编。本册收集照片200余张，分为生平事迹、墨迹著作两部分。编排以年月为序，自1912年先生32岁起，至1971年91岁止，反映各个时期陈垣先生的主要活动。

E277/5　　　　　　　　　　0482

一国之宝史学巨擘：陈垣先生诞辰一百三十周年纪念展.—北京：国家图书馆，2010

22页：照片；29cm

陈垣在宗教史、元史、中西交通史及历史文献学等领域颇著成绩，被公认为世界级学者，他一生从事教学74年，为国家培养了大批人才。本纪念册通过家乡家世、国会议员、弃政从学等内容介绍，重温、总结了陈垣先生的人生轨迹与卓越建树。

E277/6　　　　　　　　　　　　0483

陈垣先生的史学研究与教育事业：纪念陈垣先生诞辰130周年学术论文集／北京师范大学陈垣研究室编．—北京：北京师范大学出版社，2010

372页；24cm

ISBN 978-7-303-11591-4；CNY 46.00

为纪念辛亥革命100周年系列活动，中共北京市西城区委宣传部等单位编辑出版了本画册。旨在传承辛亥革命光荣传统，深度挖掘辛亥革命的历史文化内涵，进一步宣传西城、了解西城，实施文化兴区战略。

E277/7　　　　　　　　　　　　0484

刘乃和教授纪念集／《刘乃和教授纪念集》编．—[出版地不详]：[出版者不详]，[1999]

100页：照片；20cm

本书为悼念刘乃和教授所编著的纪念集，由图片、刘乃和先生生平、唁电唁函、挽联挽诗、遗体告别仪式以及纪念刘先生的文章六部分组成。

E28/4　　　　　　　　　　　　0485

岳美中纪念文集／岳沛芬，李雅清编．—北京：中央文献出版社，2002

192页：照片，肖像；26cm

ISBN 7-5073-1142-2；CNY 15.00

本书收录了岳美中教授诞辰100周年纪念座谈会、岳美中学术经验研讨会上的部分发言，还收集编入了岳美中教授去世后，各方面人士所写的部分悼念、纪念诗文以及岳美中教授生前一些友人写给他的信函诗文等。

E28/5　　　　　　　　　　　　0486

名医李德衔先生：百年华诞纪念集／赵加林，赵秋，刘迎主编．—北京：当代中国出版社，[2013]

93页：图，照片；29cm

CNY 280.00

本书是一本纪念国医大师李德衔先生百年诞辰的文集。李德衔先生人称"送子观音"，生前在北大医院、西城民政中医专家门诊部等地设诊。书中除收录社会名流的题词、媒体、亲人、患者的怀念文章之外，还附录了李德衔先生的部分医案医学成果。

E28/6　　　　　　　　　　　　0487

贾立群B超：做人做出品牌来／中共北京市委宣传部，北京市卫生局，北京市医院管理局[等]编写．—北京：北京出版社，2014

248页：图，照片；24cm

ISBN 978-7-200-10440-0；CNY 35.00

本书的主人公是北京市"为民爱民的好医生"贾立群。贾立群是北京儿童医院超声科主任，他的高超医术、高尚医德和感人故事被广为传颂，书中分报告篇、报道篇、网络篇、故事篇、文艺篇向读者立体介绍这位"B超神探"、"缝兜大夫"、"贾立群牌B超"。

E29/2　　　　　　　　0488

宣南女杰 / 王克昌 [著]. —北京：[出版者不详]，2009

127 页：图；20cm

CNY 30.00

本书由宣南文化博物馆顾问王克昌先生所著，记述了曾活跃在宣南这块热土上的杰出女性及其事迹，如中共第一位女委员向警予、著名女诗人石评梅、妇女运动的先驱刘清扬等。

E43/1　　　　　　　　0489

生正逢时：清皇族后裔金毓嶂口述家族史 / 金毓嶂著. —北京：人民出版社，2013

211 页：照片，图；24cm

ISBN 978-7-01-011628-0；CNY 56.00

本书记述了清末以来在中国的历史变革中，金毓嶂的祖辈、父辈、同辈和后辈生活的细节，披露了正史背后不为人知的爱新觉罗家族包括饮食起居在内的细节，详细记述了金毓嶂先生的人生经历。

E51/2　　　　　　　　0490

庆祝北京一五六中学建校80周年教职工及校友名册：1932-2012 / [北京一五六中学校庆筹备组编]. —北京：[北京一五六中学校庆筹备组]，2012

139 页；27cm

一五六中学前身是北平辅仁大学附属中学女校，始建于1932年。校长由辅仁大学校长陈垣兼任。本书含教职工名单及1935-2012届毕业生名单。

E59/3　　　　　　　　0491

我也是鲁迅的遗物：朱安传 / 乔丽华著. —上海：上海社会科学院出版社，2009

264 页：照片；21cm

ISBN 978-7-80745-364-2；CNY 30.00

本书系鲁迅元配夫人朱安的传记，追溯了朱安69年的人生轨迹，探讨了她对鲁迅的影响，让我们依稀听见了这样一位女性的无声之声。

F 社会生活

F1/28.2　　　　　　　　　　0492
老北京. 巷陌民风 / 徐城北著. —南京：江苏美术出版社，1999
11,223 页：照片；21cm
中国照片档案馆供稿
ISBN 7-5344-0971-3：CNY 23.00
本书共分城池民舍、街头寻梦、世相人情、新旧相街四章，介绍了老北京的民俗、民风。其中有西城境内的西什库教堂、北海公园、鲁迅先生的住宅等。

F1/30（2009）　　　　　　　0493
北京市民生活年鉴. 2009 /[北京年鉴社编]. —北京：北京年鉴社，[2009]
22,284 页；21cm
本书所反映的是 2008 年 1 月至 2009 年 8 月期间，与市民日常生活相关的政策解读，共设日常生活、公共服务、教育培训、劳动就业、投资理财、旅游休闲、社会保障、医疗健康、文化娱乐以及网络通信等。

F1/30（2014）　　　　　　　0494
北京年鉴 2014 市民生活年鉴. 2014 /[北京年鉴社编]. —北京：北京年鉴社，[2014]
18,238 页；21cm
本年鉴是一本关注百姓衣食住行游购等生活信息的资料性用书，包括日常生活、公共服务、教育培训、投资理财、旅游休闲、劳动保障、医疗健康、文化娱乐、网络通讯等 9 篇，为市民提供最新、最实用的生活资讯。本书反映的信息内容自 2013 年 9 月至 2014 年 8 月。

F1/32　　　　　　　　　　　0495
感悟生命之美：2009 版 / 北京市西城区新街口街道办事处，西城区人口和计划生育委员会，西城区科学技术委员会[编]. —北京：[北京市西城区新街口街道办事处]，2009
173 页：彩照；24cm
本书是以"感悟生命之美 品味生命快乐"为主题，以生动、鲜活的案例形式，为广大社区读者提供了一个多视角、多角度的阅读空间。全书包括：母亲心声、成长足迹、分享快乐、金色夕阳，用生动的故事和精辟的话语阐释生命的真谛。

F1/33.1　　　　　　　　　　0496
大城记. Ⅰ, 1949—1968 / 吕约主编. —北京：中国建筑工业出版社，2009
190 页：照片；21cm
北京地理 北京 60 年城市生活史
ISBN 978-7-112-11252-4：CNY 35.00
此书共三册，按时间顺序表述，是一部建国 60 年间，北京社会生活史的全面记录，同时向人们提出了北京向世界现代化大都市发展中值得思考的问题，为将来不断发展的历史叙述，提供了一份"索引"。

F1/33.2　　　　　　　　　　　　0497

大城记．Ⅱ，1969-1988／吕约主编．——北京：中国建筑工业出版社，2009

172页：图，照片；21cm

北京地理 北京60年城市生活史

ISBN 978-7-112-11244-9；CNY 35.00

此书共三册，按时间顺序表述，是一部建国60年间，北京社会生活史的全面记录，同时向人们提出了北京向世界现代化大都市发展中值得思考的问题，为将来不断发展的历史叙述，提供了一份"索引"。

F1/33.3　　　　　　　　　　　　0498

大城记．Ⅲ，1989-2008／吕约主编．——北京：中国建筑工业出版社，2009

174页：图，照片；21cm

北京地理 北京60年城市生活史

ISBN 978-7-112-11421-4；CNY 35.00

此书共三册，按时间顺序表述，是一部建国60年间，北京社会生活史的全面记录，同时向人们提出了北京向世界现代化大都市发展中值得思考的问题，为将来不断发展的历史叙述，提供了一份"索引"。

F1/34.1　　　　　　　　　　　　0499

北京市公共企事业单位便民服务指南．1／北京市政务公开领导小组办公室编．——北京：中国建材工业出版社，2008

248页：照片；29cm

ISBN 978-7-80227-445-7；CNY 150.00（全2册）

本书刊载了与民众密切相关的企事业单位信息，方便群众办事。本册内容为供水、电、气、热、公交、通讯、邮政、卫生系统的服务信息。

F1/34.2　　　　　　　　　　　　0500

北京市公共企事业单位便民服务指南．2／北京市政务公开领导小组办公室编．——北京：中国建材工业出版社，2008

236页：照片；29cm

ISBN 978-7-80227-445-7；CNY 150.00（全2册）

本书刊载了与民众密切相关的企事业单位信息，方便群众办事。本册内容为北京市市属高校和高中示范校的服务信息。

F1/35-2　　　　　　　　　　　　0501

北京手册：2011版／李正新主编．——北京：地质出版社，2011

745页：地图；22cm

ISBN 978-7-116-06302-0

软精装：CNY 39.00

本书包含北京地图、公共交通、汽车生活、购物消费、旅游住宿、京城美食、生活服务等版块。2011版《北京手册》全面更新了北京的城区合并、地铁、公交线路、房地产、商业、餐饮、娱乐等飞速变化的信息，是市民工作生活的好帮手。

F1/35-4　　　　　　　　　　　　0502

北京手册：2013版／李正新主编．——北京：地质出版社，2012

688页：地图；22cm

ISBN 978-7-116-07854-3

软精装：CNY 39.80

本手册为2013年版，含地图、公共交通、汽车生活、房产资讯、京城美食、金融保险、教育就业、投诉举报、旅游住宿、医疗服务、工商税务、购物消费、文体娱乐、生活服务、政法团体等信息。

F1/36（2008） 0503

走遍北京．2008 年／李琦，殷维瑶主编．—北京：中国地图出版社，2008

506 页：彩图，地图；21cm

ISBN 978-7-5031-4232-1

皮封：CNY 36.00

本手册为 2008 年版，《奥运专栏》是书中的重点，收集了北京奥运场馆、奥运赛事、奥运知识等实用信息，是观战奥运的信息服务手册。本手册还增加了《外国人在京指南》栏目，收录的信息与外国朋友在京的工作、生活息息相关，中英文对照，有很好的向导作用。

F1/36（2011） 0504

走遍北京．2011 年／李琦，殷维瑶主编．—北京：中国地图出版社，2010

707 页：彩图，地图；21cm

ISBN 978-7-5031-5600-7

皮封；CNY 39.00

本手册为 2011 年新版，主要内容包括：六环城区分幅详图、各区县地图与旅游景点资讯、周边省市旅游景点资讯及工作、生活、休闲、购物、出行等各类实用信息，有较强的实用性和向导性。

F1/37 0505

老北京杂吧地：天桥的记忆与诠释／岳永逸著．—北京：三联书店，2011

505 页：照片；23cm

ISBN 978-7-108-03582-0；CNY 49.00

天桥属于两区合并后的西城区。本书分为绪论——你说的与我写的：杂吧地天桥的叙事；上篇——养穷人：口述的天桥；下篇——杂吧地学术写作中的天桥。

F1/38 0506

北京向导／孙金龄，刘俊卿，刘贵权主编．—北京：测绘出版社，1996

407 页：地图；19cm

ISBN 7-5030-0838-5；CNY 19.80

本书绘制实用略图 21 幅，收录 5000 个单位，对每个单位都列出名称、地址、乘车线路、站名、联系电话。全书的编排按其性质特点分为：公共交通、旅游景点、住宿餐饮、商贸市场等 18 大类，系统介绍了北京的概况和特点。

F1/39 0507

西城区社会组织名录 = Xicheng Distridt Sociai Organization List：德胜街道．—北京：[西城区德胜街道]，[2013]

10,310 页：照片；23cm

本书为德胜街道卷，收录德胜街道所辖社区内的各种协会、服务队、宣传队、合唱团等组织名录，包括组织的成立时间、办公地点、联系电话、负责人等详细信息，有较强的实用性。

F1/40 0508

全响应网格化社会服务管理政策文件汇编／[西城区社会建设工作领导小组办公室编]．—北京：[西城区社会建设工作领导小组办公室]，2013

186 页；25cm

西城区品读全响应系列

本书汇集了西城区"全响应"体系建设推进过程中形成的一系列文件，进一步诠释了"响应谁"、"响应什么"、"怎么响应"的问题，同时，为"全响应"全面落地提供了制度保障。

F2/23.1　　　　　　　　　　0509

北京的社会调查．上／（美）西德尼·D. 甘博著．—北京：中国书店，2010

26,336 页：照片，地图；21cm

ISBN 978-7-80663-759-3；CNY 48.00（全2册）

本书用照片、电影胶片和第一手实地调查数据真实记录了当时迅速变化中的中国。本书附有甘博自拍的近50幅珍贵黑白照片及38张地图和图表，内容涉及政府、人口、教育、商业、贫穷、慈善业、娱乐、宗教、警察和社会弊病等各个社会层面。

F2/23.2　　　　　　　　　　0510

北京的社会调查．下／（美）西德尼·D. 甘博著．—北京：中国书店，2010

337-692 页：照片，地图；21cm

ISBN 978-7-80663-759-3；CNY 48.00（全2册）

本书用照片、电影胶片和第一手实地调查数据真实记录了当时迅速变化中的中国。本书附有甘博自拍的近50幅珍贵黑白照片及38张地图和图表，内容涉及政府、人口、教育、商业、贫穷、慈善业、娱乐、宗教、警察和社会弊病等各个社会层面。

F2/24　　　　　　　　　　　0511

北京市第二次全国基本单位普查数据资料汇编 = Data of the Second National Census of Basic Units of Beijing. 2001 ／崔述强主编．—北京：北京市第二次全国基本单位普查领导小组办公室，[2001]

339 页：彩图；30cm

精装：150.00

本书由北京市第二次全国基本单位普查领导小组办公室编，是在新世纪进行的一项重大市情市力调查，普查的标准时点为2001年12月31日。汇总范围是本市除农户和个体户以外的各类单位，其中西城区各种业态零售企业总数为4711个，百货商店有771家。

F2/25　　　　　　　　　　　0512

城市社会学 = Urban sociology：北京城市社会生活调查／李强，王昊主编．—北京：社会科学文献出版社，2013

11,407 页：图，照片；24cm

ISBN 978-7-5097-4551-9；CNY 79.00

本书通过社会学的观察视角，从城市化、城市社区、都市文化、城市问题四个角度探讨了北京城市生活的方方面面，为读者剖析一个人口流动的北京、人口密集的北京、文化的北京、商业的北京、老百姓的北京。

F2/26（年）．期　　　　　　0513

西城调研与决策．（连续）．—北京：[西城区委区政府研究室]，2011

45 页；29cm

西城区委区政府研究室主办

本刊由西城区委区政府研究室主办，围绕全区中心工作和发展大局，宣传最前沿、最鲜活的政策精神，传播有思想、有价值的调研成果。刊物一般包括重要言论、领导调研、专家视角、理论热点、重点关注、他山之石等栏目，是全区干部学习、研究、交流的重要阵地。

F3/13　　　　　　　　　　　　0514

北京画卷／李江树著．—上海：上海锦绣文章出版社，2011

345页：照片；20×22cm

ISBN 978-7-5452-0717-0；CNY 58.00

本书以大量的图片与简洁的文字记录下了北京城市格局的变迁。全书分为70年代北京；北京人和北京人的生活；老北京胡同；北京重要遗址、名人故居四个篇章，表达了作者对旧城的怀念，呼吁有关部门对现存遗迹进行保护。

F3/14（年）．期　　　　　　0515

什刹海．（连续）／马佳颖执行主编．—北京：[北京市西城区委什刹海街道工委]，2011

59页：照片，图；29cm

本刊由什刹海街道办事处主办，全面反映什刹海地区的历史文化、发展动态。一般设政策导视、街区视窗、忆海拾零、百姓秀场、他山之石等栏目。

F32/3　　　　　　　　　　　0516

帮您就业100问／北京市劳动和社会保障局[编]．—北京：[北京市劳动和社会保障局]，2007

69页：图；20cm

本书采取问答形式详细介绍了求职登记、享受失业保险待遇和各项促进就业优惠政策，以及办理单位招聘备案（就业登记）手续等方面的内容。

F34/6（年）．期　　　　　　0517

青春西城．（连续）／王丹主编．—北京：团区委宣传部，2011

40页：照片；29cm

共青团北京市西城区委员会 北京市西城区青年联合会主办

本刊由共青团北京市西城区委员会主办，双月刊。一般设置青春导航、调查与思考、公益大本营、炫彩西城、时光掠影等栏目，是一本提高团员青年理论水平、拓展团干部工作思路和展示团员青年整体素质的综合性刊物。

F34/7　　　　　　　　　　　0518

事说心语：让心理卫生的阳光洒向全社会／肖存利编著．—北京：红旗出版社，2013

292页：图；21cm

一本好的心理卫生书籍

ISBN 978-7-5051-2265-9；CNY 35.00

本书通过对西城区居民的心理问卷调查研究，以诊室的案例为背景，用通俗的语言分析居民普遍存在的心理问题，并提出相应对策。全书分为心理篇和精神疾患篇两部分，深入浅出，对居民控制、调适情绪，护理精神病患有一定指导作用。

F36/4　　　　　　　　　　　0519

北京市西城区创建全国"阳光家园"示范区资料汇编／[北京市西城区残疾人联合会编]：[北京市西城区残疾人联合会]，2012

228页；30cm

精装：CNY 120.00

本书为西城区残疾人联合会主编，内容

含阳光家园示范区创建工作历程；托（安）养工作政策、工作制度几方面，涉及各项工作的文件通知等。

F4/2　　　　　　　　　　　　0520

北京城市内部人口迁居研究＝A Study on Residential Mobility in Beijing／齐心著. —北京：经济日报出版社，2010

157页；24cm

北京市社会科学院重点课题 韩国高等教育财团 ISEF 项目资助

ISBN 978-7-80257-150-1；CNY 28.00

本书深入地研究了北京居民人口迁居的数量特征和空间模式，对北京人口的迁居水平、空间模式、迁居原因、迁居流人口特征、迁居意向及区位选择、流动人口的迁居作了重点介绍。

F4/3　　　　　　　　　　　　0521

流动人口安居首都法律指南／王芳[等]撰稿. —北京：法律出版社，2012

12,225页；21cm

北京市法制宣传教育领导小组办公室 北京市司法局组织编写

北京市"六五"普法统编教材

ISBN 978-7-5118-2679-4；CNY 20.00

本书是一本以问答和案例的方式普及流动人口法律知识的科普读物。分为流动人口管理；劳动权利和保护；社会保障；常见民事纠纷及处理；文物、野生动物保护；房屋租赁及买卖；婚姻、家庭和未成年人保护；治安管理和刑事犯罪；纠纷解决与法律救助九个篇章。

F41/3　　　　　　　　　　　0522

宣武区第五次人口普查文件资料汇编／宣武区第五次人口普查办公室，宣武区统计局编. —北京：[宣武区统计局]，2002

304页；31cm

精装：CNY 120.00

这本人口普查汇编资料围绕第五次全国人口普查工作开展，目的是汲取人口普查工作的成功经验，为今后人口的普查和调查工作奠定基础。包括图片资料、文件资料、数据公报、报告书、业务技术总结、分析报告。

F41/4　　　　　　　　　　　0523

北京市第六次全国人口普查图志／北京市第六次全国人口普查领导小组办公室编. —北京：中国铁道出版社，2012

170页：照片，图；24×28cm

本画册用以记录北京市第六次全国人口普查工作的全过程，普法工作经历了准备、登记和复查、数据处理和发布、资料开发利用和总结表彰四个阶段，北京市圆满完成人口普查任务。

F411（4）/2　　　　　　　　0524

北京市宣武区第四次人口普查手工汇总资料／刘秀乔主编. —北京：[北京市宣武区人口普查办公室]，1991

194页；27cm

精装：CNY 100.00

本资料根据1990年第四次人口普查手工汇总结果编印，普查采用常住人口登记的原则，该资料是本次人口普查的第一批成果，包括总户数、总人口数；户口登记状况；自然变动；民族；文化程度等。

F411（4）/3　　　　　　　　　　0525

北京市宣武区1990年人口普查资料：电子计算机汇总/刘秀乔主编．——北京：北京市宣武区人口普查办公室，1992

705页：图；27cm

精装：CNY 200.00

本资料根据1990年第四次人口普查机器汇总结果编印，资料主体部分的统计表有五卷，内容包括概要、文化程度、行业、职业、婚姻、家庭、自然变动等。涵盖东城区、西城区等十个区、八个县。

F411（6）/1/.22　　　　　　　0526

北京市西城区2010年人口普查资料/北京市西城区第六次全国人口普查领导小组办公室，北京市西城区统计局，北京市西城区经济社会调查队[编]．——北京：北京市西城区第六次全国人口普查领导小组办公室，2011

670页；31cm

精装：CNY 300.00

本资料分为四部分。第一部分是全部人口数据、港澳台和外籍表主要数据；第二部分是长表数据；第三部分是死亡人口数据；第四部分是街道主要数据。通过这些数据反映了2000年以来，十年间西城区人口在数量、结构、分布和居住状况等方面的变化情况。

F411（6）/2/.22　　　　　　　0527

北京市西城区2010年人口普查文件资料/北京市西城区第六次全国人口普查领导小组办公室，北京市西城区统计局，北京市西城区经济社会调查队[编]．——北京：北京市西城区第六次全国人口普查领导小组办公室，[2010]

505页；31cm

精装：CNY 298.00

开展西城区第六次全国人口普查，目的在于查清2000年以来我区人口在数量、结构、分布和居住状况等方面的变化情况。区普查办组织力量全面总结工作，开展比较深入的普查资料的开发应用，收集、编印本套人口普查文件资料，服务于今后的普查工作。本资料在区划调整的基础上，分别收录原西城、原宣武的文件资料，以利于全面了解人口普查工作情况。

F42/9（2008）.1　　　　　　　0528

西城区人口计生．2008年第1期（总第1期）/宋书彦总编．——北京：[北京市西城区人口和计划生育委员会]，2008

40页：照片；29cm

北京市西城区人口和计划生育委员会 北京市西城区计划生育协会主办

本刊包括最新资讯、主题阅读、工作动态、热点聚焦、工作调研、协会之窗、学习园地等栏目。

F42/10.1　　　　　　　　　　0529

北京市市级示范会员之家创建纪实．之一/邓行舟主编．——北京：北京市计划生育协会，2008

40页：照片；29cm

CNY 35.00

本书为溢满书香的纪实画册，40个示范会员之家从不同的侧面展示了它们优美的环境、整洁的设施、丰富的图书资料及多彩的活动剪影。记录了计生协会开展的健康教育、技能培训等活动。

F42/11.1　　　　　　　　0530

西城区社区健康生育全程服务工程，调研成果／西城区人口和计划生育委员会［编］．—北京：西城区人口和计划生育委员会，[2007]

103页；29cm

本书包括西城区社区健康生育全程监控服务模式研究、服务对象基本信息分析报告、互动培训问卷分析报告、0—3岁早期教育普及型服务调查统计分析等9篇调查报告。

F42/11.2　　　　　　　　0531

西城区社区健康生育全程服务工程，指导手册／西城区人口和计划生育委员会［编］．—北京：西城区人口和计划生育委员会，[2007]

118页；29cm

本书包括社区健康生育全程服务实施方案、实施细则、加强社区计划生育优质服务工作的实施意见的通知、社区家庭生殖健康干预工程的通知等6份文件。

F6/14　　　　　　　　0532

老北平的故古典儿／白铁铮著．—天津：百花文艺出版社，2010

269页；23cm

ISBN 978-7-5306-5124-7；CNY 32.00

本书介绍了老北平的风土人情及老北平的历史，内容包括：老北平的故古典儿、老北平吹耳旁风及附录。

F6/15.　　　　　　　　0533

北平风俗类征．上下册／李家瑞编．—上海：上海文艺出版社，[1986]

248页；26cm

据商务印书馆1937年版影印

本书是李家瑞根据古代史书、方志、笔记、民间俗曲等材料汇编而成的类书，分上下两册，材料丰富、详实、可靠，采用繁体字、竖排版的形式对北京旧时民俗进行汇总，有一定参考价值。

F6/15:2　　　　　　　　0534

北平风俗类征．上下／李家瑞编．—北京：北京出版社，2010

380页；21cm

得到国家古籍整理出版专项经费资助

ISBN 978-7-200-08347-7

精装：CNY 98.00（全2册）

《北平风俗类征》是我国现代第一部详细而系统地搜集北京民间风俗的类书，书中包括岁时、婚丧、职业、饮食、衣饰、游乐、市肆等13部分，汇集了大量珍贵的历史文献资料。本版为新标点本，分上、下两册，修正了原书的一些文字讹误，被收录进北京古籍丛书系列。

F6/20　　　　　　　　0535

常人春讲北京／张新占主编．—北京：华文出版社，2010

227页：照片，图；25cm

ISBN 7-5075-0672-X；CNY 26.00

常人春先生是北京民俗的一面旗帜，本书收录了常先生五组旧作：一是钟鼓楼脚下的风采；二是东岳庙的传说；三是白云观文物略；四是京都之音曲艺；五是童年记忆。

F6/21　　　　　　　　0536

老北京叫卖调／陈树林著．—北京：人

民音乐出版社，2010

10,436 页：图；20×21cm

本书由北京市戏曲艺术职业学院 北京市艺术研究所 中国音乐学院音乐研究所资助出版

ISBN 978-7-103-03741-6；CNY 49.00

本书是一部用文字、图片、乐谱、音响全面记录老北京叫卖调这种民俗音乐文化的著作。书中收录叫卖调达 800 多首，涉及叫卖商品 100 多种，同时还提供老北京市井文化、饮食文化、商业叫卖文化等诸多信息，为读者勾勒出了一个原汁原味的老北京市井风貌图。

F6/22　　　　　　　　　　0537

北京民俗文化旅游指南 / 李鸿兴 [等著]. —北京：中国大百科全书出版社，2009

291 页：图；21cm

ISBN 978-7-5000-7982-8；CNY 28.00

本书共分老北京的礼俗、民间掌故传说、历史回眸、古都园林名胜、逛街购物天堂、京城吃喝玩乐六部分。记述了北京民俗文化故事，对喜欢旅游的读者有一定帮助。其中含有西城的景山、北海、白云观、大栅栏、万松老人塔等多处名胜古迹。

F6/23.1　　　　　　　　　0538

中国民俗文化志．北京·宣武区卷 / 刘铁梁主编. —北京：中央编译出版社，2006

14,15,395 页：照片，图；24cm

国家社科基金项目 批准号 05BSH030 北京市文学艺术界联合会"北京民俗普查"项目

ISBN 7-80109-947-8；CNY 58.00

本志书通过对现实传承和遗存的民俗开展抢救性的普查，书写所有县、区一级的地方民俗文化志。统一书写模式，从整体上突显地方民俗特色、揭示地方文化特征、理解地方民众的表达习惯。内容涉及胡同、天桥、厂甸、牛街等宣武地标。

F6/24　　　　　　　　　　0539

北京话旧 = The old story of Beijing / 翁偶虹著. —天津：百花文艺出版社，2012

239 页：图；21cm

ISBN 978-7-5306-6084-3；CNY 17.00

翁偶虹先生长于北京，熟悉老北京的一草一木和中下层生活。本书是 2004 年搜集翁先生关于昔日北京市井玩物、工艺、戏曲、曲艺、庙会以及岁时节令等内容编辑的杂文集，最后三分之一部分是旧京的市井货声。"货声"是本书的精华所在，五行八作的叫卖，再现了已经消逝的旧时风貌。

F63/5　　　　　　　　　　0540

京城烧烤 / 萨兆沩著. —北京：北京燕山出版社，1998

190 页：照片；21cm

ISBN 7-5402-0951-8；CNY 9.00

本书介绍烧烤熏烙食馔在北京的悠久历史；论述它在北京以及全国饮食文化中的地位和作用；剖析它在发展进程中，融合各民族各地方烹饪方法的经验；介绍主要烧烤食馔的品种和制作方法，同时，展望在新技术条件下，21 世纪中北京烧烤的发展方向。

F63/7　　　　　　　　　　0541

北京小吃地图 = Beijing Snacks Guide：2011-2012 最新全彩版 激新版 / 《北京小吃

地图》编辑部编著. —桂林：广西师范大学出版社，2011

155 页；23cm

ISBN 978-7-5633-7822-7；CNY 29.80

本书为 2011 年新版，搜罗了 68 种京味小吃分布地图，具体包括餐厅名称、餐厅介绍、地址电话等实用资讯，简单、明了、实用。

F63/8　　　　　　　　　　0542

北京这么吃 / 小雅著. —北京：电子工业出版社，2012

206 页：图；24cm

城市美食家系列

ISBN 978-7-121-17329-5；CNY 49.00

本书是北京草根美食达人小雅与读者分享的北京美食集锦。全书分为最京味、北京地道小吃、京城小店、北京面食、五湖四海地方菜等几大主题，每个主题下都推荐了最受欢迎的代表店家，适合旅游爱好者参考阅读。

F64/11.1　　　　　　　　　0543

老房子，北京四合院 / 李玉祥编. —南京：江苏美术出版社，1999

1 册：照片；22cm

中英文本

ISBN 7-5344-0885-7

精装：CNY 95.00

本书通过大量照片介绍了北京的老房子——四合院。其中有西城区白塔寺东夹道、南官房胡同、西四北头条、护国寺 9 号梅兰芳故居等老照片。

F64/12　　　　　　　　　　0544

老北京民居宅院 = Old Beijing's courtyard houses：[中英文本] / 郑希成绘画 撰文. —北京：学苑出版社，2012

202 页：图；22cm

故园画忆系列

ISBN 978-7-5077-3973-2；CNY 48.00

本画册收录百余幅即将消失的北京民居宅院素描图。这些图片都是作者实地调查，并根据历史照片或图像创作出来的，集中表现了北京历史风貌之美，对北京历史文化名城的保护起到一定的促进作用。书中每幅画均附有简短的中、英文字说明。

F64/13　　　　　　　　　　0545

北京西四北四条 31 号四合院 / 孙鹏程总策划. —北京：[出版者不详]，[出版年不详]

112 页；29×29cm

CNY 300.00

北京的四合院，在数百年的发展历史中，始终与中国的传统文化保持着密切的联系。北京西四北四条 31 号四合院，是一座既传承传统四合院精髓，又创新应用新技术手段建造的四合院。本图册围绕该四合院，汇集了丰富的图片和说明文字。

F64/14　　　　　　　　　　0546

北京四合院人居环境 / 陆翔著. —北京：中国建筑工业出版社，2013

275 页：图；25×26cm

北京建筑大学推荐 北京市社会科学理论著作出版基金资助（2011 年）

ISBN 978-7-112-14808-0；CNY 98.00

本书是一本系统论述北京四合院住宅的学术专著，包括北京四合院发展史略、明清北京四合院类型、北京四合院的文化内涵、改善北京四合院人居环境的探索、政策层面应采取的措施等内容，对北京保护古都风貌、建设世界城市具有重要的现实意义。

F66/3　　　　　　　　　　　0547

近世名人大出殡/常人春著.—北京：北京燕山出版社，1997

464页；20cm

ISBN 7-5402-0930-5；CNY 21.00

本书选入北京地区和与此有关的三十几例名人葬例，采用白描的笔法，旨在体现各个不同历史时期的丧葬礼俗。

F68/5　　　　　　　　　　　0548

中国庙会 = Temple Fairs in China / 廖频撰文.—北京：外文出版社，2004

99页：照片；22cm

ISBN 7-119-03642-4

软精装

本书为英文版，主要分为中国庙会的由来、北京的庙会、庙会的主要活动及庙会中的市集四部分内容。书中附有大量的图片，图文并茂，对京城历史悠久、享有盛名的白云观庙会、地坛庙会等也有着详细的介绍。

F7/6　　　　　　　　　　　0549

旗下絮语/赵书著.—北京：北京出版社，2009

386页：照片；24cm

北京市文史研究馆馆员文库

ISBN 978-7-200-07690-5

精装：CNY 58.00

本书是一本讲述北京满族史地民俗方面的书。作者用亲身经历和简明扼要的资料多角度地讲述了当代满族人的民族特征、满族人的名和姓氏、满族人对祖国和中华民族的贡献等问题，对了解北京的满族人、认识北京人文地理环境有重要的帮助作用。

F8/3　　　　　　　　　　　0550

北京的宗教/姜立勋，富丽，罗志发[编著].—天津：天津古籍出版社，1995

408页；21cm

ISBN 7-80504-448-1；CNY 48.00

本书通过大量历史资料阐述了佛教、道教、伊斯兰教、天主教、基督教和东正教在北京地区的传播历史；在各历史阶段执政者对各宗教的态度和政策；各宗教对社会产生的影响。本书可使读者更深刻地认识中国的宗教问题，是一本雅俗共赏的学术性著作。

F8/4　　　　　　　　　　　0551

当代北京宗教史/佟洵，杨靖筠主编.—北京：北京出版社，2010

250页；24cm

北京市哲学社会科学"十一五"重点规划项目

ISBN 978-7-200-08272-2；CNY 48.00

本书是《当代北京丛书》发展史系列中的一部。全书分五部分，分别为当代北京道教史、当代北京佛教史、当代北京天主教史、当代北京伊斯兰教史与当代北京基督教（新教）史，起止时间从民国末期至今。

F8/5　　　　　　　　　　　0552

民国北京宗教社团 = Religious Organization in Beijing：文献、历史与影响/左芙蓉著.—北京：宗教文化出版社，2011

11,328页；21cm

2008年度北京学研究基地项目《民国北

京宗教团体研究》的最终成果 北京学研究基地资助

ISBN 978-7-80254-356-0；CNY 30.00

本书通过对民国时期北京宗教社团的相关文献的梳理、历史事实的考察、影响和作用的分析，展现宗教发展与社会变迁的关系。探索宗教与神会主义社会相适应的途径。该书是2008年北京学研究基地"民国北京宗教团体研究"项目的研究成果。

F81/7.1　　　　　　　　　　0553

明代北京佛教寺院修建研究．上／何孝荣著．—天津：南开大学出版社，2007

343页：地图；23cm

ISBN 978-7-310-02813-9；CNY 90.00（全2册）

本书专门介绍明朝时北京修建的寺庙以及佛教在中国的传播史。上册包括明代以前北京佛教寺院的修建、明代建都北京与北京的发展等三章；下册包括明代宦官与北京佛教寺院的修建、明代僧人、士庶人等与北京佛教寺院的修建等三章。

F81/7.2　　　　　　　　　　0554

明代北京佛教寺院修建研究．下／何孝荣著．—天津：南开大学出版社，2007

345-792页；23cm

ISBN 978-7-310-02813-9；CNY 90.00（全2册）

本书专门介绍明朝时北京修建的寺庙以及佛教在中国的传播史。上册包括明代以前北京佛教寺院的修建、明代建都北京与北京的发展等三章；下册包括明代宦官与北京佛教寺院的修建、明代僧人、士庶人等与北京佛教寺院的修建等三章。

F81/8　　　　　　　　　　0555

佛教与北京寺庙文化／佟洵主编．—北京：中央民族大学出版社，1997

370页：照片；21cm

ISBN 7-81056-063-8；CNY 26.00

本书共分：佛教产生、教义及对中国的影响；北京地区寺庙与部分名僧；佛教小常识三部分。重点谈的是佛寺、佛僧、佛事。其中介绍了西城的广化寺、广济寺、白塔寺、护国寺等寺庙。

F81/9.1　　　　　　　　　　0556

慈悲梁皇宝忏．上．—北京：北京广化寺，1996

276页：图；26cm

《慈悲梁皇宝忏》共十卷，四十品，二千余拜，由萧梁武帝之创修。本书由西城区境内什刹海地区的北京广化寺编印，此珍贵法本编入《广化文库》大型丛书。

F83/3　　　　　　　　　　0557

牛街礼拜寺：北京牛街礼拜寺创建一千年纪念／赵洪光等主编．—北京：今日中国出版社，1996

61页；21×29cm

ISBN 7-5072-0867-2；CNY 43.00

本画册是为纪念牛街礼拜寺创建一千周年而编写的。其内容分为四个部分：牛街礼拜寺寺史与建筑；伊斯兰教善功与宗教生活；牛街礼拜寺与世界穆斯林及各国朋友的友好往来；寺藏文物。本画册图文并茂，记载翔实，可作永久收藏。

F83/4　　　　　　　　　　0558

伊斯兰教与北京清真寺文化／佟洵编

著. —北京：中央民族大学出版社，2003

463 页：图，照片；21cm

ISBN 7-81056-754-3；CNY 29.80

本书共分伊斯兰教在中国的传播和发展、北京地区的清真寺、北京伊斯兰教协会、北京清真寺碑文四部分。书中介绍了西城区最大的清真寺——位于阜成门内锦什坊街北口路西的锦什坊街清真寺。

F84/5 0559

北京地区基督教史迹研究／吴梦麟，熊鹰著. —北京：文物出版社，2010

200,24 页：图；29cm

北京社科规划"九·五"课题

ISBN 978-7-5010-3017-0；CNY 98.00

本书由文物出版社出版，是北京社科规划"九五"课题项目，共分基督教的产生与传布、北京景教史迹文物研究、北京天主教史迹文物研究等五章，其中介绍了西城的西什库教堂、利玛窦墓地等史迹。

F84/6 0560

基督教与北京教堂文化／佟洵主编. —北京：中央民族大学出版社，1999

20,370 页：彩照；20cm

ISBN 7-81056-273-8；CNY 26.00

本书是一本雅俗共赏的学术性著作。作者将教堂、墓地、传教士与教会学校、著名信徒等基本事实与特定的历史条件相结合，来探寻基督教的传入和北京教堂文化的发展规律。其中含北堂（西城境内）迁移西什库始末、南堂（原宣武区）的建制沿革等西城史迹。

G 政治、法律

G0/1　　　　　　　　　　0561

北京市宣武区重要会议资料集：1949—1994／李德平，王俊珍主编．—北京：中共宣武区委党史办公室，宣武区政协文史资料委员会，北京市宣武区档案馆，1995

404 页；21cm

本资料收入范围为 1949 年 2 月至 1994 年 3 月期间，宣武区召开的历届党代会、人代会、政协会等会议资料，包括各届领导人姓名、简介等。

G1/1　　　　　　　　　　0562

科学发展在宣武：北京市宣武区落实科学发展观经验总结及典型实例汇编／杨素荣主编．—北京：[中共北京市宣武区学习实践活动领导小组]，2009

389 页；24cm

本书收集了宣武区各单位、各部门在贯彻落实科学发展观方面的经验总结和典型案例 63 篇，内容涵盖政治、经济、文化、社会、党的建设等各领域。反映了实践科学发展观的工作举措、先进经验和具体成果，为进一步学习和实践科学发展提供了有益参考和经验借鉴。

G1/2.1　　　　　　　　　0563

科学发展在区县：区县党政主要领导谈科学发展．上下册／中共北京市委深入学习实践科学发展观活动领导小组办公室［编］．—北京：中共北京市委深入学习实践科学发展观活动领导小组办公室，[2009]

339 页：地图；30cm

CNY 200.00（全 2 册）

本书为十八区县党政主要领导的专题辅导报告汇编。通过专题辅导报告、专题研讨等形式，引导和带动区县广大党员干部深入领会科学发展观的科学内涵、精神实质和根本要求，深刻剖析区县在思想观念、体制机制、工作作风、领导能力等方面存的问题，进一步解放思想、提高认识、理清思路、明确方向。上册为首都功能核心区、城市功能拓展区 16 篇文章。

G1/2.2　　　　　　　　　0564

科学发展在区县：区县党政主要领导谈科学发展．上下册／中共北京市委深入学习实践科学发展观活动领导小组办公室［编］．—北京：中共北京市委深入学习实践科学发展观活动领导小组办公室，[2009]

339 页：地图；30cm

ISBN ；CNY 200.00（全 2 册）

本书为十八区县党政主要领导的专题辅导报告汇编。通过专题辅导报告、专题研讨等形式，引导和带动区县广大党员干部深入领会科学发展观的科学内涵、精神实质和根本要求，深刻剖析区县在思想观念、体制机制、工作作风、领导能力等方面存的问题，进一步解放思想、提高认识、理清思路、明确方向。下册为城市发展新区、生态涵养发展区20篇文章。

G1/3　　　　　　　　　　　0565

试点单位开展深入学习实践科学发展观活动经验交流材料／中共北京市宣武区委学习实践活动工作领导小组办公室［编］．—北京：［中共北京市宣武区委学习实践活动工作领导小组办公室］，2009

56页；30cm

CNY 35.00

本集为中共北京市委试点单位开展深入学习实践科学发展观活动的经验交流材料。包括朝阳区、大兴区、唐山市、邯郸市等地区学习实践科学发展观的汇报材料。

G1/4　　　　　　　　　　　0566

局级领导调研报告汇编／中共北京市西城区委深入学习实践科学发展观活动领导小组办公室［编］．—北京：［中共北京市西城区委深入学习实践科学发展观活动领导小组办公室］，2009

300页；30cm

本书收录局级领导调研报告27篇。报告立足西城，聚焦政府职能转变、城市环境、公共资源配置、社区文化建设、教育发展等问题，高屋建瓴地提出了具体的对策与解决办法，对西城的发展具有较强的指导意义。

G11/2　　　　　　　　　　0567

中国共产党北京市重要会议概要／谢荫明主编．—北京：中央文献出版社，2006

21,391页；23cm

ISBN 7-5073-2196-7；CNY 38.00

本书是一本研究北京党史的资料书。通过北京党组织的重要会议这一视角，了解北京共产党组织产生、发展和壮大的历程；了解北京党组织研究制定各个时期路线、方针、政策、措施的过程。书中梳理出来的会议概要，可以为研究这段历史的读者提供线索。

G12/2（2002）　　　　　　0568

北京市西城区优秀文选．2002／中共北京市西城区委宣传部［编］．—北京：［中共北京市西城区委宣传部］，[2003]

231页；20cm

本书为中共北京市西城区委宣传部编，收录了2002年度西城区副局级以上领导干部在深入学习江泽民同志"5·31"讲话和十六大报告所写的17篇文章及全区宣传思想工作"十个一"评比中获"一篇好的理论学习体会文章"最佳奖和一等奖的7篇文章。

G12/41（2004）　　　　　0569

北京市西城区纪检监察系统优秀调研报告、党课、征文集萃．2004年度／中共北京市西城区纪委编．—[北京]：[中共北京市西城区监察局]，[2005]

225页；24cm

CNY 48.00

2004年，西城区各单位认真学习中纪委三次、四次全会和北京市纪检监察工作会议精神，积极开展"求真务实　勤政为民"主题教育月活动。西城区纪委、西城区监察局精选了2004年度优秀调研报告（17篇）、党课（5篇）、征文（9篇）编辑成册，以便广大党员干部学习借鉴。

G12/41（2005） 0570
北京市西城区纪检监察系统优秀调研报告、党课、征文集萃.2005年度/[中共北京市西城区纪委,北京市西城区监察局编].—北京：中共北京市西城区纪委,[2005]

335页；24cm

CNY 50.00

本书收集西城区纪检监察系统2005年度优秀调研报告11篇,优秀党课11篇,优秀征文17篇。

G12/41（2007） 0571
北京市西城区纪检监察系统优秀调研报告、党课、征文集萃.2007年度/中共北京市西城区纪委编.—[北京]：[中共北京市西城区监察局],[2008]

273页；24cm

本书包括《关于新形势下加强领导干部作风建设的调查》等优秀调研报告21篇,《用科学的发展观指导公安工作和队伍建设》等优秀党课10篇,《党员干部当择善而交》等优秀征文18篇。

G12/41（2008） 0572
北京市西城区纪检监察系统优秀调研报告、党课、征文集萃.2008年度/中共北京市西城区纪委编.—[北京]：[中共北京市西城区监察局],[2010]

324页；24cm

CNY 48.00

本书由西城区纪委、监察局主编。汇集了区内各委办局领导和纪检部门关于纪检工作的调研报告、党课教育材料、优秀征文等方面多篇文章。

G12/43（2007）.2 0573
非公企业党建通讯.2007年第2期/康莉主编.—北京：[展览路街道工委组织部],2007

22页：照片；30cm

展览路街道工委组织部主办

该刊由展览路街道工委组织部主办。双月刊,创刊于2007年。主要介绍党对非公企业的相关政策及该街道企业风采、党建工作动态等。

G12/44（2007）.2 0574
新街口街道"两新"党建工作专刊.2007年第2期（总第2期）/鲁忠岐主编.—北京：[新街口街道],2007

21页：照片；29cm

该刊由新街口街道工委组织部主办。2007年创刊。主要介绍该街道基层党建、企业建设等工作。

G12/45（2007）.2 0575
金融街街道两新专刊.2007年第2期（总第2期）/刘明主编.—北京：[中共金融街街道工委组织部],2007

22页：照片；29cm

中共金融街街道工委组织部主办

该刊由金融街街道工委组织部主办。2007年创刊。主要介绍该街道基层党建、企业建设等工作。

G12/46（2007）.2 0576
德胜街道"两新"党建工作专刊.2007年第2期/马小鹏主编.—北京：[中共德

胜街道工委"两新"办公室], 2007

19页：照片；29cm

中共德胜街道工委"两新"办公室主办

该刊由德胜街道工委"两新"办公室主办。2007年创刊。主要介绍该街道基层党建、企业建设等工作。

G12/47 (2007) .2　　0577

西长安街"两新"党建工作专刊. 2007年第2期（总第2期）/ 李征帆总编辑. —北京：[西长安街道工委"两新"办公室], 2007

20页：照片；29cm

西长安街道工委"两新"办公室主办

该刊由长安街街道工委"两新"办公室主办。2007年创刊。主要介绍该街道基层党建、企业建设等工作。

G12/48 (2007) .2　　0578

凝聚. 2007年第二期 / 李红兵主编. —北京：[月坛街道工委组织部], 2007

12页：照片；29cm

月坛街道工委组织部主办

该刊由月坛街道工委组织部主办，属"两新"党建专刊。主要介绍该街道基层党建、企业建设等工作。

G12/49.3　　0579

展望. 2009年8月（总第3期）/ 寇艳华主编. —北京：[月坛街道工委 办事处], 2009

40页：照片；29cm

月坛街道工委 办事处主办

该刊由西城区展览路街道主办。双月刊。创刊于2009年4月。主要反映该街道工作

动态、领导调研、社区建设等方面的情况。

G12/50 (2010)　　0580

西城区组织工作手册. 2010 / 中共北京市西城区委组织部[编]. —北京：[中共北京市西城区委组织部], 2010

215页；21cm

本手册收录区委领导在区委十届十次全体会议上的工作报告，并收录了2010年西城区委组织部工作要点、分解表及北京市各区（县）委组织部联络表。

G12/51.1　　0581

西城宣传. 2010.09（总第01期）/ 刘洋总编. —北京：[中共北京市西城区委宣传部], 2010

60页；29cm

中共北京市西城区委宣传部主办

本刊由原西城区和原宣武区合并后的新西城区委宣传部主办，是反映全区宣传思想文化工作的区级刊物，旨在充分反映新西城在推动区域经济社会科学发展和各方面取得的成果。设有重点关注、思路导航、宣传在线、印象西城、特别观察、基础论坛、视野纵横七个栏目。

G12/52　　0582

北京市宣武区2006-2009年党建研究课题成果选编 / [北京市宣武区党的建设研究会编]. —北京：北京市宣武区党的建设研究会，[2010]

314页；24cm

CNY 30.00

本书收录了2006年至2009年期间，宣武区党建工作研究成果中，具有代表性并获

得一等或二等结项的 26 篇课题报告汇编成册，作为区党建研究会成立 20 周年纪念。

G12/53　　　　　　　　　　　　　0583
西长安街机关干部读书心得选编/李会增，张丁主编. —北京：[西长安街街道工委]，2012

107 页；24cm

本书辑录西长安街道机关干部在 2012 年"读一本好书"活动中的优秀心得体会 40 余篇，对巩固扩大学习成果、引导广大干部树立终身学习意识起到了促进作用。

G12/54　　　　　　　　　　　　　0584
创新发展 永葆先进：西城区基层党组织先进性建设纪实/许樾真主编. —北京：中共北京市西城区委组织部，2007

464 页；25cm

在庆祝中国共产党成立 86 周年之际，此书作为献礼，回顾总结西城区基层党组织创新发展的思路和理念，宣传展示基层工作的典型和经验，持续推进全区基层党支部先进性建设。其内容分：布局谋划篇、工作推进篇、理论研讨篇、服务群众篇、经验创新篇、持续发展篇。

G12/55　　　　　　　　　　　　　0585
时代先锋：宣武区保持共产党员先进性教育活动辅助读本. —北京：中共北京市宣武区保持共产党员先进性教育活动领导小组，2005

248 页；23cm

本书是中共北京市宣武区委编辑的党员教育读物。作为保持共产党员先进性教育活动的辅助读本，该书由方向篇、英烈篇、榜样篇组成。编入关于共产党员先进性的精辟论述，中国革命先驱英烈的感人事迹，优秀共产党员和党务工作者的先进事迹。

G12/56　　　　　　　　　　　　　0586
砺宣武纪情三十年：1978-2008/周开让主编. —北京：中共北京市宣武区纪律检查委员会，[2008]

188 页：照片；24cm

本书分践行篇、访谈篇、众议篇三个篇章，将宣武区 30 年纪检事业的发展轨迹进行源头梳理，又通过互动访谈的视角，展示 30 年纪检工作中的闪光片段。书中还收录了部分社会征文，通过不同领域人士对纪检工作的叙评，呈现公众眼中纪检事业的发展与功过。

G12/57　　　　　　　　　　　　　0587
西长安街街道廉政文化宣传册/西长安街街道纪工委编. —北京：[西长安街街道纪工委]，2013

123 页：照片；21cm

本书以廉政实例和社区活动为主要内容，收录老一辈革命家廉政实例、古代廉政实例、廉政格言警句、反腐倡廉图片等内容，贴近实际、贴近生活，在西长安地区形成尊崇廉洁、信守廉洁的良好氛围。

G12/58　　　　　　　　　　　　　0588
把群众放在心上：西城区开展党的群众路线教育实践活动心得/西城区党的群众路线教育实践活动领导小组办公室编. —北京：[西城区党的群众路线教育实践活动领导小组办公室]，[2014]

386 页；24cm

本书总结了西城区党的群众路线教育实践活动经验，收录党员干部撰写的88篇心得体会文章，按学习体会篇、作风建设篇、践行宗旨篇、理论思考篇分类编排，对广大干部深化群众路线的思想认识有促进作用。

G19/3.1　　　　　　　　　0589

中国共产党北京市组织史资料：1987—2010，西城卷/王力军主编．—北京：中央文献出版社，2011

10,448页：地图；26cm

ISBN 978-7-5073-3260-5

精装：CNY 2800.00（全18册）

本书系中共北京市委组织史料丛书，由西城区委组织部、区党史办、区档案馆主编，为纪念中国共产党建党90周年而作。主要收编1987年10月至2010年6月西城区党的系统及人大、政府、政协、地方军事、群团系统组织机构沿革和领导人名录。

G19/3.2　　　　　　　　　0590

中国共产党北京市组织史资料：1987—2010，宣武卷/王力军主编．—北京：中央文献出版社，2011

10,390页：地图；26cm

ISBN 978-7-5073-3260-5

精装：CNY 2800.00（全18册）

本书系中共北京市委组织史料丛书，由西城区委组织部、区党史办、区档案馆主编，为纪念中国共产党建党90周年而作。主要收编1987年10月至2010年6月原宣武区党的系统及人大、政府、政协、地方军事、群团系统组织机构沿革和领导人名录。

G19/4　　　　　　　　　0591

红色足迹＝Red Footprint：纪念中国共产党建党90周年/李茂福，吕燕裙主编．—北京：[北京市西城区档案局（馆）]，[2011]

41页：照片；21×23cm

《西城追忆》特刊

2011年是中国共产党成立90周年，许多党的历史事件发生在西城，党的重要人物曾居住和工作在西城。西城区档案馆以《西城追忆》特刊形式，揭示西城与中国共产党的历史渊源，以此纪念党的90华诞。

G19/5.1　　　　　　　　　0592

中国共产党北京市组织史资料：1949—1987，西城卷/中共北京市西城区委党史工作办公室编．—北京：[中共北京市西城区委党史工作办公室]，2015

322页：图；26cm

精装

本书是《中国共产党北京市西城区组织史资料》（1949—1987）的修订版，收录了1949年2月至1987年10月西城区辖区范围内历史上各区党组织、政权、地方军事、统一战线、群众团体的组织机构沿革和领导人名录。

G19/5.2　　　　　　　　　0593

中国共产党北京市组织史资料：1949—1987，宣武卷/中共北京市西城区委党史工作办公室编．—北京：[中共北京市西城区委党史工作办公室]，2015

324页：图；26cm

精装

本书是《中国共产党北京市宣武区组织史资料》（1949—1987）的修订版，收录了

1949年2月至1987年10月宣武区辖区范围内，在不同阶段上存在过的各区党组织以及政权、地方军事、统一战线、群众团体系统组织机构沿革和领导人名录。

G24/10　　　　　　　　　　　　　0594

北京青年运动70年大事记：1919年5月4日—1989年5月4日/共青团北京市委青运史研究室编．—北京：北京出版社，1990

293页；19cm

ISBN 7-200-01190-8；CNY 36.00

本书是为了纪念"五四"运动70周年而编写的，为了全面反映在马克思主义指导下和中国共产党领导下的北京青年运动所走过的艰苦历程，书中对各个历史时期的情况都作了尽可能准确、客观的记录。使读者能够准确的了解共青团领导青年开展各项活动和斗争的意义。

G25/4（2012）.3　　　　　　　　0595

西城女性．2012.6（2012第3期）/薛湘丽主编．—北京：西城区妇女联合会，2012

44页：照片；29cm

本刊是由西城区妇女联合会主办的双月刊，一般包括妇工经纬、活动集锦、经验交流、基层动态等栏目，是妇联组织凝聚妇女、服务妇女的重要平台。

G31/1　　　　　　　　　　　　　0596

我在人大十年/吴元增著．—北京：红旗出版社，2012

402页；24cm

北京市政治文明建设研究中心资助出版

ISBN 978-7-5051-2290-1；CNY 60.00

本书收集了作者在人大工作期间所写的部分稿件，共有60篇，包括调研报告、论文、评论、讲稿、议案、建议、杂记等。

G31（12）/1.　　　　　　　　　0597

实践与思考：北京市第十二届人大常委会五年工作回顾与总结．上下/[北京市人大常委会编]．—北京：北京市人大常委会，2007

405页；24cm

本书为北京市第十二届人大常委会五年工作的回顾与总结，它是五年来市人大工作的积极探索、实践经验和工作缩影，是人大工作者心血的结晶，为人大工作者带来借鉴和启迪。分综合篇、立法工作篇、监督工作篇。

G32:22/19（2009）.1　　　　　0598

北京市西城区人民代表大会常务委员会公报．2009年第1号．—北京：[出版者不详]，2009

48页；30cm

本刊介绍了西城区人民代表大会的日常工作情况和工作动态。

G32:22/19（2009）.2　　　　　0599

北京市西城区人民代表大会常务委员会公报．2009年第2号．—北京：[出版者不详]，2009

68页；30cm

本刊介绍了西城区人民代表大会的日常工作情况和工作动态。

G32:22/19（2012）.1　　　0600

北京市西城区人民代表大会常务委员会公报.2012年第1号.—北京：[出版者不详]，2012

46页；30cm

本刊介绍了西城区人民代表大会的日常工作情况和工作动态。

G32:22/19（2012）.3　　　0601

北京市西城区人民代表大会常务委员会公报.2012年第3号.—北京：[出版者不详]，2012

62页；30cm

本刊介绍了西城区人民代表大会的日常工作情况和工作动态。

G32:22/20　　　0602

学习贯彻科学发展观调研报告汇编.2008-2009/北京市西城区人大常委会研究室编.—北京：北京市西城区人大常委会研究室，2009

285页；24cm

该汇编是西城区人大常委会将2008年以来学习贯彻科学发展观形成的27篇调研报告整理汇编，旨在加强学习交流，促进调研成果的转化和运用，为巩固和扩大学习实践成果、进一步推动人大工作的创新和发展提供参考。

G32:22/21　　　0603

北京市西城区人大常委会2006年工作评议和述职评议材料汇编/北京市西城区人大常委会办公室[编].—北京：北京市西城区人大常委会办公室，2006

348页；21cm

CNY 50.00

本材料汇编分为两个部分，第一部分为工作评议材料，包括工作评议实施方案，工作评议会的通知、讲话等；第二部分为述职评议材料，包括述职评议实施方案、述职报告、整改意见的报告等。

G32:22/22　　　0604

北京市西城区人民代表大会（临时）第二次会议文件汇编.—北京：[北京市西城区人民代表大会第二次会议秘书处]，2011

194页；30cm

本汇编包括会议闭幕式的讲话、会议议程、会议日程、工作报告、规划纲要，西城区2010年国民经济和社会发展计划执行情况与2011年国民经济和社会发展计划的决议等。

G32:22/23　　　0605

教科文卫体委员会五年工作资料汇编：2007-2011/西城区人大（临时）常委会文卫体工作委员会[编].—北京：[西城区人大（临时）常委会文卫体工作委员会]，2011

549页：照片；30cm

本书汇集了2007-2011年教科文卫体委员会委员、代表履职期间的文字资料，包括计划、执法检查、工作评议、议案、建议、调研、视察、督办、总结以及委员会建设等许多方面，展示了五年来委员会工作的基本情况。

G32:24/1　　　0606

京津沪渝四市八区第19次、全国十二

城区第21次人大工作交流会材料汇编. —北京：[出版者不详]，2005

119页；21cm

本书收录天津市和平区、南开区，上海市徐汇区、静安区，大连市中山区，北京西城区、宣武区，西安市莲湖区等地区人大常委会会议资料17篇。

G4/1 (2010) .1　　　　　　　　0607

西城残疾人. 2010年创刊号（总第1期）/刘少华，李程主编. —北京：《西城区残疾人》编辑部，2010

30页：照片；29cm

西城区残疾人联合会主办

本刊由西城区残疾人联合会主办，是观察、了解、记载西城区残疾人事业发展进程的一个平台。一般设有重点关注、工作聚焦、艺术人生、心灵驿站、闪亮风采、街道动态等栏目。

G417/3　　　　　　　　　　0608

改革开放话北京/北京市政协文史和学习委员会，中共北京市委党史研究室，北京市老干部局编. —北京：北京出版社，2008

449页：照片；24cm

ISBN 978-7-200-07605-9；CNY 39.00

本论文集所收论文，全景式地记录了北京市改革开放30年的伟大历程和辉煌成就，生动地展示了30年间中国社会发生的深刻变化。

G417/5 (2012) .1　　　　　　　　0609

北京市西城区人民政府公报. 2012年第1期（总第1期）/北京市西城区人民政府[编]. —北京：[北京市西城区人民政府]，2012

150页：图；30cm

北京市西城区人民政府主办

本书汇集了西城区人民政府于2012年期间发布的人民政府公报，共14篇。

G417.22/4 (2011)　　　　　　　　0610

西城区文明机关达标活动手册. 2011年3月/北京市西城区文明机关达标活动领导小组[编]. —北京：[北京市西城区文明机关达标活动领导小组]，2011

60页；20cm

本册为巩固和深化2000年以来全区文明机关达标活动成果，促进文明机关的创建和管理而编写，涉及西城区文明机关达标活动方案，机关工作人员行为规范，机关大院管理若干规定，行政服务事项办理规范等内容。

G417.22/17　　　　　　　　　　0611

西城改革开放30年/中共北京市委党史研究室，中共北京市西城区委党史资料征集办公室编. —北京：中央文献出版社，2008

360页：彩图；24cm

全国纪念改革开放30年百种重点选题

ISBN 978-7-5073-2657-4；CNY 960.00（全20册）

本书记述西城区改革开放30年所取得的成绩，包括历史回眸、亮点聚焦、数据采集三部分。真实反映了西城区政治、经济、文化、社会等方面的发展历程。

G417.22/18 (2002)　　　　　　　　0612

北京市西城区2002年度优秀调研成果选

编/北京市西城区委区政府研究室[编].——北京：[北京市西城区委区政府研究室]，[2003]

497页；24cm

本书选编西城区2002年度优秀调研成果共计57篇，以区领导调研课题和一、二、三等奖进行分编。内容涉及西城区可持续发展、干部人事工作、居民区机动车停车问题等。后附2002年调研工作会议材料。

G417.22/18（2006） 0613

北京市西城区2006年度优秀调研成果选编/北京市西城区委区政府研究室[编].——北京：[北京市西城区委区政府研究室]，[2007]

506页；24cm

该成果选编含西城区2006年度优秀调研成果55篇。其中局级领导主持课题25篇，一等奖5篇，二等奖10篇，三等奖15篇。

G417.22/18（2008） 0614

北京市西城区2008年度优秀调研成果选编/北京市西城区委区政府研究室[编].——北京：[北京市西城区委区政府研究室]，[2009]

512页；24cm

本书由西城区委、区政府研究室主编，刊有2008年度西城区局级领导主持的重大课题研究成果和以《关于完善金融街产业布局、提升产业竞争的研究》为代表的优秀调研论文31篇。这些调研成果对促进区域经济发展、提高城市管理水平具有推动和借鉴作用。

G417.22/18（2011） 0615

北京市西城区2011年度优秀调研成果选编/北京市西城区委区政府研究室[编].——北京：[北京市西城区委区政府研究室]，2012

505页；24cm

本书收录2011年度西城区局级领导主持的重点课题研究成果、区关注课题和30篇获奖优秀调研成果，这些课题着眼于解决发展中的瓶颈问题，对深化区域融合、促进经济发展、完善城市功能、提升发展品质、促进社会和谐、加强基层党建等方面有积极意义。

G417.22/18（2012） 0616

北京市西城区2012年度优秀调研成果选编/北京市西城区委区政府研究室[编].——北京：[北京市西城区委区政府研究室]，2013

432页；24cm

本书是2012年度西城区各单位、各部门为进一步做好"四个服务"、提升发展品质、解决瓶颈问题深入开展调查研究的优秀调研成果，对服务决策、推动工作有重要作用。

G417.22/19（2010）.1 0617

西城网格视窗：创刊号.2010年1月（总第1期）/北京市西城区城市管理监督指挥中心[编].——北京：[北京市西城区城市管理监督指挥中心]，2010

40页：照片；29cm

本刊由西城区城市管理监督指挥中心主办，双月刊。旨在创建一条联络覆盖四级（市、区、街道、社区监督员）的信息传递平台，全面反映西城区城市管理各项工作。

设有卷首语、城市时讯、人物通讯、专题报道、监督员园地等栏目。

G417.22/20（2007）　　　　　0618

2007年度西城区依法治区工作材料汇编／西城区依法治区领导小组办公室[编]．—北京：[西城区依法治区领导小组办公室]，[2008]

56页：彩照；30cm

本汇编由西城区依法治区领导小组办公室编印。内容主要有2007年西城区依法治区达标检查工作领导讲话摘录、依法治区相关文件及区劳动和社会保障局等三个单位典型材料。

G417.22/20（2008）　　　　　0619

2008年西城区依法治区工作材料汇编／西城区依法治区领导小组办公室，西城区司法局编印．—北京：[西城区依法治区领导小组办公室]，[2008]

35页：彩照；30cm

本汇编由西城区依法治区领导小组办公室和西城区司法局编印。本资料汇编有西城区2008年依法治区工作要点、2008年奥运法制宣传工作方案及西法治办2008年1-4号文件。

G417.22/21　　　　　0620

进一步加强专委会建设研讨文章选编／政协北京市西城区委员会[编]．—北京：[政协北京市西城区委员会]，2009

213页；21cm

本书汇集了西城区政协于2009年7月召开"进一步加强专委会建设"研讨文稿，共80余篇。

G417.22/25　　　　　0621

科学发展 社会和谐：来自北京西城的实践与思考／傅华主编．—北京：中央文献出版社，2008

406页：图，照片；23cm

ISBN 978-7-5073-2652-9：CNY 52.00

本书是对西城区坚持科学发展观，系统思考本地区实际工作经验的体会和总结，是对区域发展理念、规则、动力、成效的整体分析。

G417.22/26（10-18）　　　　　0622

西城行政服务：期刊合订本．2012.01-2013.12（10-18）期／刘璐主编．—北京：北京市西城区综合行政服务中心，2013

1册；26cm

北京市西城区综合行政服务中心主办

本书是《西城行政服务》总第10-18期的合订本。该刊以记录西城区综合行政服务中心及各进驻部门工作人员身边的人和事为主，提供生活资讯，搭建交流平台，旨在带动学习、凝聚精神。一般设有理论前沿、工作动态、支部建设、文明看台等专栏。

G417.22/26.1　　　　　0623

西城行政服务：试刊号．2010年3月（总第1期）／刘欣主编．—北京：北京市西城区综合行政服务中心，2010

48页；26cm

本刊由西城区综合行政服务中心主办，以记录该中心及各进驻部门工作人员身边的人和事为主，提供生活资讯，搭建交流平台，旨在带动学习、凝聚精神。本期设有卷首语、工作动态、支部建设、学习提高、活动开展、社会反馈等专栏。

G417.22/27（2010） 0624

西城区社会发展资料汇编．2010／北京市西城区统计局，北京市西城区经济社会调查队 [编]．—北京：[北京市西城区统计局]，[2011]

166页；24cm

本资料由西城区统计局和西城区经济社会调查队编。以数据形式总结概括西城区各个委办局2010年各项工作，以及西城区各个经济、社会发展领域2010年的发展变化情况。

G417.22/28（2010） 0625

2010年西城区政府系统各单位工作计划汇编／北京市西城区人民政府办公室 [编]．—北京：北京市西城区人民政府办公室，2010

337页；30cm

本汇编包括西城区政府办、发改委、教委、科委、监察局、民政局、司法局、财政局、人力社保局、市政市容委、商务委、文化委、卫生局、环保局、审计局等区属委、办、局的55家单位的2010年工作计划。

G417.22/29 0626

智能德胜：德胜街道"全响应"社会服务管理创新实践／张明宣主编：[出版者不详]，[2010]

131页：图；24cm

本书收录德胜街道自2010年提出全响应社会服务管理模式以来，实施全响应社会服务管理的全部内容及重要成绩，包括探索篇、实践篇和创新篇。书后附有部分媒体对智能德胜的报道。

G417.22/30.2 0627

北京市建设学习型城市示范区评估工作会议材料汇编．二，学在西城／西城区学习型城区建设领导小组办公室 [编]．—北京：[西城区学习型城区建设领导小组办公室]，2012

82页；30cm

本汇编由西城区学习型城区建设领导小组办公室编写，收录学校、社区、博物馆等单位报告材料15篇，涉及市民学习服务基地建设、社区教育、终身教育等议题。

G417.22/31（2012） 0628

西长安街中心组理论调研文章汇编．2012／李会增，张丁主编．—北京：[西长安街街道工委]，2012

123页；24cm

本书是一本学习成果论文集，反映了西长安街道中心组在贯彻党的十七届五中、六中、七中全会和十八大精神，以学习型党组织和学习型机关建设为主线，创新学习形式、拓展学习内容、提高学习能力方面的交流学习成果。

G417.22/32（2006） 0629

北京市西城区民主党派2006年度调研成果汇编／中共北京市西城区委统一战线工作部 [编]．—北京：中共北京市西城区委统一战线工作部，2007

213页：照片，图；24cm

本书是由区委统战部于2007年2月编辑成书的西城区民主党派2006年底调研成果汇编，文中收录了我区九个民主党派2006年底优秀调研成果，其中一等奖1个，二等奖3个，三等奖5个，鼓励奖7个。

G417.22/32（2011） 0630

北京市西城区民主党派 2011 年度调研成果汇编 / 中共北京市西城区委统一战线工作部 [编]．—北京：中共北京市西城区委统一战线工作部，2012

342 页：照片，图；24cm

本书是由区委统战部于 2012 年 3 月编辑成书的西城区民主党派 2011 年底调研成果汇编，文中收录了我区九个民主党派 2011 年底优秀调研成果，其中一等奖 2 个，二等奖 4 个，三等奖 6 个，优秀奖 16 个。

G417.22/32（2012） 0631

北京市西城区民主党派 2012 年度调研成果汇编 / 中共北京市西城区委统一战线工作部编．—北京：[中共北京市西城区委统一战线工作部]，[2013]

431 页：图；24cm

本书是西城区各民主党派 2012 年度的调研成果汇编，收录包括《北京旧城中轴线北段保护利用研究》在内的理论调研文章 27 篇，涉及金融、餐饮、医疗卫生、老字号、法律服务等多个领域，对西城发展规划有较强的借鉴作用。

G417.22/32（2013） 0632

北京市西城区民主党派 2013 年度调研成果汇编 / 中共北京市西城区委统一战线工作部编．—北京：[中共北京市西城区委统一战线工作部]，[2014]

486 页：图；24cm

本书收录西城区各民主党派 2013 年度的调研成果 42 篇，涉及金融服务、生态环境、教育均衡、社区服务、养老帮扶等多个方面，书中对西城发展过程中的一些问题进行了深度思考，也针对西城未来的发展方向提出了许多建议。

G417.22/32（2014） 0633

北京市西城区民主党派 2014 年度调研成果汇编 / 中共北京市西城区委统一战线工作部编．—北京：[中共北京市西城区委统一战线工作部]，[2015]

624 页：图；24cm

本书收录 2014 年度各民主党派调研文章 55 篇。这些文章立足西城区区情区貌，针对区域内存在的突出问题，如停车、养老服务、历史文化街区保护、金融环境建设、大气污染等问题进行调研与分析，并提出具体的解决办法与措施，起到参政议政的作用。

G417.22/33.1 0634

地方电子政务"十大应用"丛书．北京西城区卷 / 孙硕本卷主编．—北京：人民出版社，2012

262 页：图；21cm

ISBN 978-7-01-011068-4：CNY 22.00

本书是《地方电子政务"十大应用"丛书》之一，总结了西城区在推进电子政务工作中所取出的成绩及经验。书中选取了西城区电子监察系统、数字西城地理空间框架、西城区社区办事服务平台等十大案例，是了解西城区电子政务发展的一个窗口。

G417.22/34 0635

西城区贯彻实施《北京市行政问责办法》学习手册 / 中共北京市西城区纪律检查委员会，北京市西城区检察局 [编]．—北京：[中共北京市西城区纪律检查委员会]，2011

112页；19cm

建立问责制度，完善问责体系，是建设法治政府的重要保障。本书将《北京市行政问责办法》和相关法律法规选编成册，提供相关人员学习，增强依法行政和正确履职意识，提高行政效能。

G417.22/35　　　　　　　　0636

笔触西城：庆祝《北京西城报》创刊1000期／王粤主编.—[北京]：[北京市西城区新闻中心]，[2010]

241页：照片；25cm

2010年《北京西城报》历经18载，出刊1000期。本书精选改革开放三十年和建国六十年的若干经典栏目的优秀作品，共计57篇，结集成册，作为记录西城区的变化和历史性跨越的见证。

G417.22/36（2011）　　　　　0637

西城信息化：西城信息化成果汇编.2011／北京市西城区信息化工作办公室编.—北京：[北京市西城区信息化工作办公室]，2011

134页：照片；20cm

本书是对2011年西城区信息化工作成绩和做法的全面总结，包括信息化发展规划、电子政务与信息资源、电子商务与企业信息化、社会信息化、信息化发展环境等内容，可以为今后西城区信息化发展提供参考和借鉴。

G417.22/37　　　　　　　　0638

党在我心中：西城区直机关纪念建党90周年优秀征文作品汇编／西城区直机关工委[编].—北京：[西城区直机关工委]，[出版年不详]

228页；23cm

本书收录了西城区直机关为纪念建党九十周年举办的关于"党在我心中"的45篇优秀作品。

G417.22/38（2012）　　　　　0639

北京市西城区2012年度调查研究重点课题汇编／北京市西城区委区政府研究室[编].—北京：[北京市西城区委区政府研究室]，2013

275页；24cm

本书收录2012年度西城区局级领导主持的重点课题研究成果31篇，这些课题围绕区域发展重点、难点、热点问题开展调查研究，内容丰富、针对性强，为区委区政府科学决策、推动工作和解决实际问题提供了重要依据。

G417.22/39　　　　　　　　0640

西城故事与中国梦／王都伟主编.—北京：首都师范大学出版社，2014

210页：照片，图；24cm

ISBN 978-7-5656-1726-3；CNY 32.00

本书分为寻求救国之梦、实践改革之梦、见证百姓之梦和创新发展之梦等四章，收录了《革新更法的初探者龚自珍》、《力推维新变法的谭嗣同》、《发展中的北京金融街》、《代表的责任》等文章。

G417.24/1　　　　　　　　0641

宣武改革开放30年／中共北京市委党史研究室，中共北京市宣武区委党史资料征集办公室编.—北京：中央文献出版社，2008

[16],528 页：照片，图表；24cm

ISBN 978-7-5073-2657-4；CNY 960.00（全20册）

本书既有北京改革开放30年决策、进程、成就、经验的历史概貌，也有这一过程中各方面的典型和亮点。既有详细的文字叙述，也有鲜活的图片和翔实的统计资料。反映改革开放30年北京宣武的发展变化。本书为北京改革开放30年系列丛书（共20册）中的一册。

G417.24/1.　　　　　　　　　0642

北京宣武改革开放30年专题文集.上卷下卷/中共北京市宣武区委党史资料征集办公室编.—北京：中央文献出版社，2008

535页：彩照；24cm

ISBN 978-7-5073-2711-3；CNY 98.00（全2册）

本书由宣武区委党史办主编。全书由图片、综述、专题文章和统计图表四部分组成。时限为1978年12月至2007年底，涵盖了宣武区政治、经济、文化、社会、城市建设与管理等。

G417.24/2　　　　　　　　　0643

智汇宣武·博士论坛：暨高校博士、青年干部挂职工作总结会议调研成果汇编/宣武区人才工作领导小组［编］.—北京：宣武区人才工作领导小组，2010

229页：彩照；24cm

本书是对2009年宣武区人才工作领导小组启动的"高层次人才集聚计划"的总结，收录9所高校的20名博士、青年干部的建言献策和调研成果，为宣武区经济社会发展提供借鉴。

G417.24/3　　　　　　　　　0644

北京市宣武区2000年度优秀调研成果选编/中共北京市宣武区委研究室编.—北京：[中共北京市宣武区委研究室]，2001

243页；21cm

本书包括改革与发展、城市建设与管理、民主法治建设、文教卫生、党的建设、其他、调研工作指导与交流、附录八部分。含各主题课题调查报告、调研成果等。

G417.24/4　　　　　　　　　0645

宣武区党政机构改革20年资料汇编/北京市宣武区档案馆编印.—北京：[北京市宣武区档案馆]，2000

10,185页；20cm

本书分为三部分：第一部分收编指导改革的文件，按时间进程进行排序；第二部分从宣武档案馆藏档案中选取1982年、1985年、1988年、1995年材料，以表格形式反映改革的实况；第三部分收录区委、区政府各机构成立、变动、批复、通知等文件，反映全区改革的具体结果。

G427/26 (1-24)　　　　　　　0646

今日德胜：创刊号.2010.6.14-2011.5.23 (1-24)期/中共北京市西城区委德胜街道工作委员会，北京市西城区人民政府德胜街道办事处主办.—北京：[中共北京市西城区委德胜街道工作委员会]，2011

1册：照片；29cm

《今日德胜》是由德胜街道办事处创办的半月报，2010年6月创刊。该报设要闻、社会、关注、见证、人物、生活等八个版面，旨在传递德胜地区的要闻要事，提供百姓日常所需的信息资讯。

G427/26 (25—57)　　　　0647

今日德胜：缩印合订本．2011.6.10—2011.5.30（25—57）期／中共北京市西城区委德胜街道工作委员会，北京市西城区人民政府德胜街道办事处主办．—北京：[中共北京市西城区委德胜街道工作委员会]，2012

1册：照片；29cm

《今日德胜》是由德胜街道办事处创办的半月报，2010年6月创刊。该报设要闻、社会、关注、见证、人物、生活等八个版面，旨在传递德胜地区的要闻要事，提供百姓日常所需的信息资讯。

G427/27 (2010) .1　　　　0648

新街口之窗．2010年第1期（创刊号）／王志成总编辑．—北京：[中共西城区委新街口街道工作委员会]，2010

64页：彩图；29cm

本刊由新街口街道办事处主办，双月刊。一般包括公务动态、信息综报、政策导读、社区风采、今日出镜等栏目，是记录新街口人的故事，传递新街口精神的沟通平台。

G427/28 .3　　　　0649

社区建设资料汇编．三／宣武区社区建设领导小组办公室[编]．—北京：[宣武区社区建设领导小组办公室]，2001

133页；30cm

CNY 45.00

本汇编包括北京市、宣武区及下属的天桥、陶然亭、大栅栏、广内、广外、牛街、白纸坊等街道的"十五"时期社区建设规划的通知、发展规划、五年规划等。

G427/29　　　　0650

天桥街道学雷锋活动资料汇编：1983—2002／中共北京市宣武区委天桥街道工作委员会，北京市宣武区人民政府天桥街道办事处编．—北京：[中共北京市宣武区委天桥街道工作委员会]，[2002]

74页；29cm

CNY 35.00

天桥街道位于宣武区东南部，多年来积极响应向雷锋同志学习的号召，弘扬和实践雷锋精神，从20世纪80年代起，20年来通过开展有特色的群众学雷锋活动，探索出一条有特色的弘扬、实践雷锋精神的文明建设之路。包括情况综述、经验撷粹、人物选录、报道拾穗、岁月回眸等栏目。

G427/30 (1—26)　　　　0651

长安街时讯：缩印合订本．2010.12.9—2011.12.8（1-26）期／司马劲松，郑家玲主编．—北京：[中共西城区委西长安街街道工委]，2011

1册：照片；29cm

本书是《长安街时讯》第1—26期的缩印合订本。《长安街时讯》由西长安街街道主办，以"关注民生、服务百姓、构建和谐"，传承和弘扬"红墙文化"为理念，是政府部门、社会单位和社区居民相互了解、交流工作、共享资源的平台。

G427/30 (27—52)　　　　0652

长安街时讯：缩印合订本．2011.12.22—2012.12.20（27-52）期／郑家玲主编．—北京：[中共西城区委西长安街街道工委]，2012

1册：照片；29cm

本书是《长安街时讯》第27—52期的缩

印合订本。《长安街时讯》由西长安街街道主办，以"关注民生、服务百姓、构建和谐"，传承和弘扬"红墙文化"为理念，是政府部门、社会单位和社区居民相互了解、交流工作、共享资源的平台。

G427/31　　　　　　　　　　0653
西城区城市管理体制改革及和谐社区建设调研文章汇编 / 西城区人民政府办公室 [编]. —北京：西城区人民政府办公室，2006

187 页；24cm

CNY 35.00

本书包含 21 篇调研论文，内容涉及街道管理体制改革、社区服务建设、完善地区机制探索、创新信访工作新机制、党建工作研究等。

G427/32.　　　　　　　　　0654
北京市西城区规章制度汇编. 一二 / 西城区建章立制工作领导小组办公室 [编]. —北京：[西城区建章立制工作领导小组办公室]，2011

111 页；25cm

本书分一、二两册，共收录 64 项工作制度，包括区级领导班子工作规则和部分具有全局性、根本性、比较成熟的全区性专项工作制度。这些专项工作制度按类别分成组织人事类、党建工作类、政务公开类、财经纪律类、政法维稳类、廉政监督类。

G427/33　　　　　　　　　　0655
合作共赢 同创未来：北京西城社区学习中心 10 年足迹 / 阎峥主编. —北京：中国旅游出版社，2014

143 页：照片；29cm

ISBN 978-7-5032-5044-6；CNY 75.00

本书是西城社区学习中心成立 10 周年的纪念册，汇编中心的主要活动信息和相关资料，涉及学习进程、学员故事、作品展示、媒体报道等内容，是对 10 年的回顾和总结，也是对未来的憧憬和向往。

G427/34　　　　　　　　　　0656
影像展览路 / 马业珠，刘志峰主编. —北京：[北京市西城区展览路街道工委]，[出版年不详]

70 页：照片；27×27cm

画册以图片的形式直观记录展览路地区的城市自然环境、社区自治和规范化建设、服务环境和社会组织创新等情况。全书分为资源·资本、关怀·关注、党魂·党建、民生·民情、环境·环保、文化·文明六个部分。

G427/35.1　　　　　　　　　0657
穿过幸福时差，听月坛老人讲故事 / 李红兵，王奇主编. —北京：新华出版社，2009

231 页：照片；24cm

ISBN 978-7-5011-8968-7；CNY 30.00

本书收录月坛地区老人叙述的故事 60 余篇。全书分为三部分，第一部分为"老故事"，主要为口述实录；第二部分为"新生活"，记录了老人们离退休之后的故事；第三部分为"月坛词典"，主要包括月坛街道办事处为老人服务方面的探索与尝试。

G427/35.2:2　　　　　　　　0658
穿过幸福时差：月坛 90 位老党员的光荣和梦想. II，红色故事会 / 王奇，马红萍

主编． —北京：同心出版社，2011

410页：图，照片；24cm

ISBN 978-7-5477-0173-7；CNY 30.00

本书由西城区月坛街道办事处组织编写，收录90位老党员的光荣事迹。全书分成"我们来自红色老区"、"党旗在战火中飘扬"等5个篇章，是一部不可多得的口述实录。

G43/17　　　　　　　　　　　0659

北京残疾人事业志参考资料：公元前156年－公元1998年／赵魁荣主编．—北京：北京残疾人事业志编纂委员会，2004

448页；27cm

精装：CNY 120.00

本书按篇目收集资料，上限从收集到的最早事件起，下限为1998年底，考虑到北京是历朝重地，特将我国古代法典和帝王有关优待残疾人的规定和旨令收入本资料。全书分为残疾人情况调查、组织机构、劳动就业、文娱体育等12篇，全面反映了北京残疾人事业的发展。

G43/18（2012）.1　　　　　　0660

西城人力社保．2012年第1期（总第7期）／高洁主编．—北京：[西城区人力资源和社会保障局]，2012

48页：照片；29cm

本刊由西城区人力资源和社会保障局主办。一般设有高端视点、热点聚焦、人物专访、工作动态、基层声音、最新法规、政策解析等栏目。

G44/9　　　　　　　　　　　0661

前进中的——西城交警／张建国，王锋主编．—北京：[北京市公安局公安交通管理局西城交通支队]，[2005]

48页：照片；29cm

本书从领导关怀、队伍建设、严格执法、指挥疏导、特勤警卫、宣传教育、事故处理、为民服务、警营文化、对外交流等十三个方面，图文并茂的对西城区交通支队进行了详细介绍。

G44/10　　　　　　　　　　0662

十八大安保文件汇编．—北京：西城区社会治安综合治理委员会办公室，2012

314页；30cm

本汇编包括十八大安保"专项行动"意见、安全隐患排查工作总体方案、流动人口服务管理实施方案、食品安全专项治理方案等42篇。

G45/6　　　　　　　　　　　0663

事业单位人事制度文件汇编／西城区人事局[编]．—北京：[西城区人事局]，[2008]

469页；21cm

本书收集整理了国家人事部、北京市人事局等部门制定的有关事业单位人事制度的政策、规定等，分四部分组成，分别为聘用合同制、岗位设置、人事争议仲裁以及社会保障。

G45/7.1　　　　　　　　　　0664

自主学习·自助学习·自新学习，第十期领导干部理论进修班研究式教学资料汇编／干如春主编．—北京：中共北京市西城区委组织部，[出版年不详]

232页：彩照；23cm

本书为西城区第十期领导干部理论进修

班的研究论文、教学资料的汇编，分为发现问题认识问题解决问题、践行社会主义荣辱观、自主问答、社会调查和思考四部分。

G45/7.2　　　　　　　　　　0665

自主学习·自助学习·自新学习．第十一期领导干部理论进修班研究式教学资料汇编/干如春主编．—北京：中共北京市西城区委组织部，[出版年不详]

283 页：彩照；23cm

本书为西城区第十一期领导干部理论进修班的研究论文、教学资料的汇编，分为发现问题解决问题、五分钟党课、虚词实解、参观感言、寄语五部分。

G46/2（2006）　　　　　　　0666

北京市西城区教育系统出访报告汇编．2006 年/北京市西城区教委办公室编．—北京：[北京市西城区教委办公室]，[2006]

276 页：彩照；20cm

本书由北京市西城区教委办公室编制，汇集了 2006 年西城区教育系统出访亚洲、欧洲、大洋洲、美洲以及非洲的 41 篇报告。

G46/3（2006）　　　　　　　0667

北京市西城区出访报告汇编．2006 年/北京市西城区人民政府外事办公室编．—北京：[北京市西城区人民政府外事办公室]，[2006]

264 页：照片；21cm

西城区作为国家政治中心的主要载体、国家金融管理中心、国内知名商业中心和中国传统风貌重要的旅游地位，其政府和各委办局的外交活动非常之多。本书收录了 2006 年西城区政府和各委办局编撰的出访工作报告 26 篇，从文化、教育、金融等方面反映了西城区对外交流的情况。

G46/3（2007）　　　　　　　0668

北京市西城区出访报告汇编．2007 年/北京市西城区人民政府外事办公室编．—北京：[北京市西城区人民政府外事办公室]，[2007]

276 页：照片；20cm

本书由北京市西城区人民政府外事办公室编制，汇集了 2007 年西城区赴各地考察报告、中青年干部培训考察团出访加拿大考察报告、社区工作者赴日考察团出访报告以及校际交流出访报告等 33 篇。

G46/4　　　　　　　　　　　0669

西城区·帕萨迪那市友好城市十周年：1999-2009．—北京：[出版者不详]，[2009]

86,85 页：彩照；26cm

本书涵盖了十多年来帕萨迪那市和西城区缔结姐妹城市的历史点滴，记载了在幕后推动的各界人士多年来辛苦经营的心血，有力地配合了在帕市举行的两地结好十周年庆祝活动。书中含中、英文两种文字，并附有大量的图片资料。

G46/5　　　　　　　　　　　0670

西城外事 2012 出访报告汇编/[北京市西城区人民政府外事办公室编]．—北京：[北京市西城区人民政府外事办公室]，[2012]

171 页：图；22cm

本书汇编西城区 2012 年部分出访团组的出访报告，详细介绍出访团组的出访任务、考察中的出访情况、交流成果、体会感受，便于区内各部门交流学习，共同分享出访成果。

G47/4　　　　　　　　0671

前进中的西城区侨联：成立17周年（1986–2003）纪念专刊/吴会斐主编. —北京：[北京市西城区归国华侨联合会]，2003

21页：照片；29cm

本刊为西城区归国华侨联合会成立17周年纪念专刊，由西城区归国华侨联合会主编。主要介绍了西城区归国华侨联合会1996年至2003年17年来的工作业绩和发展情况。

G47/5　　　　　　　　0672

北京侨联志/马坚，陈佩康主编. —北京：中国华侨出版社，2010

16，405页：照片；27cm

ISBN 978-7-5113-0674-6

精装：CNY 68.00

本书是一部记录北京市侨联发展历史的专志。书中用翔实的史料，记述了60年来北京市乔联团结带领广大侨界群众投身中国特色社会主义伟大事业的奋斗历程。本书对探索首都侨联事业的科学发展，提供了弥足珍贵的史料和有益的借鉴。

G48/11　　　　　　　　0673

北京市西城区军事志/北京市西城区军事志编纂委员会[编]. —北京：北京出版社，2013

10，562页：地图，照片；26cm

ISBN 978-7-200-10074-7

精装：CNY 198.00

本志上限追溯到事物发端及建置之始，下限至2010年，采用述、记、传、图（照）、表、录等体裁，实事求是地记述西城区军事活动的历史与现状。

G48/12　　　　　　　　0674

北京市宣武区军事志/北京市西城区军事志编纂委员会[编]. —北京：北京出版社，2013

732页：地图，照片；26cm

ISBN 978-7-200-10075-4

精装：CNY 260.00

本志上溯至公元前7世纪，下限至公元2010年，采用述、记、传、图、表、录、照等体裁，实事求是地记述宣武区军事活动的历史与现状。

G5:22/4（1998）　　　　　0675

政协北京市西城区委员会资料汇编. 1998年度/中国人民政治协商会议北京市西城区委员会编. —北京：[中国人民政治协商会议北京市西城区委员会]，1999

158页；26cm

本书记录了政协西城区第九届委员会1998年的工作历程，以及1994至1998五年的工作经验，反映了区政协常委会和政协委员紧紧围绕大局，围绕政协的中心工作所做出的努力，分为文件篇、调研篇、研讨篇、总结篇。

G5:22/4（2004）　　　　　0676

政协北京市西城区委员会资料汇编. 2004年度/中国人民政治协商会议北京市西城区委员会[编]. —北京：[中国人民政治协商会议北京市西城区委员会]，[2004]

221页；26cm

本汇编共分文件篇、研讨篇、调研篇。文件篇辑录了区委、区政府领导讲话及十一届区政协制度化建设成果；研讨篇反映了委员们的意见建议；调研篇收集了委员们在各项调研、考察和相关工作完成之后形成的 7 篇总结报告。

G5:22/4 (2006)　　　　0677

政协北京市西城区委员会资料汇编. 2006 年度 / 中国人民政治协商会议北京市西城区委员会 [编]. —北京：[中国人民政治协商会议北京市西城区委员会]，[2006]

147 页；26cm

本汇编共分文件篇、研讨篇、调研篇。文件篇辑录了区委、区政府领导讲话及十一届区政协制度化建设成果；研讨篇反映了委员们的意见建议；调研篇收集了委员们在各项调研、考察和相关工作完成之后形成的 5 篇总结报告。

G5:22/4 (2007)　　　　0678

政协北京市西城区委员会资料汇编. 2007 年度 / 中国人民政治协商会议北京市西城区委员会 [编]. —北京：[中国人民政治协商会议北京市西城区委员会]，[2007]

203 页；26cm

本集共分三篇：文件篇辑录了新一届区政协履行职能的工作规范、工作成果及工作进程中有关领导的讲话和批示；研讨篇反映了政协工作的体会和思考；调研篇收集了各专门委员会在调研、考察和相关工作完成之后形成的总结报告。

G5:22/4 (2008)　　　　0679

政协北京市西城区委员会资料汇编. 2008 年度 / 中国人民政治协商会议北京市西城区委员会 [主编]. —北京：中国人民政治协商会议北京市西城区委员会，[2009]

132 页；26cm

本书为西城区政协委员和各界人士参政议政的记载和反映。本集共分三篇：文件篇辑录了 2008 年区政协履行职能的工作规范、工作成果及工作进程中有关领导的讲话和批示；研讨篇反映了政协工作的体会和思考；调研篇收集了各专门委员会在调研、考察和相关工作完成之后形成的总结报告。

G5:22/4 (2009)　　　　0680

政协北京市西城区委员会资料汇编. 2009 年度 / 中国人民政治协商会议北京市西城区委员会 [主编]. —北京：中国人民政治协商会议北京市西城区委员会，[2009]

148 页；26cm

本书主要汇编了西城区政协各届委员会的会议资料，是对当时区政协工作思路和广大委员积极探索、实践的记载。本书按年度编写，一年一册，基本包括文件篇、研讨篇、调研篇等几个部分。

G5:22/4 (2010)　　　　0681

政协北京市西城区委员会（临时）资料汇编. 2010 年度 / 中国人民政治协商会议北京市西城区委员会（临时）[编]. —北京：中国人民政治协商会议北京市西城区委员会（临时），[2010]

109 页；26cm

本书主要汇编了西城区政协各届委员会的会议资料，是对当时区政协工作思路和广大委员积极探索、实践的记载。本书按年度编写，一年一册，基本包括文件篇、研讨篇、调研篇等几个部分。

G5:22/7.45　　　　　　　0682

知学．2007年第1期（总第45期）／西城区政协学习指导委员会编辑．—北京：[北京市西城区政协学习指导委员会]，2007

48页：照片；26cm

北京市西城区政协学习指导委员会主办

本刊是西城区政协学习指导委员会主办的学习型刊物，为委员提供了学习和交流的平台。设有学习参考、往事回眸、人物长廊、政协论坛、信息揽要等栏目。

G5:22/29　　　　　　　0683

西城区政协机关规章制度和工作规范／西城区政协办公室编．—北京：中国人民政治协商会议北京市西城区委员会，2009

93页；21cm

本书是为提高政协机关工作的规范化、制度化和程序化建设，提高为政协委员提供服务的效果和质量而编写。该书在总结政协机关建设经验的基础上，汇集各类规定、办法、制度资料，借以提高机关工作水平。

G5:22/31　　　　　　　0684

加强政治协商工作研讨文章选编／政协西城区委员会（临时）[编]．—北京：[中国人民政治协商会议北京市西城区委员会]，2011

224页；20cm

为贯彻《中共中央关于加强人民政协工作的意见》，西城区政协开展"加强政治协商工作"研讨活动，本书选编了委员们对政协工作的理性思考，结合切身感受和体会，为政治协商工作献计献策的研讨文章。

G5:22/32　　　　　　　0685

进一步发挥委员主体作用研讨文章选编／政协北京市西城区委员会编．—北京：中国人民政治协商会议北京市西城区委员会，[2008]

278页；21cm

本书收录西城政协委员们撰写的80余篇研讨文章，对政协工作实践中取得的经验、存在的问题进行综合分析和理性思考，探索进一步发挥委员主体作用的方法和途径。

G5:22（12）/1.2　　　　　0686

中国人民政治协商会议北京市西城区第十二届委员会第二次会议文件汇编／政协北京市西城区委员会[编]．—北京：[政协北京市西城区委员会]，2008

77页；21cm

本书是北京市西城区政协第十二届委员会第二次会议文件汇编，含领导讲话、政府工作报告、提案工作情况报告、会议议程、人员名单等内容。

G5:22（12）/1.3　　　　　0687

中国人民政治协商会议北京市西城区第十二届委员会第三次会议文件汇编／政协北京市西城区委员会[编]．—北京：[政协北京市西城区委员会]，2009

77页；21cm

本书是北京市西城区政协第十二届委员会第三次会议文件汇编，含领导讲话、政府工作报告、提案工作情况报告、会议议程、人员名单等内容。

G5.22（12）/1.4　　　　　　0688

中国人民政治协商会议北京市西城区第十二届委员会第四次会议文件汇编/政协北京市西城区委员会［编］.—北京：［政协北京市西城区委员会］，2010

79 页；21cm

本书是北京市西城区政协第十二届委员会第四次会议文件汇编，含领导讲话、政府工作报告、提案工作情况报告、会议议程、人员名单等内容。

G6/3（2015）.2　　　　　　0689

西城九三.2015 年第 2 期（总第 40 期）/杨月欣主编.—北京：［九三学社北京市西城区委员会］，2015

48 页：照片；29cm

本刊是由九三学社西城区委主办的双月刊，一般包括区委工作、封面人物、支社活动、专题文章、社员随笔等栏目，及时反映九三学社西城区委的工作动态及社员文采。

G6/4（2015）.1　　　　　　0690

西城致公.2015 年 4 月第 1 期（总第 13 期）/曾小丹主编.—北京：［中国致公党北京市西城区委员会］，2015

56 页：照片；29cm

本刊由中国致公党北京市西城区委员会主办，一般设置党务工作、参政议政、致公风采、侨海之窗、随笔漫谈、历史印记、学习园地、信息往来等栏目。

G74/8（2006）　　　　　　0691

学知录：2006 年西城区委区政府中心组学习报告汇编/中共北京市西城区委宣传部［编］.—北京：［中共北京市西城区委宣传部］，[2007]

385 页；24cm

本书展示西城区区委政府理论中心组的学习成果，围绕 2006 年全年学习的主题，将 2006 年区及理论中心组学习中部分专家学者的讲课报告和《学习参考》中的相关内容，进行分类整理。

G74/8（2007）　　　　　　0692

学知录：2007 年西城区委区政府中心组学习报告汇编/中共北京市西城区委宣传部［编］.—北京：［中共北京市西城区委宣传部］，[2008]

413 页；23cm

为展示西城区委区政府理论中心组 2007 年的学习成果，中共北京市西城区委宣传部组织编辑了此书，书中围绕全年学习的主题，通过七部分进行了展示。

G74/8（2008）　　　　　　0693

学知录：2008 年西城区委区政府中心组学习报告汇编/中共北京市西城区委宣传部［编］.—北京：［中共北京市西城区委宣传部］，[2009]

277 页；23cm

为充分展示区委区政府理论中心组的学习成果，便于广大党员干部学习参阅，中共北京市西城区委宣传部围绕全年学习的主题，并结合 2008 年度发生的重大事件，进行分类整理编辑了此书。

G74/11（2007）　　　　　　0694

［西城区精神文明创建活动先进集体和个人］光荣册.[2007]/[中共北京市西城区委，北京市西城区人民政府，北京市西城

区精神文明建设委员会编]. —北京：[中共北京市西城区委], 2008

37页；30cm

该册是由西城区委、西城区政府、西城区文明办为表彰 2007 年度西城区精神文明创建活动先进集体和个人而编辑的。西城区图书馆被评为西城区创建文明行业示范单位。

G74/11 (2008)　　　　　　0695

"西城区精神文明创建活动先进集体和个人"光荣册. [2008] / [北京市西城区精神文明建设委员会编]. —北京：[北京市西城区精神文明建设委员会], 2009

39页；30cm

该《光荣册》由西城区精神文明建设委员会制作，通报表彰了 2008 年度西城区精神文明创建活动先进集体和个人。其中，西城区图书馆被评为西城区创建文明行业示范单位。

G74/11 (2009)　　　　　　0696

"西城区精神文明创建活动先进集体和个人"光荣册. [2009] / [中共北京市西城区委，北京市西城区人民政府，北京市西城区精神文明建设委员会编]. —北京：[中共北京市西城区委], 2010

39页；30cm

本《光荣册》由西城区委、区政府、区文明办编印。主要是 2009 年度西城区精神文明创建活动先进集体和个人名单。

G74/19　　　　　　0697

马淑玲 / 冬雪，冯赵原作. —北京：人民美术出版社，2009

62页：图；11×15cm

ISBN 978-7-102-04608-2；CNY 60.00（全10册）

本书为《公德礼赞》系列之一，以连环画的形式展示了马淑玲的先进人物形象，讲述她爱岗敬业、甘于奉献、助人为乐、淡薄名利的崇高品格。

G74/20　　　　　　0698

马广明 / 何晓编文. —北京：人民美术出版社，2009

62页：图；11×15cm

ISBN 978-7-102-04608-2；CNY 60.00（全10册）

本套连环画（册）由西城区委宣传部、文明办、文联共同主编。主要宣传的是西城区在《公民道德实施纲要》和广泛开展的群众性道德教育实践活动中，各条战线涌现出来的模范人物。

G74/21　　　　　　0699

王川 / 北原原作. —北京：人民美术出版社，2009

62页：图；11×15cm

ISBN 978-7-102-04608-2；CNY 60.00（全10册）

本套连环画（册）由西城区委宣传部、文明办、文联共同主编。主要宣传的是西城区在《公民道德实施纲要》和广泛开展的群众性道德教育实践活动中，各条战线涌现出来的模范人物。

G74/22　　　　　　0700

刘和霞 / 杜立原作. —北京：人民美术出版社，2009

62 页；11×15cm

ISBN 978-7-102-04608-2；CNY 60.00（全10 册）

本套连环画（册）由西城区委宣传部、文明办、文联共同主编。主要宣传的是西城区在《公民道德实施纲要》和广泛开展的群众性道德教育实践活动中，各条战线涌现出来的模范人物。

G74/23　　　　　　　　　　0701

沈崇艳／马淑琴原作. —北京：人民美术出版社，2009

62 页：图；11×15cm

ISBN 978-7-102-04608-2；CNY 60.00（全10 册）

本套连环画（册）由西城区委宣传部、文明办、文联共同主编。主要宣传的是西城区在《公民道德实施纲要》和广泛开展的群众性道德教育实践活动中，各条战线涌现出来的模范人物。

G74/24　　　　　　　　　　0702

孟祥贤／康伟原作. —北京：人民美术出版社，2009

62 页：图；11×15cm

ISBN 978-7-102-04608-2；CNY 60.00（全10 册）

本套连环画（册）由西城区委宣传部、文明办、文联共同主编。主要宣传的是西城区在《公民道德实施纲要》和广泛开展的群众性道德教育实践活动中，各条战线涌现出来的模范人物。

G74/25　　　　　　　　　　0703

张雪娣／赵可，李杰原作. —北京：人民美术出版社，2009

62 页：图；11×15cm

ISBN 978-7-102-04608-2；CNY 60.00（全10 册）

本套连环画（册）由西城区委宣传部、文明办、文联共同主编。主要宣传的是西城区在《公民道德实施纲要》和广泛开展的群众性道德教育实践活动中，各条战线涌现出来的模范人物。

G74/26　　　　　　　　　　0704

柳青／马镇原作. —北京：人民美术出版社，2009

62 页：图；11×15cm

ISBN 978-7-102-04608-2；CNY 60.00（全10 册）

本套连环画（册）由西城区委宣传部、文明办、文联共同主编。主要宣传的是西城区在《公民道德实施纲要》和广泛开展的群众性道德教育实践活动中，各条战线涌现出来的模范人物。

G74/27　　　　　　　　　　0705

梁军生／赵晟原作. —北京：人民美术出版社，2009

62 页：图；11×15cm

ISBN 978-7-102-04608-2；CNY 60.00（全10 册）

本套连环画（册）由西城区委宣传部、文明办、文联共同主编。主要宣传的是西城区在《公民道德实施纲要》和广泛开展的群众性道德教育实践活动中，各条战线涌现出来的模范人物。

G74/28　　　　　　　　　0706

曹雁／陈丽君原作．—北京：人民美术出版社，2009

62页：图；11×15cm

ISBN 978-7-102-04608-2；CNY 60.00（全10册）

本套连环画（册）由西城区委宣传部、文明办、文联共同主编。主要宣传的是西城区在《公民道德实施纲要》和广泛开展的群众性道德教育实践活动中，各条战线涌现出来的模范人物。

G74/29　　　　　　　　　0707

新街口街道第三届百名文明市民、十佳文明之星表彰及事迹材料汇编／中共西城区委新街口街道工作委员会，西城区人民政府新街口街道办事处，新街口地区精神文明建设委员会［编］．—北京：出版社不详，2012

32页：图；29cm

为深入推进群众精神文明创建活动，新街口街道表彰并公布了第三届"百名文明市民"及"十佳文明之星"名单，以图文并茂的形式对十佳文明之星的事迹进行了介绍。

G74/30　　　　　　　　　0708

西城城管精神：专刊／张利琴主编．—北京：[北京市西城区城市管理监察大队]，2013

24页：彩照；29cm

本刊包括：背景介绍、基本解读、教育安排、教育提纲、队员感言等栏目。

G8/7（2009）．　　　　　0709

西城普法．2009年／徐闻主编．—北京：[西城区依法治区领导小组办公室]，2009

24页：照片，图；29cm

本刊由西城区依法治区领导小组办公室和西城区司法局编印，创刊于2007年，双月刊。设有普法动态、法治社评、专项普法等栏目。

G8/7（2012）　　　　　　0710

普法．2012年增刊／曹淑琴主编．—北京：[北京市西城区司法局]，2012

56页：照片，图；29cm

本刊包括法律知识、普法知识、普法动态、青少年专栏、禁毒专栏等栏目。

G8/7（2012）．2　　　　　0711

普法．2012年第2期（总第9期）／曹淑琴主编．—北京：[北京市西城区司法局]，2012

32页：照片，图；29cm

本刊包括法律知识、普法知识、普法动态、青少年专栏、禁毒专栏等栏目。

G8/7（2012）．4　　　　　0712

西城普法．2012年第4期（总第6期）／曹淑琴主编．—北京：[北京市西城区司法局]，2012

32页：照片，图；29cm

本刊包括法律知识、普法知识、普法动态、青少年专栏、禁毒专栏等栏目。

G8/9　　　　　　　　　　0713

北京市西城区"五五"普法成果选编／北京市西城区依法治区领导小组，北京市西城区司法局［编］．—北京：[北京市西城区依法治区领导小组]，[2008]

256 页；24cm

"五五"普法指西城区开展法制宣传教育的第五个五年规划（2006–2010）。本书围绕西城区五年来法制宣传教育工作，总结经验，汇编资料，内容有普法文件、经验选编、征文选编三部分。

G8/10　　　　　　　　　　0714

北京市宣武区"五五"普法回顾／倪效仲，张才斐主编．—[北京]：[北京市宣武区法制宣传教育领导小组办公室]，2010

267 页；24cm

本书在"五五"普法工作即将结束时编写，认真总结了普法工作。全书分为工作指导、领导讲话、经验选编、调研选编、普法集锦等部分。

G8/11　　　　　　　　　　0715

法惠民生：宣武区"五五"普法纪行／倪效仲，张才斐主编．—北京：[北京市宣武区法制宣传教育领导小组办公室]，2010

95 页：照片；26×29cm

宣武普法

2006 年区委区政府在公民中开展法制宣传教育的第五个五年规划，研究制定普法规划。五载耕耘勤与勉，宣武普法结硕果，为了展示宣武法制宣传教育工作五年来的做法和成效，特汇此画册。

G80/1（05–2007）　　　　　0716

2005—2007 文物、博物馆法规规章文件汇编／北京市文物局[编]．—北京：[北京市文物局]，2007

202 页；21cm

为加强依法行政工作，方便文物工作者查阅相关规定，本书收录了 2005 年至 2007 年公布实施的法规、规章、规范性文件及文物工作所需的各类名单等内容。

G80/2　　　　　　　　　　0717

北京市安全生产违法行为行政处罚标准：试行／北京市安全生产监督管理局[编]．—北京：[北京市安全生产监督管理局]，2005

105 页；21cm

本书为依据《中华人民共和国安全生产法》制定的《北京市安全生产违法行为行政处罚标准（试行）》，适用于各级安全生产监督管理部门和从事安全生产监督检查人员，包含两部分内容。

G80/5.1　　　　　　　　　0718

法惠于民，西城区公益法律服务优秀案例选编／徐闻主编．—北京：北京燕山出版社，2009

239 页：图；23cm

北京市哲学社会科学"十一五"规划项目

ISBN 978-7-5402-0805-9；CNY 88.00（全 2 册）

本书收集了源自西城区公益法律服务工作实践的 100 余个公益服务案例，按照基本情况、案例简介、案例结果和案例点评四个部分进行编辑整理。案例的点评涉及大量公益法律服务工作的规律和经验，可为今后此类矛盾纠纷的解决提供素材和示范样本。

G80/5.2　　　　　　　　　0719

法惠于民，西城区公益法律服务实践与探索／徐闻主编．—北京：北京燕山出版社，2009

393页：照片；23cm

北京市哲学社会科学"十一五"重点规划项目

ISBN 978-7-5402-0805-9；CNY 88.00（全2册）

本书有效整合西城区司法行政资源，确立了公益法律服务提供主体的范围，探索了保障西城区公益法律服务持续性和一贯性的方式，对建设西城区公益法律服务体系的良好运行机制等方面提出了可行性建议。本书研究所形成的理论还具有示范意义。

G80/6　　　　　　　　　　0720

西城区产业政策汇编／北京市西城区功能街区，产业发展投资促进局编．—北京：北京市西城区功能街区，[2011]

139页：图；24cm

本书汇编西城区、北京市、国家颁发的有关产业发展和促进的相关政策和文件，对全面了解产业发展政策、规范企业行为有一定积极作用。

G80/7　　　　　　　　　　0721

法律服务便民手册／北京市西城区司法局[编]．—北京：[北京市西城区司法局]，[2011]

172页；19cm

本手册收集西城区法律服务资源信息，分为法律援助篇、公证篇、人民调解篇、律师篇等篇章，对方便辖区内社区百姓了解身边的法律资源、寻求法律服务有一定帮助作用。

G81/3　　　　　　　　　　0722

法律援助在西城／北京市西城区司法局编．—北京：[北京市西城区司法局]，[2007]

24页：彩图，照片；29cm

本画册用大量的图片和文字梳理了西城区法律援助中心成立五年来所取得的成就。后附西城区法律援助中心便民服务指南。

G81/4（2008）.1　　　　　0723

西城政法．2008年第1期（创刊号）／中共北京市西城区政法委员会主办．—北京：[中共北京市西城区政法委员会]，2008

64页：照片；29cm

本刊由西城区政法委员会主办。有队伍建设、典型案例、干警文苑、政法动态等栏目，全面介绍西城区政法工作情况。

G81/4（2008）.3　　　　　0724

西城政法．2008年第3期（总第3期），奥运特刊／中共北京市西城区政法委员会主办．—北京：[中共北京市西城区政法委员会]，2008

56页：照片；29cm

本刊由西城区政法委员会主办。有队伍建设、典型案例、干警文苑、政法动态等栏目，全面介绍西城区政法工作情况。

G81/5（2008）.12　　　　0725

司法要览．2008年第12期（总第21期）／徐闻主编．—北京：[北京市西城区司法局]，2008

40页：照片；29cm

该刊由西城区司法局主办。分领导讲话、一句话新闻、古今说法、以案说法、神州大地等栏目介绍西城区司法教育、工作情况。

G81/6 0726

基层司法行政30年：1981-2011 / 钟显林，张才斐主编. —北京：[北京市西城区司法局]，2011

272页；26cm

本书编写于西城、宣武司法行政30周年之际。司法行政作为政府系统的重要组成部分，在服务区域经济社会发展、维护社会和谐稳定、提高全民法律素质等方面发挥作用。

G82/2（2009）.2 0727

西城法官. 2009年第2期（总第19期）/ 宋洪印主编. —北京：[北京市西城区人民法院]，2009

72页：照片；29cm

北京市西城区人民法院主办

本刊包括特稿专递、院长论坛、理论探讨、调查研究、统计分析、案例分析、文书鉴赏、域外撷英等栏目。

G82/3.4 0728

和谐"四点一线"多元化纠纷解决机制工作专刊. 第4期2009.03 / 徐占生主编. —北京：北京市西城区人民法院，2009

48页；30cm

本刊由西城区法院主编。本期设有制度汇编、特别关注、工作亮点、案例选编、专家视点、图文资讯、感悟七个专栏介绍西城区法院工作情况。

G82/4 0729

人民调解在西城 / 徐闻主编. —北京：[北京市西城区司法局]，[2008]

43页；29cm

本书以数十个生动的调解案例，讲述了西城人民调解工作不懈的探索与创新，勾勒出了具有西城区特色的人民调解化解社会矛盾纠纷体系。本书还能为全区基层人民调解员在工作方式方法、技巧与法律依据方面提供一些启示与帮助。

G82/5 0730

人民陪审制度的理论与实践：以北京市西城区人民法院为研究对象 / 祖鹏，李玉华主编. —北京：法律出版社，2012

246页：彩照；23cm

ISBN 978-7-5118-3251-1；CNY 48.00

本书以西城法院陪审工作为研究范本，分为上、下两篇。上篇是中国法学会2010年度部级法学研究课题成果：《陪审制度改革研究报告——以西城区人民法院为研究对象》；下编为西城法院法官与陪审员关于陪审制度改革的观点、见解和陪审工作中的感悟。

G83/6 0731

西城检察印记 / 北京市西城区人民检察院[编]. —北京：北京市西城区人民检察院，[2012]

44页；25×26cm

本册为照片纪念册，分为领导关怀、院情简介、发展历史、业务建设、队伍建设、前进中的新西检、西检之歌七个栏目，展现出西城区检察院的风貌。

G87/3 0732

西检反腐实录：职务犯罪典型案例精析 / 韩索华主编. —北京：法律出版社，2014

335页；24cm

ISBN 978-7-5118-5569-5；CNY 48.00

本书共分贪污贿赂案件侦查、渎职犯罪案件侦查、审查起诉、预防犯罪四个部分，从不同视角，对本院办理的近 50 件职务犯罪案件进行深入的介绍和剖析。

H 经济管理

H1/33 (2002—03) 0733

北京统计研究报告. 2002—2003 / 崔述强主编. —北京：中国统计出版社，2004

311 页；24cm

ISBN 7-5037-4537-1；CNY 38.00

本书如实记录了近年来北京统计科研取得的成果，包括城市发展研究、城乡一体化研究、方法理念研究三部分内容。通过本书，可以扩大统计工作的影响，推动研究成果的应用和转化，也可以帮助更多的统计工作者结合工作实践开展研究，推动全市统计工作水平的提高。

H1/38 0734

中国首都北京 / 王光主编. —北京：红旗出版社，1986

343 页：照片；29cm

CNY 150.00

这是《中国城市改革丛书》其中的一部。本书图文并茂的展现了首都北京改革开放以来的城市发展风貌，其中有西城名人郭沫若、老舍等。

H1/39 0735

首都区：实现区域可持续发展的战略构想 / 刘学敏等著. —北京：科学出版社，2010

397 页：地图，图；27cm

国家"十一五"科技支撑重点项目：滨海新区可持续发展模式研究（No.2006BAC18B02）

ISBN 978-7-03-026365-0

精装：CNY 78.00

本书提出了一个涵盖京津冀和晋陕蒙部分地区的"首都区"全新概念，属"十一五"科研项目，共分12章，全方位论述了新"首都区"概念下的建设方略。

H1/42 0736

北京改革开放二十年 = Two Decades of Reform and Opening to the Outside in Beijing：1978—1998 / 北京市委宣传部，北京市统计局编. —北京：中国统计出版社，1998

531 页：彩图；27cm

ISBN 7-5037-2882-5

精装：CNY 100.00

本书由北京市委宣传部、北京市统计局编制，是一部较全面反映改革开放20年来北京市国民经济和社会发展成就的资料性工具书。在"资料篇——社会进步"章节里，统计的西城区人口至1997年底为80.4万人。

H1/43.1 0737

加快南城及南部地区发展研究 / 北京市规划委员会，北京市城市规划设计研究院[编]. —北京：北京市规划委员会，2008

83 页；30×30cm

精装：CNY 198.00

本书的研究对象为北京南城和南部地区，包含六个专题研究报告，分别是：加快南城地区发展研究、南北两城环境质量状况比较分析研究、国际大城市均衡发展研究、南城历史文化资源状况研究、加快南城产业发展研究、南城及南部地区社会人口经济发展综合研究。

H1/43.2　　　　　　　　0738

加快南城及南部地区发展研究，专题报告 / 北京市规划委员会，北京市城市规划设计研究院 [编]．—北京：北京市规划委员会，2008

362 页；30×30cm

精装：CNY 360.00

本书的研究对象为北京南城和南部地区，包含六个专题研究报告，分别是：加快南城地区发展研究、南北两城环境质量状况比较分析研究、国际大城市均衡发展研究、南城历史文化资源状况研究、加快南城产业发展研究、南城及南部地区社会人口经济发展综合研究。

H1/44　　　　　　　　　0739

北京市西城区政府投资重大建设项目监督工作手册 / 中共北京市西城区纪律检查委员会，北京市西城区监察局编．—北京：[中共北京市西城区纪律检查委员会]，[2013]

268 页；21cm

本书收录政府投资建设项目相关政策法规及制度规定，包括国家相关法规、北京市相关条规、西城区相关制度及相关工作流程等内容，可供政府职能部门和负有监管职责的人员学习。

H1/45（2012）　　　　　0740

北京市西城区人民政府国有资产监督管理委员会．2012．—北京：[出版者不详]，2012

1 册：照片；30cm

本书是对西城区国有资产监督委员会及其系统下辖企业基本情况的简介，具体包括金融街投资有限公司、华远集团、天恒置业集团、金正资产投资经营公司等单位的概况。

H1/46　　　　　　　　　0741

把握城市功能定位 促进首都持续健康发展 / 中共北京市委组织部，北京市人力资源和社会保障局，北京市科学技术委员会组织编写．—北京：北京出版社，2014

268 页；24cm

ISBN　978-7-200-10959-7；CNY 20.00

本书是一部公共知识培训教材，全书分八讲，对首都功能定位与首都经济发展战略、北京市近期经济发展形势分析、加快"城市病"治理、加强首都大气污染治理等多个问题进行了深入研究，这些专题有的以西城为案例，有的以西城为研究对象，对西城发展有借鉴意义。

H1:22/32.1　　　　　　0742

2008 发展的脚步：宣武区发展改革工作研究汇编．上册 / [宣武区发展和改革委员会编]．—北京：宣武区发展和改革委员会，2009

235 页；26cm

CNY 80.00（全 2 册）

本资料是对全区"十一五"规划纲要落实过程中存在的若干关键问题进行的调研成果和工作报告汇编。共分规划计划、形式分析、功能街区、产业企业、价格监管、依法行政、课题研究七篇。

H1:22/32.2　　　　　　　　0743

2008发展的脚步：宣武区发展改革工作研究汇编.下册/[宣武区发展和改革委员会编].—北京：宣武区发展和改革委员会，2009

239-482页；26cm

CNY 80.00（全2册）

本资料是对全区"十一五"规划纲要落实过程中存在的若干关键问题进行的调研成果和工作报告汇编。共分规划计划、形式分析、功能街区、产业企业、价格监管、依法行政、课题研究七篇。

H1:22/33　　　　　　　　0744

西城区"十一五"时期经济发展主要数据汇编/北京市西城区统计局，北京市西城区经济社会调查队[编].—北京：[北京市西城区统计局]，[2011]

64页：图；26cm

本汇编由西城区统计局和西城区经济社会调查队编制。主要搜集西城区"十一五"时期社会经济发展的统计资料。

H1:22/34　　　　　　　　0745

扬帆·启程：2006-2010年西城区经济社会发展情况/颜华[等]主编.—北京：北京市西城区统计局，[2011]

92页：图，照片；25cm

精装

本年鉴由西城区统计局和西城区经济社会调查队编制，是2010年7月原西城区与原宣武区合并后，为满足各级领导和社会各界需求及时编制的。

H1:22/35　　　　　　　　0746

西城区特色功能区经济社会发展解析/颜华[等]主编.—北京：[北京市西城区统计局]，[2011]

78页：图，照片；26cm

本书由西城区统计局和西城区经济社会调查大队编，总揽西城区特色功能区可供使用的主要数据资料，是认识了解和研究全区特色功能区的重要数据工具书。

H1:22/36.1（2010-4）　　　0747

西城区经济社会发展季报.2010，缤纷街道/北京市西城区统计局，北京市西城区经济社会调查队[编].—北京：[北京市西城区统计局]，[2011]

49页；20cm

本册用季度统计数据进行人员情况、投资情况综述，描绘缤纷多彩的街道，包括德胜街道、什刹海街道、大栅栏街道、广安门街道、白纸坊街道等。

H1:22/36.1（2011-2）　　　0748

西城区经济社会发展季报.2011，缤纷街道/北京市西城区统计局，北京市西城区经济社会调查队[编].—北京：[北京市西城区统计局]，[2012]

49页；20cm

本书对北京市西城区各街道内单位进行划分，通过大量表格数据，阐述西城区各街道经济发展情况。

H1:22/36.2（2011-1） 0749

西城区经济社会发展季报．2011，华彩西城／北京市西城区统计局，北京市西城区经济社会调查队［编］．—北京：[北京市西城区统计局]，[2012]

41页；20cm

本册以季度统计数据形式进行社会经济综述，分行业、产业、民生、社会各篇，包括经济指标对比，图说西城和精彩信息。

H1:22/36.2（2011-2） 0750

西城区经济社会发展季报．2011，华彩西城／北京市西城区统计局，北京市西城区经济社会调查队［编］．—北京：[北京市西城区统计局]，[2012]

41页；20cm

本书从社会经济、指标对比等四个大的方面，通过一系列图表、数据阐述西城区2011年二季度经济社会发展情况。

H1:22/36.3（2011-2） 0751

西城区经济社会发展季报．2011，特色功能区／北京市西城区统计局，北京市西城区经济社会调查队［编］．—北京：[北京市西城区统计局]，[2012]

26页；20cm

本册以数据形式，介绍功能街区综述，包括经济指标、经营情况；十大功能街区，如金融街、德胜科技园、什刹海历史文化保护区等；功能街区专题，如金融业、文化创意产业；以及精彩信息。

H1:22/36.3（2011-3） 0752

西城区经济社会发展季报．2011，特色功能区／北京市西城区统计局，北京市西城区经济社会调查队［编］．—北京：[北京市西城区统计局]，[2012]

26页；20cm

本书通过对北京市西城区十大特色功能街区进行数据统计、分析，说明前三季度功能街区对文化创意产业的集聚作用。

H1:22/37.1 0753

北京市西城区"十二五"规划研究课题成果汇编．一／北京市西城区"十二五"规划编制工作领导小组办公室［编］．—北京：北京市西城区"十二五"规划编制工作领导小组办公室，2010

161页：图；30cm

CNY 50.00

本研究以西城区发展战略为重点，在经济布局研究的基础上，总结了西城区过去发展的经验和成就。理清发展思路，运用科学方法，制定了符合西城区实际和未来发展要求的解决方案。包括战略布局篇；规划纲要篇；功能街区篇；城市建管篇以及社会民生篇。

H1:22/37.2 0754

北京市西城区"十二五"规划研究课题成果汇编．二／北京市西城区"十二五"规划编制工作领导小组办公室［编］．—北京：北京市西城区"十二五"规划编制工作领导小组办公室，2010

167页：图；30cm

CNY 50.00

本书为北京市西城区"十二五"规划研究课题成果汇编第二册，作为纲要篇，主要收录规划纲要框架研究、经济与社会发展规划纲要、规划体系的建议以及发展目标和指标体系研究四个方面成果。

H1:22/37.3　　　　　　　　　　0755

北京市西城区"十二五"规划研究课题成果汇编. 三 / 北京市西城区"十二五"规划编制工作领导小组办公室 [编]. —北京：北京市西城区"十二五"规划编制工作领导小组办公室，2010

423 页：图；30cm

CNY 120.00

本书为北京市西城区"十二五"规划研究课题成果汇编第三册，属于功能街区篇，主要从西城区各街区的金融、文化、商贸、创意、信息等方面讲述"十二五"期间的研究成果。

H1:22/37.4　　　　　　　　　　0756

北京市西城区"十二五"规划研究课题成果汇编. 四 / 北京市西城区"十二五"规划编制工作领导小组办公室 [编]. —北京：北京市西城区"十二五"规划编制工作领导小组办公室，2010

332 页：图；30cm

CNY 120.00

本书为北京市西城区"十二五"规划研究课题成果汇编第四册，主要涵盖城市建管方面，从园林、生态、绿化、环境、历史传统文化等方面阐述"十二五"期间的研究成果。

H1:22/37.5　　　　　　　　　　0757

北京市西城区"十二五"规划研究课题成果汇编. 五 / 北京市西城区"十二五"规划编制工作领导小组办公室 [编]. —北京：北京市西城区"十二五"规划编制工作领导小组办公室，2010

170 页：图；30cm

CNY 50.00

本书为北京市西城区"十二五"规划研究课题成果汇编第五册，从社会民生角度出发，详细展示了西城区"十二五"期间关于公共、文化、教育、人口等民生方面成果。

H1:22/38.1　　　　　　　　　　0758

北京市西城区国民经济和社会发展第十二个五年规划汇编. 上 / 西城区"十二五"规划编制工作领导小组办公室 [编]. —北京：[西城区"十二五"规划编制工作领导小组办公室]，[出版时间不详]

387 页；24cm

本书分为总纲篇、综合规划篇两部分，包括西城区"十二五"规划纲要及"十二五"时期的人才发展规划、文化创意产业发展规划、精神文明建设发展规划、教育事业发展规划、城市管理发展规划、商贸和旅游业发展规划等内容。

H1:22/38.2　　　　　　　　　　0759

北京市西城区国民经济和社会发展第十二个五年规划汇编. 下 / 西城区"十二五"规划编制工作领导小组办公室 [编]. —北京：[西城区"十二五"规划编制工作领导小组办公室]，[出版年不详]

323 页；24cm

本书为西城区国民经济和社会发展第十二个五年规划汇编下册，主要从专项规划方面总结讲述了"十二五"期间西城区各行业事业的发展规划。

H1:22/39　　　　　　　　　　0760

北京市西城区国民经济和社会发展第十二个五年规划中期评估报告汇编／西城区"十二五"规划中期评估工作领导小组办公室［编］．—北京：［西城区"十二五"规划中期评估工作领导小组办公室］，[2010]

446页；24cm

本书是西城区"十二五"时期各产业发展规划的中期评估报告汇编，分综合规划篇和专项规划篇两部分跟踪分析和研究"十二五"规划的实施情况。涵盖商贸旅游业、文化创意产业、城市管理、精神文明建设、环境保护和建设、老龄事业、节能规划等多个方面的内容。

H1:22/40　　　　　　　　　　0761

西城区"十二五"规划纲要中期评估监督工作资料汇编／北京市西城区人大常委会财经工作委员会［编］．—北京：［北京市西城区人大常委会财经工作委员会］，2014

377页；23cm

本书汇编西城区人大常委会在对区"十二五"规划纲要中期评估工作进行监督的过程中形成的各项报告、决议、工作方案及相关资料，对推动"十二五"规划纲要和综合及专项规划不断完善有积极作用，并为制定"十三五"规划奠定良好的基础。

H1:22/41　　　　　　　　　　0762

西城区"十二五"规划解读／西城区发展和改革委员会［编］．—北京：［西城区发展和改革委员会］，2011

74页：照片，图；21cm

本书对西城区"十二五"规划进行了详细的介绍与解释，包括规划背景、编制过程、透视解读、名词解释四个部分。其中透视解读部分是本书的重点内容，涉及城市功能、提升经济品质、彰显文化魅力、深化改革开放等具体规划措施。

H13/2 (2008)　　　　　　　　0763

中关村科技园区年鉴. 2008／戴卫主编．—北京：京华出版社，2009

520页：照片，地图，图；26cm

ISBN　978-7-80724-682-4

精装：CNY 268.00

本年鉴是一部反映中关村科技园区发展变化的综合性资料工具书和史料文献，由中关村科技园区管理委员会主持编纂，涵盖海淀园、德胜园、雍和园等多个园区的基本情况，设大事记、园区建设、产业发展等16个基本栏目。本书反映2006、2007两年年度情况。

H13/2 (2009)　　　　　　　　0764

中关村科技园区年鉴. 2009／郭洪主编．—北京：京华出版社，2009

417页：照片，地图，图；26cm

ISBN　978-7-80724-786-9

精装：CNY 258.00

本年鉴是一部反映中关村科技园区发展变化的综合性资料工具书和史料文献，由中关村科技园区管理委员会主持编纂，涵盖海淀园、德胜园、雍和园等多个园区的基本情况，设大事记、园区建设、产业发展等16个基本栏目。本书反映2008年年度情况。

H13/2 (2010)　　　　　　　　0765

中关村国家自主创新示范区年鉴. 2010／郭洪主编．—北京：京华出版社，2010

448页：彩图，地图；27cm

ISBN 978-7-5502-0037-1

精装：CNY 258.00

本年鉴是一部反映中关村国家自主创新示范区发展变化的综合性资料工具书和史料文献，内容涵盖海淀园、德胜园、雍和园等多个园区的基本情况，设大事记、园区建设、产业发展等16个基本栏目。本书反映2009年的年度情况。

H13/3 (2012) .1　　　　　0766

德胜时间. 2012年1月（总第1期）/ 孙夏男［等］主编. —北京：[中共北京市西城区委德胜街道工作委员会]，2012

49页：照片，图；28cm

本刊由德胜街道办事处主办，是一本高端区域性杂志，主要关注文化创意、高端交易、金融后台、研发设计、产业科技等领域信息，设置高层之声、先锋导航、科创前沿、政策聚焦、生活驿站等栏目。

H13/3 (2012) .9　　　　　0767

德胜时间：十八大专刊. 总第9期 / 冯玉霞，尹晓菲主编. —北京：[中共北京市西城区委德胜街道工作委员会]，2012

49页：照片，图；29cm

本刊由德胜街道办事处主办，是一本高端区域性杂志，主要关注文化创意、高端交易、金融后台、研发设计、产业科技等领域信息，设置高层之声、先锋导航、科创前沿、政策聚焦、生活驿站等栏目。

H13/3 (2012) .11　　　　　0768

德胜时间. 2012年终专刊（总第11期）/ 冯玉霞，尹晓菲主编. —北京：[中共北京市西城区委德胜街道工作委员会]，2012

47页：照片，图；29cm

本刊由德胜街道办事处主办，是一本高端区域性杂志，主要关注文化创意、高端交易、金融后台、研发设计、产业科技等领域信息，设置高层之声、先锋导航、科创前沿、政策聚焦、生活驿站等栏目。

H2/9　　　　　0769

北京的第三产业 / 北京市计划经济研究所，北京市统计应用研究所编. —北京：北京市计划经济研究所，1986

252页；19cm

CNY 30.00

本书是新中国成立以来第一次全面、系统地介绍北京第三产业的一本书。全书内容是根据国家统计局公布的第三产业范围、分类标准组织编写的，分为北京第三产业发展情况、1984年北京地区第三产业普查汇总资料、1985年北京第三产业部分统计资料。

H311/3　　　　　0770

西城区统计局执法文书实用手册. —北京：[出版者不详]，2007

70页；21cm

本手册由北京市西城区统计局编制，是统计局执法文书教材，包含统计执法的流程及执法过程中的所有相关的通知、单据、条例、规定等。

H311/4　　　　　0771

我与西城经济普查同行 / 西城区第二次全国经济普查领导小组办公室 [编]. —北京：[西城区第二次全国经济普查领导小组办公室]，2008

32 页：彩图；11×14cm

本画册采用问答的形式，图文并茂的介绍了西城区经济普查工作与单位和个人的所有相关问题，并收录了经济普查的条例部分内容。

H311/7　　　　　　　　　　　　0772

第五次会员代表大会暨第五次统计科学研讨会文件汇编／北京市西城区统计学会［编］．—北京：［北京市西城区统计学会］，[2008]

37 页；30cm

本汇编由西城区统计学会编辑于 2008 年 1 月。汇集了本次会议理事会、监事会工作报告等内容。

H312/6（2011）　　　　　　　　0773

北京西城统计年鉴：中英文对照．2011／李鲲鹏总编辑．—北京：北京市西城区统计局，[2011]

14,15,364 页：图；31cm

精装：CNY 280.00

本年鉴由西城区统计局和西城区经济社会调查队编制。统计表中的数据（含两区合并后的部分）未明示年份的均为 2010 年。内容分为综合、人口与就业、能源、房地产业、工业、建筑、商业、金融、服务等 24 大类。该年鉴从书名的出版年到书的规格较 2009 年都做了改版。

H312/6（2012）　　　　　　　　0774

北京西城统计年鉴：中英文对照．2012／李鲲鹏总编辑．—北京：［北京市西城区统计局］，2012

14,14,362 页：彩照；30cm

精装

本年鉴是由西城区统计局逐年编纂的统计信息工具书，它总揽全区可供使用的主要统计资料，是了解、认识和研究西城所必备的重要资料工具书。全书内容分为综合、人口与就业、工业、商业、外贸旅游、财政金融、居民生活、民政等 24 部类。

H312/12　　　　　　　　　　　 0775

数说北京改革开放三十年＝ The 30th 1978-2008 Anniversary of Reform and Opening Up／北京市统计局，国家统计局北京调查总队编．—北京：中国统计出版社，2008

24,386 页：照片，图；30cm

ISBN　978-7-5037-5574-3

精装：CNY 280.00

本书是一部全面反映改革开放 30 年以来，北京市及各区县经济社会发展变化情况的资料书。全书共分三部分：综述篇、数据篇和区县篇，分别以图表、文字和数据的形式回顾和总结了北京改革开放 30 年来各行业、各领域、各区县取得的辉煌成就。

H312/13　　　　　　　　　　　 0776

北京市西城区第一次全国经济普查重点行业主要数据摘要／北京市西城区第一次经济普查办公室，北京市西城区统计局，北京市西城区统计学会［编］．—北京：［北京市西城区第一次经济普查办公室等］，2006

74 页；21cm

本书由西城区第一次经济普查办公室、西城区统计局、西城区统计学会联合编写，内容包括经济普查公报、重点行业主要数据和指标解释。通过这些内容，可以了解西城区各重点行业的现状，反映了西城区第二、第三产业的发展规模、结构和效益状况。

H312/14   0777

西城区统计工作会议材料汇编／北京市西城区统计局［编］．—北京：［北京市西城区统计局］，[2006]

33页；30cm

本资料汇编包括西城区第一次全国经济普查工作总结、2005年度统计工作先进集体和个人名单及2006年工作要点。

H312/16   0778

西城区第一次全国经济普查代码手册／西城区第一次全国经济普查领导小组办公室编．—北京：［西城区第一次全国经济普查领导小组办公室］，[2004]

49页；21×30cm

本手册由西城区第一次全国经济普查领导小组办公室编于2004年7月，内容包括西城区居委会行政区划代码、居委会所辖街巷一览表、西城区综合统计部门名称代码。

H312/20（2008）   0779

北京市西城区经济普查年鉴．2008／文奎［等］总编辑．—北京：［出版者不详］，[2009]

1462页；30cm

第二次全国经济普查

精装：CNY 398.00

本书是根据西城区第二次全国经济普查结果汇总编辑的一部资料集，按照现行国家统计分类标准对基础数据进行加工汇总而成。本书通过大量的数据，诠释了西城区社会发展、经济增长和科技进步的全貌，是社会各界全面了解和认识西城区的重要参考资料。

H312/21（2005）   0780

北京市区县财政统计资料．2005／北京市财政局国库处［编］．—北京：北京市财政局国库处，[2006]

346页；26cm

CNY 120.00

本书由市财政局国库处主编。内容包括区县财政综合资料、区县财政收支出情况、街乡（镇）财政收支情况三部分。

H312/23（2008）   0781

北京市宣武区经济普查年鉴．2008／刘爱中主编．—［北京］：［北京市宣武区统计局］，[2009]

1344页；30cm

第二次全国经济普查

精装：CNY 480.00

本年鉴是根据宣武区为第二次全国经济普查结果，按照国家统计分类标准汇编而成的重要参考资料。目的是全面掌握第二、第三产业的内部结构、产业状态、能源消耗的基本情况。本书通过大量数据诠释宣武区社会发展、经济增长和科技进步的全貌。

H33/10   0782

北京市西城区审计局2008-2009年调研报告集萃／田迪主编．—北京：［出版者不详］，2009

166页：图；21cm

为提高审计人员对审计实践工作的总结，加强审计工作的宣传，结合审计工作实际，使审计工作逐步向科学化、规范化发展，西城区审计局从2008年至2009年撰写的调研报告中精选部分装订成册。

H34/4 (2006)　　　　　　　　0783

西城区劳动和社会保障工作会议材料汇编/西城区劳动和社会保障局[编].—北京：[西城区劳动和社会保障局]，2006

40页；30cm

本汇编由西城区劳动和社会保障局编辑，内容主要是2006年本年度工作报告、就业培训要点、保险工作要点、劳动关系工作要点。

H341/4　　　　　　　　0784

北京市宣武区职工素质情况调查资料/方远堂主编.—北京：[宣武区职工素质调查办公室]，[1994]

229页；27cm

精装：CNY 100.00

本次调查按照《宣武区"八五"期间国民经济和社会发展计划纲要》的要求，摸清全区职工素质情况，制定符合实际的人才培养规划。调查时间为1993年9月，范围是区属各行政主管部门及所属基层单位的全体职工。

H341/5　　　　　　　　0785

劳动合同法暨实施条例培训讲义/北京市西城区人力资源和社会保障局编.—北京：[北京市西城区人力资源和社会保障局]，2008

59,23页；24cm

本书由西城区人力资源和社会保障局编印，摘录《劳动合同法》与《劳动合同法实施条例》的部分内容，突出劳动合同的订立、解除、终止及相关法律责任，对用工单位及劳动者均有指导意义。

H341/6　　　　　　　　0786

企业规章制度和劳动合同示范文本/北京市西城区人力资源和社会保障局编.—北京：[北京市西城区人力资源和社会保障局]，[出版时间不详]

87页；24cm

本书由西城区人力资源和社会保障局编印，包括三个部分，分别是：企业制定劳动规章制度概述、企业劳动规章制度范本、企业劳动管理常用的有关协议。

H344/2.1　　　　　　　　0787

西城区生产经营单位安全质量标准化文件汇编.一/西城区安全生产监督管理局[编].—北京：西城区安全生产监督管理局，2005

100页；20cm

本汇编辑录了《西城区关于积极推进安全质量标准化工作的指导意见》和部分重点行业的安全管理规范以及部分企业的典型材料共15篇。

H344/2.2　　　　　　　　0788

西城区生产经营单位安全质量标准化文件汇编.二/西城区安全生产监督管理局[编].—北京：[西城区安全生产监督管理局]，2005

174页；21cm

本书辑录了部分重点行业的安全管理规范和《中华人民共和国文物保护法》等法律法规17篇，为生产企业和各部门安全生产工作人员提供工作依据，为提高安全生产管理水平起到一定作用。

H344/6　　　　　　　　　0789

北京市安全生产条例／北京市西城区安全生产监督管理局印制．—北京：[北京市西城区安全生产监督管理局]，2004

23页；21cm

本书为2004年7月29日北京市第十二届人民代表大会常务委员第十三次会议通过的北京市安全生产条例及其细则。

H344/7　　　　　　　　　0790

西城区安全生产监督管理局内部管理工作规则／西城区安全生产监督管理局[编]．—北京：[西城区安全生产监督管理局]，2006

116页；21cm

本书由西城区安全生产监督管理局编制，为内部管理工作规则，从工作职责、工作制度、工作规范和工作流程四大方面建立相关的工作制度准则。

H344/8　　　　　　　　　0791

北京市人员密集场所安全生产规定文件汇编／北京市西城区安全生产委员会办公室[编]．—北京：[北京市西城区安全生产委员会办公室]，2006

36页；21cm

本书由北京市西城区安全生产委员会办公室编制，包括商业零售、餐饮、星级饭店、体育运动项目以及文化娱乐场所等五大类经营单位的安全生产规定。

H344/9　　　　　　　　　0792

西城区重点行业领域安全生产隐患专项整治资料汇编／西城区安全生产委员会办公室，西城区安全生产监督管理局[编]．—北京：[西城区安全生产委员会办公室]，2007

277页；21cm

CNY 30.00

本汇编辑录了在重点行业和重点领域开展安全生产隐患专项整治中形成的文件、工作方案和工作总结等材料，能为全区各部门的安全生产工作人员提供工作依据，对做好安全生产工作起到促进作用。

H344/10　　　　　　　　0793

安全生产执法检查资料汇编／北京市西城区人大常委会财经工作委员会[编]．—北京：[北京市西城区人大常委会财经工作委员会]，2009

329页；23cm

本书汇编2009年西城区贯彻实施《中华人民共和国安全生产法》及《北京市安全生产条例》情况的执法检查内容，包括在检查中形成的各项报告、领导讲话、工作方案、工作流程及相关资料。

H35/1　　　　　　　　　0794

北京市西城区工商行政管理志／孙建生主编．—北京：北京市工商行政管理局西城分局，2008

23,15,574页：照片；30cm

精装：CNY 200.00

本志由北京市工商行政管理局西城分局编制。记述了北京市西城区工商行政管理局自1949年至2006年社会发展时期的整体工作情况。

H39/6（2009）　　　　　　0795

西城企联：创刊号．2009年／刘振藩总编．—北京：[北京市西城区企业联合会]，

2009

56页；26cm

该刊由西城区企业联合会主办，创刊于2009年10月，双月刊。办刊宗旨是面向企业，为辖区内的企业和企业家服务。刊物体现的是代表性、现实性、前瞻性、探索性、知识性、可读性。

H39/7（2009）.1　　　　0796

西城非公经济通讯．2009.1（总第17期）/卢存刚主编．—北京：[北京市西城区工商业联合会]，2009

57页；28cm

北京市西城区工商业联合会 北京市西城区商会主办

该刊由西城区工商业联合会、西城区商会主办。主要介绍西城区非公企业和商会会员单位的经济和文化发展情况。

H39/8（1994）　　　　0797

北京市外商投资企业名录：公告．1994/北京市工商行政管理局编．—北京：中华工商联合出版社，1994

604页；27cm

ISBN　7-80100-088-9

精装：CNY 80.00

本书收录的是北京市上一年度在北京市工商行政管理局登记注册的外商投资企业的主要登记注册事项，是一本具有企业公告性质的实用性工具书。全书分两种形式编排，一是按企业所属行政区、县编排，二是以国民经济行业分类依序编排。

H39/8（1995）.2　　　　0798

北京市外商投资企业名录：公告．1995/北京市工商行政管理局编．—北京：改革出版社，1995

388页：照片；27cm

ISBN　7-80072-780-7

精装：CNY 180.00

本书收录的是北京市上一年度在北京市工商行政管理局登记注册的外商投资企业的主要登记注册事项，是一本具有企业公告性质的实用性工具书。全书分两种形式编排，一是按企业所属行政区、县编排，二是以国民经济行业分类依序编排。

H41/7　　　　0799

区级大额专项资金使用和管理专题询问资料汇编/北京市西城区人大常委会预算工作委员会[编]．—北京：[北京市西城区人大常委会预算工作委员会]，[2014]

282页；23cm

本书总结了2013年区人大常委会就区级大额专项资金使用和管理情况尝试专题询问的工作经验，具体涉及对滨水绿道一期、可持续发展和社会建设专项资金使用和管理情况的专题询问，包括区人大会议资料、专项工作资料、调研、信息、报道资料等内容。

H42/10（2009）.5　　　　0800

金融街．2009年5月（总第8期）/陈耀先主编．—北京：[出版者不详]，[2009]

100页：图，彩照

该刊由北京金融街商会主办，主管单位是西城区发改委和西城区金融服务办公室，双月刊。以介绍金融街商会会员单位的金融、文化及西城区金融工作面貌为主。本期设有金融街新闻、会员专区、监管政策等专栏。

H42/11　　　　　　　　　　0801

北京的中国银行：1914-1949年／吴恩芳主编. —北京：中国金融出版社，1989

485页：折表；19cm

ISBN　7-5049-0460-0；CNY 3.80

本书从北京的中国银行成立谈起，一直到1949年解放止。全书分四个阶段：北京的中国银行成立的背景及过程、发展过程中业务方针和重心的变化、抗日战争时期中国银行成为日本侵略军附庸的过程、解放战争时期的机构及各项业务的恢复。

H42/12　　　　　　　　　　0802

北京市西城区创新金融服务产业发展环境研究. —北京：国家发改委经济体制与管理研究所课题组，2008

163页；29cm

北京市西城区科委课题

本书为北京市西城区科委课题项目，包括西城区创新金融服务业发展环境政策建议、北京市西城区金融创新产业发展环境研究、上海浦东区金融服务业务发展专题报告、天津滨海区金融服务业发展专题报告、境外国际金融中心发展及其特点专题报告。

H42/13（2013）　　　　　　0803

金融街论坛文集／金融街论坛组委会，北京金融街研究院编. —北京：人民邮电出版社，2013

141页；26cm

ISBN　978-7-115-31895-4；CNY 29.00

本书系首届金融街论坛的演讲文集，汇集了政府官员、国内外金融机构、大型企业集团负责人与著名经济学家就中国金融产业、金融市场发展及金融中心建设等问题进行历史回顾、现状分析与未来预测的学术研究成果。

H42/13（2014）　　　　　　0804

2014金融街论坛文集／金融街论坛组委会，北京金融街研究院编. —北京：首都师范大学出版社，2014

192页；26cm

北京市人民政府主办

ISBN　978-7-5656-2189-5；CNY 28.00

本书收录的文章主要涉及：全面深化金融改革、发挥市场配置资源的决定性作用、推进金融市场化改革、推动金融业对内外开放、金融服务实体经济打造高精尖经济结构、对话股转系统等六个方面。

K 工业

K91/5　　　　　　　　　　　　　　0805

北京近代建筑史 = The Modern Architectural History of Beijing From the End of 19th Century to 1930s / 张复合著. —北京：清华大学出版社，2004

12,368 页：图，照片；27cm

ISBN　7-302-08109-3

精装：CNY 58.00

本书独创性地从样式研究的角度出发，以 19 世纪末至 20 世纪 30 年代的公共建筑为主要对象，探索了北京近代建筑在历史发展中的四种建筑样式的演变。

K91/6　　　　　　　　　　　　　　0806

北京市建筑设计研究院纪念集：1949-2009 / 张青，张宇主编. —天津：天津大学出版社，2009

280 页：照片；29cm

ISBN　978-7-5618-3005-5；CNY 198.00

本书通过大量真实事件回顾，叙述了许多隐藏在优秀工程设计工作背后的故事。分成长·风华、磨砺·辉煌、传奇·典范等篇目，展示了北京市建筑设计研究院人崇高的使命和敬业精神。其中包括 20 世纪 90 年代建设西单文化广场及西单北大街的史料。

K91/7　　　　　　　　　　　　　　0807

北京十大建筑设计 = Beijing Ten Prominent Buildings / 北京市规划委员会，北京城市规划学会主编. —天津：天津大学出版社，2002

199 页：彩照，图；31cm

ISBN　7-5618-1557-3；CNY 118.00

本书内容包括：北京 20 世纪 90 年代十大建筑、北京 20 世纪 80 年代十大建筑、北京 20 世纪 50 年代国庆十大工程等。

K91/8　　　　　　　　　　　　　　0808

北京城市建设开发集团总公司志：1977-1995 / 赵康主编. —北京：中国建筑工业出版社，1997

424 页；27cm

ISBN　7-112-03092-7

精装：CNY 82.00

本书综合反映北京城市建设开发集团总公司及所属企业和事业单位在生产经营、政治思想、企业管理、科学技术、文化生活诸方面的历史和现状。全书除概述、大事记外共分五篇：组织机构、开发建设、企业管理与监督、党群工作和文选。

K91/9.1　　　　　　　　　　　　　0809

北京建筑志设计资料汇编. 上册 / 北京市建筑设计志编纂委员会 [编]. —北京：北京市建筑设计志编纂委员会，[1994]

14,646 页：图；26cm

CNY 200.00（全2册）

本书按建筑实录形式将北京城的大型建筑呈现给读者，包括建筑图片、建设单位、设计单位、施工单位、内外布局、设计人员等详细信息。

K91/9.2　　　　　　　　　　0810

北京建筑志设计资料汇编．下册／北京市建筑设计志编纂委员会[编]．—北京：北京市建筑设计志编纂委员会，[1994]

649-1132页：图；26cm

CNY 200.00（全2册）

本书按建筑实录形式将北京城的大型建筑呈现给读者，包括建筑图片、建设单位、设计单位、施工单位、内外布局、设计人员等详细信息。

K91/10　　　　　　　　　　0811

槛外论道：建筑史论杂谈／杨乃济著．—北京：中国建筑工业出版社，2008

11,248页：图；24cm

ISBN 978-7-112-09553-7；CNY 42.00

本书包括了北京四合院、园林、古典家具、城市规划、北京的王府等方面的文章。作者既精通建筑史，又能站在文史哲的角度和高度来审视建筑界的一些问题，观点独特，颇有新意。其观点并非圈内专业人士所能写出。用作者自己的话说就是"既不失门道，又富有热闹"。

K956/1　　　　　　　　　　0812

葡萄常秘史：传女不传男的独门手艺／韩春鸣编著．—北京：文物出版社，2009

159页：照片；21cm

ISBN 978-7-5010-2892-4；CNY 32.00

"葡萄常"是北京手工艺品中的一个绝活。本书作者以传记手法，把"葡萄常"百余年的兴衰历史娓娓道来，情节跌宕起伏，语言通俗晓畅，引人入胜。它是一部生动有趣的北京民间手工艺传奇读物。

M 城镇建设与管理

M1/8(2010).1　　　　　　　　0813

西城城市管理. 2010.1（总第 242 期）/ 北京市西城区市政市容管理委员会[编]. —北京：北京市西城区市政市容管理委员会宣传科，2010

44 页；29cm

本刊由西城区市政管理委员会编印，双月刊。主要反映西城区城市管理情况，设有领导讲话、工作动态、工作研究、学习与交流等栏目。

M1/30　　　　　　　　　　　　0814

节能减排社区行动指南 / 北京市西城区科学技术委员会，北京市西城区图书馆中国瑞典可持续发展信息中心[编]. —北京：[北京市西城区科学技术委员会]，[2007]

25 页：图；21cm

本指南由西城区科学技术委员会与西城区图书馆中国瑞典可持续发展信息中心联合编写，包括解读节能减排、绿色奥运、节能环保小知识、国外节能概览四个篇章。

M1/33　　　　　　　　　　　　0815

首都体制下的北京规划建设管理：封建帝都 600 年与新中国首都 60 年 / 刘欣葵等编著. —北京：中国建筑工业出版社，2009

371 页：图，地图；26cm

北京市哲学社会科学"十一五"规划项目

ISBN 978-7-112-11621-8；CNY 58.00

本书从首都城市职能的视角，以元大都、明北京、清北京，以及日伪、民国时期北平的规划建设，到新中国成立 60 年来六次城市总体规划的编制和实施、管理为脉络，阐述了北京城市规划背景、规划内容、管理变革、实施效果等，论述了首都体制下北京城市规划建设与管理的过程、方式和效果。

M1/35.1(1)　　　　　　　　　0816

北京市城建系统党史资料：纪事汇编. 上册（1949 年 –1978 年），纪事篇 / 张凤朝主编. —北京：中国工商出版社，2004

17,761 页：照片；21cm

ISBN 7-80012-966-7；CNY 280.00（全 6 册）

本书是北京市城建系统自新中国成立以来半个世纪的党史资料汇编。纪事篇分上、中、下三册，通过采用档案文献、报刊文章、文件汇编、当事人回忆等，记述新中国成立以来至 2000 年城建系统党的建设和经济建设中的重要历史事件。

M1/35.1(2)　　　　　　　　　0817

北京市城建系统党史资料：纪事汇编. 中册（1979 年 –1992 年），纪事篇 / 张凤朝主编. —北京：中国工商出版社，2004

11,765-1241 页；21cm

ISBN 7-80012-966-7；CNY 280.00（全6册）

本书由中共北京市委城市建设工作委员会编辑。主要记录从1979年至1992年间北京市城市建设系统有关党史方面的文件、会议纪要等相关资料。

M1/35.1（3） 0818

北京市城建系统党史资料：纪事汇编. 下册（1993年—2000年），纪事篇/张凤朝主编．—北京：中国工商出版社，2004

10,1245-1724 页；21cm

ISBN 7-80012-966-7；CNY 280.00（全6册）

本书由中共北京市委城市建设工作委员会编辑，主要记录从1993年至2000年间北京市城市建设系统有关党史方面的文件、资料等。

M1/35.2 0819

北京市城建系统党史资料：先进事迹集萃英模名录，风采篇/张凤朝主编．—北京：中国工商出版社，2004

368 页：照片；21cm

ISBN 7-80012-966-7；CNY 280.00（全6册）

本书收录在不同历史时期进行过广泛宣传、有较大社会影响的全国劳动模范（及其他同级荣誉称号获得者）和先进集体的事迹材料，以及历年省部级以上劳动模范（及其他同级荣誉称号获得者）名单。其收录的事迹材料主要是各大报刊曾经刊登过的文章。

M1/35.3（1） 0820

北京市城建系统党史资料，资料篇/张凤朝主编．—北京：中国工商出版社，2004

422 页；21cm

ISBN 7-80012-966-7；CNY 280.00（全6册）

本书收录了自新中国成立至2000年北京市城建系统各单位组织机构沿革及党政领导人名录资料，其内容按收录单位分为概述和组织机构沿革及领导人名录两部分。对于有兴趣研究城建系统党的组织和行政机构历史的读者，能起到一定的参考作用。

M1/35.3（2） 0821

北京市城建系统党史资料，资料篇/张凤朝主编．—北京：中国工商出版社，2004

623 页；21cm

ISBN 7-80012-966-7；CNY 280.00（全6册）

本书是北京市城建系统自新中国成立以来半个世纪的党史资料汇编，主要围绕党和国家路线、方针、政策的贯彻实施，重要活动和事件，党的自身建设三个方面的内容，从各委、局、总公司和院的大事记中选择重点事件来进行编写。

M1/36 0822

北京市市政工程设计研究总院志：1955-1995/赵遐主编．—北京：中国科学技术出版社，1999

16,454 页：照片，肖像，地图；27cm

ISBN 7-5046-2609-0

精装：CNY 80.00

本志上限自1955年建院伊始，下限至1995年12月止，重点记述了北京市市政工程研究总院的体制与机构、设计勘测工作、科学技术工作、外经工作、生产管理、行政管理、党群工作、人物名录等。

M1/37.1　　　　　　　　　　0823

二十世纪北京城市建设史料集．上／陈乐人主编．—北京：新华出版社，2007

383 页：图；23cm

ISBN　978-7-5011-8247-3；CNY 98.00（全 2 册）

本书是从《北京档案史料》中精选出来的一批珍贵史料和历史照片。全书分上、下两册，收录 33 组档案史料，并配有 24 幅馆藏档案照片。内容分为市政规划、建筑修缮、河源沟渠、道路交通四个部分，从中可看到自 20 世纪初至 70 年代中期北京城市发展的大致状况。

M1/37.2　　　　　　　　　　0824

二十世纪北京城市建设史料集．下／陈乐人主编．—北京：新华出版社，2007

387-782 页：图；23cm

ISBN　978-7-5011-8247-3；CNY 98.00（全 2 册）

本书是从《北京档案史料》中精选出来的一批珍贵史料和历史照片。全书分上、下两册，收录 33 组档案史料，并配有 24 幅馆藏档案照片。内容分为市政规划、建筑修缮、河源沟渠、道路交通四个部分，从中可看到自 20 世纪初至 70 年代中期北京城市发展的大致状况。

M1/38　　　　　　　　　　0825

旧京城市建设寻踪追迹／谭乃立编著．—北京：首都经济贸易大学出版社，2010

401 页：图，照片；24cm

首都经济贸易大学出版基金资助

ISBN　978-7-5638-1654-5；CNY 45.00

本书以"1949 年以前北京城市发展史上的重大建设项目"课题研究成果为基础，反映北京古代和近代有影响的建筑项目的发展、变化、保存、保护情况。作者对书中涉及的百余处建设项目进行实地考察并拍摄大量照片，对其利用价值和保护进行研究和评论。

M1/39（2012）　　　　　　　　0826

北京建设年鉴．2012／北京市住房城乡建设史志鉴编纂委员会编．—北京：[北京市住房和城乡建设委员会]，2012

449 页：彩照；27cm

北京市住房和城乡建设委员会主办

精装：CNY 298.00

本年鉴是由北京市住房和建设委员会编写的一部大型的综合性资料工具书和史料文献。自 2007 年始逐年编纂，记述上一年度北京城市建设的重大历史事件和各项重要工作情况，为领导决策提供参考，为了解北京、研究北京提供最新信息。

M1/40　　　　　　　　　　0827

西城区廉政风险防范管理工作实用手册／中共北京市西城区纪律检查委员会，北京市西城区监察局 [编]．—北京：[中共北京市西城区纪律检查委员会]，[2010]

39 页；21cm

本手册为便于党员干部理解、领会及掌握廉政风险防范管理的有关知识，更扎实地开展工作而编写。分为知识篇、应用篇、案例篇三部分。

M1/41（2013） 0828

当代北京城市发展 = Contemporary Urban Development of Beijing．2013 ／ 当代北京编辑部 [编]．—北京：当代中国出版社，2013

125 页：彩照，地图；29cm

ISBN 978-7-5154-0375-5；CNY 48.00

本报告采用文、图、表、相关链接适当搭配的方式，分年度概述、城市规划、城市建、生态环境建设、文化发展、城市管理、城乡统筹等章节，反映了北京市委、市政府当年城市发展的重要决策、方针、政策及效应。2013 年报告的内容所反映的是 2012 年北京城市发展的状况。

M2/29.1 0829

今融：创刊号．第 1 期 ／ 刘欣主编．—北京：[中共西城区委金融街街道工委]，2009

48 页：照片；26cm

中共西城区委金融街街道工委 西城区人民政府金融街街道办事处主办

本刊由金融街街道工委、金融街街道办事处主办，月刊，创刊于 2009 年 2 月，主要反映该街道工作动态、便民信息及地区企业等情况，本着"传达政府声音、服务地区人口、促进科学发展、构建和谐社会"的宗旨记录金融街的人和事。

M2/30 0830

北京旧城与菊儿胡同 ／ 吴良镛编著．—北京：中国建筑工业出版社，1994

263 页：照片；28cm

ISBN 7-112-02396-3；CNY 28.50

本书着重说明两个方面问题：关于北京城市建设的整体思考问题；以菊儿胡同试验为例阐明住宅建设的研究与开发问题。其中涉及西城区的有什刹海规划等。

M2/34 0831

北京历史文化名城北京皇城保护规划 = Conservation Plan For the Hishtoric City of Beijing and Imperial City of Beijing：[中英文本] ／ 陈刚等主编．—北京：中国建筑工业出版社，2004

196 页：图，地图；29×31cm

ISBN 7-112-06237-3

精装：CNY 258.00

本书分为北京历史文化名城保护规划和北京皇城保护规划两部分。在第一部分"明、清北京城的保护"规划中，涉及西城的有西二环绿化带、德胜门箭楼等多处。第二部分"水系"保护规划中涉及西城的有北海、中海、南海等。

M2/35 0832

北京金牌居住区 ／ 北京市规划委员会，北京市国土资源和房屋管理局主编．—北京：机械工业出版社，2003

158 页：图；25×26cm

ISBN 7-111-11780-8；CNY 96.00

本书详细记叙了第一批北京金牌居住区获奖的 30 个项目，第一篇为理念篇，第二篇为家园篇，第三篇为附录篇，编入整个评选过程的技术标准及相关文件。此书内容丰富，指导材料实用，非常适于城市规划设计与管理人员、建筑师、高校师生、开发商、物业管理人员参考。

M │ 城镇建设与管理 │ 157

M2/36（2002） 0833

规划决策 调研先行：规划系统 2002 年调研成果选编 / 北京市规划委员会，首都规划建设委员会办公室 [编]．—北京：北京市规划委员会，2003

397 页：照片，折图；26cm

CNY 120.00

本书由北京市规划委员会组织编写，选编了北京市规划系统 2002 年 51 篇调研报告。由北京市规划委员会西城分局撰写的《关于西城区控制性详细规划实施情况的调查与思考》被收录其中。

M2/37.1 0834

岁月回响：首都城市规划事业 60 年纪事．上 / 赵知敬主编．—北京：北京城市规划学会，[2009]

733 页：图，照片；28×28cm

CNY 450.00（全 2 册）

本书由北京市规划委员会和北京城市规划学会主编。上册分首篇、城市规划篇，含中央对北京城市规划的指示，北京市能源、水利、交通、绿化等章节；下册分城市建设规划管理篇、副篇、名录篇。含市政管线综合规划与管理、居住区与住宅规划、新技术产业开发区的发展与建设等章节。

M2/37.2 0835

岁月回响：首都城市规划事业 60 年纪事．下 / 赵知敬主编．—北京：北京城市规划学会，[2009]

736-1219 页：图，照片；28×28cm

CNY 450.00（全 2 册）

本书由北京市规划委员会和北京城市规划学会主编。上册分首篇、城市规划篇，含中央对北京城市规划的指示，北京市能源、水利、交通、绿化等章节；下册分城市建设规划管理篇、副篇、名录篇，含市政管线综合规划与管理、居住区与住宅规划、新技术产业开发区的发展与建设等章节。

M2/38 0836

北京城市规划图志：1949-2005 / 北京市规划委员会，北京市城市规划设计研究院，北京城市规划学会 [编]．—北京：[北京市规划委员会]，[2006]

510 页：图，地图；28×28cm

CNY 480.00

本书共分"北京城市规划和北京城市规划管理"两篇。在"城市规划"中含有北京城市历史、总体规划、住宅与生活服务设施等内容；在"城市规划管理"中含有国民经济恢复时期、建设时期、文革及文革后期的管理等内容。

M2/39 0837

长安街 = Chang'an Boulevard：[中英文本] / 郑光中主编．—北京：机械工业出版社，2004

274 页：图；29×29cm

ISBN 7-111-13811-2；CNY 268.00

本书把"建成长安街，完善天安门广场"规划，这一宏大课题的研究成果综合，并精心挑选历史图片、资料、规划及分析图例，展示了长安街的过去、现在和未来。资料详实、内容丰富，具有现实性和前瞻性。

M2/40 0838

微观北京 = Zoom-in Beijing / 朱文一编著．—北京：清华大学出版社，2011

12,186页：图，照片，地图；24cm

北京市自然科学基金项目

ISBN 978-7-302-24817-0；CNY 39.80

本书收录作者从1997年到2005年期间指导硕士研究生完成的街头零散商摊空间、北京大众观演空间、北京城市无障碍外部空间、北京旧城胡同游空间等研究成果，相对完整地呈现了当代北京城市空间品质的状况。

M2/41　　　　　　　　　　0839

微观北京 & 广角北京 = Zoom In & Out Beijing / 朱文一编著. ——北京：清华大学出版社，2011

403页：图，地图；24cm

北京市自然科学基金项目

ISBN 978-7-302-24811-8；CNY 78.00

本书收录清华大学建筑学院院长朱文一开设的"微观北京"和"广角北京"两个学术专栏上刊登的36篇关于北京城市空间研究的学术文章，对提升城市空间品质提出了建设性的意见和建议，为北京迈向宜居城市提供参考。

M2/42　　　　　　　　　　0840

古韵新姿 = The New Appearance:Aglimpse At the Environmental Renovation of the City'south Axis：[摄影集] / 谈志民主编. ——北京：北京市市政管理委员会，[2004]

131页；30×30cm

精装：CNY 120.00

本书记述了南中轴路环境整治工程的全过程，包括复建永定门城楼、修复天坛坛墙、建设绿地景观、修建道路市政设施等建设项目。全书分为历史篇、规划篇、建设篇、成果篇四部分，有力地诠释了中轴线的起点地位，恢复了中轴线的完整性，彰显了古都北京的风貌。

M2/43（1994）　　　　　　0841

北京规划建设. 1994年1-6期 / 董光器主编. ——北京：《北京规划建设》编辑部，1995

1册：彩照；26cm

北京市城市规划设计研究院 北京市城市规划管理局 北京土木建筑学会主办

此为《北京规划建设》杂志的年度合订本，介绍全国建设工作的总体思路、城市规划要点、首都城市规划重点工作。该刊由北京市城市规划设计研究院主办，期刊栏目包括跨世纪的城市、城市管理、城市环境、城市水利、城市交通、历史文化名城保护、基础设施建设、产业结构布局、规划研究等。

M2/44　　　　　　　　　　0842

拾年 / 王军著. ——北京：三联书店，2012

398页：图，地图；24cm

ISBN 978-7-108-04107-4；CNY 78.00

本书见证了北京这个伟大的城市，在过去十年的奋斗历程及其生死纠葛。它结合北京旧城改造，提出北京辽金古城的保护问题。追忆相关历史人物，以期将本书牵扯的思绪与历史线索和一个个具体的生命加以交织，领悟城市与心灵的关系。

M2/45　　　　　　　　　　0843

北京旧城25片历史文化保护区保护规划 = Conservation Planning of 25 Historic Areas in Beijing Old City / 单霁翔等主编. ——

北京：北京燕山出版社，2002

383 页：照片；29×30cm

ISBN 7-5402-1474-0

精装：CNY 600.00

本书收录了 2000 年北京旧城 25 片历史文化保护区保护规划方案，以 25 片为中心形成放射状对北京历史文化进行整体保护。本书展示了北京市保护历史文化名城的坚定决心及加强名城保护工作的有力措施，对提高各级领导和社会各界对名城保护工作的认识有积极作用。

M2/46　　　　　　　　　　0844

北京金融街档案史料图集 / 李茂福，吕燕裙主编．—北京：西城区档案局（馆），[2012]

116 页；29cm

本画册为纪念金融街建设 20 周年而编，记录了从上世纪初金融起步到 2012 年间北京金融的变化。画册以档案史料为依据，力求准确真实，全景式展现 20 年来金融街建设与发展的奋斗历程。

M2/47　　　　　　　　　　0845

北京历史文化名城保护论文摘编 / 北京市城乡规划委员会 [编] ．—北京：[《北京规划建设》编辑部]，1999

209 页；27cm

CNY 40.00

本书分古都风貌、旧城改造、规划设计、他山之石四个专题，50 篇文章，30 多万字，涉及名城保护、城市建设、规划改造、设计研究等内容。

M2/48　　　　　　　　　　0846

胡同保护规划研究 / 北京城市规划学会《胡同保护规划研究》课程组 [编] ．—北京：北京城市规划学会《胡同保护规划研究》课程组，2005

135 页：图；28×28cm

CNY 200.00

本书是"胡同保护规划研究"的课题研究成果，调研了胡同与四合院在历史文化名城保护中的地位与价值，从研究确定老城整体保护入手，明确了四合院的保护范围，并对小规模微循环的问题进行了初步探索。

M2/49　　　　　　　　　　0847

金融街建设与发展二十年主题展（1992—2012）/ 中共北京市西城区委员会，北京市西城区人民政府 [编] ．—北京：中共北京市西城区委员会，[2012]

107 页：照片；29×29cm

精装

本画册以大量图片对金融街 20 年的发展历程进行了比较全面的回顾。全书分思想篇、规划篇、建设篇、服务篇、展望篇等篇章，既有对金融街的历史寻踪，又展示了今天金融街的高端繁华，还有对金融街未来的美好展望。

M3/5（1995）　　　　　　　0848

北京市城市园林绿化普查资料汇编．1995 / 王福忠主编．—北京：北京出版社，1997

570 页：照片；27cm

ISBN 7-200-03155-0

精装：CNY 90.00

本书是北京市园林局在"八五"之后对

首都绿化造林工作普查基础上的资料汇总。包括六个方面：普查文件汇编、园林绿化主要指标、普查资料报表、局属单位绿化资料、普查组织机构、普查工作先进个人。

M3/5（2000） 0849

北京市城市园林绿化普查资料汇编. 2000／童锐荣，王福忠主编. —北京：北京出版社，2002

615 页：地图，彩图；27cm

ISBN 7-200-04383-4

精装：CNY 125.00

本书是北京市园林局在"九五"之后对首都绿化造林工作普查基础上的资料汇总。包括四个方面：普查文件汇编、园林绿化主要指标、普查资料报表、局属单位绿化资料。

M3/5（2005） 0850

北京市城市园林绿化普查资料汇编. 2005／北京市园林绿化局编. —北京：北京出版社，[2006]

595 页：地图，彩图；26cm

ISBN 7-200-06427-0

精装：CNY 125.00

本书是普查人员实地调查后获取的全市绿化的第一手宝贵资料，真实地反映了"十五"期间北京市城市建设所发生的变化和城市园林绿化工作所取得的成果。书中含北京市城市居住区绿地指标、公共绿地面积汇总表、道路绿地明细表等重要内容和数据。

M3/6 0851

北京市宣武区园林绿化志／李秀朋主编. —[北京]：[宣武区园林市政管理局文史编委会]，[2006]

32,443 页：地图，图；26cm

CNY 120.00

本志记述了宣武自有文字记载以来园林绿化建设、发展的过程，着重叙述了新中国成立以后至 2000 年底宣武地区园林绿化事业的宏观史实，是了解和认识宣武的一部工具书。全书分为园林、绿化、园林植物、管理、科技等篇章。

M31/5 0852

德胜公园／西城区园林局[编]. —北京：[西城区园林局]，[2007]

8 页：照片；30cm

该简介由西城区园林局 2007 年 3 月制作。主要勾画了北二环德胜公园项目建设规划设想。

M31/6 0853

北京园林优秀设计集锦／刘少宗主编. —北京：中国建筑工业出版社，1996

260 页：照片，地图；29cm

ISBN 7-112-02687-3

精装：CNY 60.00

本书是关于园林设计的集锦，共收录 61 项园林设计项目，除了文字叙述以外还插入了墨线图和照片，从街道广场绿化、公园绿地、公共建筑庭院、居住区绿化、园林服务型建筑等五个方面做了详细介绍。

M31/8 0854

当代北京公园史话／陈义风著. —北京：当代中国出版社，2010

195 页：照片；23cm

ISBN 978-7-80170-805-2；CNY 29.00

本书是《当代北京社会生活史话》丛书中的一部,讲述了公园从古到今的发展历史,北京城内著名的北海公园、恭王府花园、天坛公园等在书中都有详细记载,对读者了解历史、了解北京有较高的参考价值。

M31/9　　　　　　　　　　　　0855
西城园林／孙万起,陈志民,白贵海主编．—北京:北京市西城区园林局,[2008]
95页:彩照;27×29cm
精装:CNY 100.00
本书为中英双语形式,收录了112幅如诗如画的西城园林摄影作品,摄取了西城园林景观的精髓和神意,把西城园林的春夏秋冬、阴晴雨雪的变化生动展现在人们面前。

M31/10　　　　　　　　　　　　0856
陶然亭／正江,丁山编．—北京:旅游出版社,1983
89页:图,照片,地图;19cm
本册是对1958年出版小册的修订、补充和再版。20多年来,陶然亭公园发生了很大变化,本书力求让读者对陶然亭的现在和过去有全面的了解,记述历史遗迹和革命前辈在这里的战斗业绩。

M31/11　　　　　　　　　　　　0857
陶然亭／涵江著．—北京:北京出版社,1958
46页:图;21cm
陶然亭有着悠久的历史,百年来陶然亭和许多先进人物、革命志士发生过联系,留下了历史遗迹,如变法维新运动的策划、李大钊的革命活动、高君宇和石评梅墓等。本小册力求反映学者文人的诗文和陶然亭的历史。

M31/12　　　　　　　　　　　　0858
陶然亭／司光中主笔．—北京:[北京市陶然亭公园管理处],1995
54页:图;19cm
CNY 30.00
本书为资料性读物,为陶然亭建亭300周年,陶然亭公园建园40周年而作。以比较详尽完整的内容,介绍地处京城南隅的陶然亭的历史胜迹和变迁。包括古今陶然亭和陶然亭诗文选两部分。

M31/13　　　　　　　　　　　　0859
北京公园分类及标准研究／北京市公园管理中心,北京市公园绿地协会编．—北京:文物出版社,2011
117页:照片;21cm
ISBN　978-7-5010-3193-1；CNY 20.00
本书分为迎接公园城市时代的到来、北京公园分类及标准研究的背景和意义、公园的历程、国内外公园分类及标准的研究、北京公园分类的探索、北京公园分类及标准等方面内容。

M32/2(2008).2　　　　　　　　0860
绿色西城．2008年第2期(总第2期)／孙万起,白贵海主编．—北京:[北京市西城区绿化委员会办公室],2008
28页:彩照;29cm
北京市西城区绿化办公室主办
该刊由西城区绿化办公室主办,创刊于2008年,每期栏目不固定,主要介绍西城区古树名木、园林绿化及科普等工作情况。

M32/3　　　　　　　　　　0861

金融街增绿工程方案汇报. —北京：北京山水心源景观设计院，[出版年不详]

1册：彩图；30×42cm

CNY 100.00

本书为大开本，以图片、照片、少量文字记述西城金融街地区的绿化情况，包括道路增绿方案、中心区园林增绿方案两部分。

M32/4　　　　　　　　　　0862

北京西城花园式单位/孙万起，陈志民，白贵海主编. —北京：[北京市西城区园林局][北京市西城区绿化委员会办公室]，[2008]

129页：彩图；26×28cm

本书是一本记录西城"花园式单位"的摄影集。书中分街道进行编排，展示了西城区"花园式单位"的绿化美化工作水平和成绩，使大家在感受西城良好美丽的工作生活环境的同时，自觉爱护这片共同家园。

M32/5　　　　　　　　　　0863

城市绿化法律法规执法检查资料汇编/北京市西城区人大常委会城建环保工作委员会[编]. —北京：北京市西城区人大常委会城建环保工作委员会]，2010

139页：彩图；23cm

本书汇编有西城区人大常委会对《北京市绿化条例》在西城区实施情况进行检查的相关文件、资料、报告，总结绿化工作经验，发现法律法规实施中存在的问题以及促进执法部门改进工作等内容。

M41/1　　　　　　　　　　0864

京华康居 = Residential Construction in Beijing /北京市城市建设综合开发办公室编. —北京：中国建筑工业出版社，1995

168页：彩图；27cm

ISBN 7-112-02600-8

精装：CNY 98.00

本书以图文并茂、中英双语的形式介绍了北京自建国以来的住宅和住宅区建设，记载和反映了京城住宅和住宅区建设的成就。

M42/4　　　　　　　　　　0865

物业管理文件汇编/西城区房屋管理局[编]. —北京：[西城区房屋管理局]，2012

162页；21cm

本书从行政法规、政府规章、其他文件三个角度，收录《物业管理条例》、《北京市物业管理办法》、《北京市住在管理办法等文件》等，对物业从业人员具有一定的指导作用。

M42/5　　　　　　　　　　0866

北京金融街 = Beijing Finance Street：中国财富中枢. —北京：金融街控股有限公司，[出版年不详]

1册：彩照；33cm

金融街位于长安街北侧，是西城区重要的金融中心。本图册图文并茂，展示这一大型金融中心的国际化、生态化、人性化、信息化等特点。

M42/6　　　　　　　　　　0867

金融街·二十年/[北京金融街投资集团有限公司]. —北京：北京金融街投资（集团）有限公司，[2012]

16,278页：彩照；24cm

本书记录了北京金融街的建设过程和取

得的成就，对金融街建设过程中获得的经验进行总结和研究。全书分为建设金融街、发展金融业等四个部分，收录社会各界人士撰写的相关回忆文章，从城市规划、建设、区域发展等角度记述了金融街区域的发展历程。

M51/2　　　　　　　　　　　　0868
当代北京饮用水史话/冯丽娅，许洵著．—北京：当代中国出版社，2010
192页：图，照片；23cm
ISBN　978-7-80170-803-8；CNY 29.00
本书内容包括：古都北京的饮用水；新中国成立后北京居民的饮用水；"文革"时期：北京居民饮水史上走过的不一般历程；改革开放后北京居民的饮用水等。

M51/3　　　　　　　　　　　　0869
北京民间水治/董晓萍等著．—北京：北京师范大学出版社，2009
16,430页：地图；23cm
北京市社会科学理论著作出版基金资助
ISBN　978-7-303-09733-3；CNY 25.00
本书尝试从整体上讨论北京民间水治研究在我国现代民俗学研究中的地位和社会应用价值。全书内容共分三编，上编：国家水治与城市水治；中编：公共水管理与结构性行业民俗数据；下编：城市水环境与水利民俗志。

M6/3　　　　　　　　　　　　0870
2009城市可持续发展·什刹海论坛＝Shichahai Fornm:urban Sustainable Development：人口·环境·健康/[北京市西城区人民政府编]．—北京：[北京市西城区人民政府]，[2009]
223页：图；23cm
本书分为科技篇、人口篇及数量篇三个部分，通过大量图表、数据，分别概述了西城区在城市可持续发展方面所作出的重点工作以及研究成果等内容。

M61/7　　　　　　　　　　　　0871
北京近千年生态环境变迁研究/孙冬虎著．—北京：北京燕山出版社，2007
488页：地图；23cm
北京市社会科学理论著作出版基金资助
ISBN　978-7-5402-1917-8；CNY 50.00
本书内容包括：作为都城的地理形势、近千年来的气候变迁、区域水环境的演变轨迹、森林植被的变迁过程、土地利用的逐时变更等。

M61/8　　　　　　　　　　　　0872
缤纷西城映京华/[北京市西城区2008环境建设指挥部编]．—北京：[中共北京市西城区"2008"环境建设指挥部]，[出版年不详]
223页：照片；27×30cm
精装：CNY 320.00
本书是一本反映西城区环境整治、环境建设工作成果的画册，收录大量领导视察、街区街貌、名胜古迹、城市绿化图片，展现了一个五彩缤纷、整洁优美、和谐有序、文明进步的新西城。

M61/9　　　　　　　　　　　　0873
西城区空气质量安全手册．—北京：[出版者不详]，[出版时间不详]
35页：彩图；21cm

本手册通过列举室内装修致病案例，向读者详细介绍了甲醛、苯等毒物的来源和危害，清除装修污染的误区及正确有效的治理方法。

M61/10　　　　　　　　　　　0874

践行环保理念 共建绿色未来 / 阎峥主编. —北京：[北京市西城区第一图书馆]，[2014]

60 页：彩图；25cm

本书从环保主题宣传活动、开展课题研究服务、对外文化交流三个方面，记录了西城区第一图书馆中瑞可持续发展信息中心十年来在环保方面所做的工作和取得的成绩。

M62/6（2008）　　　　　　　0875

西城区 2008 年环境建设任务书 / 西城区"2008"环境建设指挥部 [编]. —北京：北京市西城区"2008"环境建设指挥部，[2008]

97 页；21×29cm

2008 年是奥运之年，本书依据《西城区幻剑建设规划（2005–2008）》，从十个方面明确我区环境建设内容，在充分征求各单位意见的基础上，制定西城区 2008 年环境建设任务，共 16 个方面 94 项。

M63/1　　　　　　　　　　　0876

城市居民应急避险手册 / 张雅宾主编. —北京：北京出版社，2003

118 页：彩图，彩照；22cm

北京减灾协会推荐

ISBN　7-200-05083-0；CNY 12.50

本书以《都市避险全攻略》专栏为基础，涵盖了城市居民可能遇到的各种灾难和险情。包括公共交通篇、公共设施篇、自然灾难篇、公共卫生篇、社会治安篇等 6 篇。

M63/2　　　　　　　　　　　0877

西城区居民应急手册 / 俞强主编. —北京：[出版者不详]，[出版年不详]

55 页：彩图；21cm

本手册采用卡通故事的讲述形式，向广大市民进行应急知识宣传，介绍应急对策、增强应急能力、提高安全意识，为应付突发事件做好准备。

M71/3　　　　　　　　　　　0878

城脉：都市交通大写真 / 刘一达著. —北京：中国社会出版社，2011

13,334 页：照片；24cm

ISBN　978-7-5087-3486-6；CNY 35.00

本书是一部用京味语言全面系统展示都市交通的纪实文学力作。作者通过对北京交通全景式的扫描，剖析城市病的根源，思索交通拥堵的痼疾，对于研究北京交通的专业或非专业人士来说，是一部不可多得的参考资料。

M72/2　　　　　　　　　　　0879

当代北京道路史话 / 郭欣著. —北京：当代中国出版社，2013

187 页：照片；23cm

ISBN　978-7-5154-0196-6；CNY 30.00

本书是《当代北京史话丛书》之一，介绍了有关北京道路的政治、经济、历史、人文积淀，具体范围包括城市道路（大街、小街、胡同）和公路（高速公路、国道、市道、农村公路），也包括道路上的各种设施。

M73/1　　　　　　　　　　0880

当代北京铁路史话 / 许洵著 . —北京：当代中国出版社，2012

177 页：图；23cm

当代北京社会生活史话丛书

ISBN　978-7-80170-946-2；CNY 28.00

北京是一座枕在铁路上的城市，有着太多与铁路有关的"中国之最"、"中国第一"。此书对中国铁路的历史进行梳理，让读者感受到北京铁路的便捷高效和铁路车站的重大变迁。通过重温铁路历史，追溯铁路发展，向读者呈现当代北京铁路发展的历史脉络，用耳熟能详的故事，唤起人们对铁路发展的记忆。

M73/2　　　　　　　　　　0881

西直门车务段志：1905-2000 / 杜德文，李绍山主编 . —北京：西直门车务段志，2004

12,450 页：地图，照片；26cm

CNY 150.00

本志初次较为系统的记录了西直门车务段辖区从晚晴修筑京张铁路开始，95 年的兴衰起伏发展变化过程，可起到存史、资治、教育的作用。共 14 篇、87 章、273 节、图片 87 幅。

M73/3　　　　　　　　　　0882

北京地铁发展史：责任与使命 / 北京市地铁运营有限公司编 . —北京：北京市地铁运营有限公司，[2010]

631 页：照片；24cm

北京地铁是中国最早开始建设和和运营的地铁，开工建设 45 年，运营 41 年。本书收集北京地铁的原始资料，梳理北京地铁的发展脉络，记载北京地铁的发展史实，把握北京地铁的发展规律，弘扬北京地铁的企业文化。

M81/1.1　　　　　　　　　0883

北京邮政日戳图谱：1949 年 2 月至 1996 年 8 月，市区支局、所卷 / 北京市邮政管理局文史中心编 . —北京：北京燕山出版社，1996

524 页；20cm

ISBN　7-5402-0577-6；CNY 35.00

本书是北京市邮政管理局文史中心为纪念北京邮政开办 100 周年而组织编写的，书中详细记载了区邮电局的演变、国际邮电局的演变、邮政速递局的演变等内容，并附有大量日戳戳样图。本书对帮助邮政工作人员、集邮爱好者了解北京邮政机构和邮政日戳的变化有较大作用。

M81/2.1　　　　　　　　　0884

京版报刊上的北京邮政，解放前部分 / 张志和主编 . —北京：北京燕山出版社，1992

27,384 页：照片；21cm

ISBN　7-5402-0493-1；CNY 45.00

本书选编 1901 年至 1949 年，不同时期京版报刊对北京邮政的报道。为了反映历史的原貌，保持资料的完整性，全书以时间为序，基本采用包括标题在内的原文照录的方式。通过这些报道，可以清楚地了解到北京邮政在北平解放以前的发展历史。

M81/2.2　　　　　　　　　0885

京版报刊上的北京邮政 / 张志和主编 . —北京：北京燕山出版社，1989

15,474 页：照片；21cm

ISBN 7-5402-0190-8；CNY 60.00

本书将1949年以来京版报刊上发表的有关首都邮政的报导选编摘录成册。全书正文按时间分为三部分：即1949年至1956年的北京邮政；1957年至1965年的北京邮政；1977年至1987年的北京邮政。数千篇的宣传报道从一个侧面系统、真实地反映了北京邮政发展的历史概貌。

M81/3.1 (1)   0886

北京邮政史料选编：1949年至1956年. 第1辑／张志和主编. —北京：北京燕山出版社，1990

17,506页；20cm

ISBN 7-5402-0201-7；CNY 40.00（全2册）

本书收入的文稿，都是北京市邮政局档案馆保存的过去工作中形成的文件，其中主要是北京市邮政局在工作中形成的文件，按成文时间分年度顺序排列。全书分上、下两册，上册收入的是1949年至1956年的文件，下册收入的是1957年至1965年的文件。

M81/3.1 (2)   0887

北京邮政史料选编：1957年至1965年. 第1辑／张志和主编. —北京：北京燕山出版社，1990

16,474页；20cm

ISBN 7-5402-0201-7；CNY 40.00（全2册）

本书收入的文稿，都是北京市邮政局档案馆保存的过去工作中形成的文件，其中主要是北京市邮政局在工作中形成的文件，按成文时间分年度顺序排列。全书分上、下两册，上册收入的是1949年至1956年的文件，下册收入的是1957年至1965年的文件。

M82/3   0888

北京电话图志：1899-1999／马树林主编. —[北京]：[北京市电话局]，[2000]

154页；29cm

CNY 135.00

本书以时间为序，以北京电话业务发展为主线，摘取具有典型性、代表性的图文内容，详实地介绍了北京电话通信自1899年至1999年的百年发展史，有较高的史料价值。

N 商业、服务业、旅游业

N1/19　　　　　　　　　　0889

北京的老字号 = Time-honored Brands in Beijing：[中英文本] / 丁维峻主编. —北京：人民日报出版社，2009

247页：照片；35cm

ISBN 978-7-5115-0008-3

精装：CNY 280.00

本画册收集、整理了大量历史文字资料和珍贵照片，记录了老一辈党和国家领导人关心、支持老字号的相关活动和教诲，展示了各行业老字号的历史旧貌和当代新颜。

N1/21　　　　　　　　　　0890

诗画京华老字号 / 郭庆瑞著. —北京：北京燕山出版社，2010

159页：彩照；21cm

ISBN 978-7-5402-2480-6；CNY 28.00

本书用诗来赞美、宣传老字号，为老字号树碑立传。作者把对北京老字号的深厚感情，凝结成短短四句二十八个字的小诗，以此介绍店家的历史典故、逸闻趣事以及经营商品的特色，并形成了自己独特的诗画老字号系列。

N1/22　　　　　　　　　　0891

宣南老字号 / 杨秋责任编辑. —北京：[宣武商务局]，2007

[109页]：图；26×26cm

CNY 120.00

收集了宣南近50家老字号的材料，包括发源、历史沿革、产品特色、经营现状及相关珍贵图片等，古香古色、图文并茂地集中反映了宣南现存的老字号的发展脉络。

N1/23　　　　　　　　　　0892

北京市场大观 / 杜宝才，樊志勇编著. —北京：中国展望出版社，1982

12,308页：图，照片；21cm

本书是第一本专门介绍北京市场的书。书中主要介绍了北京市场的形成和发展；北京商业、服务行业的概况和经营特色；重点介绍了著名的商店、饭店、旅店、书店等的经营情况以及各种吃、穿、用名牌商品的使用和保养知识，对研究北京市场的读者有一定的参考价值。

N1/24　　　　　　　　　　0893

谋略 / 王新编著. —北京：[出版社不详]，[2011]

102页：照片，图；24cm

说故事 品老字号 承传统 谋发展策略

本书作者曾任西城区商务局局长。书中以叙述、评说的方法，结合作者的亲身感受，梳理西城百年老号在经营管理方面的成功之道，总结出用以致胜的十大谋略：诚信、特色、专营、相融、精细、差异、字号、谦和、绝技、集聚。

N1/25　　　　　　　　0894

大栅栏故事：魅力老字号／田静，陈振海主编．—北京：[中共北京市西城区大栅栏街道工委]，2012

134页：照片，图；23cm

本书从企业历史文化、发展历程、前景展望三个方面，将大栅栏地区老字号企业及拥有老字号资源和部分知名企业进行了全面、详细的梳理，对传承老字号精神、创新老字号品牌有一定的促进作用。

N1/26　　　　　　　　0895

北京西城老字号／梁昌新，郭怀刚[主编]．—北京：[北京玖嘉企划有限责任公司]，2012

127页：照片；28×21cm

本画册以大量的新旧图片及中英文两种文字介绍了西城区近百家老字号，展现了以老字号为代表的传统商业文化，突显西城独有的历史文化魅力，对传承优秀文化、推广中国式生活具有重要意义。

N1/27　　　　　　　　0896

京商论／王茹芹著．—北京：中国经济出版社，2008

190页：照片；24cm

ISBN 978-7-5017-8583-4；CNY 32.00

千百年来，京商文化穿越了历史长河，汇聚不同的文化因子，成为地域型商业文化的典型代表。本书全面系统梳理京商发展文脉，总结京商学术体系，提炼京商文化精髓。

N1/28　　　　　　　　0897

北京的商业街和老字号／王永斌著．—北京：北京燕山出版社，1999

13,442页；20cm

ISBN 7-5402-1146-6；CNY 22.00

本书将老字号放在商业街中来描述，便于读者看清其发展轨迹，不仅描述商业街和老字号繁荣发展的现象，又着重描写其发展繁荣的内在原因。内容既涵盖今天尚在的老字号，也包括已不存在的老字号，力图为北京地方社会经济发展繁荣，为各行各业企业家经营好各自企业，为热爱北京的人服务。

N1/29　　　　　　　　0898

西城礼物＝Xicheng Gifts／梁昌新总策划．—北京：[北京市西城区旅游发展委员会]，[出版时间不详]

61页：彩照；24cm

本书收录西城最具特色的食品、小吃、工艺品及其他知名商品品牌，如六必居、内联升、天福号等，图文并茂。除简短的品牌文字介绍外，还包括网址、联系方式等资讯。全书按品牌性质分成老字号和民俗篇两大篇章。

N2/2（2007）.6　　　　0899

思索．2007年6月（总第8期）／任爽[等]责任编辑．—北京：[北京市西城区商务局]，2007

54页：照片；26cm

商务局党支部 商务局工会 商务局团支部主办

本书由北京市西城区商务局编辑，主要从观点调研、考察征文、直观感悟、文化互动四个方面阐述西城区商务局相关活动与信息。

N2/2（2007）.7　　　　　　　　0900

思索：2007年调研课题文选．2007年7月（总第9期）/任爽[等]责任编辑．—北京：[北京市西城区商务局]，2007

42页：照片；26cm

商务局党支部 商务局工会 商务局团支部主办

本书为商务局2007年调研课题文选，共收录6篇，分别为：西城特色商业街建设、西城社区商业状况调查、西城中小企业进出口贸易促进研究、社区菜市场升级改造回顾与思考、西城便利店发展情况调研以及商务局机关局域网应用中存在的问题及对策。

N2/3.1　　　　　　　　　　　　0901

中华老字号．第一册/张庶平，张之君主编．—北京：中国轻工业出版社

569页：彩照；21cm

ISBN 7-5019-1371-4；CNY 36.00

本书由中华老字号编委会编著，从1993年6月到2007年8月共出版六册，前两册由中国轻工业出版社出版，后四册由中国商业出版社出版。书中内容包含全国各地老字号而不仅仅限于北京（或西城）。本册是上海老字号专辑。

N2/3.2　　　　　　　　　　　　0902

中华老字号．第二册/张庶平，张之君主编．—北京：中国轻工业出版社，1996

554页：彩照；21cm

ISBN 7-5019-1844-9；CNY 48.00

本书由中华老字号编委会编著，从1993年6月到2007年8月共出版六册，前两册由中国轻工业出版社出版，后四册由中国商业出版社出版。书中内容涉及全国各地老字号而不仅仅限于北京（或西城）。本册是北京、天津、沈阳、浙江、湖南省老字号专辑。

N2/3.3:2　　　　　　　　　　　0903

中华老字号．第三册/张庶平，张之君主编．—北京：中国商业出版社，2004

473页：彩照；21cm

ISBN 7-5044-5141-X；CNY 46.00

本书由中华老字号编委会编著，从1993年6月到2007年8月共出版六册，前两册由中国轻工业出版社出版，后四册由中国商业出版社出版。书中内容涉及全国各地老字号而不仅仅限于北京（或西城）。本册是中医药专辑，含全国各地中医药老字号。

N2/3.4:2　　　　　　　　　　　0904

中华老字号．第四册/张庶平，张之君主编．—北京：中国商业出版社，2007

428页：彩照；21cm

ISBN 978-7-5044-5827-8；CNY 48.00

本书由中华老字号编委会编著，从1993年6月到2007年8月共出版六册，前两册由中国轻工业出版社出版，后四册由中国商业出版社出版。书中内容涉及全国各地老字号而不仅仅限于北京（或西城）。本册介绍全国各地名酒和地方小吃名店。

N2/3.5:2　　　　　　　　　　　0905

中华老字号．第五册/张庶平，张之君主编．—北京：中国商业出版社，2007

485页：照片；21cm

ISBN 978-7-5044-5967-1；CNY 48.00

本书由中华老字号编委会编著，从1993

年6月到2007年8月共出版六册，前两册由中国轻工业出版社出版，后四册由中国商业出版社出版。书中内容涉及全国各地老字号而不仅仅限于北京（或西城）。本册介绍全国各地百货商场、名吃。其中含北京的月盛斋、牛街的年糕钱等。

N2/3.6:2　　　　　　　　　0906

中华老字号. 第六册 / 张庶平，张之君主编. —北京：中国商业出版社，2007

448页：照片；21cm

ISBN　978-7-5044-5968-8；CNY 48.00

本书由中华老字号编委会编著，从1993年6月到2007年8月共出版六册，前两册由中国轻工业出版社出版，后四册由中国商业出版社出版。书中涉及全国各地老字号而不仅仅限于北京（或西城）。本册介绍全国各地饮食行业名家名店。如唐山新新麻糖厂、南京韩复兴板鸭店等。

N2/4　　　　　　　　　　0907

北京日用工业品商业志稿 / 李永正主编. —北京：北京一商集团公司商业志编委会，2002

740页；27cm

精装：CNY 120.00

本志由北京一商集团公司编制。上限追溯到北京建置，事业发端，下限至1994年。分综合卷、行业卷、企业卷、文献卷，内容涉及日用工业品商业综合情况、十三个大的自然行业、大中型批发零售企业及老店、名店等。

N2/5　　　　　　　　　　0908

古都商事：老北京商贸轶话 / 舒志钢著. —北京：机械工业出版社，2011

288页：照片，地图；21cm

ISBN　978-7-111-35197-9；CNY 25.00

本书以老北京商贸文化为切入点，纵向从两万年前周口店山顶洞人的原始交易，横向地理范围延伸到北京周边。涉及古都北京历史上的政治经济、风土人情、建筑交通、商帮行会宗教艺术、王朝更迭等方面。其中记述了骡马市大街东口南的湖南会馆等西城史迹。

N2/6　　　　　　　　　　0909

百花成蜜 / 王新 [编]. —北京：[出版社不详]，2012

414页：照片，图；25cm

精装

本书以时间为序，文章、诗词、照片相互穿插，既有很好的执政研究资料，又有饱含热情、反映生活哲学的诗篇。书中收录的"西单研究"、"西城商业文化的思考"等文，至今对区域商业发展具有指导意义。

N2/7　　　　　　　　　　0910

当代北京商号史话 / 刘宝明，戴明超著. —北京：当代中国出版社，2012

152页：图；23cm

ISBN　978-7-5154-0116-4；CNY 24.00

本书是《当代北京丛书》之一，讲述了与北京城一块成长的北京知名商号的历史，全书分成百年积淀、峥嵘岁月、改革时代、凤凰涅槃四章。书后附有"部分北京老字号商铺一览表"。

N21/2　　　　　　　　　　0911

北京老字商号产权多元化改革研究 / 尹

庆民[等]著. —北京：同心出版社，2008

316 页；24cm

北京市社会科学理论著作出版基金资助

ISBN 978-7-80716-507-1；CNY 38.00

本书是在对北京老字商号进行大量实地考察和研究的基础上完成的。全书分成三个部分：一是北京老字商号产权改革个案调查研究；二是北京老字商号产权改革分类研究；三是北京老字商号产权多元化改革总体研究。

N211/3　　　　　　　　　　　　0912

建国后的西单商场 / 丁淑芳，朱立清主编. —北京：[西单商场]，1998

270 页：照片；20cm

CNY 35.00

本书记载了国营西单商场从诞生至改革前约 28 年的发展历程，时限上起 1950 年，下至 1978 年。全书严格按照时间顺序编写，内容都是真人真事，是北京商业发展史的一个组成部分，有一定的史料性，也是向职工进行传统教育的一本生动的教科书。

N211/4　　　　　　　　　　　　0913

旧日西单商场 / 王岫雯主编. —北京：北京出版社，1988

141 页：图；20cm

ISBN 7-200-00690-4；CNY 30.00

本书分四个部分介绍了西单商场的历史沿革、经营特色、名人轶事等史料，其内容一半来自于历史档案和文献，一半来自社会名流的亲历、亲见、亲闻。全书富有"北京味"，对研究北京商业发展有较大的参考价值。

N211/5　　　　　　　　　　　　0914

冰点与熔点：西单商场树立新观念大胆闯新路 / 丁淑芳，朱立青主编. —北京：北京出版社，2000

222 页：照片；21cm

ISBN 7-200-04087-8；CNY 20.00

本书是北京市思想道德建设创新实践丛书中的一册，介绍了西单商场在深化改革中，化解矛盾、转变观念、积极探索，走出一条振兴国有商业企业新路子的工作经验，揭示出新时期对思想政治工作时代性和前瞻性的内在要求。

N211/6　　　　　　　　　　　　0915

北京市西单百货商场史料：1950—1985 / 北京市西单百货商场 [编]. —北京：[北京市西单百货商场]，[1986]

108 页；26cm

《当代中国的北京》商业卷资料

CNY 40.00

本书为北京市第一商业局编写的《当代中国的北京》商业卷，包括按年月记载的《西单百货商场三十六年大事记》；按时期分述的《西单百货商场桑三十六年概述》及人物和专题材料等几部分，编写材料来源于档案材料和领导职工的访谈等。

N212/1　　　　　　　　　　　　0916

当代北京副食品商业 / 王永福主编. —北京：中国财政经济出版社，1994

645 页；20cm

ISBN 7-5005-2350-5；CNY 50.00

本书全面概括了北京副食品商业 30 多年来所取得的伟大成就。全书共十章，前半部分按时序记述了新中国成立后各个历史时期北京副食品商业的主要工作；后半部分按专题重点介绍了商办食品工业、基本建设、科学研究和职工教育的基本情况，是一部可信的历史资料书。

N212/2　　　　　　　　　　0917

北京同仁堂史/张培玉，孙璠主编.—北京：人民日报出版社，1993

190页：照片，图表；20cm

ISBN　7-80002-537-3；CNY 45.00

本书为同仁堂的历史研究和编纂成果，写作采取远粗近细、削繁就简，力求有理有据、深入浅出，略补了同仁堂300多年的有史无书的空白。包括创业伊始、供奉御药、皇封特权、中期历史变迁、发展中的同仁堂等。

N212/3　　　　　　　　　　0918

瑞蚨祥.—北京：[北京瑞蚨祥]，[出版年不详]

1册：彩照；29cm

北京瑞蚨祥绸布店坐落于大栅栏商业街，开业于清光绪19年（1893年），是享誉海内外的中华老字号，为旧京城"八大祥"之首。瑞蚨祥经营绸缎、呢绒、棉布、皮货、民族服装等，货真价实、诚信为上。本册为瑞蚨祥宣传册，含历史沿革和服装图片。

N221/3　　　　　　　　　　0919

北京技术市场与高新技术企业相关政策选编/北京市西城区科学技术委员会，北京市西城区生产力促进中心编.—[北京]：[北京市西城区科学技术委员会]，2009

104页；29cm

本资料包括技术市场相关政策（技术合同认定登记依据、登记规则、优惠政策），高新技术企业相关政策（高新技术企业认定政策和税收政策）。

N4/9　　　　　　　　　　0920

100元吃遍北京：200家超赞人气餐厅/小宽著.—北京：旅游教育出版社，2011

229页：图；21cm

ISBN　978-7-5637-2162-7；CNY 32.00

本书作者为《新京报》美食记者，这本书是他一口一口"吃"出来的，他尝遍了东、西、朝、海和周边地区的大小饭庄，如西城区的张记酱牛肉等，对京城美食爱好者很有参考借鉴作用。

N4/10　　　　　　　　　　0921

京城清真餐饮第一楼/北京鸿宾楼餐饮有限责任公司主编.—北京：中国农业出版社，2005

68页：照片，图；29cm

鸿宾楼创建152周年暨进京50周年

ISBN　7-109-10041-3；CNY 68.00

本画册为纪念鸿宾楼创建152周年暨进京50周年而编。全书分"历史的回忆　发展的历程"、"名楼聚贵宾　美名冠京华"等八个部分，反映了鸿宾楼饭庄创建以来所经历的风雨历程和辉煌业绩，是对以鸿宾楼为代表的清真餐饮业发展历程的一次全面总结。

N4/12　　　　　　　　　　0922

晋阳饭庄 = Jinyang Restaurant：1959-2009/北京翔达投资管理有限公司编.—北京：北京翔达投资管理有限公司，2009

159页：彩照；26cm

晋阳饭店为中华老字号，自1959年开

业以来，已走过 50 年的历程，作为北京最早一家引进山西风味菜肴及各式面点的大型饭庄，它坐落于西城区纪晓岚故居。本册为晋阳饭店宣传册，图文并茂，附历史变迁和特色菜品等。

N4/13　　　　　　　　　　　　0923
生产安全责任事故模拟责任追究资料汇编：西城区餐饮企业名录 / 北京市西城区监察局，北京市西城区安监局 [编]. —北京：[北京市西城区监察局]，2014

347 页；24cm

本书针对餐饮企业尤其是小型餐饮企业易发多发燃气爆燃事故的特点，以西城区城管执法局对全区 15 个街道辖区餐饮行业建立的企业基础数据信息台账为依据编印而成，便于监管人员共享，预防减少责任事故的发生。

N4/14　　　　　　　　　　　　0924
北京华天饮食文化集萃 / 北京华天饮食集团公司，聚德华天控股有限公司 [编]. —北京：[北京华天饮食集团公司]，2007

175 页：照片；29cm

本画册对华天老字号的饮食文化进行了系统的归纳、整理和总结，反映了华天多年来走过的发展历程和取得的辉煌成绩，让读者更加深入了解老字号，也从一个侧面见证了西城社会历史发展的变迁和深厚的文化底蕴。

N6/2.1　　　　　　　　　　　　0925
都市 旅游 品质 = Top, Urban, Toursm Research：北京市西城区旅游发展研究. 上卷 / 苏东主编. —北京：新华出版社，2009

362 页：照片；24cm

ISBN　978-7-5011-8853-6；CNY 80.00

本书收集整理了西城区旅游局 2002-2009 年期间，为推进区域旅游产业发展而编制的规划及调查研究报告。全书分上、下两册，包含发展都市旅游、提升区域品牌，加强战略研究、科学谋划发展等五个部分，比较完整地反映了西城区在旅游产业发展中的一些实践与思考。

N6/2.2　　　　　　　　　　　　0926
都市 旅游 品质 = Top, Urban, Toursm Research：北京市西城区旅游发展研究. 下卷 / 苏东主编. —北京：新华出版社，2009

364-694 页：图；24cm

ISBN　978-7-5011-8853-6；CNY 80.00

本书收集整理了西城区旅游局 2002-2009 年期间，为推进区域旅游产业发展而编制的规划及调查研究报告。全书分上、下两册，包含发展都市旅游、提升区域品牌，加强战略研究、科学谋划发展等五个部分，比较完整地反映了西城区在旅游产业发展中的一些实践与思考。

N6/3（2005-06）　　　　　　　0927
北京市旅游规划与统计调研资料汇编. 2005-2006 年 / 北京市旅游局规划统计处 [编]. —[北京]：[北京市旅游局规划统计处]，2007

201 页；29cm

CNY 200.00

本书汇集了北京市旅游局规划统计处 2005-2006 年的有关调研资料和部分文件。该书可以为旅游界人士及关注北京旅游业发展的读者提供借鉴。

N64/2　　　　　　　　　　0928

京城水上游 / 庄肃明主编 . —北京：气象出版社，2002

72 页：照片；18cm

ISBN　7-5029-3341-7；CNY 26.00

本书内容包括：古城北京、北京与水、线路与景点、乘船京城水上游、燕京八景、京城水上游示意图。其中，始于北京展览馆后湖码头，途经动物园、紫竹院，直至颐和园的长河游是书中推荐的精品水上游线路。

N64/3　　　　　　　　　　0929

北京大观园 / 吴东炬编著 . —北京：北京旅游出版社，1988

90 页：照片；19cm

ISBN　7-80500-025-5；CNY 5.00

本书主要从由来、兴建、游览简介、建造特色以及经营服务等五个方面对北京大观园进行了详细的介绍、描述，后附大观园平面图及部分实景照片。

N69/3　　　　　　　　　　0930

私家北京 / 何颖摄影 / 插画 . —北京：新星出版社，2010

206 页：彩图；18cm

50+1 系列

ISBN　978-7-5133-0101-5；CNY 32.00

本书收录了 50 位生活在北京的各界人士对这个沉实、古老，却又不断蜕变的城市的旅行推荐，包括餐厅、游玩景点和购物地点等。书后附有建议行程、北京旅游基本资料等小贴士。

N69/4　　　　　　　　　　0931

搭乘地铁游逛北京 = Beijing City Guide by Subway / 地铁游编委会编著 . —北京：中国轻工业出版社，2011

256 页：图，地图；21cm

悠生活 · 旅游大玩家

ISBN　978-7-5019-7825-0；CNY 35.00

本书详细介绍了北京已经开通的 9 条地铁线路，125 个地面站点周边的资讯，同时配有地铁站地面示意图、公交换乘信息，对北京人的日常出行及游客的旅游、购物、餐饮、娱乐休闲等有很好的向导作用。

N69/5　　　　　　　　　　0932

北京 24 小时 / 刘立著 . —北京：电子工业出版社，2012

147 页：彩图；24cm

ISBN　978-7-121-17095-9；CNY 39.00

本书是"24 小时"系列书的一本，通过纵向的"清晨"、"上午"、"下午"、"晚上"、"深夜"的时间线索，和"俗"、"行"、"玩"、"味"等横向栏目，将老北京和现代北京的风情展现在读者面前，是一本别致、略带文艺质感的旅行书。

N69/6　　　　　　　　　　0933

北京深度游 Follow Me / 《亲历者》编辑部编著 . —北京：中国铁道出版社，2013

236 页：彩图，地图；21cm

亲历者 旅游书架

ISBN　978-7-113-16294-8；CNY 39.80

本书精选北京 40 个热门景区，囊括北京旅游的精华，引用大量旅游亲历者点评，配备精美的景区手绘图、收集丰富的资讯和攻略，是集地图、照片、文字介绍于一身的实用手册。

N69/7　　　　　　　　　　0934

这里才是北京！/ 谷声图书编著. —北京：电子工业出版社，2013

219 页：彩图；21cm

"这里才是"城市轻攻略系列

ISBN　978-7-121-18736-0；CNY 35.00

本书为图文并茂的北京旅行地标介绍，涵盖天安门、前门、什刹海、东四、西单、雍和宫、三里屯、天坛、奥林匹克公园、颐和园等地区。

N7/3　　　　　　　　　　0935

老耄说贾：京城老商号练习生纪实 / 翟鸿起著. —北京：学苑出版社，2010

240 页：图；21cm

ISBN　978-7-5077-3278-8；CNY 20.00

本书是作者 1946 年 -1952 年之间，在中华百货售品所做练习生的纪实。讲述了丰富的商业知识，有关商业的一般技能、多彩的社会生活体验以及当时的民情民风等。

N7/4　　　　　　　　　　0936

北京新老字号名匾荟萃 / 杜连成主编. —北京：中国文联出版公司，1990

100 页：图；27cm

ISBN　7-5059-1409-X

精装：CNY 110.00

本书汇集北京新老字号最有代表性最精美的部分牌匾，这些书法艺术渗透着中华民族文化的神韵，具有很高的文化价值和艺术水平。

P 文化

P1/24 0937

非物质文化遗产纵横谈：北京市非物质文化遗产保护工作高级研讨班论文集／石振怀主编．—北京：民族出版社，2007

313页：照片；21cm

ISBN 978-7-105-08424-1；CNY 20.00

本书收集了涉及非物质文化遗产保护工作方面的论文31篇，并按照非物质文化遗产的保护与传承、非物质文化遗产的特性、非物质文化遗产与文化馆、非物质文化遗产保护与图书馆等六个专题编排。

P1/25 0938

当代中国先进文化及其传播路径研究／傅华著．—北京：中央文献出版社，2007

263页；23cm

ISBN 978-7-5073-2425-9；CNY 36.00

本书是北京市西城区委原宣传部部长、现任北京市委副秘书长傅华同志撰写的一部有分量的学术理论著作。内容涉及先进文化建设问题研究的理论成果，系统探索当代中国先进文化完整内涵及其传播路径。

P1/26 0939

品物记：重温古人的优雅生活／邱永君著．—北京：中华书局，2008

222页：图，照片；23cm

ISBN 978-7-101-06330-1；CNY 29.00

本书作者为中国社会科学院民族所的研究员，现居住于西城区砖塔胡同。书中介绍了古人优雅生活中的常及之物与事，如琴、棋、玉、饮酒、品茶等，既宣扬了传统文化，又对现代人如何进行休养娱乐提供了启示。

P1/27 0940

文化西城创意之都＝Cultural Xicheng Creative Capital／滕修展，孙劲松主编．—北京：中共北京市西城区委员会，北京市西城区人民政府，[2009]

63页：彩图，照片；26cm

本书由西城区委、区政府主编。介绍了两区合并后的新西城地理位置、行政区划、经济总量以及历史文化保护区、非遗项目、老字号、名人故居、文化设施等情况。

P1/28（2006） 0941

中国文化产业年度发展报告．2006／北京大学文化产业研究所，国家文化产业创新与发展研究基地主编．—长沙：湖南人民出版社，2006

10,767页；25cm

ISBN 7-5438-4431-1；CNY 99.00

本书以文化产业领域内的微观企业主体为重点分析对象，全力考察充满创新精神与进取意识的文化产业企业和企业家们的经营行为，探讨了文化产业领域在2006年内有代表性的创新行为和商业模式，对相关文化产业的政策体系进行了系统的考察和分析。

P1/29　　　　　　　　　　0942

北京文化60年 = Culture 60 Years in Beijing：1949-2009／李建盛著．—北京：北京大学出版社，2010

355页；23cm

ISBN　978-7-301-16950-6；CNY 45.00

本书以历史发展为基本线索、以区域性文化为基本内容、以主题性文化为基本结构，分五个历史阶段，设九个基本文化层面，力图立体多维的展示、概括、阐述北京文化60年的建设和发展历程。本书为北京市社会科学院"北京文化建设与发展60年"课题研究成果。

P1/30　　　　　　　　　　0943

创意无垠：首都文化创意产业大家谈／降巩民，严力强，初小玲主编．—北京：同心出版社，2007

283页；24cm

ISBN　978-7-80716-285-8；CNY 25.00

文化创意产业是对文化产业部分外延的扩展，是指那些从个人的创造力、技能和天分中获取发展动力的企业，以及那些通过对知识产权的开发可创造潜在的财富和就业机会的活动。通常包括广告、建筑艺术等。本书为首都文化创意产业的大家谈。

P1/31　　　　　　　　　　0944

百家公共文化服务设施指南／黄海燕主编．—北京：[北京文化艺术活动中心]，2012

257页；23cm

本书从北京6000多家基层公共文化设施中遴选出百家有代表性的单位，进行图文、资讯介绍。一方面是方便北京的老百姓了解身边的基层公共文化设施，另一方面也方便行业内的机构和人员进行交流学习，能更好地促进北京的公共文化建设。

P1/32　　　　　　　　　　0945

宣南文化便览／郑文奇主编．—北京：文化艺术出版社，2002

299页：照片，图；20cm

ISBN　7-5039-2165-X；CNY 20.00

本书集知识、资料、趣味于一体，将宣南历史文化探讨与研究方面的内容，提供给宣武区各党政机关、企事业单位、学校及每一个宣武人。本书作为"知宣武、爱宣武、建宣武"的参考资料，由话说宣南、士人之乡、琉璃厂文化、宣南名胜、名人故居、会馆文化、梨园文化、天桥民俗文化、街巷道桥、名厂老号、饮食文化、回族风情等组成。

P1/33（2010）.1　　　　　0946

文化宣南．2010 第1期（总第9期）／李金龙主编．—北京：[首都图书馆宣南文化专题资料分馆]，2010

88页：照片，图；29cm

首都图书馆宣南文化专题资料分馆主办

本刊以传承宣南文化、展示宣南风采为宗旨，一般包括芳园大观、风流文采、潇湘滴翠、蘅芷清芬、怡红快绿、万象争辉等栏目。

P21/5（2007—2009）　　　0947

人文月坛：缩印合订本．2007.9—2009.9（1-100）期／[中共北京市西城区委月坛街

道工作委员会，北京市西城区人民政府月坛街道办事处编］. —北京：中共北京市西城区委月坛街道工作委员会，[2009]

1 册：照片；29cm

《人文月坛》是由西城区月坛街道办事处创办的周报，2007年9月创刊。该报以"离你最近的新闻"为宗旨，设时政、人物、服务、健康、收藏等栏目，集新闻性、可读性、思想性于一身，受到月坛地区居民的欢迎。本书是其第1至100期的合订本。

P32/7　　　　　　　　　　　　0948

理论·实践·探讨：北京市西城区青少年儿童图书馆论文集／李燕博，潘兵主编. —北京：[出版者不详]，2002

188 页：图；20cm

本书收集了西城区中小学图书馆和儿童图书馆共38篇优秀论文，涉及内容既有读者服务、业务建设、素质教育、数字化建设，又有基础业务建设方面的探讨及加强人员队伍建设方面的研究，展示了相关学术研究成果。

P32/8　　　　　　　　　　　　0949

沐浴书香·低碳生活：2010年读者主题征文活动征文集／阎峥主编. —北京：北京市西城区图书馆，2011

240 页：照片；25cm

本书由西城区图书馆主编。在第十五个世界读书日之际，西城区图书馆启动了"2010年读者读书系列活动"，包括"我与西城区共成长、我的低碳生活"等四大主题征文。本书是该项活动的优秀作品选。

P32/9　　　　　　　　　　　　0950

我与"西城之最"读书征文活动获奖文集. —北京：北京市西城区社会科学界联合会，2013

157 页；21cm

本书是一本围绕《西城之最》展开的读书征文集，收录获奖作品35篇。这些征文记载了读者的心声，体现了广大群众对西城的关注、对历史的自豪，对未来的期待。《西城之最》是一部全面梳理西城优秀历史文化资源和展示西城人创新精神的文化力作。

P32/10　　　　　　　　　　　0951

沐浴书香·传承精神：2012年读者主题征文活动征文集／阎峥，吉晓明主编. —北京：北京市西城区图书馆，2012

169 页；25cm

本书是"沐浴书香·做雷锋传人"主题征文活动及"品经典、承精神"机关青年读书活动的征文作品合集。这些征文反映了驻区官兵对"北京精神"的理解与践行，体现了"忠诚、聚力、敬业、先锋"的西城机关精神。

P32/11　　　　　　　　　　　0952

启迪民智 书脉传承：首都图书馆建馆百年纪念文集／首都图书馆编. —北京：学苑出版社，2013

449 页：照片；24cm

ISBN　978-7-5077-4349-4；CNY 120.00

本书收录首都图书馆新老员工和读者朋友撰写的文章100余篇，以纪念首都图书馆建馆百年。全书分为岁月流沙、专家感悟、读者情谊、员工抒怀四个部分。

P32/12　　　　　　　　　　　0953

首都图书馆百年纪念事／首都图书馆编．—北京：学苑出版社，2013

12,345 页：照片；24cm

ISBN　978-7-5077-4348-7；CNY 150.00

本书记录了首都图书馆自 1912 年筹备建馆至 2012 年百年来的大事小情，采取依时纪事的编辑体例。书中编有馆长任职年表；副馆长任职年表；书记、副书记任职年表；首都图书馆事业情况一览表；首都图书馆同仁著述一览表等内容。

P32/14（2006）　　　　　　　0954

西城区图书馆年鉴．2006 年／西城区图书馆［编］．—北京：［西城区图书馆］，2006

85 页：照片；29cm

本年鉴分基本概况、馆内文件、常规工作、业务活动、表彰奖励、媒体报道等板块全面介绍了西城区图书馆的年度工作。书后收录每年度的大事记及相关附录。

P32/14（2007）　　　　　　　0955

西城区图书馆年鉴．2007 年／西城区图书馆［编］．—北京：［西城区图书馆］，2007

82 页：照片；29cm

本年鉴分基本概况、馆内文件、常规工作、业务活动、表彰奖励、媒体报道等板块全面介绍了西城区图书馆的年度工作。书后收录每年度的大事记及相关附录。

P32/14（2008）　　　　　　　0956

西城区图书馆年鉴．2008 年／西城区图书馆［编］．—北京：［西城区图书馆］，2008

84 页：照片；29cm

本年鉴分基本概况、馆内文件、常规工作、业务活动、表彰奖励、媒体报道等板块全面介绍了西城区图书馆的年度工作。书后收录每年度的大事记及相关附录。

P32/14（2009）　　　　　　　0957

西城区图书馆年鉴．2009 年／西城区图书馆［编］．—北京：［西城区图书馆］，2009

92 页：照片；29cm

本年鉴分基本概况、馆内文件、常规工作、业务活动、表彰奖励、媒体报道等板块全面介绍了西城区图书馆的年度工作。书后收录每年度的大事记及相关附录。

P32/15　　　　　　　　　　　0958

文化视野下的图书馆事业 = Librarianship Under the Cultural view／周园著．—北京：华艺出版社，2014

247 页；24cm

ISBN　978-7-80252-507-8；CNY 59.00

本书以西城区图书馆服务实践为基础，研究基层图书馆在服务创新、地区信息合作、学术理论等方面取得的进展。全书分正编、附编，正编为探索图书馆文化及公共图书馆服务实践的研究性论文，附编为图书馆参与地区课题调研的实践成果，适合图书馆从业者阅读和参考。

P35/2　　　　　　　　　　　0959

北京市西城区图书馆藏地方文献目录提要／北京市西城区图书馆编．—北京：华艺出版社，2013

290 页；26cm

ISBN 978-7-80252-434-7；CNY 86.00

本书是一本集综合性、实用性于一体的反映西城区图书馆藏地方文献信息，方便读者查找文献资料的工具书。共收录2009年入藏的图书、期刊、地图等文献目录1643条，每条目录均著录版本形态描述和内容提要两部分，对了解西城区情区貌、研究西城历史文化有一定参考价值。

P4/4　　　　　　　　　　　　　0960

精彩宣博／北京宣南文化博物馆［编］．——北京：北京宣南文化博物馆，2010

90页：彩照；29cm

北京宣南文化博物馆开馆五周年

本书记述了西城、宣武两区合并后，西城宣南文化博物馆建馆5周年以来的建设情况，包括各级领导的视察、馆内展陈、职工队伍建设内容。

P4/5.1　　　　　　　　　　　　　0961

北京文物博物馆事业纪事．上，1949—1978／赵学勤，宋惕冰，韩锐主编．——北京：北京市文物局，1994

143页；26cm

CNY 80.00（全2册）

本书真实地记录了北京解放以来，首都北京文物博物馆事业的发展历程，向有关领导机关、各级文物主管部门和广大文物、博物馆工作者提供了翔实的文物、博物馆史料线索，是一本历史资料性的纪事书籍。《纪事》稿为编年体，按时间顺序排列。

P4/5.2　　　　　　　　　　　　　0962

北京文物博物馆事业纪事．下，1979—2006／北京市文物局图书资料中心，《北京志·文物志总编室》编．——北京：北京市文物局，2007

250页；26cm

CNY 80.00（全2册）

本书记载北京市文物博物馆战线上的大事记，包括文物古迹的重要决策；政策性文件、法规、措施；重要文物建筑、名人故居和有重要纪念意义、教育意义或有史料价值的近现代重要史迹、实物、代表性建筑的保护、修缮情况；考古研究成果；文物文化交流活动等。

P4/6　　　　　　　　　　　　　0963

北京博览：北京的博物馆／北京博物馆学会编．——北京：北京燕山出版社，1987

162页：图；20cm

本书为北京博物馆学会组织在京的博物馆、纪念馆编写而成。书中介绍：周口店北京猿人展览馆、故宫博物院、首都博物馆、定陵博物馆、徐悲鸿纪念馆、自然博物馆、雍和宫、大钟寺古钟博物馆等32个单位。图文并茂、内容详实、语言精炼。

P4/7　　　　　　　　　　　　　0964

北京博物馆精华＝The Essence of Museums in Beijing：［中英文本］／孔繁峙主编．——北京：中国商业出版社，2008

462页：彩图；29cm

ISBN 978-7-5044-6204-6

精装：CNY 580.00

北京地区的博物馆规模大、数量多，登记在册的达144家，居全国之首。本书是对北京近年来博物馆建设发展情况的总结，也是北京博物馆迎接奥运会的一份厚礼。本书图文并茂，使用中英双语。

P42/2　　　　　　　　　　0965

馆藏石刻目／刘之光著．—北京：今日中国出版社，1996

15,193 页；19cm

ISBN　7-5072-0795-1；CNY 30.00

北京石刻艺术博物馆收藏的石刻展品是研究我国历史、北京史、艺术史、书法篆刻史的重要实物资料，为了能为有识者和广大爱好者提供重要参考，将有叙述文字的石刻，分类编辑成目录，并作注释，编辑成本书。

P49/1　　　　　　　　　　0966

爱祖国知荣辱：西城区爱国主义教育场所导览手册／李文主编．—北京：[中共北京市西城区宣传部]，[2007]

56 页：照片；20cm

本书收集了地处西城的 28 处爱国主义教育基地和教育场所的基本资料，图文并茂的对这些场所进行了基本介绍，罗列出地址、电话及乘车路线等，后附西城区爱国主义教育场所导览图。

P5/10　　　　　　　　　　0967

记忆：北京市西城区档案馆建馆 30 周年回顾／李茂福，吕燕裙主编．—北京：[北京市西城区档案局（馆）]，[2010]

66 页：照片；25×25cm

2010 年是原西城区档案馆和原宣武区档案馆建馆 30 周年。2010 年 7 月，北京市行政区划调整，两馆合并为新西城区档案馆。本图册以大量图片记录了两馆 30 年的发展和成就。

P5/11　　　　　　　　　　0968

北京档案珍藏展图录／北京市档案局（馆）编．—北京：中国档案出版社，2008

216 页；29cm

ISBN　978-7-80166-945-2；CNY 210.00

本书以大量的实物图片及简短的文字介绍了全市 20 个国家档案馆馆藏的 102 件档案珍品。全书以时间为序分成三个部分：清代档案、民国档案、建国后（1949.10—2001）档案，反映了 300 多年来的时代变迁。

P8/8　　　　　　　　　　0969

跨向新世纪：社会文化文论集／陈琪林主编．—北京：文化艺术出版社，1999

533 页；20cm

ISBN　7-5039-1905-1；CNY 28.00

本书为华瀚国际文化发展公司与北京西城区文化馆共同举办的"文化馆工作理论研讨会"论文集，共收录群众文化一线工作者的 100 多篇论文，内容涉及对文化改革与发展问题的探索、群众文化事业产业化发展及群众文化现象透析等。

P8/9　　　　　　　　　　0970

西城区文化资源手册．—北京：[出版者不详]，2015

311 页；30cm

本书全面介绍西城区域内的文化资源情况，包括公共文化、文博场所、爱国主义教育基地、非物质文化遗产、驻区文化类社会组织、文化（文化创意产业）市场等内容，对读者利用文化设施及资源起到导引作用。

P81/8　　　　　　　　　　0971

当代北京剧场影院史话／柯小卫著．—

北京：当代中国出版社，2010

184 页：图，照片；23cm

ISBN 978-7-80170-878-6；CNY 26.00

本书内容包括：早期北京的剧场和电影院、新中国的文化建设高潮、与共和国一起成长、"文革"中的剧场和影院；春潮喷涌而发等。

P81/10　　　　　　　　　　0972

北京市电影发行放映工作文件汇编．1979—1991／北京市电影发行放映公司，北京市电影发行放映学会选编．—北京：[北京市电影发行放映公司]，[1992]

12,494 页；21cm

精装

本书收集了从 1979 年到 1991 年有关北京市电影发行放映工作的文件，从这些文件可以清晰地看到十余年改革以来电影事业发展的轨迹，使已经和即将走向电影发行放映各级领导岗位或参与管理工作的同志对各业门类有个大概的了解，从而提高队伍的管理水平。

P81/11.1　　　　　　　　　0973

北京市电影发行放映单位史．上／白安丹主编．—北京：北京市文化局，1995

281 页：照片；21cm

CNY 30.00（全 2 册）

本书记载了北京市电影发行放映工作，在新中国成立后 40 余年中发展、兴旺、发达的历史，重点放在改革开放以来最近的 10 余年。全书分上、下两册，以年代为序，以单位的机构沿革为主体，以时系事，对重要事件进行专题记述，是一部珍贵的历史资料。

P81/11.2　　　　　　　　　0974

北京市电影发行放映单位史．下／白安丹主编．—北京：北京市文化局，1995

231 页：照片；21cm

CNY 30.00（全 2 册）

本书记载了北京市电影发行放映工作，在新中国成立后 40 余年中发展、兴旺、发达的历史，重点放在改革开放以来最近的 10 余年。全书分上、下两册，以年代为序，以单位的机构沿革为主体，以时系事，对重要事件进行专题记述，是一部珍贵的历史资料。

P81/12　　　　　　　　　　0975

文化品牌启示录：北京市青年宫文化品牌实践与探索／冯松青主编．—北京：九州出版社，2010

216 页：图；24cm

ISBN 978-7-5108-0486-1；CNY 28.00

本书对北京青年宫的九个品牌项目进行了梳理，介绍和总结每个品牌项目的策划背景、目的意义、项目实施、取得的成果及经验启示，是一本理论与案例相结合的图书，对青少年宫及校外教育工作者有一定的借鉴意义。

P81/13　　　　　　　　　　0976

北京市基层公共文化服务中心指南／北京市文化局公共文化事业发展处编．—北京：新华出版社，2014

514 页：照片；23cm

ISBN 978-7-5166-1224-8；CNY 90.00

本书按行政区划介绍了北京市基层公共文化设施及其品牌活动、品牌团队。书中包含每一处文化中心的简介、开放时间、电话、地址、交通路线等详细信息，并附有丰富的活动照片，全面展示了首都基层公共文化设施的服务能力和服务水平。

P82/9　　　　　　　　　　0977

当代北京阅读史话／马建农著．—北京：当代中国出版社，2010

173页：图，照片；23cm

ISBN　978-7-80170-853-3；CNY 25.00

本书内容包括：共和国初期北京人的读书生活、当代北京读书的第一次高峰、"文革"时期北京出版业的起伏及读书生活的扭曲、图书出版的复兴及改革开放带来的读书热等。

P82/10　　　　　　　　　0978

西城区直机关首届文化节／西城区直机关工委［编］．—北京：［西城区直机关工委］，2013

135页：照片；29cm

本书是展现西城首届区直机关文化节活动的画册，涵盖开幕式、书画笔会、书画摄影比赛和获奖作品展、文艺汇演、公务员职业素质竞赛等活动，展示了机关文化建设的生动实践和显著成效。

P83/3-2　　　　　　　　　0979

明信片清末中国／王佳楠，蔡小丽收藏．—北京：中国人民大学出版社，2005

230页：图；21cm

ISBN　7-300-05219-3；CNY 39.80

本书通过旅英中国画家王迦南、蔡小丽收集的大量有关清朝末年中国社会状况的明信片，反映清朝末年外国人如何看待清朝的昏庸腐败，对于人民的麻木愚昧的鄙视和轻蔑，以及当时八国联军对中国的侵略。本书是一部真实的历史画卷，具有较高的历史价值和收藏价值。

P83/4　　　　　　　　　　0980

老烟画中的风景 = Scenery in the Old Cigarette Cards：［中英对照］／李德生收藏．—北京：学苑出版社，2011

151页；21cm

故园画忆系列

ISBN　978-7-5077-3762-2；CNY 48.00

烟画也叫洋画，是旧日香烟中附赠的一种小广告。本书为一本关于风景名胜的烟画图册，重点选用日本村井兄弟商会社在1904年出版的《古塔》，英美烟草公司在1920年、1925年出版的《古桥》、《中国名胜》、《泰山风光》等影响较大的烟画作品，以昔日的图画来展示故园旧貌。

P83/5（2011—2012）　　　　0981

宣武集邮年鉴．2011-2012／罗贻声主编．—北京：北京市西城区集邮协会，2014

110页：图；26cm

本年鉴记述了2011年1月1日至2012年12月31日期间宣武集邮协会的工作活动、发展概况，系统总结协会取得的成绩和经验，汇集年度重要文献信息，为读者了解协会提供最新信息。

P83/5（2014）　　　　　　0982

北京市西城区集邮协会年鉴．2014／顾楠主编．—北京：北京市西城区集邮协会，2014

226页：图；26cm

本年鉴是记载西城区集邮协会年度工作

活动、发展概况，系统总结协会取得的成绩和经验，汇集年度重要文献信息的资料性工具书。年鉴从2014年开始，逐年编纂出版。当年出版的年鉴，全面记述上一年度协会情况，一般设有文献、会务简报、工作与活动等栏目。

P83/6　　　　　　　　　　　　0983

宣武邮协20年/张林侠，马党生主编.—北京：北京市宣武区集邮协会，2005

95页：图；29cm

本画册是宣武区集邮协会成立20周年的纪念之作，书中含社会各界的贺词贺信、20年来邮协组织的邮展活动、出版物及协会历届理事会、大事记等内容。

P9/4.1　　　　　　　　　　　　0984

北京百科词典．科学技术卷/曹子西等主编.—北京：北京科学技术出版社，1992

904页；19cm

ISBN 7-5304-1052-0

精装：CNY 100.00

本书共收词条2400余个，包括科研和科技行业机构、学术团体、出版社、期刊、科技成果和科技人物五部分，是一部有关北京古今科技情况的专著、工具类书。

P9/5.1　　　　　　　　　　　　0985

北京市西城区R&D资源清查资料汇编．综合卷/苏志荣总编辑.—北京：[北京市西城区统计局]，[2011]

219页；30cm

第二次全国R&D资源清查系列资料

CNY 180.00

本书为西城区第二次全国R&D资源清查系列资料之综合卷，是反映制造业、建筑业、金融业等14个行业总体情况的统计资料汇编。书中数据年份为2009年，并附有主要指标解释。

P91/4　　　　　　　　　　　　0986

西城区社科知识普及市民读本/王都伟主编.—北京：[中共北京市西城区委宣传部]，2012

210页：图；21cm

本书以市民为对象，搜集整理一个时期以来最新的社科知识，反映最新的社会现象，同时也包括部分重点区情知识，对读者用时掌握科学知识、把握时代变化有一定的帮助。

P91/5（2009）.1　　　　　　　0987

西城区社会科学重点课题研究成果汇编．2009年度第1辑/西城区社会科学界联合会[编].—北京：[西城区社会科学界联合会]，2010

126页；29cm

《西城社科通讯社》"社科研究成果专刊"（总第22期）

本资料将西城区社科联重点课题成果：西城区人口承载力研究、西城区地缘优势及环境影响力探究、西城区传统文化资源产业化等汇编成册，提供参考和公开引用。

P91/5（2009）.2　　　　　　　0988

西城区社会科学重点课题研究成果汇编．2009年度第2辑/西城区社会科学界联合会[编].—北京：[西城区社会科学界联合会]，2010

132页；29cm

《西城社科通讯社》"社科研究成果专刊"

本资料将关于西城区发展社会经济的调研报告等五项课题成果连同西城区社科联2008年以来开展的"关于地区社会科学研究机构状况的调查与思考"等三篇调研报告汇编成册。

P91/5（2010） 0989

西城区社会科学重点课题研究成果汇编.2010年度／西城区社会科学界联合会［编］．—北京：［西城区社会科学界联合会］，2011

277页：照片，地图；29cm

《西城社科通讯社》"社科研究成果专刊"

三

本资料汇编将关于提升竞争性选拔领导干部工作科学化水平的与思考、低碳经济与百姓生活、烟袋斜街与南锣鼓巷保护与利用模式比较研究、阜景街地区的文化保护与开发等八项课题成果汇编成册。

P91/5（2011） 0990

西城区社会科学重点课题研究成果汇编.2011年度／西城区社会科学界联合会［编］．—北京：［西城区社会科学界联合会］，2012

211页：照片，地图；29cm

《西城社科通讯社》"社科研究成果专刊"

四

本资料将学习型党组织建设的方式路经研究、加强行政效能监察工作、党政干部职业生涯的完善政策、西城功能街区产业发展研究等七项课题成果汇编成册。

Q 教育

Q1/32　　　　　　　　　　0991
什刹海的学校医院文化场所 / 于永昌著. —北京：当代中国出版社，2010
224 页：图；21cm
ISBN 978-7-80170-884-7：CNY 24.00
本书为《什刹海小丛书》之一，书中选取什刹海历史文化保护区地域内的学校、医院、各类文化场所数十处，介绍其位置、历史沿革变迁及相关的人与事。阅读本书，可加深对什刹海文化底蕴的了解，对旅游者有一定的引导作用。

Q1/33 (2009) .1　　　　　　0992
西城成人教育. 2009.1（总第 9 期）/ 刘忠主编. —北京：[北京市西城区成人教育协调领导小组]，2009
56 页：图；26cm
北京市西城区成人教育协调领导小组 北京市西城区成人教育学会主办
该刊由西城成人教育协调领导小组、西城成人教育学会主办。创刊于 2005 年 3 月，季刊。主要介绍西城区成人教育。

Q1/35　　　　　　　　　　0993
西城教育思想录 / 田京生主编. —北京：地质出版社，2010
291 页：照片；23cm
ISBN 978-7-116-07188-9
精装：CNY 65.00
本书为西城区（老西城）近代教育史，记载了西城区老一辈教育家、当代教育领军人物的教育思想、教育观以及西城区教育管理的思想脉络，是对西城区教育经历、思想脉络的总结和梳理。

Q1/36.1　　　　　　　　　0994
教育督导工作汇编. 2002-2005 年 / [北京市西城区人民政府教育督导室编]. —北京：北京市西城区人民政府教育督导室，[2005]
377 页；21cm
本工作汇编（上册）包括文件、讲话、汇报与交流、自查自评、评价方案五个部分。其内容为西城区人民政府下发的教育文件、工作报告讲话、素质教育工作自评报告、幼儿园和中小学素质教育评价指标体系等。

Q1/36.2　　　　　　　　　0995
教育督导工作汇编. 2002-2005 年 / [北京市西城区人民政府教育督导室编]. —北京：北京市西城区人民政府教育督导室，[2005]
400 页；21cm
本工作汇编（下册）包括课题研究、论文、督导室建设、其它四个部分。其内容为现代学校教育教学质量评价课题研究实施方案和工作计划、突破发展性教育督导评价难点的探索与实践、西城区教育督导制度及西城区政府全面实施素质教育督导评价的回复意见等。

Q1/37　　　　　　　　　　　　0996

当代北京教育史话／柯小卫著．—北京：当代中国出版社，2013

202 页：照片，图；23cm

ISBN　978-7-5154-0221-5；CNY 31.00

本书是《当代北京社会生活史话》丛书之一。全书以时间为序讲述了北京近代教育往事、1949 年以后的北京教育、教育大革命、现代教育启示录等内容。

Q1/38　　　　　　　　　　　　0997

基础教育的研究与探索：北京市西城区"十五"教育研究成果／田京生主编．—北京：中国和平出版社，2008

312 页：图；24cm

ISBN　978-7-80201-779-5；CNY 36.00

本书为西城区基础教育的 27 项研究成果，充分反映我区关注学生、关注教师、关注课堂，以人为本、科学施教的办学特点。反映我区教育管理部门有效组织教育科学研究、科学推进教育改革的工作能力。

Q1/39.1　　　　　　　　　　0998

教育研修理论与实践探究：2006-2010.上册／[北京市西城区教育研修学院编]．—北京：[北京市西城区教育研修学院]，[2010]

10,259 页：图；29cm

本资料包括教学及课程改革、教学考试研究、教育研修与队伍建设、网络研修、学生德育心理健康教育五部分的论文研究资料 100 篇。上册为第一部分：教学及课程改革（39 篇），第二部分：教学考试研究（7 篇）。

Q1/39.2　　　　　　　　　　0999

教育研修理论与实践探究：2006-2010.下册／[北京市西城区教育研修学院编]．—北京：[北京市西城区教育研修学院]，[2010]

330 页：图；29cm

本资料包括教学及课程改革、教学考试研究、教育研修与队伍建设、网络研修、学生德育心理健康教育五部分的论文研究资料 100 篇。下册为第三部分：教育研修与队伍建设（32 篇），第四部分：网络研修（16 篇），第五部分：学生德育心理健康教育（6 篇）。

Q21/4　　　　　　　　　　　1000

建设和谐的幼儿园：2005 年西城区园长管理经验研讨会／北京市西城区教育委员会学前科，北京市第六幼儿园[编]．—北京：[北京市西城区教育委员会学前科]，[2005]

71 页：照片；29cm

该资料收集的是 2005 年西城区幼儿园园长管理经验研讨会大会发言稿。由西城区教委学前科和北京市第六幼儿园主编。

Q21/5　　　　　　　　　　　1001

西城区校园安全自护教师指导手册／北京市青少年法律与心理咨询服务中心[编]．—北京：[北京市青少年法律与心理咨询服务中心]，[出版年不详]

50 页；29cm

本手册整合项目团队多年从事未成年人安全自护教育的经验，用科学的教育手段教会学生懂得尊重生命、珍惜生命。全书分为校园安全篇、意外伤害与紧急救护篇、自然灾害与紧急避险篇、被害预防与临界防卫篇、交通安全篇、法律与心理篇。

Q22/4　　　　　　　　　　　　1002
50周年园庆：纪念北京市第六幼儿园50周年／北京市第六幼儿园［编］．—北京：［北京市第六幼儿园］，［2004］

1册：彩图；29cm

该纪念册由北京市第六幼儿园编辑，介绍了该园自1954年至2004年50年的历史发展沿革。该园地址在西城区旧鼓楼大街大石桥胡同43号。

Q3/1　　　　　　　　　　　　1003
草长莺飞：少儿作文博客版／金波，马光复，李燕博主编．—北京：［北京市西城区青少年儿童图书馆］，［2007］

109页：图；25cm

本书收录孩子们在西城区青少年儿童图书馆网站上发表的博客文章70余篇。这些文章童稚气息浓郁、文字质朴清新，既有自己对看法、主张和观点的表达，也展现了孩子们思考、组织、表达文字的能力。

Q31/20　　　　　　　　　　　1004
原来他们这样做校长：北京西城智慧校长访谈录／徐云知著．—北京：教育科学出版社，2012

279页：照片；24cm
校长书架
ISBN　978-7-5041-6031-7；CNY 39.80

本书是对西城区校长这个群体近年来教育实践的真实记录，通过作者与19位校长的智慧对话，用一个个真实的案例，向读者展示了西城区校长们的价值观和办学理念。本书不仅是一本介绍西城校长的人物专辑，也是当代教育干部队伍建设的重要参考资料。

Q32/22　　　　　　　　　　　1005
聪慧教育／［北京市西城区三里河第三小学编］．—北京：［出版者不详］，［2008］

68页：照片；21×22cm

本册为西城区三里河第三小学50年校庆之作，总结了三小独特的教学理念和办学思路，共分三辑。第一辑教育之思想：培育聪慧、成就大气；第二辑办学之体系：厚德养校、质量立校、依法治校、科研兴校、技术强校、特色树校六大项目；第三辑学校之文化物质文化篇、制度文化篇、精神文化篇。

Q32/23　　　　　　　　　　　1006
陶然亭小学管理制度汇编／李幻贞主编．—北京：［陶然亭小学］，2006

202页；21cm
CNY 32.00

本汇编包括学校章程，如校训、校歌等；规章制度，如内部管理体制改革、党务工作、教师队伍管理、教育管理制度、科研工作管理等；各项岗位职责等。

Q32/24　　　　　　　　　　　1007
星光闪烁映陶然：教师"十五"科研成果汇编／李幻贞主编．—北京：北京普教电子音像出版社，2009

231页：照片；21cm
ISBN　978-7-900446-16-9；CNY 32.00

本书为陶然亭小学教师"十五"科研成果汇编，包括教育科学研究课题、教育科学规划课程综述，各学科研究课题的结题报告等。

均附有教师评语，对小读者有一定的启发和指导作用。

Q32/25　　　　　　　　　　　1008
百年校史：1912-2012／严凤岑主编．—北京：北京师范大学出版社，2012
　　484页：图，照片；26cm
　　ISBN　978-7-303-15187-5
　　精装：CNY 110.00
本书是北京第一实验小学建校百年的学校发展史。全书按时间段分为1912–1949年、1949–1978年、1978–2012年三章，每章又按照历史沿革、学校概况、学校管理、教育、教学、实验研究、课外活动、人物往事等方面，反映了学校各个历史时期的发展状况、办学特点。

Q39/6　　　　　　　　　　　1009
享受习作乐趣／北京市西城区三里河第三小学编．—北京：中国标准出版社，2008
　　11,224页；21cm
　　ISBN　978-7-5066-5039-7；CNY 18.00
本书是由西城区三里河第三小学编写的学生习作集，书中分低年级、中年级、高年级三个部分收录了学生的习作150多篇，并附有老师们的习作指导与精彩点评。

Q39/7　　　　　　　　　　　1010
爱与梦／樊亚玲主编．—北京：[出版者不详]，[出版年不详]
　　151页；26cm
　　青青草文学社年度优秀作品集
本书是西城区青少年儿童图书馆"爱与梦"征文活动的成果展示，这些文章立意新颖、描写到位、语言生动、叙事清晰，为小学生、中学生作文提供了较好的范本。文后

Q41/21.1　　　　　　　　　　1011
北京市中小学生社会大课堂课程化研究案例研究，西城篇／沈桂芬，田京生主编．—北京：首都师范大学出版社，2009
　　221页：图，照片；24cm
　　ISBN　978-7-81119-784-6；CNY 32.00
本书精选围绕西城区的社会资源设计的典型教学案例，涵盖小学、初中、高中各个阶段，包括语文、数学、历史、地理等各学科课程以及研究性学习、主题实践类活动课程等。通过这些案例，可以为北京市已经开展的"社会大课堂"课程化研究工作提供参考和借鉴。

Q41/22　　　　　　　　　　　1012
我爱我的家园：环境与可持续发展教育／陈斯琴主编．—北京：中国环境科学出版社，2011
　　129页：彩图；26cm
　　ISBN　978-7-5111-0657-5；CNY 14.00
本书为西城区地方教材（初中用书），包括经济发展、环境保护、文化传承、社会和谐四个章节。本书可帮助读者了解西城区的历史、现状以及今后的发展方向，了解一些西城区可持续发展中的实际问题，并提出了一些实际可行的措施和方法。

Q41/23　　　　　　　　　　　1013
铮鸣：赵铮同志从教四十年论文集／赵铮著．—[出版地不详]：[出版者不详]，[出版年不详]
　　286页：照片，图；21cm

本书为北京三中校长赵铮同志从教40年论文集，是对教育工作的总结、探讨和思考。包括青年教师的培养、班主任的多重角色、学校教科研初探、素质教育思考等文章。

Q42/3　　　　　　　　　　　　1014
2009年西城区教育科研周程序册／北京市西城区教育委员会，北京市西城区教育学会［编］．—北京：［北京市西城区教育委员会］，[2009]

36页；30cm

该程序册主要记录本次科研周的活动时间、地点、承办单位包括活动内容简介。由西城区教委、教育学会编辑。

Q421/36　　　　　　　　　　　1015
留住记忆：北京二龙路学校65界教改试验班回忆．—［出版地不详］：［出版者不详］，[2009]

138页：图，照片；21cm

本书编写于西城区二龙路中学教改实验50周年之际。它用65届教改实验班的美好记忆，吸引读者共同思考那个年代教改实验的成败、经验和教训，并作为留给母校的最珍贵的礼物。

Q421/37　　　　　　　　　　　1016
北京市二龙路中学建校90周年纪念册：1922-2012．—［北京］：［出版者不详］，2012

114页：照片；21×29cm

本纪念册是为二龙路中学90周年校庆而作。总结自1922年建校以来的历任校长、校训、办学理念、专业化发展、校歌等，图册以照片为主，配文字简介。

Q421/38　　　　　　　　　　　1017
杏坛细雨：北京市二龙路中学90周年纪念文集／［二龙路中学90年校庆组委会］［编］．—［北京］：［二龙路中学90年校庆组委会］，[2012]

218页：图；23cm

文集分三部分：一是校史，用精炼的文字记录学校的90年历程；二是纪念文集，精选11篇抒发对母校眷恋之情的校友手记；三是教师论文集，精选17篇教研、课改论文。

Q421/39　　　　　　　　　　　1018
弦歌不辍传薪火　桃李不言芳满园：1932-2012．—北京：北京市第一五六中学校庆办公室，2012

112页；28×28cm

北京第一五六中学坐落于西城区平安里太平仓胡同内，前身为北平辅仁大学附属中学女校。本纪念画册回顾了建校80年的历史，包括满园同庆，感怀厚望；师出名门，英才摇篮；春风化雨，桃李成行；与时俱进，追求卓越；薪火传扬，共谱华章等几部分。

Q421/40　　　　　　　　　　　1019
暴风雨的记忆：1965-1970年的北京四中／北岛，曹一凡，维一编．—北京：三联书店，2012

439页：照片，图；21cm
ISBN　978-7-108-04010-7；CNY 36.00

本书是关于北京四中的回忆文字结集，18位作者都曾是北京四中学生，他们从不同角度和立场，记述个人经历，力求复原百年名校在那个年代中发生的热点事件和置身其中的生活场景。

Q421/41　　　　　　　　　　1020

回眸当年教改：记五十年前北京二龙路学校的教改 / 郑怀杰主编. —北京：[出版社不详]

154 页：彩照；26cm

1960 年，北京二龙路学校开始教改，距今已半个世纪。本册意在发起征文，汇聚教改财富，共收集 42 篇文章，大多是教师、校友从各自亲历的角度，回顾当年的学制、教材、教法的教改试验及学校生活。

Q421/42　　　　　　　　　　1021

国立北平师范大学附属女子中学概览. —北京：[出版者不详]，[1940]

82 页；27cm

本书含校图、学校沿革、校训、校旗、校章、校则、组织大纲、会议规程、各课办事细则、训育方针及实施概况、课程一览、姓名录、各项统计表等十四部分内容。

Q421/43　　　　　　　　　　1022

老同学：北京二龙路学校 1967 届高中师生文集 / 董厚彬，刘鲁，姜太行编辑. —北京：[北京二龙路学校]，[2012]

304 页：照片；24cm

本书是北京二龙路学校 1967 届高中师生回忆文集，书中既有对学校、班级、教育改革、老师、同学的深情回忆，也有对晚年退休生活的美好憧憬和祝愿。书后附二龙路学校 1967 届高中毕业班全体同学名录。

Q421/44　　　　　　　　　　1023

难忘的往事：北京二龙路学校 1962 届高中毕业 50 周年纪念文集 / 郭君铸，杨宏道主编. —北京：[出版社不详]，2014

16,269 页：照片，图；24cm

本书为纪念二龙路学校建校 90 周年、1962 级同学毕业 50 周年而作，此版为修订版，将原文集的 46 篇文章增删为 66 篇。文章处处表达了校友们对母校、老师的思念和感恩之情，也展现了 50 年来同学间的友谊和自己的人生感悟。

Q421/45　　　　　　　　　　1024

北京市西城区实验学校 10 周年校庆：1999-2009. —北京：[出版者不详]，2009

48 页；30cm

本书是西城区实验学校成立 10 周年的纪念性画册，通过大量图片展现了学校的教职员工风采，丰富多彩的学生活动及学校 10 年来走过的历程与获得的荣誉。

Q421/47　　　　　　　　　　1025

北京市第三十一中学百年华诞. —[北京]：[北京三十一中学]，[2011]

145 页：照片；25×25cm

本书是北京市第 31 中学创建 100 周年的纪念画册，用一幅幅图片描绘了学校的昨天和今天。全书分成风雨沧桑、英才辈出、厚积薄发、长毋相忘等几个章节，分别讲述了学校 100 来的历史、优秀校友、教学成果。后附教职工名单及历届学生名单。

Q421/48　　　　　　　　　　1026

北京一六一中学九十五周年校庆：[画册] / 马静主编. —北京：[北京一五六中]，[2008]

95 页；25×25cm

CNY 200.00

本书是一本纪念性画册，为庆祝北京

一六一中学成立95周年而作。全书分六大板块，介绍了学校不同时期的发展历史；校园建筑与教学设施；丰富多彩的主题教育活动；历任校长和名师；优秀校友代表。书后收有多幅校友题贺的书画作品。

Q49/3　　　　　　　　　　　　1027

心动西城／北京市西城区作家协会，北京市西城区教育委员会，北京市西城区文学艺术界联合会编．—北京：团结出版社，2011

14,438 页：图；23cm

ISBN 978-7-5126-0287-8；CNY 35.00

"心动西城"是以校园文学为载体，向新西城的广大中小学生发起的征文活动。本书收录新西城区中小学生的美文，小作者们用他们稚嫩的笔、真挚的情，向大家展现了具体而微的西城，充满人情味和生活气息的西城。

Q529/1.10　　　　　　　　　　1028

辅仁校友通讯．10／辅仁大学校友会编辑．—北京：[辅仁大学校友会]，1988

54 页：照片；19cm

本刊由辅仁大学校友会主编，创刊时间不详。本期为第10期，编辑于1988年10月。设有祝贺建校60周年、天涯海隅汇京华、母校萦怀、校友诗词、文化艺术活动、校友介绍等栏目。

Q529/1.11　　　　　　　　　　1029

辅仁校友通讯．11／北京辅仁大学校友会编辑．—北京：[北京辅仁大学校友会]，1989

62 页；19cm

本刊由辅仁大学校友会主编，本期为第11期，编辑于1989年10月。设有缅怀先烈、母校萦怀、校友诗词、简况简讯等栏目。

Q529/1.12　　　　　　　　　　1030

辅仁校友通讯．12／北京辅仁大学校友会编辑．—北京：[北京辅仁大学校友会]，1990

78 页；19cm

本刊由辅仁大学校友会主编，本期为第12期，编辑于1990年10月。设有缅怀师友、母校萦怀、校友介绍等栏目。

Q529/1.13　　　　　　　　　　1031

辅仁校友通讯．13／李宏主编．—北京：[北京辅仁大学校友会]，1991

86 页：图；19cm

本刊由辅仁大学校友会主编，本期为第13期，编辑于1991年10月。设有缅怀师友、母校萦怀、时贤剪影、诗苑撷英、要闻·简讯等栏目。

Q529/1.14　　　　　　　　　　1032

辅仁校友通讯．14／李宏主编．—北京：[北京辅仁大学校友会]，1992

78 页：图；19cm

本刊由辅仁大学校友会主编，本期为第14期，编辑于1992年9月。设有贺励耘奖学助学基金设立、缅怀师友、母校萦怀、时贤剪影、诗苑撷英、要闻·简讯等栏目。

Q529/1.15　　　　　　　　　　1033

辅仁校友通讯．15／李宏主编．—北京：[北京辅仁大学校友会]，1993

78 页；19cm

本刊由辅仁大学校友会主编，本期为第15期，编辑于1993年6月。设有缅怀师友、母校萦怀、时贤剪影、诗词歌曲、要闻．简讯等栏目。

Q529/1.16 　　　　　　　　1034

辅仁校友通讯．16 / 李宏主编．——北京：[北京辅仁大学校友会]，1994

110页：图；19cm

本刊由辅仁大学校友会主编，本期为第16期，编辑于1994年6月。设有缅怀师友、母校萦怀、时贤剪影、诗词歌曲、奇文共赏等栏目。

Q529/1.17 　　　　　　　　1035

辅仁校友通讯．17 / 李宏主编．——北京：[北京辅仁大学校友会]，1995

142页：照片；19cm

本刊由辅仁大学校友会主编，本期为第17期，编辑于1995年6月。设有奋起抗战、忆母校．怀师友、时贤剪影、诗苑撷英、论学记札等栏目。

Q529/1.18 　　　　　　　　1036

辅仁校友通讯．18 / 李宏主编．——北京：[北京辅仁大学校友会]，1996

136页：照片；19cm

本刊由辅仁大学校友会主编，本期为第18期，编辑于1996年8月。设有抗日救亡．永志不忘、深切的怀念、时贤剪影、诗苑撷英、论学记札"等栏目。

Q529/1.19 　　　　　　　　1037

辅仁校友通讯．19 / 李宏主编．——北京：[北京辅仁大学校友会]，1997

136页：照片；19cm

本刊由辅仁大学校友会主编，本期为第19期，编辑于1997年8月。设有抗日救亡．永志不忘、深切的怀念、时贤剪影、诗苑撷英、论学记札等栏目。

Q529/1.20 　　　　　　　　1038

辅仁校友通讯．20 / 李宏主编．——北京：[北京辅仁大学校友会]，1998

120页：照片；19cm

本刊由辅仁大学校友会主编，本期为第20期，编辑于1998年8月。设有要闻简讯、深切的怀念、时贤剪影、诗苑撷英、论学记札等栏目。

Q529/1.21 　　　　　　　　1039

辅仁校友通讯．21 / 北京辅仁大学校友会编．——北京：[北京辅仁大学校友会]，1999

172页：照片；19cm

本刊由辅仁大学校友会主编，本期为第21期，编辑于1999年8月。设有要闻简讯、母校萦怀、深情厚谊、时贤剪影、诗苑撷英、论学记札等栏目。

Q529/1.22 　　　　　　　　1040

辅仁校友通讯．22 / 北京辅仁大学校友会编．——北京：[北京辅仁大学校友会]，2000

192页：照片；19cm

本刊由辅仁大学校友会主编，本期为第22期，编辑于2000年8月。设有要闻简讯、缅怀陈垣校长、赴台湾辅大参访、深情厚谊、时贤剪影、诗苑撷英、论学记札等栏目。

Q529/1.23　　　　　　　　　1041

辅仁校友通讯. 23 / 北京辅仁大学校友会编. —北京：[北京辅仁大学校友会]，2001

202 页：照片；19cm

本刊由辅仁大学校友会主编，本期为第 23 期，编辑于 2001 年 8 月。设有要闻简讯、史海钩沉、母校萦怀、深情厚谊、时贤剪影、诗苑撷英、论学记札等栏目。

Q529/1.24　　　　　　　　　1042

辅仁校友通讯. 24 / 北京辅仁大学校友会编. —北京：[北京辅仁大学校友会]，2002

204 页：照片；19cm

本刊由辅仁大学校友会主编，本期为第 24 期，编辑于 2002 年 8 月。设有要闻简讯、台北辅仁大学《校史论坛》、史海钩沉、母校萦怀、时贤剪影、诗苑撷英、论学记札等栏目。

Q529/1.25　　　　　　　　　1043

辅仁校友通讯. 25 / 北京辅仁大学校友会编. —北京：[北京辅仁大学校友会]，2003

208 页：照片；19cm

本刊由辅仁大学校友会主编，本期为第 25 期，编辑于 2003 年 8 月。设有要闻简讯、史海钩沉、母校萦怀、时贤剪影、诗苑撷英、论学记札等栏目。

Q529/1.26　　　　　　　　　1044

辅仁校友通讯. 26 / 北京辅仁大学校友会编. —北京：[北京辅仁大学校友会]，2004

196 页：照片；19cm

本刊由辅仁大学校友会主编，本期为第 26 期，编辑于 2004 年 8 月。设有要闻简讯、校史论坛、史海钩沉、母校萦怀、时贤剪影、诗苑撷英、论学记札、会务通报等栏目。

Q529/1.27　　　　　　　　　1045

辅仁校友通讯. 27 / 北京辅仁大学校友会编. —北京：[北京辅仁大学校友会]，2005

167 页：照片；19cm

本刊由辅仁大学校友会主编，本期为第 27 期，编辑于 2005 年 8 月。设有要闻简讯、纪念抗战胜利 60 周年、史海钩沉、母校萦怀、时贤剪影、诗苑撷英、论学记札、会务通报等栏目。

Q529/1.28　　　　　　　　　1046

辅仁校友通讯. 28 / 北京辅仁大学校友会编. —北京：[北京辅仁大学校友会]，2006

160 页：照片；19cm

本刊由辅仁大学校友会主编，本期为第 28 期，编辑于 2006 年 8 月。设有要闻简讯、校史论坛、史海钩沉、母校萦怀、时贤剪影、诗苑撷英、论学记札、会务通报等栏目。

Q529/1.29　　　　　　　　　1047

辅仁校友通讯. 29 / 北京辅仁大学校友会编. —北京：[北京辅仁大学校友会]，2007

146 页：照片；19cm

本刊由辅仁大学校友会主编，本期为第 29 期，编辑于 2007 年 8 月。设有怀念光美校长、要闻简讯、情深义厚、史海钩沉、时贤剪影、诗苑撷英、论学记札、会务通报等栏目。

Q529/1.30　　　　　　　　1048

辅仁校友通讯. 30 / 北京辅仁大学校友会编. —北京：[北京辅仁大学校友会]，2009

202页：照片；19cm

本刊由辅仁大学校友会主编，本期为第30期，编辑于2009年8月。设有要闻简讯、无限哀思、情深厚谊、史海钩沉、时贤剪影、诗苑撷英、书刊评介、论学记札、会务通报等栏目。

Q529/1.31　　　　　　　　1049

辅仁校友通讯. 31 / 辅仁大学校友会编. —北京：辅仁大学校友会，2010

214页：照片，肖像；19cm

本刊由辅仁大学校友会主编，本期为第31期，编辑于2010年8月。设有要闻简讯、史海钩沉、时贤剪影、诗苑撷英、论学记札、会务通报等栏目。

Q529/1.32　　　　　　　　1050

辅仁校友通讯. 32 / 北京辅仁大学校友会编. —北京：北京辅仁大学校友会，2011

212页：照片，肖像；19cm

本刊由辅仁大学校友会主编，本期为第32期，编辑于2011年8月。主要有建党90周年、要闻通讯、史海钩沉、情深厚谊等栏目，大多收录辅仁大学的教师和毕业生回忆母校生活、怀念恩师的纪念文章。

Q529/1.33　　　　　　　　1051

辅仁校友通讯. 33 / 北京辅仁大学校友会编. —北京：北京辅仁大学校友会，2012

236页：照片，肖像；19cm

本刊由辅仁大学校友会主编，本期为第33期，编辑于2012年8月。主要有要闻通讯、情深厚谊、史海钩沉、时贤剪影、母校萦怀、论学札记等栏目，大多收录辅仁大学的教师和毕业生回忆母校生活、怀念恩师的纪念文章。

Q529/2.1　　　　　　　　1052

辅仁往事. 第一辑 / 徐乃乾主编. —北京：[出版者不详]，2006

426页：图；21cm

CNY 25.00

《辅仁往事》是在《校史》的基础上，更充分、生动具体地反映北京辅仁大学办学特色。第一辑设有学府述略、学人轶事、教学与科研纪实、校园生活、母校萦怀等栏目。

Q529/2.2　　　　　　　　1053

辅仁往事. 第二辑 / 徐乃乾主编. —北京：[出版者不详]，[2007]

450页：照片，图；21cm

《辅仁往事》是北京辅仁大学（1925--1952年）校友会编印的北京辅仁大学史料性丛书。从2006--2010年共编纂了五辑，本书为第二辑。设有学府述略、学人轶事、教学与科研纪实、校园生活、母校萦怀革命史料、艺术人生等栏目。

Q529/2.3　　　　　　　　1054

辅仁往事. 第三辑 / 徐乃乾主编. —北京：北京辅仁大学校友会，2008

483页：照片，图；21cm

CNY 20.00

《辅仁往事》是在《校史》的基础上，更充分、生动具体地反映北京辅仁大学办学特色。第三辑设有学人轶事、教学与科研纪实、学林小品、艺术人生等栏目。

Q529/2.4　　　　　　　　　　1055

辅仁往事．第四辑／徐乃乾主编．—北京：北京辅仁大学校友会，2009

439 页：照片，图，肖像；21cm

CNY 20.00

《辅仁往事》是在《校史》的基础上，更充分、生动具体地反映北京辅仁大学办学特色。第四辑设有学人轶事、教学与科研纪实、学府与文博等栏目。

Q529/2.5　　　　　　　　　　1056

辅仁往事．第五辑／徐乃乾主编．—北京：北京辅仁大学校友会，2010

434,47 页：照片，肖像；20cm

《辅仁往事》是在《校史》的基础上，更充分、生动具体地反映北京辅仁大学办学特色。第五辑设有学人轶事、教学与科研纪实、文化艺术（文博、京昆、影剧、音乐、书画、篆刻）等栏目。

Q529/4　　　　　　　　　　　1057

北京辅仁大学校史：1925-1952／徐乃乾主编．—北京：中国社会出版社，2005

892 页：图，彩照；27cm

ISBN 7-5087-0748-6；CNY 120.00

北京辅仁大学位于西城区定阜街1号，创建于 1925 年。前身是北京公教大学附属辅仁社，1927 年更名为私立北京辅仁大学。该校史共分十章、三篇附录和大事记，以各系系史为重点，突出教学，系史分为历史沿革、课程设置、办学特色三部分。

Q529/5　　　　　　　　　　　1058

风云录／辅仁大学校友会编委会《风云录》编辑组编．—北京：北京师范大学出版社，1985

194 页：照片，肖像；19cm

该书是 1984 年辅仁大学校友会成立后编辑出版的第一本"辅仁校友丛书"，共包括文章 20 篇，前 12 篇是辅仁开创人及执教老师介绍或自述；后 8 篇记述的是辅仁学生在各自方面所取得的成就。

Q529/6　　　　　　　　　　　1059

北京辅仁大学校史资料革命史部分／徐乃乾主编．—北京：北京辅仁大学校友会，[1997]

178 页；20cm

辅仁大学 1927 年由辅仁社（1925 年成立）改名为私立北平辅仁大学，由天主教会创办，1950 年 10 月由政府接管，1952 年与北京师范大学合并，前后办学 27 年，共培育本科生 4756 人，研究生 72 人。本书部分记录了该校学生参加"一二九"运动、抗战斗争等革命活动的相关史料。

Q529/7　　　　　　　　　　　1060

北京中国大学校友会成立 20 周年专辑：1989-2009／徐才主编．—[出版地不详]：[《北京中国大学校友会成立 20 周年专辑》编委会]，[2009]

172 页：照片；28cm

本书为纪念中国大学建校 96 周年及中国大学校友会成立 20 周年而编，收录各大媒体上发表的有关中国大学及校友怀念中国大学老师、学生的文章若干篇，旨在弘扬中大精神、缅怀中大前辈，书后附有大量校友会成立后的活动照片。

Q529/8　　　　　　　　　　1061

中国大学／北京中国大学校友会编辑．—[出版地不详]：[北京中国大学校友会]，1993

51页：照片，肖像；21cm

本书是一本介绍中国大学概况的图书，包括中大校歌、校花，中国大学创办人、董事、校长名录，社会各界人士题词，教授讲师人名录等内容。书中附有若干中国大学的老照片。

Q529/9　　　　　　　　　　1062

我的母校中国大学／赵振声编著．—[出版地不详]：[出版者不详]，2013

106页：照片；21cm

本书是纪念中国大学百年校庆的献礼作品，详细讲述中国大学的创建成长、爱国学生运动、抗日救国等历史，追忆"爱国、科学、民主、奉献"的中国大学精神，总结中国大学在中国近现代史中对中华民族复兴的贡献。

Q529/10　　　　　　　　　　1063

中国大学百年历史纪念画册：1913-2013年／徐才主编．—[北京]：[北京中国大学校友会]，[2013]

148页：照片；30cm

本画册是纪念中国大学百年校庆的献礼作品，以大量的老照片展现了中国大学的创办、革命历史，及中国大学校友会的发展历程。具体包括历史丰碑、革命历史沿革、"一二·九"运动在中国大学等章节，后附中国大学校友会名单。

Q529/11　　　　　　　　　　1064

大道：道桥专业60年校友成就／王锐英[等]主编．—北京：人民交通出版社，2010

188页：照片；28×28cm

ISBN 978-7-114-08910-7；CNY 150.00

纪念北京建筑工程学院道桥专业成立60周年的画册《大道》，以珍贵的图片和翔实的文字，再现道桥专业60年的奋斗历程，展现了道桥专业历届杰出校友的风采，记录了道桥人的光荣传统，从一个侧面展示了北京建筑工程学院教育事业快速发展的业绩。

Q529/12　　　　　　　　　　1065

百年中国大学／赵振声编著．—北京：北京中国大学校友会，[2013]

150页：图；20cm

本书为中国大学学生赵振声为纪念中国大学建校百年而作。讲述了中国大学的创建过程、爱国学生运动、革命烈士事迹、优秀学生代表等内容。

Q63/1（2000）.2　　　　　　1066

校友通讯．2000年12月第2期（总第26期）／张锐[主编]．—北京：[北京师范大学校友会]，2000

213页：照片，肖像；21cm

CNY 15.00

本集为北师大（辅仁）校友会编印，本期为2000年第2期，内容涵盖学校要闻、百年校庆工程启动、校友会活动、校友撷英、我与北师大、校史集锦、师大英烈、缅怀先贤等。

Q69/2 (2008) 1067

北京市西城区教育研修学院 2008 年工作年报 / 北京市西城区教育研修学院 [编]. —北京：[北京市西城区教育研修学院]，[2009]

22,236 页：照片，图；29cm

本资料包括基本情况、工作计划工作总结、学院建设、业务工作、西城教育研修学院 2008 年教职工获奖情况统计表五部分。

Q69/2 (2009) 1068

北京市西城区教育研修学院 2009 年工作年报 / 北京市西城区教育研修学院 [编]. —北京：[北京市西城区教育研修学院]，[2010]

29,352 页：照片，图；29cm

本资料包括基本情况、工作计划、工作总结、学院建设、业务工作、获奖统计六部分。

Q69/4 1069

教师研修在网上：北京西城教育研修网 5 周年纪念 / 齐渝华主编. —北京：北京市西城区教育研修学院，2009

163 页；25×25cm

研修网已建网 5 周年，它从一个侧面反映了课程改革及教育发展的历史进程。本画册精选西城教育研究学院和广大中小学教师的照片、资料数百幅，力求图文并茂展示了教育工作者的工作常态。

Q711/17 1070

职业技能培训与西城发展同行 / 张少青 [等] 主编. —北京：北京市西城区劳动和社会保障局，2005

1 册：彩照；29cm

该宣传画册由西城区劳动和社会保障局编辑。分"领导关怀、十年磨砺、职业风采"三个专题反映了西城区职业技能开发集团成立十年来的各方面业绩。

Q711/18 1071

纪念西城区职业教育三十年论文集：2010 / 西城区教育委员会职成科，西城区职业与成人教育中心 [编]. —北京：西城区教育委员会职成科，2010

278 页；30cm

CNY 80.00

本书由西城区教育委员会职成科、西城区职业与成人教育中心编。汇集了西城区五所职校 131 篇征文中的 61 篇获奖作品。内容涉及西城职校改革开放 30 年来的课程改革、教材建设、教学管理等。

Q711/19 1072

北京市实验职业学校. —北京：[国家级重点职业学校]，[2013]

79 页：照片，图；29cm

本画册是北京市实验职业学校成立 33 周年的纪念性图册。包括历史沿革、办学思想、专业风采、各类成果几个部分，展示了学校 33 载平凡却又艰辛、普通而又辉煌的历程。

Q72/7 (2005).1 1073

西城成教通讯. 2005 年第 1 期 / 杨之靖主编. —北京：[北京市西城区教育委员会]，2005

68 页；26cm

西城区教育委员会 西城区成人教育学会

主办

本刊包括岁月年轮、创建新篇、案例解析、培训动态、鸿雁传书等栏目。

Q72/9（2009）.2　　　　1074

西城区干部教育培训工作月报.2009年第2期（总第17期）/中共北京市西城区委组织部[编].—北京：[中共北京市西城区委组织部]，2009

152页；30cm

本刊摘要：西城区深入学习实践科学发展观活动系列报告（7篇）、挂职工作信息（1篇）、学习资料（选拔年轻干部何以成为关注热点、在实践中培养锻炼年轻干部）、干教政策法规：《关于大规模培训干部工作的实施意见》摘登。

Q72/11　　　　1075

学习无限·创新无限·发展无限/沈桂芬，田京生主编.—北京：[北京市西城区教育委员会]，[2008]

166页；21cm

本书选取了西城区政府各部门关于创建学习型组织的相关论文24篇，文章材料翔实、立意深刻。其中，西城区图书馆馆长樊亚玲的《创建学习型图书馆　加强馆员继续教育一文》也收录其中。

Q72/12　　　　1076

2006—2007西城区成人教育论文集/刘忠主编.—北京：[北京市西城区成人教育学会]，[2008]

98页；26cm

该论文集由西城成人教育学会主编。内容对本地区的职工教育和创建学新型组织等实际工作有参考和借鉴价值。

Q72/13-2　　　　1077

北京市西城区创建学习型组织工作纪实/刘忠，杜文昇主编.—北京：北京市西城区成人教育协调领导小组，[出版时间不详]

373页：照片；21cm

本书包含西城区创建学习型组织基本情况、文件汇编、实施方案选编、自评报告选编、先进单位接受回访纪实、经验交流材料选编、理论探索等内容。

Q74/24（2009）　　　　1078

北京市西城区文明市民学校2009年教育教学活动手册/西城区文明市民学校总校[编].—北京：[西城区文明市民学校总校]，2009

300页；20cm

本书是西城区文明市民学校2009年教育教学工作的计划汇编，详细收录了西长安街等七个街道及社区教育学校2009年的活动计划。

Q74/24（2014）　　　　1079

北京市西城区文明市民学校2014年教育教学活动计划/西城区文明市民学校总校[编].—北京：[西城区文明市民学校总校]，[2014]

10,276页；26cm

本书汇集2014年西城区15个街道的文明市民学校及12个社区教育学校的活动计划，这些活动涵盖娱乐、健身、养生、消防、亲子、计生、科普等多个方面，展示了西城居民丰富多彩的社区生活。

Q74/36 (2007) 1080

北京市青少年学生校外教育工作资料汇编. 2007年 / 北京市青少年学生校外教育工作联席会议办公室 [编]. —北京：[北京市青少年学生校外教育工作联席会议办公室], [2008]

358页：彩照；21cm

本书收录了第七次、第八次北京市青少年学生校外教育工作联系会议文件及2008年北京市校外、科技教育工作会议文件，并收录大兴区、门头沟区、丰台区、石景山区、平谷区、东城区、西城区、延庆县、怀柔区、昌平区、房山区、顺义区、宣武区、海淀区、通州区、崇文区、密云县、朝阳区、燕山区校外、科技教育工作总结。

Q74/37 (2009) 1081

学在西城 = Manual of Base of Lifelong Learning in Xicheng District：西城区市民终身学习服务基地手册. [2009] / 北京市西城区学习型城区建设领导小组办公室，北京市西城区教育委员会 [编]. —北京：[北京市西城区学习型城区建设领导小组办公室]，[2009]

46页：照片；23cm

该手册由西城区学习型城区建设领导小组办公室、西城区教委主编。分"基地篇、文件篇"介绍了西城区所有成人教育场所并刊发了教育部、北京市的有关文件。

Q74/37 (2011) 1082

学在西城 = Manual of Base of Llifelong Learning in Xicheng District：西城区市民终身学习服务基地手册. [2011] / 北京市西城区学习型城区建设领导小组办公室，北京市西城区教育委员会 [编]. —北京：[北京市西城区学习型城区建设领导小组办公室]，[2011]

72页：照片；21cm

本书汇集了西城区首批和二批共56家向市民开放的文化、科技、教育等市民终身学习服务基地的信息，以简明扼要的文字和丰富多彩的图片介绍了基地的基本情况、活动项目、优惠方式、联系方式等信息，是西城居民参与终身学习的信息载体。

Q74/38 1083

向着共同愿景：西城区商务局创建学习型机关纪实 / 西城区商务局 [编]. —北京：[西城区商务局]，2007

32页：照片；29cm

该刊由西城区商务局主办。纪实性地反映了商务局创建学习型机关的各种学习、活动情况。

Q74/39 1084

民族的脊梁时代的先锋：全国"双百"评选候选人风采录 / [中共北京市西城区委宣传部] 编. —北京：中共北京市西城区委宣传部，2009

152页：照片，肖像；21cm

在中华人民共和国成立60周年之际，中央有关部门联合发出《关于组织开展"100位新中国成立作出突出贡献的英雄模范人物和100位新中国成立以来感动中国人物"评选活动通知》，西城区结合全国"双百"评选活动，在全区深入开展"双百"评选候选人先进事迹宣传教育活动，本册收录了300位英雄模范人物的事迹。

Q74/40 1085

西城区2009年教育法律法规执行情况自查全面实施素质教育自评文件汇编／西城区人民政府教育督导室［编］．—北京：[西城区人民政府教育督导室]，[2009]

73页；21cm

文件汇编收集《北京市实施〈中华人民共和国义务教育法〉办法》、《北京市人民政府教育督导室关于开展对区县政府地、教委全面实施素质教育情况综合督导的通知》（京督导【2009】29号）、《北京市人民政府教育督导室关于开展2009年教育法律法规执行情况督导检查的通知》（京督导【2009】30号）、《中共北京市西城区委办公室北京市西城区人民政府办公室关于印发〈西城区进一步推进全面实施素质教育评价工作方案〉的通知》（京西办发【2008】13号）4个文件。

Q74/42.1 1086

构筑终身教育体系 创建学习型社会，学习资料选编／宣武区教育委员会，宣武区社区教育办公室［编］．—北京：宣武区教育委员会，2002

138页；29cm

CNY 45.00

北京市国民经济和社会发展十五计划纲要提出，北京要在全国率先构筑起终身学习和学习化社会的基本框架。选编本资料，旨在提供学习研究之用，以期起到进一步宣传终身学习、学习型社会理念，促进创建学习型城区的实践发展与理论研究的作用。

Q74/43 1087

北京市西城区社区教育学校教育教学论文集／郑建国，郭葯君主编．—［北京］：[西城区社区教育委员会]，2009

210页：照片；22cm

论文集充分展示了西城区社区教育学校成立以来各校领导和一线教师拓展、研究的经验体会及教育管理的研究成果，使我区社区教育工作逐步走向规范化、科学化。

Q74/44 1088

教育社会化 社会教育化：社区教育与社区发展文集／杨文玉主编．—［北京］：[北京市西城区政府文教办公室]，2000

261页；21cm

本文集介绍我区实施"教育社会化示范工程"之后，对社区教育社区发展关系的研究及工作实践，包括课题研究成果、专家论文、调研报告、领导讲话、评估指标体系、社区教育工作规划、工作意见等资料。

Q74/45 1089

环渤海地区社区教育协作组织第四届研讨会文集／张建国，刘忠，张华主编．—北京：西城区教育委员会，2009

208页；29cm

本集记录了环渤海地区社区教育协作组织的发展历程和社区教育过辛勤耕耘的足迹，渗透了社区教育工作者的智慧和思考。包括理论新探、课题精选、调研新篇、特色荟萃。

Q74/47 1090

北京市西城区老年大学规章制度汇编：合订本／北京市西城区老年大学［编］．—北京：[北京市西城区老年大学]，2012

125页；26cm

本书收编西城区老年大学的各项规章制度文件 51 篇，分两部分：第一部分是修订篇，内容基本是 2006 年以前形成并修订的规章制度；第二部分是增补篇，内容基本是近年来新制订的规章制度，这些文件制度在实施依法治教、规范管理中发挥了重要作用。

Q74/48　　　　　　　　　　　　1091

大城市中心区学习型城区建设：北京市西城区的实践与思考 / 张建国编著. —北京：中国人民大学出版社，2013

160 页 ; 23cm

ISBN　978-7-300-18102-8 ; CNY 28.00

本书以学习型社会相关理论为指导，全面系统地介绍了北京市西城区从 20 世纪 80 年代发展社区教育、21 世纪初全面推进学习型城区建设，到 2012 年被评为"北京市建设学习型城市工作示范区"的建设历程，理论和实践相结合，全面总结了创建学习型城区工作的途径、方法和经验，对学习型社会相关理论应用于学习型城区建设实践进行了新的诠释。

Q74/49　　　　　　　　　　　　1092

创建学习型组织简明学习手册 / 北京市西城区社会团体管理办公室，北京市西城区社区教育协会编. —北京：[北京市西城区社会团体管理办公室]，[出版年不详]

69 页：图 ; 21cm

本手册主要就学习型社会的建设基础，学习型组织建设的需要，围绕为什么要创建学习型组织；什么是学习型组织；怎样开展创建学习型组织工作三个部分，以简明问答方式，逐一列目，方便读者把握，形成共识。

Q74/50　　　　　　　　　　　　1093

创建学习型城区简明学习手册 / 杨文玉，费元鸿，王树仁撰稿. —北京：[北京市西城区教育委员会]，[出版年不详]

96 页 ; 21cm

本手册由西城区教育委员会、西城区教育协会主编，主要就学习型社会建设的意义、方针、政策及主要措施，按为什么、是什么、怎么作三个部分，以问答方式，简明概括，利于读者抓住要领、便于把握。

Q74/51　　　　　　　　　　　　1094

西城老年大学建校 25 周年校庆诗文选集 / 张克勤主编. —北京：[西城老年大学]，[2010]

59 页 ; 26cm

本书收录诗文作品 102 篇，从不同角度展现了 25 周年校庆，共分两个部分：一是文学班学员的诗文习作，体现了学员们的学习成果；二是其他班学员为喜迎校庆所写的感言、心得类诗文。

Q74/52　　　　　　　　　　　　1095

西城老年大学建校 25 周年校庆画册 / 张克勤主编. —北京：[出版者不详]，2010

177 页 ; 28cm

本画册为纪念西城老年大学成立 25 周年而组织编印，精选近 200 幅老年大学学员的书画作品，融入了丰富多彩的校庆内容，展示了办学成果，表达了喜迎校庆的心情和继续办好老年大学的决心。

Q74/53　　　　　　　　　　　　1096

书香满西城：阅读·思考·分享 / 西城团区委宣传部 [编]. —北京：[共青团北京

市西城区委员会], 2014

63页：图；21cm

本书是对西城团区委开展的"书香满西城"活动的全面记录和阶段性总结。书中详细介绍了活动的实施步骤、参与流程、参加对象等基本内容，总结了已举办的16期活动的具体情况，对阅读推广活动的策划有较大的参考价值。

Q74/54（2012） 1097

学习型城区建设科研成果汇编．[2012] / 西城区学习型城区研究中心 [编]．—北京：[西城区学习型城区研究中心]，[2012]

213页：照片；30cm

本书汇编2011年西城区学习型城区研究中心的立项课题成果，这些成果涵盖了学习型城区建设的重要内容和关键问题，如：社区教育与资源整合、社区教育队伍建设与制度创新、数字化平台与网站建设等。

Q75/2 1098

成长的故事：征文作品集 / 宋书彦主编．—北京：[北京市西城区人口和计划生育委员会]，2008

166页：图；21cm

本书为北京市人口计生委和人民广播电台联合组织的计划生育系列广播征文活动的作品集，以婚育新风进万家、关爱女孩、独生子女素质教育等内容为主，遴选优秀获奖征文57篇。

Q75/3.1 1099

《培养小学生良好做事习惯的实践与研究》，家长教子经验集 / 北京市宣武区教委小教科 [编]．—北京：[北京市宣武区教委小教科]，2005

152页：图；29cm

教育部全国教育科学"十五"规划课题 团中央全国青少年研究重点课题 中国少先队工作学会重点研究课题

CNY 42.00

本集为"十五"规划课题《培养小学生良好做事习惯的实践与研究》的研究成果之一。将子课题的研究报告、实验教师各阶段的研究论文、个案研究报告、案例、随笔、学生家长的教子经验搜集起来，分别编辑而成。

Q75/3.2 1100

《培养小学生良好做事习惯的实践与研究》，研究案例集 / 北京市宣武区教育委员会小学教育科 [编]．—北京：[北京市宣武区教育委员会小学教育科]，2005

115页：图；29cm

CNY 42.00

本集为"十五"规划课题《培养小学生良好做事习惯的实践与研究》的研究成果之一。将子课题的研究报告、实验教师各阶段的研究论文、个案研究报告、案例、随笔、学生家长的教子经验搜集起来，分别编辑而成。本集含个案篇、案例篇。

Q75/3.3 1101

《培养小学生良好做事习惯的实践与研究》，课题研究报告集 / 北京市宣武区教育委员会小学教育科 [编]．—北京：[北京市宣武区教育委员会小学教育科]，2005

271页；29cm

CNY 55.00

本集集录"十五"规划课题《培养小学

生良好做事习惯的实践与研究》的研究报告，包括课题组的研究报告、课题5个子课题研究报告、部分实验学校的研究报告及相关的研究成果附件，真实记录了课题研究的过程、方法、效果和结论。

Q75/4　　　　　　　　　　　　1102

宣武区2004年"儿童成长"论坛：暨"未成年人思想道德建设"专题研讨会．—北京：[宣武区妇女儿童工作委员会]，2004

45页；29cm

CNY 30.00

儿童成长论坛围绕树立德育教育的新理念、探索学校、社区、家庭德育教育的新模式，交流德育教育的新经验，提升德育教育的新价值为宗旨。总结交流宣武区未成年人思想道德建设的经验，充分研讨未成年人思想教育的新情况和新问题。

Q75/5　　　　　　　　　　　　1103

洋洋婆孙成长手记／王恩荣著．—北京：[北京市西城区妇女联合会]，[2014]

109页：照片，图；21cm

本书由西城区妇联组织编写，将民间育孙达人王恩荣记录孙子成长点点滴滴的日记辑选成册，是一本由西城普通人谱写的"育儿心经"。本书是西城妇联开展"最美家庭"、"最美北京人"评选活动的成果，也可以成为年轻父母育儿的参考和助手。

R 体育

R1/3　　　　　　　　　　1104
西城体育五十年：1958—2008 / 骆京主编. —北京：[出版者不详]，2008
121页：照片；29×29cm
精装
本书以图文并茂的形式，展示了西城区体育局在各级领导的关怀下，在社会各界的支持下，经过一代又一代西城体育人的努力拼搏，历经风雨，走过了一条不平凡的发展道路。

R1/5　　　　　　　　　　1105
体育博览：北京师范大学体育90年特刊 / 无心执行主编. —北京：体育博览杂志社，2007
76页：照片；29cm
该杂志由体育博览杂志社主办。本刊是专门为北京师范大学附属实验中学体育90年而编辑的特刊。介绍了该校90年来体育发展情况及为国家培养的体育人才。

R1/6　　　　　　　　　　1106
北京体育辞典 = Beijing Sports Dictionary / 段柄仁主编. —北京：京华出版社，2010
12,446页；25cm
ISBN 978-7-5502-0080-7
精装：CNY 99.00
该书是一部检索北京体育信息的工具书，由北京市体育局组织编写。共收辞调741条，涉及北京体育史、体育机构、运动项目和运动队、体育赛事、体育场馆、体育产业、体育科研等11个方面，在"区县体育"里介绍了西城体育。

R1/7　　　　　　　　　　1107
运动与健康 / 北京市西城区体育科学研究所 [编]. —北京：[北京市西城区科学技术协会]，[出版年不详]
66页：照片；18cm
本书与读者共同关注科学的运动方式，教会读者如何根据自己的健康情况选择适合的健身方法，建立"体质监测－科学运动－体质监测"的一种良性循环的运动健身模式。

R1/8　　　　　　　　　　1108
西城区体育局规章制度汇编（试行）/ 西城区体育局政务能力建设年活动领导小组办公室编. —北京：[西城区体育局]，[2012]
181页；26cm
本书从工作职责、工作制度、工作流程三大部分收录了78项工作规划和办法，主要包括班子建设、党务工作、政务建设、廉政监督、队伍建设、内部管理等，是指导部门工作，规范个人行为的纲领性依据。

R214.32/1　　　　　　　　　1109

西城环卫奥运服务模式／北京市西城区环境卫生服务中心[编].—北京：北京市西城区环境卫生服务中心，[2006]

114页：照片；29cm

精装

本书是一本为完成奥运环境保障工作，对环卫从业人员进行培训的教材，收录西城区环境卫生服务中心奥运筹备工作主要文件，奥运期间环境卫生保障的运行设计和工作方案，主要业务工作的质量标准、操作规程、服务规范等内容。书后附有部分奥运知识与实用英语。

R214.5:C/1.5（2）　　　　　1110

北京奥运场馆旅游交通图＝Beijing Olympic Venues Tourism and Transport Map，交通篇B／中国地图出版社编制.—北京：中国地图出版社，2008

1幅；55×84cm，折后21cm

ISBN 978-7-5031-5284-9；CNY 298.00（全6册）

本图集包括六册，分别是：科技篇、交通篇、科技篇、人文篇、环境篇、场馆篇。

R214.5:G/1　　　　　　　　1111

北京市西城区总工会第十一届委员会资料汇编／杨广宏主编.—北京：[北京市西城区总工会]，[2007]

194页：图，照片；29cm

本书由西城区总工会编。记述西城区工会十一大五年来的整体工作。分讲话篇、文件篇、调研篇、经验篇、光荣册、大事记六部分。

R214.5:M/2　　　　　　　　1112

新西城与五环同辉＝New Xicheng,Olympic Glory：北京市西城区奥运环境建设工作巡礼／姜立光，王凤主编.—北京：西城区"2008"环境建设指挥部办公室，[2009]

407页：照片；27cm

本书从环境优区篇、环境整治篇、环境建设篇、环境管理篇、环境风采篇五个部分，分类记载了西城区奥运环境建设全过程，反映了西城区委、区政府坚持科学发展观、促进社会和谐的执政理念，展示了西域区环境建设科学规划、创新管理的过程和所取得的卓著成就。

R22/2　　　　　　　　　　　1113

降糖太极操标准化教程／北京市西城区体育局，北京市西城区体育科学研究所组织编写.—北京：北京体育大学出版社，2013

48页：彩图；21cm

北京市科委科技计划项目 北京市西城区科委可持续发展项目

ISBN 978-7-5644-1491-7；CNY 16.00

本书是北京市西城区体育局，北京市西城区体育科学研究所组织编写的，分为两章，第一章是降糖太极操的标准化练习方法。第二章是降糖太极操的标准化教学方法，包括降糖太极操标准化教法、教案、教学进度等内容。

R3/7.4　　　　　　　　　　　1114

运动健康——走进2008.2008年7月总第4期／边宝生，边群英主编.—北京：[出版者不详]，2008

64页：照片，图；28cm

西城区卫生局 西城区科协主管

西城区医学会 西城区老卫协 西城区健康教育所承办

本刊是由西城区卫生局、区科协、区医学会、区老卫协等共同创办的迎奥运专刊。本期共设健康论坛、活动风采、健康奥运、饮食健康、运动指导等10个专题。

R3/8　　　　　　　　　　1115

办公室健身手册／西城区卫生局[等][编]．—北京：[出版者不详],[出版年不详]

28页：彩照；21cm

本册收录的健身操是专门为办公室工作人员的工作特点和健身需求量身定做的，健身操包括办公室健身椅子操25种、健身弹力带操14种、健身球操9种，可充分利用办公室的空间在办公室内完成。

R3/9　　　　　　　　　　1116

中老年降糖太极操／张晓媚主编．—北京：[西城区体育局],[出版年不详]

24页：彩图；18cm

北京市科委科技经费支持项目 西城区可持续发展经费支持项目

本书根据糖尿病患者出现的肾虚、胃燥、肺热等症状，有针对性地从24式太极拳中挑选出云手等动作，编成一组简单易练的健身套路，为特定人群科学健身提供个性化指导。

R3/10　　　　　　　　　 1117

中老年社区常见健身路径锻炼方法指南／夏姮明主编．—北京：[西城区体育局],[出版年不详]

48页：彩图；18cm

北京市科委科技经费支持项目 西城区可持续发展经费支持项目

西城区体育局、西城区体育科学研究所在北京市科委科技项目的支持下特别编辑此书，对社区常见健身路径器材的锻炼方法、锻炼的主要功能和锻炼时的注意事项进行介绍，以达到引导广大群众进行科学个性化健身的目的。

R3/11　　　　　　　　　 1118

办公室人群健身操指导手册／张晓媚主编．—北京：[西城区体育局],[出版年不详]

58页：彩图；21cm

北京市科委科技经费支持项目 西城区可持续发展经费支持项目

该书针对办公室人群易发生的健康隐患，创编了椅子健身操、弹力带健身、健身球操。本册为北京市科委科技经费支持项目，西城区可持续发展经费支持项目。为特定人群科学建身的个性化指导系列手册。

R3/12　　　　　　　　　 1119

办公室人群健身操标准化教程／北京市西城区体育局，北京市西城区体育科学研究所组织编写．—北京：北京体育大学出版社，2013

152页：彩图；21cm

北京市科委科技计划项目 北京市西城区科委可持续发展项目

ISBN　978-7-5644-1477-1；CNY 25.00

本书由西城区体育局组织编写。全书包括：健身操课程的组织与教法以及伸展拉伸练习、弹力带健身操、椅子操、健身球操的组织教法五个章节。教材内容系统，针对办公室人群由简至深，易于学习。

R56/36　　　　　　　　　1120

北京抗击非典的日日夜夜／中共北京市委党史研究室编. —北京：北京出版社，2003

12,438 页；21cm

ISBN　7-200-03113-5；CNY 22.00

本书由三部分组成。第一部分"每日实况"，记述自 2003 年 3 月 1 日至 5 月 31 日发生在北京的有关防治非典的大事要事。第二部分"众志成城"，收录这一时期首都各界，主要是各级党组织、党员和医护人员的动人事迹。第三部分为若干重要的有关抗击非典的文献资料。

S 医药卫生

S1/22.1　　　　　　　　　　1121

百草西城：创刊号 2008．1／[百草西城编辑部编]．—北京：[百草西城编辑部]，2008

25 页：照片；29cm

北京市药品监督管理局西城分局主办

本刊包括监管前沿、领导视察、面对面、监管执行、药监进行时、机关文化等栏目。

S1/22.2　　　　　　　　　　1122

百草西城．2／[百草西城编辑部编]．—北京：[百草西城编辑部]，2008

25 页：照片；29cm

北京市药品监督管理局西城分局主办

本刊包括监管前沿、领导视察、监管思考、监管执行、药监进行时、机关文化等栏目。

S1/22.3　　　　　　　　　　1123

百草西城．3／[百草西城编辑部编]．—北京：[百草西城编辑部]，2009

22 页：照片；29cm

北京市药品监督管理局西城分局主办

本刊包括监管前沿、领导视察、监管思考、监管执行、药监进行时、机关文化等栏目。

S1/22.4　　　　　　　　　　1124

百草西城．4／[百草西城编辑部编]．—北京：[百草西城编辑部]，2009

25 页：照片；29cm

北京市药品监督管理局西城分局主办

本刊包括监管前沿、领导视察、监管思考、监管执行、药监进行时、机关文化等栏目。

S1/22.5　　　　　　　　　　1125

百草西城．5／[百草西城编辑部编]．—北京：[百草西城编辑部]，2009

25 页：照片；29cm

北京市药品监督管理局西城分局主办

本刊包括监管前沿、领导视察、监管思考、监管执行、药监进行时、机关文化等栏目。

S1/22.6　　　　　　　　　　1126

百草西城．6／[百草西城编辑部编]．—北京：[百草西城编辑部]，2009

22 页：照片；29cm

北京市药品监督管理局西城分局主办

本刊包括监管前沿、领导视察、监管思考、监管执行、药监进行时、机关文化等栏目。

S1/23 (2004) 1127

北京卫生年鉴. 2004 / 邓小虹主编. ——北京：北京科学技术出版社，2005

421页：彩照；26cm

ISBN 7-5304-3076-9

精装：CNY 100.00

《北京卫生年鉴》是一部逐年记载北京卫生工作的资料性工具书，其内容主要综合反映北京卫生工作各方面的基本情况、进展的成就。本书反映的是截止到2003年年底的资料，内容按部类分为概况、重要会议报告、文件和法规、工作进展、卫生统计等17类。

S1/24 1128

健康急救速查手册 / 女性成长之家编写. ——北京：[西城区图书馆]，[出版年不详]

108页：照片，图；18cm

本手册由女性成长之家编写，西城区图书馆制作。含身体保健常识、心理保健常识、急救常识三部分，是一本家庭必备、方便实用的保健手册。

S1/25 1129

前进中的西城区医学会：1979—2009 / [西城区医学会编]. ——北京：[西城区医学会]，[2009]

95页：照片；27cm

坚持改革开放路 开拓创新三十年

本书是西城区医学会成立30周年的纪念文集，含30年历程、大事记、第七次会员代表大会资料汇编等内容。书中收入多张照片，展示了领导关怀、历史回顾、继续教育、研讨交流等主题活动。

S2/43 1130

中医话健康 / 陈蓓，边宝生主编. ——北京：大众文艺出版社，2008

110页：图；24cm

ISBN 978-7-80240-232-4；CNY 20.00

本书分为中医养生保健的基本常识和中药性能的基本常识上下两编，共五篇，内容包括：中医养生基础、饮食调摄养生、中药的基本常识等。

S2/44 1131

心心相印：抗击非典征文选编 / 二龙路社区党总支，二龙路社区居委会[编]. ——北京：[二龙路社区党总支居委会]，[2003]

35页：彩图；26cm

该征文选编由二龙路社区党总支、居委会（现隶属于金融街街道）主编。记述了该居委会带领广大党员和居民群众抗击非典的生动故事。

S2/45 1132

北京市西城区建设健康城区知识读本 / 姜立光主编. ——北京：[北京市西城区健康城区建设委员会]，2008

54页；21cm

本书由西城区爱卫会多方搜集国内外有关专家、学者关于健康城市的代表性的论著及相关知识，分三个章节：健康城市建设基本理论、健康城市起源与发展前景、国内外健康城市（区）经验借鉴，共收录16篇文章。该书思想性、理论性、指导性都非常强，不失为西城区开展建设健康城区工作的范本。

S2/46 1133

关爱生命全程 = Care For the Whole

Life：2009 版 / 北京市西城区人口和计划生育委员会 [编] .—北京：[北京市西城区人口和计划生育委员会]，[2009]

118 页：彩图；24cm

本书从一生携手，感受家之甜美、扬起生命之帆远航（1-22 岁成长的足迹）、生命正朝阳（23-60 岁）、夕阳更艳丽（60 岁以后）四编全方位的视角引导人们从思想、理念、生活方式和成长环境对生命不同阶段的再认识、再思考。

S2/47　　　　　　　　　　　1134

食品安全执法检查资料汇编 / 北京市西城区人大常委会财经工作委员会 [编] .—[北京]：[北京市西城区人大常委会财经工作委员会]，2012

381 页；23cm

本书汇编了 2012 年对西城区贯彻实施《中华人民共和国食品安全法》及《北京市食品安全条例》等法律法规情况的执法检查中，形成的领导讲话和各项报告、工作方案、自查报告及相关资料，书中不仅记录了此次执法检查的全过程，对今后开展同类工作也将提供一定的借鉴。

S4/27.30　　　　　　　　　　1135

西城区平安医院院刊 . 2008 年第 9 期（总第 30 期），奥运专刊 / 西城区平安医院 [编] .—北京：[西城区平安医院]，2008

1 册：照片；29cm

本刊由西城区平安医院党总支、办公室、工会主办。设有奥运培训大事记、典型报道、社区卫生大事记等专栏，从各个方面反映了该院奥运会保障的工作业绩。

S4/28　　　　　　　　　　　1136

北京市丰盛中医骨伤专科医院院志＝Beijing Fengsheng Special Hospital of Traditional Medical Traumatology and Orthopaedics History：1960-2010 .—北京：北京市丰盛中医骨伤专科医院，2010

159 页：彩照；26cm

该院志编写于丰盛医院建院 50 周年之际，记录了几代丰盛人在医疗、教学、科研、预防、保健、管理平台上，凝结智慧与力量，付出心血和汗水；展现了坐落于西城的丰盛医院艰苦奋斗，从容面对时代风云变迁的历程。

S4/29　　　　　　　　　　　1137

凝聚复兴 远见未来：首都医科大学附属复兴医院建院 60 周年 / [首都医科大学附属复兴医院编] .—北京：[首都医科大学附属复兴医院]，[2010]

64 页：照片，彩图；28×28cm

本画册是为首都医科大学附属复兴医院 60 周年华诞而作。通过图片、照片和文字展现复兴医院 60 年走过的风风雨雨，包括承前启后、全力以赴、科技先锋、人间有爱、党旗飘扬、凝聚力量、复兴人物等 8 部分。

S9/3　　　　　　　　　　　1138

用药常识 200 问 / 北京市药品监督管理局宣武分局 [编] .—北京：[北京市药品监督管理局宣武分局]，[出版时间不详]

10,98 页；21cm

本书以普及公众用药常识为宗旨，注重增强对用药人群的靶向性指导，以一问一答的简洁形式，回答群众最为关注的药品基础知识、西药学识、中药常识等有关药品使用的常识性问题。

S9/4　　　　　　　　　　1139

安全用药知识随读／北京市药品监督管理局西城分局编. —北京：[北京市药品监督管理局西城分局]，[出版时间不详]

114页：图；22cm

本手册以漫画的形式介绍用药安全知识，包括如何正确识别假药和劣药、用药安全中的注意事项、与药品流通使用相关的问题、投诉和维权途径等内容。

T 文学

T2/3   **1140**

士林交游与风气变迁：19世纪宣南的文人群体研究／魏泉著．—北京：北京大学出版社，2008

289页；23cm

ISBN 978-7-301-14124-3：CNY 33.00

本书主体部分基于作者2003年完成的博士论文。该书以多学科综合的研究思路，采取大处着眼、小处着手的论述策略，研究宣南文化的形成，选取19世纪宣南士人交游中极富代表性的宣南诗社、江亭雅集、顾祠修禊、小秀野草堂为个案研究其历史与典故。

T3/11   **1141**

晚学集／李瑚著．—北京：中国文史出版社，2008

457页；21cm

ISBN 7-5034-1822-2：CNY 25.00

本书收录李瑚先生晚年所著感旧、论述、校注、序跋和京华琐事等文稿38篇，30多万字，包括《我的老师陈垣先生》、《什刹海与"荷花市场"》等文章。李瑚，历史学家、诗人、书法家，北京辅仁大学历史及经济两系毕业，现为北京辅仁大学校友会理事。

T3/12   **1142**

鸿爪雪泥：孙方之书艺与人生／孙方著．—香港：香港天马出版有限公司，2010

159页：照片，彩图；29cm

ISBN 978-962-450-019-6：HKD168.00

孙方，1943年考入辅仁大学社会学系，曾代表辅仁大学参加华北学联，投入学生运动。1947年到晋察冀解放区参加革命工作，历任江汉日报、湖北日报记者，辽宁省委书记处秘书、省社科联副主席，湖北经济管理大学党委书记等职。该书是作者对自己丰富多彩的笔墨人生的总结与回顾。

T3/13   **1143**

我与中轴线／杨柳荫，牛青山，孔繁峙主编．—北京：北京出版社，2012

250页：图；24cm

ISBN 978-7-200-09307-0：CNY 48.00

老北京城中轴线以其独特的历史地位和丰富的文化遗存，构成了古都风貌骨架。本书以留住文化根脉、彰显北京精神为主线，是一部新老北京人自己讲述亲身经历的故事书，字里行间流淌着人生往事和对中轴线的情怀。

T3/14   **1144**

民苑集／段天顺著．—北京：中国社会出版社，1994

14,369页：图；20cm

ISBN 7-80088-575-5：CNY 45.00

本书分民政谈丛,收集作者对民政工作的文章、讲稿、调研报告、出访汇报;史志散辑包括民政和水利的史志文章;三余随笔包括散文、思想评论、日记、序跋;民苑韵语主要为作者的诗作。

T4/4—2　　　　　　　　　　1145

凌河诗词稿:增订本/李瑚著.—北京:中国文联出版社,2007

167页;21cm

ISBN　7-5059-4068-6;CNY 16.00

作者李瑚系北京辅仁大学历史及经济两系毕业生。历史学家、诗人、书法家。中国社会科学院研究员,享受国务院特殊津贴。著有《中国经济史丛书》、《魏源研究》、《晚学集》等。

T4/5　　　　　　　　　　1146

龙树寺与宣南诗社/李明哲,李珂著.—北京:北京燕山出版社,2003

227页;20cm

ISBN　7-5402-1502-X;CNY 25.00

该书由原宣武区档案馆编。作者李明哲从他收藏的手卷《龙树寺宴集图卷》为切入点,依次展开对清代嘉庆、道光年间宣南名胜龙树寺、陶然亭的历史沿革,给人们客观公正地评价宣南诗社,以及宣南文化在北京近代史文化中的地位和作用提供了依据。

T41/8　　　　　　　　　　1147

丁香四月天/李金龙主编.—[出版社不详]:中国楹联出版社,2011

276页:图;23cm

北京法源寺丁香诗会十年作品选辑

ISBN　978-988-19997-9-5;CNY 58.00

本书作者系西城区宣武图书馆馆长,曾连续十年主办北京法源寺丁香诗会。丁香诗会继承了宣南文化的传统,作者有京城作家、诗人、艺术家和社区百姓。本书精选了112部佳作,插配图片,可谓诗情画意。

T41/9　　　　　　　　　　1148

陶然亭端午诗歌/北京市陶然亭公园管理处[编].—北京:北京市陶然亭公园管理处,2009

106页:照片;24cm

CNY 25.00

本书收录了2008年"第三届陶然亭诗会"征集的诗歌作品135首,其中一等奖5篇、二等奖10篇、三等奖20篇。诗词作者用诗歌的形式歌颂奥运、歌颂改革开放30年的成果,吟咏陶然亭公园的山水亭榭和游憩感悟。

T41/10　　　　　　　　　　1149

中南海胜迹诗联集/杨宪金编著.—北京:西苑出版社,2012

256页:图;26cm

中南海胜迹系列

ISBN　978-7-5151-0273-3;CNY 98.00

本书选录历代帝王、文臣、硕儒及现代诗联艺术家为中南海胜迹撰写的诗联1000余幅,这些作品具有较高的文化价值、文献价值和学术价值。书后还收录部分作者自己创作的中南海胜迹诗联书法作品。

T41/11　　　　　　　　　　1150

拙斋文存/金诚著.—北京:西苑出版社,2014

225页:图;24cm

ISBN 978-7-5151-0430-0；CNY 36.00

本书是西城区文史学会副会长金诚所著的诗文合集，分为满族述闻、西城寄情、人物絮语、诗词抒怀四部分。"西城寄情"部分归集了西城名胜古迹、古树名木、园林史志等方面的介绍考证文章，体现了作者浓浓的西城情结。

T41/12　　　　　　　　　　1151

四月丁香梦／李金龙主编．—北京：中国青年出版社，2015

246页：图；23cm

2013，2014诗选

ISBN 978-7-5153-3217-8；CNY 58.00

本诗集编选2013年第十二届至2014年第十三届法源寺丁香诗会的原创新诗及旧体诗200多首。2013年的丁香诗会稿件主要来源于西城区各机关单位，2014年面向社会各界征稿。这些诗歌既表达了各界诗人及诗歌爱好者的梦想，又凝聚着社区百姓的爱国、爱家情。

T41/13　　　　　　　　　　1152

鸿雁情／韦鸿雁著．—北京：经济日报出版社，2013

308页：彩图，照片；23cm

ISBN 978-7-80257-550-9；CNY 38.00

本书是一部充满人间温暖与真情的诗文集，收录200余首诗作及数十篇散文随笔，分成"心灵之歌诗集篇"和"夕阳颂歌散文篇"两部分。本书作者曾任法源寺西里社区党支部宣传委员，以朴实无华的语言记录70余年生活中的点点滴滴，读来极具亲和力与感染力。

T41/14　　　　　　　　　　1153

诗行皇城根：诗人眼中的北京西城／黄殿琴，王建平主编．—北京：团结出版社，2009

84页：图；23cm

ISBN 978-7-80214-755-3；CNY 25.00

本书集合了苏叔阳、黄殿琴、张黎、马克等20余位诗人墨客咏赞西城的诗文和画卷。共分三章：品味皇城遗韵、感爱紧邻中南海的时尚、漫步西长安街。

T42/5　　　　　　　　　　1154

燕都览古诗话／瞿兑之著．—沈阳：辽宁教育出版社，1998

182页；19cm

ISBN 7-5382-5297-5；CNY 6.30

瞿兑之精研文史，于职官、方志等学均有深湛研究，尤精于掌故之学。本书即为其咏览燕都之作，以诗为纲，系之以文，可说是诗文并茂，在众多记述北京风土诗文中是首屈一指之作。

T42/6　　　　　　　　　　1155

当代咏北京诗词选／段天顺主编．—北京：北京出版社，1998

15，471页；20cm

ISBN 7-200-03297-2；CNY 60.00

本书是从北京及全国各地报刊和诗集中精选出来的诗词集，含500多首吟咏当代北京的传统诗词。在内容上，多反映建国几十年来首都北京的重大变化，重点反映我国改革开放以来十几年的巨大变化，具有较强的时代性和可读性。

T42/7　　　　　　　　　　1156

清代宣南诗词选／北京诗词学会，北京市宣武区档案馆编．—北京：北京出版社，2005

59,485,59 页：地图；21cm

ISBN　7-200-03494-0；CNY 48.00

该书选收 300 余位曾经在宣南寓居的清代著名学者、诗人、理论家、思想家、官宦的诗、词、曲竹枝词 1200 百余首。生动反映了宣南文化鼎盛时期宣南诗人的情致，描写了宣南的景物和社会生活。

T62/1　　　　　　　　　　1157

苦草争春：并非一个人的历史／徐双春著．—北京：团结出版社，2011

373 页：照片；24cm

ISBN　978-7-5126-0420-9；CNY 36.00

本书作者曾在西城区政府法制办、商委、外经委、计经委工作。现任北京天泰置业有限公司董事长、西城区文史学会副会长。本作品为自传体励志书，作者以亲身经历告诉读者，再苦的小草也会企盼春天的太阳，只要自己不懈怠，总能收获阳光，哪怕是一点点春天的晚霞。

T7/6　　　　　　　　　　1158

北京在前进：北京通讯、特写选集／北京出版社编辑．—北京：北京出版社，1959

504 页；20cm

本书是一本有关北京的通讯、特写选集，其文章都是从各报刊上选辑的，时间从 1949 年北京解放开始，到 1958 年底为止，共 10 年。本书题材广泛，通过这些通讯和特写，重点地反映出北京十年来发展的情况，有较强的参考价值。

T7/7　　　　　　　　　　1159

陶然记忆／王克昌著．—北京：北京市西城区陶然亭街道陶然文化研究会，2015

206 页：照片；21cm

本书详细梳理了陶然亭地区的文化资源，既有对古老的历史遗迹的概述，又有对在陶然亭地区生活与活动过的近现代名人的介绍。全书收录文章 42 篇，在尊重历史事实的基础上，纠正了许多讹误，可为乡土文化教育和爱国主义教育提供素材。

T8/1.6　　　　　　　　　　1160

霍心散文集．第六部／霍心著．—北京：[出版者不详]，2000

1 册；30cm

作者霍心为原西城区文化文物局党委副书记、副局长，本文集为第 6 部，是作者晚年快乐生活的体会及对人生世相的认知与感受。本集共收录"老两口寻欢作乐"、"买摇滚乐光碟"、"从德国人看球所想"等散文 21 篇。

T8/1.7　　　　　　　　　　1161

霍心散文集．第七部／霍心著．—北京：[出版者不详]，2000

31,34,24 页；30cm

作者霍心为原西城区文化文物局党委副书记、副局长，本文集为第 7 部，是作者晚年快乐生活的体会及对人生世相的认知与感受。本集共收录"透心凉的上帝"、"此言差矣"等散文 16 篇。

T81/15　　　　　　　　　　1162
北斗京华：北京生活五十年漫忆／周汝昌著．—北京：中华书局，2007
　　332页：照片；23cm
　　ISBN 978-7-101-05590-0；CNY 36.00
　　作者以地、人、事为"三纲"，记述了老北京某些文化痕迹、古建筑，以及百姓商贾担贩的人情时序、古道淳风。并自创一个文例，每篇文章之末均有一首七言小诗。

T81/17　　　　　　　　　　1163
北京拾遗／邱竞竞著．—上海：上海远东出版社，2010
　　218页；24cm
　　ISBN 978-7-5476-0087-0；CNY 29.00
　　本书作者以女性特有的轻松和细腻，描摹了北京的前世今生，集史料、逸闻、人物、风情，尤其是作者的亲历亲为于一身，文字简洁、感性、深情，是一部难得的诠释北京的好作品。

T81/18　　　　　　　　　　1164
北京记忆与记忆北京／陈平原著．—北京：三联书店，2008
　　260页：图；23cm
　　ISBN 978-7-108-02919-5；CNY 24.00
　　本书收录北京大学中文系教授陈平原先生关于北京和北大的历史、文化随笔35篇，依主题分为三辑：关于城、关于人、关于书。

T81/19　　　　　　　　　　1165
胡同味道／刘一达著．—北京：中国华侨出版社，2011
　　354页；21cm
　　ISBN 978-7-5113-1513-7；CNY 26.80
　　作者刘一达为著名京味作家、西城区作家协会主席。本书是作者的散文和随笔集。在"庙会"一文里，作者介绍了老北京的"八大庙会"，其中含西城的白塔寺庙会、护国寺庙会、白云观庙会。

T81/21　　　　　　　　　　1166
北京印记：讲述我和新北京的故事／李唯唯主编．—北京：中国书店，2010
　　201页：照片；24cm
　　ISBN 978-7-80663-875-0；CNY 26.00
　　本书为"北京印记——讲述我和新北京的故事"大型故事征集活动成果，突出北京故事广播"讲故事、听故事、写故事"的特色。它是北京人民广播电台以广播的方式奉献给听众、以书籍的方式奉献给读者的礼物。本书重在用故事讲述生活，记录时代，服务于大众。

T81/22　　　　　　　　　　1167
梦回北京：现代作家笔下的北京／姜德明编．—北京：三联书店，2009
　　361页；21cm
　　ISBN 978-7-108-03194-5；CNY 24.80
　　本集收录66位现代作家、学人的散文、随笔77篇，意在为读者提供一份优秀的散文读物，为研究者提供一份丰富的专题史料，从中看到这个举世闻名的古城的命运和历史足迹。其中有"陶然亭的雪"、"什刹海与小市民"等。

T81/23　　　　　　　　　　1168
蓝调城南：老北京的记忆／肖复兴著．—北京：北京十月文艺出版社，2006
　　415页：图，照片；23cm

ISBN 7-5302-0846-2；CNY 32.00

全书以蓝调笔触书写城南旧事，传达对故乡北京的一份感情。包括城南的名人故居、会馆、寺庙、楼阁、戏院、胡同、小吃、商业街等。

T81/24　　　　　　　　　　1169

北京：我们心中的城／张健民主编．—北京：北京出版社，1989

381页；21cm

ISBN 7-200-00911-3；CNY 20.00

本书是对建国40周年进行献礼的散文集，邀请为北京发展做出过贡献的历届领导同志、首都各界知名人士、各行各业代表人物撰稿，记述、描写了北京历史性的建设成就，有一定的史料性、纪念性。

T82/3　　　　　　　　　　1170

门牌号／杨葵，唐大年，陈晓卿等著．—北京：中信出版社，2013

197页：图；22cm

信睿书坊 01

ISBN 978-7-5086-4078-5；CNY 36.00

本书由国内知名作家、媒体人撰写，以伤感却又略带温暖的笔触带领读者穿越钢筋水泥的都市，寻找那些记忆深处的"门牌号"，讲述那里的人，那里的事儿，以及那些弥足珍贵的光阴故事。

T89/2　　　　　　　　　　1171

北京名胜楹联／顾平旦，常江，曾保泉编著．—北京：中国民间文艺出版社，1985

294页；19cm

楹联是我国独特的文学艺术形式，集中表现了汉字一字一音一意的特点，反映了自然界普遍对称的规律。本书收入包括西城在内的北京市各区县名胜楹联一千一百余副，作者多为帝王，宫殿、寺庙中的楹联带有皇家色彩。

T89/4　　　　　　　　　　1172

北京老门联／苏建华主编．—南京：凤凰出版社，2010

108页：图；24cm

北京风俗

ISBN 978-7-80729-875-5；CNY 25.00

本书收集留存寥寥无几的胡同门联照片49幅，特邀著名书法家重新书写老门联，一一对照，编辑成册。体现了北京民俗、京师文化、胡同文化的史学价值、资料价值和艺术成就。

T89/5　　　　　　　　　　1173

北京民俗联语二百选／岳志澄编著并书．—北京：线装书局，2008

218页；28cm

ISBN 978-7-80106-805-7；CNY 60.00

本书是一本以楹联形式介绍北京民俗、掌故的书法选集。共收联语200对，着眼在"民俗"范畴之内，突显楹联艺术的丰富内涵，开辟了北京民俗研究的新领域。全书分为七个专题，分别是地名对、住宅联、商铺联、戏园联、会馆联、名胜联、题赠联。

T91/2　　　　　　　　　　1174

北京精神新民谣／李金龙主编．—北京：经济日报出版社，2012

216页：照片，图；23cm

ISBN 978-7-80257-461-8；CNY 28.00

本书收录由几十位热爱北京文化的作者

原创新编的民谣，旨在学习、宣传、弘扬"爱国、创新、包容、厚德"的北京精神。这些民谣凝聚着作者们对北京的真挚情感，激励每个北京人为弘扬中华民族传统美德而不懈努力。

T91/3　　　　　　　　　　　　1175
宣南民谣 / 李金龙主编．—北京：[北京市宣武区文化馆]，2004
　　244 页 : 图 ; 21cm
　　CNY 30.00
　　本书是宣南作家丛书的第二辑，收录数十位作者创作或收集整理的民谣近 400 首。这些民谣均来自民间社区，反映了宣南文化的历史内涵，对宣传、认识宣南文化有一定帮助。

T92/4　　　　　　　　　　　　1176
夜 @ 北京 / 张柏联著．—北京：中国戏剧出版社，2011
　　209 页 : 图 ; 21cm
　　ISBN　978-7-104-03375-2 ; CNY 22.80
　　本书是一本以老北京满族旗人和后裔为主要故事原型的纪事文学作品。全书由不同的地点、不同的人物、不同的阶层、不同的故事所组成，涉及到老北京城的几十个王府、宅门和几十条街道、胡同，故事恐惧而惊险，其中又蕴含着丰富的地理、民俗、文化等知识。

T92/5　　　　　　　　　　　　1177
老北京的民间传说 / 马超编著．—北京：现代出版社，2013
　　239 页 : 图 ; 24cm
　　ISBN　978-7-5143-1110-5 ; CNY 29.80
　　本书从城门牌楼、内廷传奇、盛景名迹、官邸宅院、胡同街巷、驿馆旧居、古刹名寺、陵寝宗祠、红白喜事、方言俚语、装扮习俗、贸易往来等多度对老北京进行解读，将老北京的故事精彩而有趣地呈现在读者面前，介绍了一个充满传奇色彩的古都北京。

X 艺术

X1/4　　　　　　　　　　　　1178
党旗飘扬在西城：庆祝中国共产党成立90周年西城区美术作品集/苏建华主编．—北京：[西城区委组织部]，2011

1函（33张）；42cm

盒装

本画集收录西城区美术协会举办的"党旗飘扬在西城"主题画展作品80余幅，以纪念党的90周年生日。这些作品反映了建国前老一辈无产阶段革命家在西城区从事革命的遗迹及活动场所、故居；也反映了建国后及改革开放以来，西城区所取得的经济发展及伟大成就。

X2/12　　　　　　　　　　　　1179
辅仁大学师生书画集/徐乃乾主编．—北京：[北京辅仁大学校友会]，2008

272页；27cm

精装

北京辅仁大学是一所综合性大学，1930年建立美术专修科，1942年改为美术学系。娄师白、启功、欧阳中石等众多辅仁师生已成为驰名海内外的著名书画家。本作品集包括书法作品105件，国画作品110件，西画作品17件。总计作品232件，作者133人。

X2/13　　　　　　　　　　　　1180
中大书画研究会地书分会10周年 北京中国大学校友会成立20周年书画集/徐才主编．—[北京]：[北京中国大学校友会]，[2008]

148页：照片；30cm

本画册是一本由中国大学书画研究会地书分会创作的书画作品集，收录会员的部分地书作品，包括十年散忆、校友笔会、诗文荟萃、校友作品、会员作品等篇章，展现了分会成立以来，会员们"老有所为，老有所乐"的精神风貌。

X2/14　　　　　　　　　　　　1181
金融街书画展/北京市西城区金融街街道[编]．—北京：北京市西城区委金融街街道工委，2012

200页：图；29cm

本书汇集"金融街20周年庆典书画展"精华作品。本次书画展是金融街街道将群众文化和金融文化结合的尝试，是对街道开展文化惠民工作、和谐社区建设做的有益探索，让读者通过书画作品真正感受到金融文化建设成果。

X2/15　　　　　　　　　　　　1182
我心目中的英雄：手绘报/展览路地区精神文明建设委员会[编]．—北京：[展览路地区精神文明建设委员会]，2014

1册：图；29×21cm

本画册是一本由展览路地区的小学生们创作的手绘报作品集。作品以"我心目中的英雄"为主题，通过绘画的形式，宣传国家的历史和杰出人物，倡导勇敢、乐观、积极向上的英雄精神。

X21/5　　　　　　　　　　1183

名胜巡礼= A Glance at Historical Relice：[中英文本]／王志纯主编．—北京：北京美术摄影出版社，2005

321页：图；29×29cm

ISBN　7-80501-322-5

精装：CNY 360.00

《北京风韵》为系列作品集。现有《名胜巡礼》《城池漫游》《园林胜境》。均由图片配以中英文注释。本书为《名胜巡礼》，以大量彩画、照片示以历史积淀。西城作为古都中心区，礼制坛庙建筑占有绝对优势，是一套有收藏价值的图集资料。

X211/5　　　　　　　　　1184

湖帆山水画集／张宏达主编．—北京：北京市西城区文化委员会，[2006]

36页：图；29cm

作者为西城区文化委员会离休干部，原名胡金娥。凭着对绘画的执著，在离休后十多年的时间里笔耕不辍，（非正式）出版了此画集。本书由西城区文化委员会离休干部党支部作序，西城区文化委员会负责编辑。

X211/6　　　　　　　　　1185

旧京环顾图／王大观绘；A Round Glancing of Old Beijing．—昆明：云南人民出版社，1995

79页：彩图；29×29cm

ISBN　7-222-01926-X

精装：CNY 180.00

本画册展示王大观先生作品，以旧京城原始风貌为蓝本，精心构图、精心描绘，把30年代古都北京的整体风貌，细致入微、生动传神的再现出来。

X211/7　　　　　　　　　1186

盛世长安图／王福生[等]绘画．—北京：北京出版社，2009

1册；29×29cm

ISBN　978-7-200-07835-0

精装：CNY 298.00

本画册是一幅大型绘画作品，被誉为新时代的《清明上河图》。作品以长安街及其延长线上有代表性的自然及人文景观为素材，表现长安街在和谐盛世中的图景，体现百姓安居乐业的幸福生活，展现新中国成立60年来的伟大成就。

X212/4　　　　　　　　　1187

于福庚老北京风情油画．—北京：北京美术摄影出版社，2004

61页；29cm

ISBN　7-80501-200-8；CNY 40.00

本画册收录27幅关于老北京风情的油画作品，作者笔下的门墩儿、影壁、老字号、牌楼、老宅门、庙会等图像，既浓缩着其对童年的美好回忆，又反映出老北京古老文明的历史文化与深厚浓郁的民俗风情。

X213/1　　　　　　　　　1188

水墨北京= Beijing Memories in Ink ／（法）乔得龙（Charles Chauderlot）著．—北京：中信出版社，2013

216页：图；22cm

ISBN 978-7-5086-3793-8

精装：CNY 88.00

本画册由法国画家乔得龙所作，作者借助毛笔和墨汁，以黑白两色描绘出了北京城现存的特色胡同、四合院、古桥、古刹等，并以中、英两种文字对画作进行简单的介绍说明。书中还选抄了老舍的部分文学作品。

X219/3　　　　　　　　　1189

古都旧景精品集：[汉英日文本] / 汪尧民图文. —北京：新世界出版社，2002

266页：图；27×26cm

ISBN 7-80005-790-9

精装：CNY 200.00

"古都旧景"原为北京晚报副刊的一个专栏，图文并茂地介绍北京一些有观赏性、人文性、历史性的景观。作者力争选择最佳的视角，通过绘画和文字，表达对北京传统文化的理解、认识和感受。精品集收入精选作品108幅，力求有代表性、差异性、多层次的展示古都北京的历史风貌。

X219/4.1　　　　　　　　1190

古都遗韵丛书. 第1卷, 回望古城 / 方砚著·绘. —北京：东方出版社，2012

11,103页：彩图；24cm

ISBN 978-7-5060-4986-3；CNY 32.00

本书以绘画的形式，配合文字说明，将老北京的形象记述下来，城门、城墙、牌楼、胡同、四合院、门楼这些永恒的主题，在作者的笔下绽放。

X219/4.2　　　　　　　　1191

古都遗韵丛书. 第2卷, 追忆百业 / 方砚著·绘. —北京：东方出版社，2012

11,109页：彩图；24cm

ISBN 978-7-5060-4987-0；CNY 32.00

本书是《古都遗韵》丛书第二卷，将最具北京特色的古街坊巷胡同、市井人情、商贾百业等以绘画的形式记录下来，无论建筑还是人物，都体现出一个"老"字，向读者展现出一幅老北京市井风俗画卷。

X219/5　　　　　　　　　1192

快乐健康 童年时光：西城区中小学生优秀绘画作品集 / 西城区卫生局 [等编]. —[北京]：[出版者不详]，[出版年不详]

1册：图；19×21cm

本书绘画作品选自西城区中小学生的优秀绘画作品，作品题材多样、色彩斑斓，从不同侧面展示了孩子们心灵的图像和童年的欢乐景象。

X219/6.1　　　　　　　　1193

文明养犬系列漫画. 第1卷, 热闹的家庭会议 / 北京市养犬管理工作联席会议办公室 [编]. —北京：[北京市养犬管理工作联席会议办公室]，[出版时间不详]

26页：图；20×21cm

本书以漫画的形式讲述一个普通家庭养犬的小故事，内含办理养犬登记证、接种预防狂犬病疫苗、被犬咬伤后的处理、遛犬拴链、清除犬粪便爱护环境等内容。本书形式新颖，语言诙谐，是较好的科普宣传性读物。

X22/6　　　　　　　　　1194

董少诗书法作品汇编. —[出版地不详]：[出版者不详]，[2003]

53页：照片，彩图；29cm

本书是辅大化学系毕业的董少诗先生书法作品集。其多部书法作品入刻周恩来总理诞辰百年纪念碑林、中国名人名家墨宝碑林、韩国碑林园；收藏在彭德怀纪念馆、鲁迅博物馆等。董少诗早年投身革命，解放后从事基建、科研、教学工作。

X23/1　　　　　　　　　　　1195

李乃甘寿字书刻集 / 李乃甘 [编] . —北京：[出版者不详]，[2005]

36 页：照片；29cm

李乃甘同志，北京长辛店人，15 岁参加革命，18 岁入党，是一位德高望重的老革命。此书收集了他的"寿"字，有"百寿图"、"千寿图"、一万个"寿"字不重复，展示了李老篆书功底。

X3/10　　　　　　　　　　　1196

记忆邮递 = From 1900 Mail to 2000：百年前发自中国的 50 张明信片 / 林育德著. —北京：北京图书馆出版社，2004

203 页：照片；17×21cm

ISBN　7-5013-1240-0；CNY 35.00

本书收集了 50 张珍贵的明信片，视觉上以这些古老的影像穿成一条主线，通过作者的解读，邀请读者随着外国旅游者的脚步，一同拼贴出百年前中国的独特风貌。

X3/12　　　　　　　　　　　1197

旧京史照 = Historical Photos of Old Beijing：[摄影集] / 胡丕运主编. —北京：北京出版社，1996

308 页；29cm

ISBN　7-200-02792-8

精装：CNY 150.00

本书将 700 多幅珍贵历史照片，配以中、英文，分为城池、风俗、名胜、文化、街巷、宗教、商工、人物八个方面作出介绍。西城地域的内容占有很大比重。是一本有收藏价值的资料书。

X3/15　　　　　　　　　　　1198

北京旅游摄影 = Beijing Tourism Photography / 广角势力编著. —北京：中国铁道出版社，2011

274 页：照片；26cm

ISBN　978-7-113-12166-2；CNY 79.00

本书是一本关于"如何拍摄北京"的书，书中精选了北京影友最常拍摄的 80 个地点，分为皇家风范、长城内外、胡同旧影、菁菁校园等 10 大类别，为影友介绍了北京大大小小、林林总总的地点，并详细地叙述可以拍到哪些题材，以及如何拍出精彩的照片。

X3/16　　　　　　　　　　　1199

我爱你北京："爱北京 照北京"摄影文化活动优秀作品集 / 范远谋主编. —北京：北京出版社，2009

273 页；32cm

ISBN　978-7-200-07390-4

精装：CNY 580.00

本画册是由北京市委宣传部、北京市政府新闻办公室、"爱北京 照北京"摄影文化活动组委会编辑的，为庆祝建国 60 周年而举办的摄影比赛优秀作品集。内容包含天安门广场花坛、什刹海酒吧一条街等。

X3/17　　　　　　　　　　　1200

传承久远的古塔建筑 / 谢宇主编. —天津：天津科技翻译出版公司，2012

150页：图；23cm

建筑科普馆 彩色图文本

ISBN 978-7-5433-3014-6；CNY 24.80

本书为《建筑科普馆》丛书，介绍了中国不同时期、不同地域的建筑特色。古塔是中国五千年文明史的载体之一，被誉为中国古代杰出的高层建筑。本册侧重介绍古塔、佛塔。

X3/18　　　　　　　　　　　1201

京华龙影 = Beijing's Dragons：[摄影集]/朱天纯摄影、撰文．—北京：学苑出版社，2012

181页：图；29cm

ISBN 978-7-5077-3999-2；CNY 120.00

本书为一本关于龙文化的图册，汇集作者在北京拍摄的龙的照片百余幅。龙作为皇权思想的图腾形象，最集中、最完整、最丰富、最典型的展现在北京城的方方面面。从皇家宫殿的园林建筑到历史文物的极品珍藏、再到民间文物的工艺作品，体现出龙文化的博大精深。

X3/19　　　　　　　　　　　1202

读书的艺术摄影作品选/李金龙主编．—北京：[西城区宣武图书馆]，[2013]

200页：照片；29cm

本书是一部关于阅读的摄影作品集，收录"读书的艺术"摄影大赛的获奖作品及优秀作品200幅，让读者直观地体会到读书的美、读书的快乐和幸福。著名诗人徐玮为每幅作品创作了诗篇，增加了作品的文化内涵。

X3/20　　　　　　　　　　　1203

光影余韵/北京市西城区第一图书馆编．—北京：北京燕山出版社，2015

107页；25×25cm

ISBN 978-7-5402-3741-7；CNY 198.00

本画册是西城区第一图书馆"金色光影"摄影沙龙成员作品集。"金色光影"摄影沙龙成立于2001年，通过多年的摄影实践和理论学习，取得了一定的成绩。本画册既是对会员13年来成果的展示，也是西城区第一图书馆服务读者的体现。

X4/2　　　　　　　　　　　1204

宫墙内外的老北京文化/朱洪，马慕良编著．—北京：北京工艺美术出版社，2011

209页：图；25cm

ISBN 978-7-5140-0032-0；CNY 56.00

本书是《北京工艺美术丛书》系列之一。分"北京历史、宫廷文化、民间文化、北京工艺美术对老北京文化的传承"四个章节，以介绍宫廷工艺美术如北海公园九龙壁和民间工艺美术产品如鬃人等为形式，研究探讨了宫廷文化与民间文化的特征、关系及发展。

X41/2　　　　　　　　　　　1205

北京石木雕．—北京：[中国工艺品进出口公司北京市分公司]，[出版时间不详]

1册：彩照；30cm

CNY 80.00

《北京石木雕》图册，文图并茂，反映了北京雕刻艺术的造诣，多为仿唐雕刻作品，同时介绍了国内其他地区的古代雕刻精品。

X5/10.2　　　　　　　　　　1206

北京古建筑地图. 中／李路珂［等］编著. —北京：清华大学出版社，2011

504 页；21cm

ISBN　978-7-302-25685-4；CNY 70.00

本书（中册）介绍临近二环路的东城、西城、崇文、宣武及二环路以外的海淀、朝阳、丰台、石景山的历史建筑。精选118处较为重要和完整的古建筑，图文并茂地介绍其特点和艺术成就。另选39处古建，标明地址和保存状况。

X5/11　　　　　　　　　　1207

城市记忆：镜头中的老北京／赵梦文，赵梦武著. —北京：中国建筑工业出版社，2009

331 页：照片，图；29cm

ISBN　978-7-112-10241-9；CNY 150.00

本书以图文并茂的方式，展现了西城区（白塔寺等）及其他7个城区的老北京寺庙、祠堂、戏楼、金融、布庄、商号、客栈、饭庄、作坊、匾额等近千幅画面。展示了老北京的古建风貌，是一部文物研究的可鉴资料。

X5/14　　　　　　　　　　1208

北京的门墩＝ The Gate Piers in Beijing：［中英日文本］／于润琦编著. —北京：北京美术摄影出版社，2002

91 页；25×26cm

ISBN　7-80501-243-1；CNY 50.00

本书作者于润琦为中国现代文学馆馆员，北京民间文艺家协会会员。书中所有图片均由作者亲自实地踏勘拍摄，是其对北京门墩多年考察研究的成果。其中有西城区西直门内、西四北三条、前海西沿等大宅门前不同材质和造型的门墩。

X5/15　　　　　　　　　　1209

图说北京城／张妙弟，李洵，张帆编著. —北京：北京大学出版社，2011

316 页：地图；29cm

北京市哲学社会科学"十五"规划重点项目 北京市哲学社会科学研究基地北京学研究基地资助 北京联合大学市级重点建设学科——人文地理学资助

ISBN　978-7-301-18343-4；CNY 298.00

本书是全国首部全面研究北京城市建设历史过程的大型专著型画册，以标志性建筑和突出事件为重点，总结了北京城的发展演变过程及其规律。该画册史料翔实、图片珍贵、文字精炼，既具有较高的学术研究与收藏价值，又具有较好的科普与宣传作用。

X5/16　　　　　　　　　　1210

建筑师之笔＝ A Architect Rendering in Beijing：北京建筑启示录／荆其敏，张丽安编著. —北京：机械工业出版社，2011

10,165 页：图；24cm

ISBN　978-7-111-34690-6；CNY 68.00

本书共分"古都遗韵、坛庙观塔、皇苑荟萃、中西合璧、继往开来、旧貌新颜、绚丽今朝、标新立异"八个部分。其中介绍了西城境内的国家大剧院、梅兰芳大剧院、首都博物馆、宣武门天主教堂等或中西合璧或大型现代化建筑。

X5/17　　　　　　　　　　1211

八面来风／张克群著. —北京：机械工业出版社，2010

15,124 页：图，照片；24cm

华章文化

ISBN 978-7-111-30715-0；CNY 28.00

本书对早期洋人在北京盖的洋式建筑做了简明扼要的介绍和生动的讲解，不仅对来北京观赏的游客有用，对长居北京的人也有裨益。除去各式风格的建筑外，本书还收录了具有代表性的古桥与长城，以飨读者。

X5/18　　　　　　　　　　　　1212

艺术天堂的寺庙建筑 / 谢宇主编 . —天津：天津科技翻译出版公司，2012

152 页：照片；23cm

建筑科普馆 彩色图文本

ISBN 978-7-5433-2970-6；CNY 24.80

本书为《建筑科普馆》丛书，介绍了我国不同时期、不同地域的建筑特色。本册主要介绍佛教建筑艺术、伊斯兰教建筑艺术和庙祠建筑艺术。

X5/19　　　　　　　　　　　　1213

北京的四合院：砖瓦建成的北京文化 / 高巍等著 . —北京：学苑出版社，2006

299 页：照片；21cm

ISBN 7-5077-1827-1；CNY 18.00

本书集前人研究成果之精华，尤其注重四合院的建筑形式与传统文化的渊源，汇集了数百幅图片和生活场景进行了完整的展示。该书以某一具体的史地民俗事项作为一个窗口，借以展示北京传统文化的无穷魅力。将史地民俗置于传统文化的大背景中进行阐释，以揭示其丰富的文化内涵。

X5/20　　　　　　　　　　　　1214

跨越天堑的桥梁建筑 / 谢宇主编 . —天津：天津科技翻译出版公司，2012

150 页：图；23cm

建筑科普馆 彩色图文本

ISBN 978-7-5433-3005-4；CNY 24.80

本书为《建筑科普馆》丛书，分门别类的对我国不同时期的不同建筑形式作了详细介绍，书中内容丰富、涵盖面广，穿插生动有趣的小故事和精心筛选的图片，融科学性、知识性和趣味性于一体。本册主要介绍各地桥梁的建筑艺术。

X5/21　　　　　　　　　　　　1215

结构奇巧的楼阁建筑 / 谢宇主编 . —天津：天津科技翻译出版公司，2012

152 页：图；23cm

建筑科普馆 彩色图文本

ISBN 978-7-5433-2969-0；CNY 24.80

本书为《建筑科普馆》丛书，介绍了我国不同时期、不同地域的建筑特色。本册侧重介绍天一阁、文渊阁、戏楼、城楼、角楼、钟楼、鼓楼等楼阁建筑。让读者近距离的感受到建筑的形态及其所展现出来的魅力。

X5/22　　　　　　　　　　　　1216

北京四合院 = Beijing Courtyard / 陆翔，王其明著 . —北京：中国建筑工业出版社，1996

197 页：图；27cm

ISBN 7-112-02296-7

精装：CNY 200.00

本书是一部系统论述北京四合院住宅的学术专著。作者在广泛调研和查阅大量史料的基础上，对北京四合院展开了多方位的深入研究、整理和提炼。该书跨越了40个春秋，是对七百年来北京传统居住形式的考证、评析和展望。

X5/23　　　　　　　　1217

北京四合院风貌保护与修缮 = Traditional Style Restoration and Protection of the Quadrangle Dwellings of Beijing / 北京城市规划学会编 . —北京：北京城市规划学会，2011

138 页：彩照；28×28cm

CNY 200.00

本书为"四合院风貌保护与修缮"的课题研究成果，北京城市规划学会在历史文化名城保护中做了一系列基础工作，在基础资料和工作经历不断整合和深化的基础上，承担了课题研究项目。研究如何保护、保护什么、怎样保护、怎么修缮等问题。

X5/24　　　　　　　　1218

北京：[精编版] / 卢志刚主编 . —上海：上海人民出版社

240 页；19cm

米丈建筑地图

ISBN 978-7-208-09528-1；CNY 58.00

本书图文并茂的展示了北京的特色建筑。它用"地图"这种最易读的工具，以人文的方式，提供给人们建筑上的历史信息。它既通俗又专业，是大众认识北京建筑的指南，也是学术界研究北京建筑的重要参考书。

X5/25.1　　　　　　　　1219

北京古代建筑精粹 = Gems of Beijing Ancient Architecture：[中英文本] . 上 / 孔繁峙，钟制宪主编 . —北京：北京美术摄影出版社，2007

373 页：图；30cm

ISBN 978-7-80501-378-7

精装：CNY 980.00（全 2 册）

北京有各级文物保护单位 885 处。本书是一部全面、系统地反映北京现存的各类古代建筑精品的书籍，分上下两卷，在真实地记录不可再生的古代建筑的基础上，力求宣传北京，将北京优秀古代建筑充分的向世人展现。上卷为总论古代建筑发展概况，入宫殿、坛庙、园林、学府衙署、府邸宅院；下卷入寺观、城垣、陵墓、其他及附录。

X5/25.2　　　　　　　　1220

北京古代建筑精粹 = Gems of Beijing Ancient Architecture：[中英文本] . 下 / 孔繁峙，钟制宪主编 . —北京：北京美术摄影出版社，2007

341 页：图；30cm

ISBN 978-7-80501-378-7

精装：CNY 980.00（全 2 册）

北京有各级文物保护单位 885 处。本书是一部全面、系统地反映北京现存的各类古代建筑精品的书籍，分上下两卷，在真实地记录不可再生的古代建筑的基础上，力求宣传北京，将北京优秀古代建筑充分的向世人展现。上卷为总论古代建筑发展概况，入宫殿、坛庙、园林、学府衙署、府邸宅院；下卷入寺观、城垣、陵墓、其他及附录。

X5/26　　　　　　　　1221

北京四合院六讲 / 赵倩，公伟，於飞编著 . —北京：中国水利水电出版社，2012

162 页：图，照片；23cm

ISBN 978-7-5084-9955-0；CNY 38.00

本书以图文并茂的形式全方位地讲述了北京四合院的装饰、结构、建造以及其历史、现状和传承。全书共分缘起综述、建构法式、营造则例、装饰艺术、文化价值和传承展望六大篇章，适合对传统建筑和文化感兴趣的读者阅读。

X5/27　　　　　　　　　　　　　　1222

建筑北京：北京值得一看的当代建筑／褚智勇，巩祎临，马骏编著．—武汉：华中科技大学出版社，2011

211页：彩图，地图；20cm

ISBN　978-7-5609-6605-2；CNY 39.80

本书收录作品为20世纪80年代新中国成立后的建筑作品，通过专业摄影作品真实的反映建筑物的精彩和遗憾。让读者体会北京的代表性建筑的美。

X5/28　　　　　　　　　　　　　　1223

北京古建筑／城乡建设环境保护部建筑历史研究所、中国建筑技术发展中心建筑历史研究所编．—北京：文物出版社，1986

255页；34cm

本书分城市、宫殿坛庙、园林、住宅、寺观、陵墓六类展示了北京市区、郊区和九个属县的重要古代建筑，并对所收录的各建筑物的历史、现状、建筑特点等作了简单、通俗的文字介绍。本书收录的多幅图片，均是极珍贵的历史资料，有较高的史料价值。

X5/29　　　　　　　　　　　　　　1224

京华遗韵／淡欣著．—上海：上海古籍出版社，2004

234页：彩照；29cm

ISBN　7-5325-3756-0

精装：CNY 260.00

本画册以北京胡同内的市井建筑为主，介绍了街门、铺面房、内外装修、砖雕建筑精品等屋宇构件，反映了1994—2000年间北京的胡同状况，可为关注北京胡同变迁的人士提供参考依据。

X5/30　　　　　　　　　　　　　　1225

老北京的洋建筑＝Old Beijing's Foreign Buildings／李芳绘画／撰文．—北京：学苑出版社，2013

137页：图；22cm

故园画忆系列

ISBN　978-7-5077-4382-1；CNY 45.00

本书以钢笔画的形式展现了近代北京城中优秀建筑的独特历史风貌，并以简短的中、英文介绍了每个建筑的建造时间、结构形式、艺术风格、设计者、建筑的使用功能和现在的保护现状等，是对北京近代建筑文化一次较为完整的梳理。

X5/31　　　　　　　　　　　　　　1226

乡愁北京：寻回昨日的世界／沈继光著．—桂林：广西师范大学出版社，2013

535页：照片；20cm

理想国　影像

ISBN　978-7-5495-4035-8

精装：CNY 78.00

本书作者是一位美术工作者，摄影大师。书中用1600余幅照片拼接出一个破碎的、残缺的北京古城，井台、石蹲、学堂、当铺、洗衣板都被纳入画面，记录下曾经存在过的北京文化。全书分成先民留痕、孤寂城垣、百姓人家、学堂眷情、昨日青楼等20多个板块，厚重而悲壮。

X5/32　　　　　　　　　　　　　　1227

神州古塔录／黄少石著．—北京：昆仑

出版社，2014

18，415 页：图；24cm

ISBN 978-7-80239-039-3；CNY 59.00

本书收录中国 600 余座古塔，按一塔一图一文的体例编排，图片由作者一人独力拍摄。书中搜集了大量的原塔碑文资料，通过加工整理，串成一部到目前为止较为完整的古塔专著，是读者了解我国古塔历史知识、传播古塔文化、增强读者文物保护意识的有益读物。

X62/1　　　　　　　　　　　1228

白纸坊太狮／任晓东主编．——北京：当代中国出版社，2013

142 页：图，照片；29cm

国家级非物质文化遗产

ISBN 978-7-5154-0247-5；CNY 70.00

本书全面介绍了白纸坊太狮 200 年的历史，对太狮表演中的角色、动作、套路、音乐、服装等都有详尽的记录。书中同时叙述了中国的舞狮文化、北京地区的太狮会档及白纸坊地域的风土人情，是我国第一本系统介绍舞狮项目的专著。

X7/3.1　　　　　　　　　　1229

西城梨园史料．上／刘嵩崑著．——北京：北京市西城区政协文史和学习委员会，2010

476 页：图，照片，肖像；24cm

CNY 90.00（全 2 册）

梨园文化是北京历史文化的重要组成部分，反映了新西城深厚的历史文化底蕴。该书分为徽班进京、梨园科班、戏曲学校、梨园名家、名伶故居、票房票友、戏园戏楼、梨园轶事等章节。史料翔实，内容丰富，是了解和研究新西城京剧文化的有益读物。

X7/3.2　　　　　　　　　　1230

西城梨园史料．下／刘嵩崑著．——北京：北京市西城区政协文史和学习委员会，2010

478-958 页：图，照片，肖像；24cm

CNY 90.00（全 2 册）

梨园文化是北京历史文化的重要组成部分，反映了新西城深厚的历史文化底蕴。该书分为徽班进京、梨园科班、戏曲学校、梨园名家、名伶故居、票房票友、戏园戏楼、梨园轶事等章节。史料翔实，内容丰富，是了解和研究新西城京剧文化的有益读物。

X7/4　　　　　　　　　　　1231

崇文梨园史料／刘嵩崑著．——北京：崇文区政协学习与文史委员会，2009

501 页：图，照片，肖像；24cm

本书由崇文区政协组织编写，崇文与宣武合称城南，有"梨园之乡"之称。书中详细介绍了北京城南的戏园、戏楼、科班、戏校、梨园故居街巷、义地等，特别是享誉剧坛的梨园大师们的生活和创业历史，具有一定史料价值。

X71/1　　　　　　　　　　1232

新北京，老名片／张宁著．——北京：北京燕山出版社，2006

219 页：剧照；21cm

ISBN 7-5402-0686-1；CNY 30.00

本书为探讨京剧艺术生存现状与发展前景的专著。书中"梅兰芳的移步不换景"一文涉及位于西城的梅兰芳大剧院。

X71/2　　　　　　　　　　1233

回首当年：中国戏曲学院老戏单／杜长胜主编．——北京：学苑出版社，2010

342页：照片；28×29cm

2009科技创新平台项目2010实验室建设项目

ISBN 978-7-5077-3656-4

精装：CNY 300.00

本书收藏的老戏单出自北京老戏迷杨蒲生先生之手。戏单显示时间从1950年至2010年，其中以五六十年代的演出介绍更为详细。地点多在前门外大众剧场、天桥剧场、中和戏院、民主剧场、西长安街的长安大戏院、西单剧场等。

X71/4　　　　　　　　　　　　1234

北京京剧百科全书＝Encyclopedia of Beijing Opera in Beijing／段炳仁主编．—北京：京华出版社，2010

11,656页：照片；27cm

ISBN 978-7-80724-495-0

精装：CNY 512.00

本书是一部以北京地域文化为背景，全面系统介绍京剧知识的专题百科全书，也是中国出版的第一部京剧专题百科全书。书中条目包括京剧史、表演艺术、舞台美术、艺术造型、流派、人物、剧目、综合8个方面的内容，后附大事年表及索引。

X71/5　　　　　　　　　　　　1235

梨园旧匾／北京文博交流馆，北京市智化寺管理处编．—北京：北京燕山出版社，2014

190页：图；30cm

ISBN 978-7-5402-3567-3

精装：CNY 398.00

本书以图文并茂的方式展示了71方旧匾，这些牌匾记录了北京梨园界从1888年至1946年的风风雨雨，反映了梨园行艺人的辛酸苦辣。书中对每块牌匾都附有文字说明，涉及众多京剧名人介绍，是记录京剧艺术发展历程的重要资料。

X8/1　　　　　　　　　　　　1236

北京电影录／白安丹主编．—北京：北京出版社，1999

507页：照片；26cm

ISBN 7-200-03796-6

精装：CNY 95.00

本书上限自北京电影事业发端的1902年，下限至1993年底。分电影事业（上编）、电影机构（中编）、电影人物（下编）三个方面记述了北京市电影事业发展情况。

文献题名汉语拼音索引

A

阿龙聊北京 /56
爱与梦 /190
爱祖国知荣辱：西城区爱国主义教育场所导览手册 /182
安全生产执法检查资料汇编 /147
安全用药知识随读 /214

B

八面来风 /228
把群众放在心上：西城区开展的群众路线教育实践活动心得 /111
把握城市功能定位 促进首都持续健康发展 /138
白塔寺地区 /13
白纸坊太狮 /232
百草西城：创刊号 2008．1/211
百草西城．2/211
百草西城．3/211
百草西城．4/211
百草西城．5/211
百草西城．6/211
百花成蜜 /170
百家公共文化服务设施指南 /178
百年立德：史立德在中国大学 /88
百年校史：1912-2012/190
百年中国大学 /198
办公室健身手册 /209

办公室人群健身操标准化教程 /209
办公室人群健身操指导手册 /209
帮您就业 100 问 /97
报国寺 /44
暴风雨的记忆：1965-1970 年的北京四中 /191
北京胡同玩全指南＝Beijinghutong Guide & Map/28
北斗京华：北京生活五十年漫忆 /219
北海 /41
北海北岸风光 /41
北海大佛殿遗址 2010 年考古发掘完工报告：[图集]/41
北海景山公园志 /40
北海琼华岛 /41
北海团城 /40
北京：精编版 /230
北京：我们心中的城 /220
北京 24 小时 /174
北京．上 /10
北京．下 /10
北京安徽会馆志稿 /47
北京奥运场馆旅游交通图＝Beijing Olympic Venues Tourism and Transport Map，交通篇 B/208
北京八路游 /53
北京百家佛寺寻踪 /43
北京百科词典，科学技术卷 /185
北京博览：北京的博物馆 /181

北京博物馆精华 = The Essence of Museums in Beijing：[中英文本]/181
北京不为人知的人间烟火 /58
北京残疾人事业志参考资料：公元前156年—公元1998年 /124
北京城旧影寻踪 /30
北京城旧影寻踪 /31
北京城区历史文化传承论坛材料汇编 /57
北京城市地图 /66
北京城市地图 /67
北京城市地图集 = Beijing City Atlas：中英文对照 /66
北京城市规划图志：1949—2005/157
北京城市建设开发集团总公司志：1977—1995/151
北京城市内部人口迁居研究 = A Study on Residential Mobility in Beijing/98
北京大栅栏：[中英对照]/33
北京档案史料．2009.4/75
北京档案史料．2010.1/75
北京档案史料．2010.2/75
北京档案史料．2010.4/76
北京档案史料．2011.1/76
北京档案史料．2011.4/76
北京档案史料．2013.1/77
北京档案史料．2013.2/77
北京档案史料．2009.2，档案中的北京五四 /75
北京档案史料．2009.3，庆祝中华人民共和国成立60周年专辑 /75
北京档案史料．2010.3，档案中的北平抗战 /75
北京档案史料．2011.2，档案中的北京党史与党建 /76
北京档案史料．2011.3，辛亥革命后的北京 /76
北京档案史料．2012.2，档案中的北京文化 /76
北京档案珍藏展图录 /182
北京的第三产业 /143
北京的胡同四合院：展览画册 /33
北京的胡同四合院 = Hutong and Siheyuan in Beijing：[画册]/30
北京的老字号 = Time-Honored Brands in Beijing：[中英文本]/167
北京的门墩 = The Gate Piers in Beijing：[中英日文本]/228
北京的桥 /51
北京的山水 /50
北京的商业街和老字号 /168
北京的社会调查．上 /96
北京的社会调查．下 /96
北京的四合院：砖瓦建成的北京文化 /229
北京的文化名片什刹海．上 /51
北京的文化名片什刹海．下 /51
北京的一百张面孔：志书撷英 /18
北京的中国银行：1914—1949年 /149
北京的宗教 /103
北京地方文献报刊资料索引历史部分 /69
北京地方志．2015年第2期（总第72期）/6
北京地理风光 /10
北京地名发展史 /27
北京地名漫谈 /32
北京地区基督教史迹研究 /105
北京地铁发展史：责任与使命 /165
北京电话图志：1899—1999/166
北京电影录 /233
北京动物园志 /42
北京读本 /59
北京非物质文化遗产保护工作高级研讨班专

家专题讲稿汇编 /16
北京风景集萃 = Beijing in a Nutshell：[中英文本] /35
北京风景名胜 = In Beijing：[摄影集] /37
北京风物佚闻录 /34
北京佛寺：[画册] /44
北京辅仁大学校史 /197
北京辅仁大学校史资料革命史部分 /197
北京改革开放二十年 =Two Decades of Reform and Opening To the Outside in Beijing：1978-1998/137
北京公园分类及标准研究 /161
北京古代建筑精粹 = Gems of Beijing Ancient Architecture：[中英文本].上 /230
北京古代建筑精粹 = Gems of Beijing Ancient Architecture：[中英文本].下 /230
北京古代史论著资料索引.1949-1985/70
北京古代史论著资料索引.1986-2000/70
北京古地图集 = Beijing in Ancient Maps/63
北京古都历史文化讲座 = Lecture Series of the Ancient Capital Beijing's History and Culture/81
北京古都中轴线变迁丛考 /25
北京古建筑 /231
北京古建筑地图.中 /228
北京古树神韵：[中英文本] /21
北京古运河与城市供水研究 /21
北京广安门外名人与旧址 /38
北京规划建设.1994年1-6期 /158
北京胡同 /28
北京胡同 = Hutong in Beijing /28
北京胡同故事 /32
北京胡同记忆 = Hutongs of Old Beijing：中英文本 /29
北京胡同名称集注 /30

北京胡同四合院类型学研究 = Study on Typology of Beijing Hutong Sihe Yuan/26
北京胡同文化 /33
北京华天饮食文化集萃 /173
北京画卷 /97
北京话旧 = The Old Story of Beijing/101
北京皇家建筑遗址发掘报告 /82
北京皇家园林树木文化图考 /40
北京记忆 /74
北京记忆与记忆北京 /219
北京技术市场与高新技术企业相关政策选编 /172
北京建设年鉴.2012/155
北京建筑志设计资料汇编.上册 /151
北京建筑志设计资料汇编.下册 /152
北京交通旅游全图：全开等比例不变形六环图 /66
北京交通旅游详图 /66
北京交通游览图：最新版.2002/67
北京街巷地名趣谈 /27
北京金牌居住区 /156
北京金融街 = Beijing Fnance Street：中国财富中枢. /162
北京金融街档案史料图集 /159
北京近代建筑史 = The Modern Architectural History of Beijing From the End of 19th Century to 1930s/150
北京近千年生态环境变迁研究 /163
北京京城文化 /62
北京京剧百科全书 = Encyclopedia of Beijing Opera in Beijing/233
北京精神新民谣 /220
北京精神与文化 /61
北京旧城25片历史文化保护区保护规划 = Conservation Planning of 25 Historic Areas in

Beijing Old City/158
北京旧城/24
北京旧城 = The Old City of Beijing：[英汉对照]/23
北京旧城胡同实录/31
北京旧城胡同现状与历史变迁调查研究．上册/26
北京旧城胡同现状与历史变迁调查研究．下册/26
北京旧城与菊儿胡同/156
北京抗击非典的日日夜夜/210
北京考古发现与研究：1949-2009．上/82
北京考古发现与研究：1949-2009．下/83
北京考古工作报告：2000-2009，平谷、通州、顺义卷/83
北京老门联/220
北京老字商号产权多元化改革研究/170
北京历代帝王庙古建筑修缮工程专辑/43
北京历史地图集．[一集]/67
北京历史地震资料汇编/21
北京历史纲要．上册/69
北京历史纲要．下册/69
北京历史人物传．上册/85
北京历史人物传．下册/85
北京历史文化/696
北京历史文化名城保护论文摘编/159
北京历史文化名城北京皇城保护规划 = Conservation Plan For the Hishtoric City of Beijing and Imperial City of Beijing：[中英文本]/156
北京历史与文化论文集/59
北京历史与现实研究/79
北京辽金史迹图志：幽燕千古帝王州．上/50
北京辽金史迹图志：幽燕千古帝王州．下/50
北京六环地图：2011/66
北京旅行指南/55
北京旅游摄影 = Beijing Tourism Photography/226
北京旅游生活/67
北京旅游手册/55
北京旅游手册：北京寺庙游/43
北京毛家湾出土瓷器/81
北京秘境．贰，48段重新发现北京的旅程/37
北京秘境 = Inside Beijing：52段重新发现北京的旅程/36
北京民间水治/163
北京民俗联语二百选/220
北京民俗文化旅游指南/101
北京名人故居，西城卷/47
北京名人故居，宣武卷/47
北京名胜 = Best Sights in Beijing：[中英文本]/34
北京名胜楹联/220
北京内城寺庙碑刻志．第二卷/45
北京内城寺庙碑刻志．第三卷/45
北京内城寺庙碑刻志．第一卷/45
北京内外城详图/64
北京年鉴2014 市民生活年鉴．2014/93
北京侨联/126
北京青年运动70年大事记：1919年5月4日—1989年5月4日/113
北京人民革命斗争：1919-1949/72
北京人行车手册．2011/65
北京日用工业品商业志稿/170
北京深处：帝业 仙境 不拔地/38
北京深度游 Follow Me/174
北京生活地图册/66
北京十大建筑设计 = Beijing Ten Prominent

Buildings /151
北京石刻撷英 /82
北京石木雕 /227
北京实用资料大全 /10
北京拾遗 /219
北京史百题 /18
北京史大事纪年北京胡同丛谈：关于地名考证的几个问题 /70
北京史研究．一 /78
北京史研究会成立二十周年暨北京史研究与社会发展学术研讨会文集 /78
北京史苑．第 1 辑 /79
北京市安全生产条例 /147
北京市安全生产违法行为行政处罚标准：试行 /133
北京市场大观 /167
北京市城建系统党史资料：纪事汇编．下册（1993 年 –2000 年），纪事篇 /154
北京市城建系统党史资料：先进事迹集萃英模名录，风采篇 /154
北京市城建系统党史资料，资料篇 /154
北京市城建系统党史资料，资料篇 /154
北京市城建系统党史资料：纪事汇编．上册（1949 年 –1978 年），纪事篇 /153
北京市城建系统党史资料：纪事汇编．中册（1979 年 –1992 年），纪事篇 /153
北京市城市园林绿化普查资料汇编．1995/159
北京市城市园林绿化普查资料汇编．2000/160
北京市城市园林绿化普查资料汇编．2005/160
北京市地名志，城近郊区卷 /30
北京市地图册 /63
北京市地图集 /64

北京市第二次全国基本单位普查数据资 /96
北京市第六次全国人口普查图志 /98
北京市第三十一中学百年华诞 /192
北京市电影发行放映单位史．上 /183
北京市电影发行放映单位史．下 /183
北京市电影发行放映工作文件汇编．1979-1991/183
北京市二龙路中学建校 90 周年纪念册：1922-2012/191
北京市非物质文化遗产信息汇编．2006 年度 /17
北京市革命遗址通览 /39
北京市公共企事业单位便民服务指南．1/94
北京市公共企事业单位便民服务指南．2/94
北京市国土资源地图集 /67
北京市基层公共文化服务中心指南 /183
北京市建设学习型城市示范区评估工作会议材料汇编．二，学在西城 /118
北京市建筑设计研究院纪念集：1949-2009/151
北京市街巷名称录 /26
北京市街巷名称录汇编 /27
北京市旅游规划与统计调研资料汇编．2005-2006 年 /173
北京市民生活年鉴．2009/93
北京市青少年学生校外教育工作资料汇编．2007 年 /201
北京市区县财政统计资料．2005/145
北京市人员密集场所安全生产规定文件汇编 /147
北京市实验职业学校 /199
北京市市级示范会员之家创建纪实．之一 /99
北京市市政工程设计研究总院志：1955-1995/154
北京市外商投资企业名录：公告．1994/148

北京市外商投资企业名录：公告．1995/148
北京市西城区2010年人口普查文件资料/99
北京市西城区2010年人口普查资料/99
北京市西城区R&D资源清查资料汇编．综合卷/185
北京市西城区"十二五"规划研究课题成果汇编．二/140
北京市西城区"十二五"规划研究课题成果汇编．三/141
北京市西城区"十二五"规划研究课题成果汇编．四/141
北京市西城区"十二五"规划研究课题成果汇编．五/141
北京市西城区"十二五"规划研究课题成果汇编．一/140
北京市西城区"五五"普法成果选编/132
北京市西城区2002年度优秀调研成果选编/115
北京市西城区2006年度优秀调研成果选编/116
北京市西城区2008年度优秀调研成果选编/116
北京市西城区2011年度优秀调研成果选编/116
北京市西城区2012年度优秀调研成果选编/116
北京市西城区出访报告汇编．2006年/125
北京市西城区出访报告汇编．2007年/125
北京市西城区创建全国"阳光家园"示范区资料汇编/97
北京市西城区创建学习型组织工作纪实/200
北京市西城区创新金融服务产业发展环境研究．/149
北京市西城区第一次全国经济普查重点行业主要数据摘要/144

北京市西城区2012年度调查研究重点课题汇编/120
北京市西城区工商行政管理志/147
北京市西城区规章制度汇编．一二/123
北京市西城区国民经济和社会发展第十二个五年规划汇编．上/141
北京市西城区国民经济和社会发展第十二个五年规划汇编．下/141
北京市西城区国民经济和社会发展第十二个五年规划中期评估报告汇编/142
北京市西城区集邮协会年鉴．2014/184
北京市西城区纪检监察系统2005年度优秀调研报告、党课、征文集萃．2005年度/109
北京市西城区纪检监察系统2005年度优秀调研报告、党课、征文集萃．2007年度/109
北京市西城区纪检监察系统2005年度优秀调研报告、党课、征文集萃．2008年度/109
北京市西城区纪检监察系统优秀调研报告、党课、征文集萃．2004年度/108
北京市西城区建设健康城区知识读本/212
北京市西城区教育系统出访报告汇编．2006年/125
北京市西城区教育研修学院2008年工作年报/199
北京市西城区教育研修学院2009年工作年报/199
北京市西城区街巷名称录/27
北京市西城区经济普查年鉴．2008/145
北京市西城区军事志/126
北京市西城区老年大学规章制度汇编：合订本/202
北京市西城区民主党派2011年度调研成果汇编/119
北京市西城区民主党派2012年度调研成果汇编/119

北京市西城区民主党派 2013 年度调研成果汇编 /119

北京市西城区民主党派 2014 年度调研成果汇编 /119

北京市西城区民主党派 2006 年度调研成果汇编 /118

北京市西城区人大常委会 2006 年工作评议和述职评议材料汇编 /114

北京市西城区人民代表大会（临时）第二次会议文件汇编 /114

北京市西城区人民代表大会常务委员会公报 .2009 年第 1 号 /113

北京市西城区人民代表大会常务委员会公报 .2009 年第 2 号 /113

北京市西城区人民代表大会常务委员会公报 .2012 年第 1 号 /114

北京市西城区人民代表大会常务委员会公报 .2012 年第 3 号 /114

北京市西城区人民政府公报 .2012 年第 1 期（总第 1 期）/115

北京市西城区人民政府国有资产监督管理委员会．2012． /138

北京市西城区社区教育学校教育教学论文集 /202

北京市西城区审计局 2008-2009 年调研报告集萃 /145

北京市西城区实验学校 10 周年校庆：1999-2009/192

北京市西城区图书馆藏地方文献目录提要 /180

北京市西城区文明市民学校 2009 年教育教学活动手册 /200

北京市西城区文明市民学校 2014 年教育教学活动计划 /200

北京市西城区宣武图书馆馆藏文献辛亥革命资料选编 /72

北京市西城区优秀文选．2002/108

北京市西城区月坛街道社区志．上 /8

北京市西城区月坛街道社区志．下 /8

北京市西城区政府投资重大建设项目监督工作手册 /138

北京市西城区总工会第十一届委员会资料汇编 /208

北京市西单百货商场史料：1950-1985/171

北京市行政区划图志：1949-2006 年 /65

北京市宣武区 1990 年人口普查资料：电子计算机汇总 /99

北京市宣武区 2000 年度优秀调研成果选编 /121

北京市宣武区"五五"普法回顾 /133

北京市宣武区 2006—2009 年党建研究课题成果选编 /110

北京市宣武区地名录 /32

北京市宣武区第四次人口普查手工汇总资料 /98

北京市宣武区广安门外街道志 /8

北京市宣武区经济普查年鉴．2008/145

北京市宣武区军事志 /126

北京市宣武区园林绿化志 /160

北京市宣武区职工素质情况调查资料 /146

北京市宣武区志 /8

北京市宣武区重要会议资料集：1949-1994/106

北京市中小学生社会大课堂课程化研究案例研究，西城篇 /190

北京手册：2011 版 /94

北京手册：2013 版 /94

北京四合院 = Beijing Courtyard/229

北京四合院风貌保护与修缮 = Traditional Style Restoration and Protection of the

Quadrangle Dwellings of Beijing/230
北京四合院六讲/230
北京四合院人居环境/102
北京寺庙=Beijing's Temples：中英对照/43
北京陶然亭地区名人及旧址/85
北京体育辞典=Beijing Sports Dictionary/207
北京通史. 第1卷/70
北京同仁堂史/172
北京统计研究报告. 2002—2003/137
北京往事/57
北京往事：渐行渐远老北京/61
北京卫生年鉴. 2004/212
北京文化60年=Culture 60 Years in Beijing, 1949-2009/178
北京文史五十年/78
北京文史资料. 第66辑/77
北京文史资料. 第67辑/77
北京文史资料. 第68辑/77
北京文史资料. 第69辑/77
北京文史资料. 第70辑/78
北京文史资料. 第75辑/78
北京文物博物馆事业纪事. 上, 1949—1978/181
北京文物博物馆事业纪事. 下, 1979—2006/181
北京文物地图集：[中英文本]. 上/67
北京文物地图集：[中英文本]. 下/68
北京文物精粹大系=Gems of Beijing Cultural Relics Series/81
北京我童年的故乡/89
北京西城=Xicheng Images：[中英对照]/14
北京西城革命史词典/72
北京西城花园式单位/162
北京西城老字号/168
北京西城历史文化概要/12

北京西城旅游一册通=A Tour of Beijing, a Discovery of Xicheng：2010年版/55
北京西城旅游一册通=A Tour of Beijing, a Discovery of Xicheng：2012年版/54
北京西城年鉴. 2008/10
北京西城年鉴. 2009/11
北京西城年鉴. 2010/11
北京西城年鉴. 2011/11
北京西城年鉴. 2012/11
北京西城年鉴. 2013/11
北京西城年鉴. 2014/12
北京西城统计年鉴：中英文对照. 2011/144
北京西城统计年鉴：中英文对照. 2012/144
北京西城往事. 6/80
北京西城往事. 7/80
北京西城往事. 第四部, 西城追忆集粹/79
北京西城往事/79
北京西城文物史迹. 第1辑, 史迹卷/36
北京西城文物史迹. 第1辑, 文物卷/35
北京西黄寺重修纪念/46
北京西四北四条31号四合院/102
北京先农坛/43
北京向导/95
北京小吃地图=Beijing Snacks Guide：2011—2012最新全彩版 激新版/101
北京新老字号名匾荟萃/176
北京新视野地图册：8月新版中英对照. 2009/65
北京新视野地图册：新版中英对照. 2010/65
北京宣南会馆拾遗/47
北京宣南历史地图集/68
北京宣南寺庙文化通考. 下/45
北京宣南文化游/54
北京宣武百科全书/15

北京宣武改革开放 30 年专题文集．上卷下卷 /121

北京宣武年鉴：2010/13

北京学研究．2012，北京文化与北京学研究 /16

北京一六一中学九十五周年校庆：[画册]/192

北京印记：讲述我和新北京的故事 /219

北京邮政日戳图谱：1949 年 2 月至 1996 年 8 月，市区支局、所卷 /165

北京邮政史料选编：1949 年至 1956 年．第一辑 /166

北京邮政史料选编：1957 年至一 1965 年．第一辑 /166

北京与江户：17—18 世纪的城市空间 /24

北京园林优秀设计集锦 /160

北京在前进：北京通讯、特写选集 /218

北京这么吃 /102

北京正阳门 /39

北京志．1，综合卷 /1

北京志．103，卫生卷 /5

北京志．105A，民族·宗教卷 /5

北京志．107A，民俗·方言卷 /5

北京志．110，商业卷 /5

北京志．12，政权·政协卷 /1

北京志．16，政务卷 /1

北京志．18，共产党卷 /1

北京志．23，人民团体卷 /2

北京志．27，政法卷 /2

北京志．31，军事卷 /2

北京志．38，综合经济管理卷 /2

北京志．40，综合经济管理卷 /2

北京志．55，市政卷 /2

北京志．58，市政卷 /3

北京志．59，市政卷 /3

北京志．61，市政卷 /3

北京志．62，工业卷 /3

北京志．71，工业卷 /3

北京志．72，农业卷 /3

北京志．79，商业卷 /4

北京志．80A，商业卷 /4

北京志．80D，商业卷 /4

北京志．90B，文化艺术卷 /4

北京志．94，档案卷 /4

北京志．95，著述卷 /5

北京志：北京奥运会志．上 /5

北京志：北京奥运会志．下 /6

北京中国大学校友会成立 20 周年专辑：1989-2009/197

北京中国大学英烈 /86

北京中轴线变迁研究 /24

北京中轴线历史文脉 /35

北平 /23

北平风俗类征．上下册 /100

北平风俗类征．上下 /100

北洋北京 = The Pageant of Peking：摄影大师的视界 /62

笔触西城：庆祝《北京西城报》创刊 1000 期 /120

缤纷西城映京华 /163

冰点与熔点：西单商场树立新观念大胆闯新路 /171

不尽的思念：张延祐先生逝世周年纪念文集 /88

不平凡的历程：纪念什刹海研究会成立 20 周年 /51

C

曹雁 /132

草长莺飞：少儿作文博客版 /189

茶余饭后话北京. 2010 年版 /15
茶余饭后话北京. 2011 年版 /15
茶余饭后话北京. 2012 年版 /16
长安街 = Chang'an Boulevard : [中英文本] /157
长安街时讯：缩印合订本. 2010.12.9-2011.12.8（1-26）期 /122
长安街时讯：缩印合订本. 2011.12.22-2012.12.20（27-52）期 /122
常人春讲北京 /100
陈垣先生的史学研究与教育事业：纪念陈垣先生诞辰 130 周年学术论文集 /91
陈垣校长诞生 110 周年纪念册 /90
陈垣校长诞生百年纪念文集 /90
晨钟暮鼓 /44
撑起女三中的人们：记 1949-1966 年的教职工 /88
成长的故事：征文作品集 /204
城池漫游 = Strolling Around the City : [中英文本] /9
城粹：西直门 /33
城脉：都市交通大写真 /164
城脉：图解北京古城古建 /36
城脉：图解北京坛庙 /43
城默：北京名人故居的人文发现 /48
城色 /62
城市记忆：镜头中的老北京 /228
城市居民应急避险手册 /164
城市绿化法律法规执法检查资料汇编 /162
城市社会学 = Urban Sociology：北京城市社会生活调查 /96
城市中国，北京之南贫 /61
城市中国，北京之西贵 /60
崇文梨园史料 /232
穿过幸福时差：月坛 90 位老党员的光荣和梦想. Ⅱ，红色故事会 /123
穿过幸福时差，听月坛老人讲故事 /123
传承久远的古塔建筑 /226
传奇老北京：《日下旧闻考》解读 /57
创建学习型城区简明学习手册 /203
创建学习型组织简明学习手册 /203
创新发展 永葆先进：西城区基层党组织先进性建设纪实 /111
创意无垠：首都文化创意产业大家谈 /178
慈悲梁皇宝忏. 上 /104
聪慧教育 /189

D
搭乘地铁游逛北京 = Beijing City Guide by Subway /174
大北京：最有京味儿的 88 个地方 /53
大城记. Ⅰ，1949-1968 /93
大城记. Ⅱ，1969-1988 /94
大城记. Ⅲ，1989-2008 /94
大城市中心区学习型城区建设：北京市西城区的实践与思考 /203
大道：道桥专业 60 年校友成就 /198
大栅栏故事：魅力老字号 /168
大栅栏胡同记忆 /33
大栅栏街道志 /8
北京市情数据手册 = Beijing Basic Facts and Data. 2010 /9
当代北京城市发展 = Contemporary Urban Development of Beijing. 2013 /156
当代北京道路史话
当代北京副食品商业 /171
当代北京公园史话 /160
当代北京古建筑保护史话 /39
当代北京教育史话 /188
当代北京剧场影院史话 /182

当代北京考古史话 /83
当代北京商号史话 /170
当代北京铁路史话 /165
当代北京饮用水史话 /163
当代北京阅读史话 /184
当代北京宗教史 /103
当代咏北京诗词选 /217
当代中国的北京：（征求意见稿）. 上册 /9
当代中国的北京：（征求意见稿）. 下册 /9
当代中国的北京：（征求意见稿）. 中册 /9
当代中国先进文化及其传播路径研究 /177
党旗飘扬在西城：庆祝中国共产党成立 90 周年西城区美术作品集 /223
党在我心中：西城区直机关纪念建党 90 周年优秀征文作品汇编 /120
道教全真第一丛林北京白云观 /46
德胜公园 /160
德胜街道"两新"党建工作专刊 .2007 年第 2 期 /109
德胜时间：十八大专刊. 总第 9 期 /143
德胜时间. 2012 年 1 月（总第 1 期）/143
德胜时间. 2012 年终专刊（总第 11 期）/143
德胜映像 = Dengsheng impression/30
德语文献中晚清的北京 /72
地安门的前世今生 /40
地方电子政务"十大应用"丛书，北京西城区卷 /119
地名里的老北京 /31
地名与北京城 /29
地图 = Map：北京人文地理. 2010 增刊 /23
帝京景物略 /38
第五次会员代表大会暨第五次统计科学研讨会文件汇编 /144
第一至五批全国重点文物保护单位保护管理调研资料手册 /36

丁香四月天 /216
东方帝都 = Eastern Imperial Capital：西方文化视野中的北京形象 /74
董少诗书法作品汇编 /225
都发展轨迹扫描 /25
都市旅游品质 = Top, Urban, Toursm Research：北京市西城区旅游发展研究. 上卷 /173
都市旅游品质 = Top, Urban, Toursm Research：北京市西城区旅游发展研究. 上卷 /173
读北京游西城：西城故事. 上册 /55
读北京游西城：西城故事. 下册 /55
读书的艺术摄影作品选 /227

E
二十世纪北京城市建设史料集. 上 /155
二十世纪北京城市建设史料集. 下 /155

F
法惠民生：宣武区"五五"普法纪行 /133
法惠于民，西城区公益法律服务实践与探索 /133
法惠于民，西城区公益法律服务优秀案例选编 /133
法律服务便民手册 /134
法律援助在西城 /134
方志西城 /7
坊间珍闻：什刹海访谈录 /34
放手拈花：居士佛学培训班学员感悟集. 一 /44
非公企业党建通讯 .2007 年第 2 期 /109
非物质文化遗产纵横谈：北京市非物质文化遗产保护工作高级研讨班论文集 /177
风云录 /197
佛教与北京寺庙文化 /104
辅仁大学师生书画集 /223

辅仁往事. 第 2 辑 /196
辅仁往事. 第 3 辑 /196
辅仁往事. 第 4 辑 /197
辅仁往事. 第 5 辑 /197
辅仁往事. 第 1 辑 /196
辅仁校友通讯. 10/193
辅仁校友通讯. 11/193
辅仁校友通讯. 12/193
辅仁校友通讯. 13/193
辅仁校友通讯. 14/193
辅仁校友通讯. 15/193
辅仁校友通讯. 16/194
辅仁校友通讯. 17/194
辅仁校友通讯. 18/194
辅仁校友通讯. 19/194
辅仁校友通讯. 20/194
辅仁校友通讯. 21/194
辅仁校友通讯. 22/194
辅仁校友通讯. 23/195
辅仁校友通讯. 24/195
辅仁校友通讯. 25/195
辅仁校友通讯. 26/195
辅仁校友通讯. 27/195
辅仁校友通讯. 28/195
辅仁校友通讯. 29/195
辅仁校友通讯. 30/196
辅仁校友通讯. 31/196
辅仁校友通讯. 32/196
辅仁校友通讯. 33/196

G

改革开放话北京 /115
感悟生命之美：2009 版 /93
宫墙内外的老北京文化 /227
恭王府：[中英文本]，府邸 /50

恭王府：[中英文本]，花园 /50
恭王府：[画册] /49
恭王府 = Prince Gong's Mansion：[中英文本] /46
恭王府 = Prince Gong's Mansion：探游之旅 /49
恭王府 = Prince Kung's Mansion /49
恭王府风水大观 /49
恭王府手绘图 = A hand Painting of Prince Gong's Mansion：珍藏版 /47
构筑终身教育体系 创建学习型社会，学习资料选编 /202
古韵新姿 = The New Appearance:a Glimpse at the Environmental Renovation of the City's south Axis：[摄影集] /158
古都北京 /24
古都北京 /37
古都变迁说北京：北京蓟辽金元明清古 /25
古都旧景精品集：汉英日文本 /225
古都情韵游西城：[中英文本] /38
古都商事：老北京商贸轶话 /170
古都遗韵丛书. 第二卷，追忆百业 /225
古都遗韵丛书. 第一卷，回望古城 /225
古今北京 /35
古今北京 /35
故宫墙外那些事儿 /63
关爱生命全程 = Care For the Whole Life：2009 版 /212
关公的一百张面孔 /85
馆藏石刻目 /182
光影余韵 /227
广安门外街道志 /8
规划决策 调研先行：规划系统 2002 年调研成果选编 /157
国立北平师范大学附属女子中学概览 /192

H

合作共赢 同创未来：北京西城社区学习中心 10 年足迹 /123

和恭仁文：恭王府大事记 /48

和谐"四点一线"多元化纠纷解决机制工作专刊．第四期 2009.03/135

红色足迹 =Red Foofprint：纪念中国共产党建党 90 周年 /112

鸿雁情 /217

鸿爪雪泥：孙方之书艺与人生 /215

侯仁之与北京地图 /64

胡同保护规划研究 /159

胡同里的老北京 /31

胡同味道 /219

胡同寻故 /27

胡同氤氲：北京卷 /49

胡同与北京城 /29

湖帆山水画集 /224

华彩宣武：[画册]/15

华府新辉：2009-2012 年新闻报道 /48

环渤海地区社区教育协作组织第四届研讨会文集 /202

皇城 = Imperial City /25

皇城北京 /63

回眸当年教改：记五十年前北京二龙路学校的教改 /192

回首当年：中国戏曲学院老戏单 /232

回望老北京 /56

惠游西城 /54

霍心散文集．第六部 /218

霍心散文集．第七部 /218

J

基层司法行政 30 年：1981-2011/135

基础教育的研究与探索：北京市西城区"十五"教育研究成果 /188

基督教与北京教堂文化 /105

激情宣武：凝眸 2009/12

记忆：北京市西城区档案馆建馆 30 周年回顾 /182

记忆宣武报 /17

记忆邮递 = From 1900 Mail to 2000：百年前发自中国的 50 张明信片 /226

纪念陈垣校长诞生 110 周年学术论文集 /90

纪念西城区职业教育三十年论文集：2010/199

加快南城及南部地区发展研究，专题报告 /138

加快南城及南部地区发展研究 /137

加摹乾隆京城全图 /63

加强政治协商工作研讨文章选编 /128

贾立群 B 超：做人做出品牌来 /91

见证古都 = Botanic Heritages: Living History of Beijing：北京古树名木 /21

建国后的西单商场 /171

建设和谐的幼儿园：2005 年西城区园长管理经验研讨会 /188

建筑北京：北京值得一看的当代建筑 /231

建筑师之笔 = A Architect Rendering in Beijing：北京建筑启示录 /228

健康急救速查手册 /212

践行环保理念 共建绿色未来 /164

槛外论道：建筑史论杂谈 /152

降糖太极操标准化教程 /208

教科文卫体委员会五年工作资料汇编：2007—2011/114

教师研修在网上：北京西城教育研修网 5 周年纪念 /199

教育督导工作汇编．2002-2005 年 /187

教育督导工作汇编．2002-2005 年 /187

教育社会化 社会教育化：社区教育与社区发展文集 /202

教育研修理论与实践探究：2006-2010. 上册 /188

教育研修理论与实践探究：2006-2010. 下册 /188

接地气的历史书：从前有个老北京 /60

节能减排社区行动指南 /153

结构奇巧的楼阁建筑 /229

解读北京 =Reading Beijing/16

解说老北京 =A Journey to Old Beijing/18

今日德胜：创刊号. 2010.6.14-2011.5.23（1-24）期 /121

今日德胜：缩印合订本. 2011.6.10-2011.5.30（25-57）期 /122

今日宣武：[中英文本]/15

今融：创刊号. 第1期 /156

金融街. 2009年5月（总第8期）/148

金融街·二十年 /162

金融街建设与发展二十年主题展（1992-2012）/159

金融街论坛文集 /149

金融街书画展 /223

金融街增绿工程方案汇报. /162

近世名人大出殡 /103

进一步发挥委员主体作用研讨文章选编 /128

进一步加强专委会建设研讨文章选编 /117

晋阳饭庄 = Jinyang Restaurant：1959-2009/172

京版报刊上的北京邮政，解放前部分 /165

京版报刊上的北京邮政 /165

京城故事 /74

京城清真餐饮第一楼 /172

京城烧烤 /101

京城水上游 /174

京城文脉 / 沐浴书香·品鉴西城：2011年读者主题征文活动征文集 /59

京都志趣 /58

京华感旧录 /58

京华康居 = Residential Construction in Beijing/162

京华龙影 = Beijing's Dragons：[摄影集]/227

京华遗韵 /231

京津沪渝四市八区第19次、全国十二城区第21次人大工作交流会材料汇编 /114

京门九衢图. 上卷 /39

京门九衢图. 下卷 /39

京腔京韵 /60

京商论 /168

京师贤良祠入祀名臣传 /46

京韵杂述 /56

精彩宣博 /181

景山 /41

景山公园年鉴汇编：2003—2010/42

景山牡丹 /41

景山寿皇殿历史文化研究 /42

旧京城市建设寻踪追迹 /155

旧京环顾图 /224

旧京史照 = Historical Photos of Old Beijing：[摄影集]/226

旧京市井风情图谱 /70

旧日西单商场 /171

局级领导调研报告汇编 /108

聚焦中轴线 /25

K

科学发展 社会和谐：来自北京西城的实践与思考 /117

科学发展在区县：区县党政主要领导谈科学发展. 上下册 /106

科学发展在区县：区县党政主要领导谈科学发展．上下册/106
科学发展在宣武：北京市宣武区落实科学发展观经验总结及典型实例汇编/106
苦草争春：并非一个人的历史/218
跨向新世纪：社会文化文论集/182
跨越天堑的桥梁建筑/229
快乐健康 童年时光：西城区中小学生优秀绘画作品集/225

L

蓝调城南：老北京的记忆/219
劳动合同法暨实施条例培训讲义/146
老北京，巷陌民风/93
老北京城/25
老北京的记忆/16
老北京的民间传说/221
老北京的趣闻传说/18
老北京的洋建筑 = Old Beijing's Foreign Buildings/231
老北京叫卖调/100
老北京旅行指南：《北平旅行指南》重排本/53
老北京民居宅院 = Old Beijing's Courtyard Houses：[中英文本]/102
老北京那些事儿：三品顶戴洋教士看中国/56
老北京人的口述历史．上/74
老北京人的口述历史．下/74
老北京人文地图/57
老北京五十年/60
老北京新北京：2012-2013/53
老北京新北京：2012-2013/53
老北京杂吧地：天桥的记忆与诠释/95
老北平的故古典儿/100

老房子，北京四合院/102
老毫说贾：京城老商号练习生纪实/176
老天桥说杂技人生/89
老同学：北京二龙路学校1967届高中师生文集/192
老烟画中的风景 = Scenery in the Old Cigarette Cards［中英对照］/184
梨园旧匾/233
李大钊北京十年，交往篇/86
李大钊北京十年，事件篇/87
李大钊北京十年，思想篇/87
李大钊传．上/86
李大钊传/86
李大钊家族史研究/86
李大钊研究资料索引：1927-2008/86
李乃甘寿字书刻集/226
理论·实践·探讨：北京市西城区青少年儿童图书馆论文集/179
历史文化街区保护与更新 = 2012 Beijing Studies International Symposium on Preservation and Renewal of Hstoric Cultural Districts：北京学国际学术研讨会论文集/19
历史遗痕：利玛窦及明清西方传教士墓地/46
励耘学术承习录：纪念陈垣先生诞辰120周年/90
砺宣武纪情三十年：1978—2008/111
梁军生/131
料汇编 = Data of the Second National Census of Basic Units of Beijing, 2001/96
凌河诗词稿：增订本/216
刘和霞/130
刘乃和教授纪念集/91
流动人口安居首都法律指南/98
留住记忆：北京二龙路学校65界教改试验

班回忆 /191

琉璃厂古韵今朝，图集 /31

琉璃厂古韵今朝，文集 /31

琉璃厂史画 /28

琉璃厂小志 /29

柳青 /131

龙树寺与宣南诗社 /216

鲁迅名言录 /89

绿色西城．2008年第2期（总第2期）/161

M

马广明 /130

马淑玲 /130

毛家湾：明代瓷器坑考古发掘报告．上 /82

毛家湾：明代瓷器坑考古发掘报告．下 /82

梅兰芳：[摄影集]/89

美丽北京 /54

魅力大栅栏 /32

魅力宣武 /61

门牌号 /220

孟祥贤 /131

梦回北京：现代作家笔下的北京 /219

民国北京宗教社团 = Religious Organization in Beijing：文献、历史与影响 /103

民国二十一年（1932年）最新北平全书详图 /64

民间瑰宝耀京华：[中英对照]，西城区非物质文化遗产保护成果概览 /17

民苑集 /215

民族的脊梁时代的先锋：全国"双百"评选候选人风采录 /201

名人故居博览，北京卷 /47

名胜巡礼 = A Glance at Historical Relice：[中英文本]/224

名医李德衔先生：百年华诞纪念集 /91

明代北京佛教寺院修建研究．上 /104

明代北京佛教寺院修建研究．下 /104

明清北京城图 /64

明实录北京史料．一 /70

明信片清末中国 /184

谋略 /167

沐浴书香·传承精神：2012年读者主题征文活动征文集 /179

沐浴书香·低碳生活：2010年读者主题征文活动征文集 /179

沐浴书香·品味西城：读《北京西城文化史》征文集 /58

暮鼓晨钟：西城历史文化述要 /60

N

难忘的往事：北京二龙路学校1962届高中毕业50周年纪念文集 /192

你不知道的京城旧事 /17

凝聚．2007年第2期 /110

凝聚复兴 远见未来：首都医科大学附属复兴医院建院60周年 /213

牛街礼拜寺：北京牛街礼拜寺创建一千年纪念 /104

P

培养小学生良好做事习惯的实践与研究，家长教子经验集 /204

培养小学生良好做事习惯的实践与研究，课题研究报告集 /204

培养小学生良好做事习惯的实践与研究，研究案例集 /204

品物记：重温古人的优雅生活 /176

葡萄常秘史：传女不传男的独门手艺 /152

普法．2012年第2期（总第9期）/132

普法．2012年增刊 /132

Q

七叶集 /17

旗下絮语 /103

企业规章制度和劳动合同示范文本 /146

启迪民智 书脉传承：首都图书馆建馆百年纪念文集 /179

千古探秘 = Exploration of the Ancient Mysteries：考古与发现 /82

前进中的——西城交警 /124

前进中的西城区侨联：成立 17 周年（1986-2003）纪念专刊 /126

前进中的西城区医学会：1979-2009/212

前门志稿. 卷八，商号 1/7

前门志稿. 卷九，商号 2/7

前门志稿. 卷二，会馆 2/6

前门志稿. 卷五，院落 3/6

前门志稿. 卷九，商号 2/7

前门志稿. 卷六，院落 4/7

前门志稿. 卷七，院落 5/7

前门志稿. 卷一，会馆 1/6

前瞻前行 /13

浅谈宣南文化 /57

青春西城. （连续）/97

清代北京皇城写真帖 = Photographs of Palace Buildings of BeiJing/40

清代翰林院制度 = The imperial Academy System in Qing Dynasty/71

清代建筑图像 /37

清代宣南人物事略初编 /85

清代宣南诗词选 /218

清宫述闻：初续编合编本. 上 /71

清宫述闻：初续编合编本. 下 /71

清真古韵 = An old musilm Ton-Beijing Niujie Mosque：北京牛街礼拜寺 /44

庆祝北京一五六中学建校 80 周年教职工及校友名册：1932-2012/92

区级大额专项资金使用和管理专题询问资料汇编 /148

区情概览 =New Impression New Start：新印象·新起点 /12

全响应网格化社会服务管理政策文件汇编 /95

R

人民调解在西城 /135

人民陪审制度的理论与实践：以北京市西城区人民法院为研究对象 /135

人文月坛：缩印合订本. 2007.9-2009.9（1-100）期 /178

日本侵华罪行实证：河北、平津地区敌人罪行调查档案选辑. 上册 /73

日本侵华罪行实证：河北、平津地区敌人罪行调查档案选辑. 下册 /73

日下帝京天 /56

融通历史文脉 共建美好西城：西城区政协委员谈古都历史文化传承 /62

瑞蚨祥 /172

S

社区建设资料汇编. 三 /122

社区民警故事 = Community Police Story/87

神州古塔录 /231

沈崇艳 /131

生产安全责任事故模拟责任追究资料汇编：西城区餐饮企业名录 /173

生正逢时：清皇族后裔金毓嶂口述家族史 /92

盛世长安图 /224

诗画京华老字号 /167

诗行皇城根：诗人眼中的北京西城 /217

十八大安保文件汇编 /124

什刹海 /97
什刹海的变迁 /52
什刹海的胡同和四合院 /29
什刹海的学校医院文化场所 /187
什刹海九记 /52
什刹海文化研究：2009–2013/52
什刹海与北京城的中轴线 /52
什刹海与京杭大运河 /52
时代先锋：宣武区保持共产党员先进性教育活动辅助读本 /111
实践与思考：北京市第十二届人大常委会五年工作回顾与总结．上下 /113
实用北京街巷指南 /27
拾年 /158
食品安全执法检查资料汇编 /213
史说北京：插图本 /24
使命与责任：政协委员风采录 /87
士林交游与风气变迁：19 世纪宣南的文人群体研究 /215
事说心语：让心理卫生的阳光洒向全社会 /97
事业单位人事制度文件汇编 /124
试点单位开展深入学习实践科学发展观活动经验交流材料 /108
逝去的风韵 = Twilight of the imperial capital：德国摄影师镜头下的老北京 /59
首都区：实现区域可持续发展的战略构想 /137
首都体制下的北京规划建设管理：封建帝都 600 年与新中国首都 60 年 /153
首都图书馆百年纪念事 /180
书香满西城：阅读·思考·分享 /203
熟悉·陌生北京城 /62
数说北京改革开放三十年 = The 30th 1978-2008 Anniversary of Reform and Opening Up/144
谁识杜陵忧患意　尘封诗史待重光：癸卯进士、诗人郭家声先生纪念专辑 /88
水墨北京 = Beijing Memories in Ink/224
司法要览．2008 年第 12 期（总第 21 期）/134
私家北京 /174
思索：2007 年调研课题文选．2007 年 7 月（总第 9 期）/169
思索．2007 年 6 月（总第 8 期）/168
四月丁香梦 /217
寺·塔·亭 /51
寺庙北京 /42
岁月回响：首都城市规划事业 60 年纪事．上 /157
岁月回响：首都城市规划事业 60 年纪事．下 /157

T
陶然记忆 /218
陶然亭 /161
陶然亭 /161
陶然亭 /161
陶然亭端午诗歌 /216
陶然亭小学管理制度汇编 /189
体育博览：北京师范大学体育 90 年特刊 /207
天桥街道学雷锋活动资料汇编：1983–2002/122
图说北京城 /228
图说北京历史上的今天 /23
图说老北京：京门九衢 /34

W
晚清京师南城政治文化研究 /71
晚清明信片集萃 /59
晚学集 /215

王灿炽史志论文集 /79
王川 /130
王府华章：2009—2012年媒体报道 /48
微观北京 & 广角北京 = Zoom in & Out Beijing/158
微观北京= Zoom-in Beijing/157
巍巍古都 /35
未开放的紫禁城：讲述你所不知道的紫禁城 /40
文化品牌启示录：北京市青年宫文化品牌实践与探索 /183
文化视野下的图书馆事业 = Librarianship Under the Cultural View/180
文化西城创意之都 = Cultural Xicheng Creative Capital/177
文化宣南．2010第1期（总第9期）/178
文明养犬系列漫画．第1卷，热闹的家庭会议 /225
文物古迹览胜：西城区各级文物保护单位名录 /37
我爱你北京："爱北京 照北京"摄影文化活动优秀作品集 /226
我爱我的家园：环境与可持续发展教育 /190
我的父亲程砚秋 /89
我的老北京印象 = Peking Studies：荷兰大使夫人之民国见闻 /61
我的母校中国大学 /198
我们的父亲陈一帆 /88
我们的父亲杨易辰：1914—1997/88
我心目中的英雄：手绘报 /223
我眼中的西城 /15
我也是鲁迅的遗物：朱安传 /92
我与"西城之最"读书征文活动获奖文集 /179
我与西城经济普查同行 /143
我与中轴线 /215

我与中轴线 /24
我在人大十年 /113
无双毕竟是家山：传说之外的老北京 /58
物业管理文件汇编 /162

X

西长安街道"两新"党建工作专刊．2007年第2期（总第2期）/110
西长安街机关干部读书心得选编 /111
西长安街街道廉政文化宣传册 /111
西长安街中心组理论调研文章汇编．2012/118
西城残疾人．2010年创刊号（总第1期）/115
西城成教通讯．2005年第1期 /199
西城成人教育．2009.1（总第9期）/187
西城城管精神：专刊 /132
西城城市管理．2010.1（总第242期）/153
西城调研与决策．（连续）/96
西城法官．2009年第2期（总第19期）/135
西城非公经济通讯．2009.1（总第17期）/148
西城改革开放30年 /115
西城故事与中国梦 /120
西城环卫奥运服务模式 /208
西城回眸：北京西城老同志回忆 /74
西城记忆 =The Memory of Xicheng/12
西城检察印记 /135
西城建设史 /73
西城教育思想录 /187
西城九三．2015年第2期（总第40期）/129
西城抗战图史 /73
西城老年大学建校25周年校庆诗文选集 /203
西城老年大学建校二十五周年校庆画册 /203
西城梨园史料．上 /232
西城梨园史料．下 /232
西城礼物 = Xicheng Gifts/168

西城名师录 = Famous Teachers in Xicheng 89 District/88

西城女性．2012.6（2012 第 3 期）/113

西城普法．2009 年 /132

西城普法．2012 年第 4 期（总第 6 期）/132

西城企联：创刊号．2009 年 /147

西城区・帕萨迪那市友好城市十周年：1999−2009/125

西城区 2008 年环境建设任务书 /164

西城区 2009 年教育法律法规执行情况自查全面实施素质教育自评文件汇编 /202

西城区"十二五"规划纲要中期评估监督工作资料汇编 /142

西城区"十二五"规划解读 /142

西城区"十一五"时期经济发展主要数据汇编 /139

西城区安全生产监督管理局内部管理工作规则 /147

西城区按比例安排残疾人就业工作经验材料选编 /55

西城区产业政策汇编 /134

西城区城市管理体制改革及和谐社区建设调研文章汇编 /123

西城区第一次全国经济普查代码手册 /145

西城区干部教育培训工作月报．2009 年第 02 期（总第 17 期）/200

西城区贯彻实施《北京市行政问责办法》学习手册 /119

西城区街道地图集 /64

西城区经济社会发展季报．2010，缤纷街道 /139

西城区经济社会发展季报．2011，缤纷街道 /139

西城区经济社会发展季报．2011，华彩西城 /140

西城区经济社会发展季报．2011，华彩西城 /140

西城区经济社会发展季报．2011，特色功能区 /140

西城区经济社会发展季报．2011，特色功能区 /140

西城区精神文明创建活动先进集体和个人光荣册．[2007]/129

西城区精神文明创建活动先进集体和个人光荣册．[2008]/130

西城区精神文明创建活动先进集体和个人光荣册．[2009]/130

西城区居民应急手册 /164

西城区空气质量安全手册．/163

西城区劳动和社会保障工作会议材料汇编 /146

西城区廉政风险防范管理工作实用手册 /155

西城区平安医院院刊．2008 年第 9 期（总第 30 期），奥运专刊 /213

西城区情．2007 年 /14

西城区情．2009 年 /14

西城区情．2010 年 /14

西城区情．2011 年 /14

西城区人口计生．2008 年第 1 期（总第 1 期）/99

西城区社会发展资料汇编．2010/118

西城区社会科学重点课题研究成果汇编．2009 年度第 1 辑 /185

西城区社会科学重点课题研究成果汇编．2009 年度第 2 辑 /185

西城区社会科学重点课题研究成果汇编．2010 年度 /186

西城区社会科学重点课题研究成果汇编．2011 年度 /186

西城区社会组织名录 = Xicheng Distridt

Sociai Organization List：德胜街道 /95
西城区社科知识普及市民读本 /185
西城区社区地图集 /65
西城区社区健康生育全程服务工程，调研成果 /100
西城区社区健康生育全程服务工程，指导手册 /100
西城区社区居委会行政区划代码手册 /12
西城区生产经营单位安全质量标准化文件汇编．二 /146
西城区生产经营单位安全质量标准化文件汇编．一 /146
西城区特色功能区经济社会发展解析 /139
西城区体育局规章制度汇编（试行）/207
西城区统计工作会议材料汇编 /145
西城区统计局执法文书实用手册．/143
西城区图书馆年鉴．2006 年 /180
西城区图书馆年鉴．2007 年 /180
西城区图书馆年鉴．2008 年 /180
西城区图书馆年鉴．2009 年 /180
西城区文化资源手册 /182
西城区文明机关达标活动手册．2011 年 3 月 /115
西城区校园安全自护教师指导手册 /188
西城区政协机关规章制度和工作规范 /128
西城区直机关首届文化节 /184
西城区重点行业领域安全生产隐患专项整治资料汇编 /147
西城区组织工作手册．2010/110
西城人力社保．2012 年第 1 期（总第 7 期）/124
西城史迹：宫苑·坛庙·王府 /37
西城史迹：辛亥前后三十年 /80
西城体育五十年：1958－2008/207
西城外事 2012 出访报告汇编 /125

西城网格视窗：创刊号．2010 年 1 月（总第 1 期）/116
西城信息化：西城信息化成果汇编．2011/120
西城行政服务：期刊合订本．2012.01－2013.12（10－18）期 /117
西城行政服务：试刊号．2010 年 3 月（总第 1 期）/117
西城宣传．2010.09（总第 1 期）/110
西城园林 /161
西城政法．2008 年第 3 期（总第三期），奥运特刊 /134
西城政法．2008 年第一期（创刊号）/134
西城之最 =Xicheng Dstrict's Greatests/13
西城致公．2015 年 4 月第 1 期（总第 13 期）/129
西城追忆·抗战西城 /73
西城追忆·文物保护专辑 /80
西城追忆．2011.1（总第 39 期）/80
西检反腐实录：职务犯罪典型案例精析 /135
西引时尚 城载盛典 = A Fashionable and Fabulous Xicheng District/54
西直门车务段志：1905－2000/165
先农神坛 /43
闲话北京往事 /58
弦歌不辍传薪火 桃李不言芳满园：1932－2012/191
乡愁北京：寻回昨日的世界 /231
享受习作乐趣 /190
向着共同愿景：西城区商务局创建学习型机关纪实 /201
像史学家一样逛北京 /36
消逝中的风情：京城胡同 /32
孝星风采录．2010 年 /87
校友通讯．2000 年 12 月第 2 期 9（总第

26期）/198
心动西城 /193
心心相印：抗击非典征文选编 /212
辛亥革命与北京 /72
辛亥革命与北京西城：1911-2011/72
新北京，老名片 /232
新街口街道"两新"党建工作专刊.2007年第2期 /109
新街口街道第三届百名文明市民、十佳文明之星表彰及事迹材料汇编 /132
新街口之窗.2010年第1期（创刊号）/王志成总编辑 /122
新西城与五环同辉＝New Xicheng, Olympic Glory：北京市西城区奥运环境建设工作巡礼 /208
信步胡同 /28
兴慈运悲 同心同德：2008年 /45
星光闪烁映陶然：教师"十五"科研成果汇编 /189
杏坛细雨：北京市二龙路中学90周年纪念文集 /191
宣南：清代京师士人聚居区研究 /71
宣南赋 /57
宣南鸿雪图志 /23
宣南老字号 /167
宣南民谣 /221
宣南女杰 /92
宣南士乡 /81
宣南文化 /17
宣南文化便览 /178
宣南文脉：一个街道主任眼中的城市性格 /13
宣武改革开放30年 /120
宣武集邮年鉴.2011-2012/184
宣武区2004年"儿童成长"论坛：暨"未成年人思想道德建设"专题研讨会 /205
宣武区党政机构改革20年资料汇编 /121
宣武区第五次人口普查文件资料汇编 /98
宣武文史.第14辑 /81
宣武文史.第15辑 /81
宣武文史集萃 /80
宣武邮协20年 /185
玄识清远：恭王府志愿者李振生文集 /50
学习和贯彻科学发展观调研报告汇编.2008—2009/114
学习无限·创新无限·发展无限 /200
学习型城区建设科研成果汇编.[2012]/204
学在西城＝Manual of Base of Lifelong Learning in Xicheng District：西城区市民终身学习服务基地手册.[2009]/201
学在西城＝Manual of Base of Lifelong Learning in Xicheng District：西城区市民终身学习服务基地手册.[2011]/201
学知录：2006年西城区委区政府中心组学习报告汇编 /129
学知录：2007年西城区委区政府中心组学习报告汇编 /129
学知录：2008年西城区委区政府中心组学习报告汇编 /129
寻找老北京＝In Search of Old Peking /61

Y

烟袋斜街：老北京风情典藏 /28
烟雨楼台：北京大学图书馆藏西籍中的燕都春秋 /78
燕都览古诗话 /217
燕京春秋 /79
扬帆·启程：2006-2010年西城区经济社会发展情况 /139
洋洋婆孙成长手记 /205

夜 @ 北京 /221
一百元吃遍北京：200 家超赞人气餐厅 /172
一国之宝　史学巨掣：陈垣先生诞辰一百三十周年纪念展 /90
伊斯兰教与北京清真寺文化 /104
以观沧海：启功百年诞辰纪念文集 /89
艺术天堂的寺庙建筑 /229
影像展览路 /123
永定河与北京城 /21
用药常识 200 问 /213
游遍中国，北京卷 /53
于福庚老北京风情油画 /224
元代水利家郭守敬 /90
园林胜境 = Classical Gardens and Parks：[中英文本] /34
原来他们这样做校长：北京西城智慧校长访谈录 /189
岳美中纪念文集 /91
云起时百年街景影像展 = Beijing Street Image 1912–2012 /33
运动健康——走进 2008．2008 年 7 月总第四期 /208
运动与健康 /206

Z

展望．2007 年第 2 期 /110
张雪娣 /131
这里才是北京！/176
这里是北京．第 6 辑 /16
铮鸣：赵铮同志从教四十年论文集 /190
政协北京市西城区委员会（临时）资料汇编．2009 年度 /127
政协北京市西城区委员会资料汇编．1998 年度 /126
政协北京市西城区委员会资料汇编．2004 年度 /126
政协北京市西城区委员会资料汇编．2006 年度 /127
政协北京市西城区委员会资料汇编．2007 年度 /127
政协北京市西城区委员会资料汇编．2008 年度 /127
政协北京市西城区委员会资料汇编．2009 年度 /127
知学．2007 年第 1 期（总第 45 期）/128
职业技能培训与西城发展同行 /199
志说北京：修志人眼中的北京 /18
智化寺：[中英文本] /46
智汇宣武·博士论坛：暨高校博士、青年干部挂职工作总结会议调研成果汇编 /121
智能德胜：德胜街道"全响应"社会服务管理创新实践 /118
中大书画研究会地书分会 10 周年北京中国大学校友会成立 20 周年书画集 /223
中关村国家自主创新示范区年鉴．2010 /142
中关村科技园区年鉴．2008 /142
中关村科技园区年鉴．2009 /142
中国大学 /198
中国大学百年历史纪念画册：1913–2013 年 /198
中国共产党北京市重要会议概要 /108
中国共产党北京市组织史资料：1949—1987，西城卷 /112
中国共产党北京市组织史资料：1949—1987，宣武卷 /112
中国共产党北京市组织史资料：1987—2010，西城卷 /112
中国共产党北京市组织史资料：1987—2010，宣武卷 /112
中国庙会 = Temple Fairs in China /103

中国民俗文化志，北京·宣武区卷 /101

中国名人故居游学馆：胡同氤氲，北京卷 /48

中国人民政治协商会议北京市西城区第十二届委员会第二次会议文件汇编 /128

中国人民政治协商会议北京市西城区第十二届委员会第三次会议文件汇编 /128

中国人民政治协商会议北京市西城区第十二届委员会第四次会议文件汇编 /129

中国首都北京 /137

中国文化产业年度发展报告．2006/177

中国游记＝Travel to China/52

中国著名的寺庙宫观与教堂 /42

中国最美的城区之一＝One of the Most Beautiful Urban Districts in China：北京什刹海 /51

中华老字号．第二册 /169

中华老字号．第六册 /170

中华老字号．第三册 /169

中华老字号．第四册 /169

中华老字号．第五册 /169

中华老字号．第一册 /169

中华名园大观 /35

中华人民共和国地名词典，北京市 /29

中老年降糖太极操 /209

中老年社区常见健身路径锻炼方法指南 /209

中南海胜迹诗联集 /216

中医话健康 /212

中轴龙脉：古都风物图卷 /26

追寻：北京市爱国主义教育基地导览手册 /39

拙斋文存 /216

紫禁城行走漫笔 /71

自主学习·自助学习·自新学习，第十期领导干部理论进修班研究式教学资料汇编 /124

自主学习·自助学习·自新学习，第十一期领导干部理论进修班研究式教学资料汇编 /125

纵横北京 /56

走遍北京．2008年 /95

走遍北京．2011年 /95

走读京城角落 /62

走街串巷品文化：大栅栏胡同游 /32

走进西城 /38

其他

2005—2007文物、博物馆法规规章文件汇编 /133

2006-2007西城区成人教育论文集 /200

2007年度西城区依法治区工作材料汇编 /117

2008发展的脚步：宣武区发展改革工作研究汇编．上册 /138

2008发展的脚步：宣武区发展改革工作研究汇编．下册 /139

2008年西城区依法治区工作材料汇编 /117

2009城市可持续发展·什刹海论坛＝Shichahai Fornm:Urban Sustainable Development：人口·环境·健康 /163

2009年西城区教育科研周程序册 /191

2010年西城区政府系统各单位工作计划汇编 /118

2014金融街论坛文集 /149

50周年园庆：纪念北京市第六幼儿园50周年 /189

文献题名汉字笔画索引

一画

一百元吃遍北京：200 家超赞人气餐厅 /172

一国之宝史学巨擘：陈垣先生诞辰一百三十周年纪念展 /90

二画

二十世纪北京城市建设史料集．下 /155

二十世纪北京城市建设史料集．上 /155

丁香四月天 /216

十八大安保文件汇编 /124

七叶集 /17

人文月坛：缩印合订本．2007.9—2009.9（1100）期 /178

人民调解在西城 /135

人民陪审制度的理论与实践：以北京市西城区人民法院为研究对象 /135

八面来风 /228

三画

于福庚老北京风情油画 /224

士林交游与风气变迁：19 世纪宣南的文人群体研究 /215

大北京：最有京味儿的 88 个地方 /53

大城市中心区学习型城区建设：北京市西城区的实践与思考 /203

大城记．Ⅰ，1949—1968 /93

大城记．Ⅱ，1969—1988 /94

大城记．Ⅲ，1989—2008 /94

大栅栏故事：魅力老字号 /168

大栅栏胡同记忆 /33

大栅栏街道志 /8

大道：道桥专业 60 年校友成就 /198

千古探秘 = Exploration of the Ancient Mysteries：考古与发现 /82

广安门外街道志 /8

门牌号 /220

马广明 /130

马淑玲 /130

乡愁北京：寻回昨日的世界 /231

四画

王川 /130

王灿炽史志论文集 /79

王府华章：2009—2012 年媒体报道 /48

天桥街道学雷锋活动资料汇编：1983—2002 /122

元代水利家郭守敬 /90

无双毕竟是家山：传说之外的老北京 /58

云起时百年街景影像展 = Beijing Street Image 1912-2012 /33

艺术天堂的寺庙建筑 /229

不平凡的历程：纪念什刹海研究会成立 20 周年 /51

不尽的思念：张延祐先生逝世周年纪念文集 /88

区级大额专项资金使用和管理专题询问资料

汇编 /148

区情概览 =New Impression New Start：新印象·新起点 /12

历史文化街区保护与更新 = 2012 Beijing Studies International Symposium on Preservation and Renewal of Hstoric Cultural Districts：北京学国际学术研讨会论文集 /19

历史遗痕：利玛窦及明清西方传教士墓地 /46

日下帝京天 /56

日本侵华罪行实证：河北、平津地区敌人罪行调查档案选辑．下册 /73

日本侵华罪行实证：河北、平津地区敌人罪行调查档案选辑．上册 /73

中大书画研究会地书分会 10 周年

中老年社区常见健身路径锻炼方法指南 /209

中老年降糖太极操 /209

中华人民共和国地名词典，北京市 /29

中华老字号．第一册 /169

中华老字号．第二册 /169

中华老字号．第三册 /169

中华老字号．第五册 /169

中华老字号．第六册 /170

中华老字号．第四册 /169

中华名园大观 /35

中关村国家自主创新示范区年鉴．2010 /142

中关村科技园区年鉴．2008 /142

中关村科技园区年鉴．2009 /142

中医话健康 /212

中国人民政治协商会议北京市西城区第十二届委员会第二次会议文件汇编 /128

中国人民政治协商会议北京市西城区第十二届委员会第三次会议文件汇编 /128

中国人民政治协商会议北京市西城区第十二届委员会第四次会议文件汇编 /129

中国大学 /198

中国大学百年历史纪念画册：1913—2013 年 /198

中国文化产业年度发展报告．2006 /177

中国民俗文化志，北京·宣武区卷 /101

中国共产党北京市组织史资料：1949—1987，西城卷 /112

中国共产党北京市组织史资料：1949—1987，宣武卷 /112

中国共产党北京市组织史资料：1987—2010，西城卷 /112

中国共产党北京市组织史资料：1987—2010，宣武卷 /112

中国共产党北京市重要会议概要 /108

中国名人故居游学馆：胡同氤氲，北京卷 /48

中国庙会 = Temple Fairs in China /103

中国首都北京 /137

中国著名的寺庙宫观与教堂 /42

中国最美的城区之一 = One of the Most Beautiful Urban Districts in China：北京什刹海 /51

中国游记 = Travel to China /52

中南海胜迹诗联集 /216

中轴龙脉：古都风物图卷 /26

水墨北京 = Beijing Memories in Ink /224

见证古都 = Botanic Heritages: Living History of Beijing：北京古树名木 /21

牛街礼拜寺：北京牛街礼拜寺创建一千年纪念 /104

毛家湾：明代瓷器坑考古发掘报告．下 /82

毛家湾：明代瓷器坑考古发掘报告．上 /82

长安街 = Chang'an Boulevard：[中英文本] /157

长安街时讯：缩印合订本．2010.12.9—2011.12.8（1—26）期 /122

长安街时讯：缩印合订本. 2011.12.22—2012.12.20（27—52）期 /122
什刹海 /97
什刹海九记 /52
什刹海文化研究：2009—2013/52
什刹海与京杭大运河 /52
什刹海的变迁 /52
什刹海的学校医院文化场所 /187
什刹海的胡同和四合院 /29
今日宣武：[中英文本]/15
今日德胜：创刊号. 2010.6.14—2011.5.23（1—24）期 /121
今日德胜：缩印合订本. 2011.6.10—2011.5.30（25—57）期 /122
今融：创刊号. 第 1 期 /156
风云录 /197
文化西城创意之都 = Cultural Xicheng Creative Capital/177
文化视野下的图书馆事业 = Librarianship Under the Cultural View/180
文化品牌启示录：北京市青年宫文化品牌实践与探索 /183
文化宣南. 2010 第 1 期（总第 9 期）/178
文明养犬系列漫画. 第一卷, 热闹的家庭会议 /225
文物古迹览胜：西城区各级文物保护单位名录 /37
方志西城 /7
心心相印：抗击非典征文选编 /212
心动西城 /193
办公室人群健身操标准化教程 /209
办公室人群健身操指导手册 /209
办公室健身手册 /209
以观沧海：启功百年诞辰纪念文集 /89
书香满西城：阅读·思考·分享 /203

五画
未开放的紫禁城：讲述你所不知道的紫禁城 /40
古韵新姿 = The new Appearance:a Glimpse At the Environmental Renovation of the City'south Axis：[摄影集]/158
古今北京（1982）/35
古今北京（1989）/35
古都北京（2011）/24
古都北京（2012）/37
古都旧景精品集：[汉英日文本[/225
古都变迁说北京：北京蓟辽金元明清古 /25
古都商事：老北京商贸轶话 /170
古都情韵游西城：[中英文本]/38
古都遗韵丛书. 第一卷, 回望古城 /225
古都遗韵丛书. 第二卷, 追忆百业 /225
节能减排社区行动指南 /153
龙树寺与宣南诗社 /216
东方帝都 = Eastern Imperial Capital：西方文化视野中的北京形象 /74
北斗京华：北京生活五十年漫忆 /219
北平风俗类征. 上下（1986）/100
北平风俗类征. 上下册（2010）/100
北平 /23
北京 24 小时 /174
北京. 下 /10
北京. 上 /10
北京：我们心中的城 /220
北京一六一中学九十五周年校庆：[画册]/192
北京十大建筑设计 = Beijing Ten Prominent Buildings/151
北京人民革命斗争：1919—1949/72
北京人行车手册 2011/65
北京八路游 /53

北京大栅栏：[中英对照]/33
北京与江户：17—18世纪的城市空间/24
北京小吃地图 = Beijing Snacks Guide：2011—2012新全彩版 激新版/101
北京广安门外名人与旧址/38
北京卫生年鉴. 2004/212
北京不为人知的人间烟火/58
北京历史人物传. 下册/85
北京历史人物传. 上册/85
北京历史与文化论文集/59
北京历史与现实研究/79
北京历史文化/696
北京历史文化名城北京皇城保护规划 = Conservation Plan for the Hishtoric City of Beijing and Imperial City of Beijing：[中英文本]/156
北京历史文化名城保护论文摘编/159
北京历史地图集. [一集]/67
北京历史地震资料汇编/21
北京历史纲要. 下册/69
北京历史纲要. 上册/69
北京历代帝王庙古建筑修缮工程专辑/43
北京日用工业品商业志稿/170
北京中国大学英烈/86
北京中国大学校友会成立20周年书画集/223
北京中轴线历史文脉/35
北京中轴线变迁研究/24
北京内外城详图/64
北京内城寺庙碑刻志. 第一卷/45
北京内城寺庙碑刻志. 第二卷/45
北京内城寺庙碑刻志. 第三卷/45
北京手册：2011版/94
北京手册：2013版/94
北京毛家湾出土瓷器/81
北京公园分类及标准研究/161

北京风物佚闻录/34
北京风景名胜 = In Beijing：[摄影集]/37
北京风景集萃 = Beijing in a Nutshell：[中英文本]/35
北京六环地图：2011/66
北京文化60年 = Culture 60 Years in Beijing：1949—2009/178
北京文史五十年/78
北京文史资料. 第66辑/77
北京文史资料. 第67辑/77
北京文史资料. 第68辑/77
北京文史资料. 第69辑/77
北京文史资料. 第70辑/78
北京文史资料. 第75辑/78
北京文物地图集：[中英文本]. 上/67
北京文物地图集：[中英文本]. 下/68
北京文物博物馆事业纪事. 下, 1979—2006/181
北京文物博物馆事业纪事. 上, 1949—1978/181
北京文物精粹大系 = Gems of Beijing Cultural Relics Series/81
北京正阳门/39
北京古代史论著资料索引. 1949—1985/70
北京古代史论著资料索引. 1986—2000/70
北京古代建筑精粹 = Gems of Beijing Ancient Architecture：[中英文本]. 下/230
北京古代建筑精粹 = Gems of Beijing Ancient Architecture：[中英文本]. 上/230
北京古地图集 = Beijing in Ancient Maps/63
北京古运河与城市供水研究/21
北京古建筑/231
北京古建筑地图. 中/228
北京古树神韵：[中英文本]/21
北京古都历史文化讲座 = Lecture Series

of the Ancient Capital Beijing's History and Culture /81

北京古都中轴线变迁丛考 /25

北京石木雕 /227

北京石刻撷英 /82

北京旧城 /24

北京旧城 = The Old City of Beijing : [英汉对照] /23

北京旧城 25 片历史文化保护区保护规划 = Conservation Planning of 25 Historic Areas in Beijing Old City /158

北京旧城与菊儿胡同 /156

北京旧城胡同现状与历史变迁调查研究. 下册 /26

北京旧城胡同现状与历史变迁调查研究. 上册 /26

北京旧城胡同实录 /31

北京电话图志：1899—1999 /166

北京电影录 /233

北京史大事纪年　北京胡同丛谈：关于地名考证的几个问题 /70

北京史百题 /18

北京史苑. 第 1 辑 /79

北京史研究. 一 /78

北京史研究会成立二十周年暨北京史研究与社会发展学术研讨会文集 /78

北京四合院 = Beijing Courtyard /229

北京四合院人居环境 /102

北京四合院风貌保护与修缮 = Traditional Style Restoration and Protection of the Quadrangle Dwellings of Beijing /230

北京四合院六讲 /230

北京生活地图册 /66

北京印记：讲述我和新北京的故事 /219

北京市二龙路中学建校 90 周年纪念册：1922—2012 /191

北京市人员密集场所安全生产规定文件汇编 /147

北京市区县财政统计资料. 2005 /145

北京市中小学生社会大课堂课程化研究案例研究, 西城篇 /190

北京市公共企事业单位便民服务指南. 1 /94

北京市公共企事业单位便民服务指南. 2 /94

北京市电影发行放映工作文件汇编. 1979—1991 /183

北京市电影发行放映单位史. 下 /183

北京市电影发行放映单位史. 上 /183

北京市外商投资企业名录：公告. 1994 /148

北京市外商投资企业名录：公告. 1995 /148

北京市市级示范会员之家创建纪实. 之一 /99

北京市市政工程设计研究总院志：1955—1995 /154

北京市民生活年鉴. 2009 /93

北京市地名志, 城近郊区卷 /30

北京市地图册 /63

北京市地图集 /64

北京市场大观 /167

北京市西单百货商场史料：1950—1985 /171

北京市西城区 2010 年人口普查文件资料 /99

北京市西城区 2010 年人口普查资料 /99

北京市西城区 2002 年度优秀调研成果选编 /115

北京市西城区 2006 年度优秀调研成果选编 /116

北京市西城区 2008 年度优秀调研成果选编 /116

北京市西城区 2011 年度优秀调研成果选编 /116

北京市西城区 2012 年度优秀调研成果选编 /116

北京市西城区 R&D 资源清查资料汇编，综合卷 /185

北京市西城区 2012 年度调查研究重点课题汇编 /120

北京市西城区"十二五"规划研究课题成果汇编．一 /140

北京市西城区"十二五"规划研究课题成果汇编．二 /140

北京市西城区"十二五"规划研究课题成果汇编．三 /141

北京市西城区"十二五"规划研究课题成果汇编．五 /141

北京市西城区"十二五"规划研究课题成果汇编．四 /141

北京市西城区人大常委会 2006 年工作评议和述职评议材料汇编 /114

北京市西城区人民代表大会（临时）第二次会议文件汇编 /114

北京市西城区人民代表大会常务委员会公报．2009 年第 1 号 /113

北京市西城区人民代表大会常务委员会公报．2009 年第 2 号 /113

北京市西城区人民代表大会常务委员会公报．2012 年第 1 号 /114

北京市西城区人民代表大会常务委员会公报．2012 年第 3 号 /114

北京市西城区人民政府公报．2012 年第 1 期（总第 1 期）/115

北京市西城区人民政府国有资产监督管理委员会．2012．/138

北京市西城区工商行政管理志 /147

北京市西城区"五五"普法成果选编 /132

北京市西城区月坛街道社区志．下 /8

北京市西城区月坛街道社区志．上 /8

北京市西城区文明市民学校 2009 年教育教学活动手册 /200

北京市西城区文明市民学校 2014 年教育教学活动计划 /200

北京市西城区出访报告汇编．2006 年 /125

北京市西城区出访报告汇编．2007 年 /125

北京市西城区民主党派 2011 年度调研成果汇编 /119

北京市西城区民主党派 2012 年度调研成果汇编 /119

北京市西城区民主党派 2013 年度调研成果汇编 /119

北京市西城区民主党派 2014 年度调研成果汇编 /119

北京市西城区民主党派 2006 年度调研成果汇编 /118

北京市西城区老年大学规章制度汇编：合订本 /202

北京市西城区优秀文选．2002/108

北京市西城区创建全国"阳光家园"示范区资料汇编 /97

北京市西城区创建学习型组织工作纪实 /200

北京市西城区创新金融服务产业发展环境研究．/149

北京市西城区军事志 /126

北京市西城区纪检监察系统 2005 年度优秀调研报告、党课、征文集萃．2005 年度 /109

北京市西城区纪检监察系统 2005 年度优秀调研报告、党课、征文集萃．2007 年度 /109

北京市西城区纪检监察系统 2005 年度优秀调研报告、党课、征文集萃．2008 年度 /109

北京市西城区纪检监察系统优秀调研报告、党课、征文集萃．2004 年度 /108

北京市西城区社区教育学校教育教学论文集 /202

北京市西城区规章制度汇编．一二 /123

北京市西城区国民经济和社会发展第十二个五年规划中期评估报告汇编 /142

北京市西城区国民经济和社会发展第十二个五年规划汇编. 下 /141

北京市西城区国民经济和社会发展第十二个五年规划汇编. 上 /141

北京市西城区图书馆藏地方文献目录提要 /180

北京市西城区审计局 2008—2009 年调研报告集萃 /145

北京市西城区实验学校 10 周年校庆：1999—2009/192

北京市西城区建设健康城区知识读本 /212

北京市西城区经济普查年鉴. 2008/145

北京市西城区政府投资重大建设项目监督工作手册 /138

北京市西城区总工会第十一届委员会资料汇编 /208

北京市西城区宣武图书馆馆藏文献辛亥革命资料选编 /72

北京市西城区教育系统出访报告汇编. 2006 年 /125

北京市西城区教育研修学院 2008 年工作年报 /199

北京市西城区教育研修学院 2009 年工作年报 /199

北京市西城区第一次全国经济普查重点行业主要数据摘要 /144

北京市西城区集邮协会年鉴. 2014/184

北京市西城区街巷名称录 /27

北京市行政区划图志：1949—2006 年 /65

北京市安全生产违法行为行政处罚标准：试行 /133

北京市安全生产条例 /147

北京市青少年学生校外教育工作资料汇编. 2007 年 /201

北京市非物质文化遗产信息汇编. 2006 年度 /17

北京市国土资源地图集 /67

北京市实验职业学校 /199

北京市建设学习型城市示范区评估工作会议材料汇编. 二, 学在西城 /118

北京市建筑设计研究院纪念集：1949—2009/151

北京市城市园林绿化普查资料汇编. 1995/159

北京市城市园林绿化普查资料汇编. 2000/160

北京市城市园林绿化普查资料汇编. 2005/160

北京市城建系统党史资料：先进事迹集萃英模名录, 风采篇 /154

北京市城建系统党史资料：纪事汇编. 下册 (1993 年—2000 年), 纪事篇 /154

北京市城建系统党史资料, 资料篇 /154

北京市城建系统党史资料, 资料篇 /154

北京市城建系统党史资料：纪事汇编. 上册 (1949 年—1978 年), 纪事篇 /153

北京市城建系统党史资料：纪事汇编. 中册 (1979 年—1992 年), 纪事篇 /153

北京市革命遗址通览 /39

北京市宣武区 1990 年人口普查资料：电子计算机汇总 /99

北京市宣武区 2000 年度优秀调研成果选编 /121

北京市宣武区 2006—2009 年党建研究课题成果选编 /110

北京市宣武区广安门外街道志 /8

北京市宣武区"五五"普法回顾 /133

北京市宣武区地名录 /32

北京市宣武区军事志 /126
北京市宣武区志 /8
北京市宣武区园林绿化志 /160
北京市宣武区经济普查年鉴. 2008/145
北京市宣武区重要会议资料集：1949—1994/106
北京市宣武区职工素质情况调查资料 /146
北京市宣武区第四次人口普查手工汇总资料 /98
北京市旅游规划与统计调研资料汇编. 2005—2006年 /173
北京市基层公共文化服务中心指南 /183
北京市第二次全国基本单位普查数据资 /96
北京市第三十一中学百年华诞 /192
北京市第六次全国人口普查图志 /98
北京市情数据手册 = Beijing Basic Facts and Data, 2010/9
北京市街巷名称录 /26
北京市街巷名称录汇编 /27
北京记忆 /74
北京记忆与记忆北京 /219
北京民间水治 /163
北京民俗文化旅游指南 /101
北京民俗联语二百选 /220
北京辽金史迹图志：幽燕千古帝王州. 下 /50
北京辽金史迹图志：幽燕千古帝王州. 上 /50
北京动物园志 /42
北京寺庙 = Beijing's Temples：中英对照 /43
北京考古工作报告：2000—2009，平谷、通州、顺义卷 /83
北京考古发现与研究：1949—2009. 下 /83
北京考古发现与研究：1949—2009. 上 /82
北京老门联 /220
北京老字商号产权多元化改革研究 /170

北京地区基督教史迹研究 /105
北京地方文献报刊资料索引历史部分 /69
北京地方志. 2015年第2期（总第72期）/6
北京地名发展史 /27
北京地名漫谈 /32
北京地铁发展史：责任与使命 /165
北京地理风光 /10
北京西四北四条31号四合院 /102
北京西城 = Xicheng Images：[中英对照]/14
北京西城历史文化概要 /12
北京西城文物史迹. 第一辑，文物卷 /35
北京西城文物史迹. 第一辑，史迹卷 /36
北京西城老字号 /168
北京西城年鉴. 2008/10
北京西城年鉴. 2009/11
北京西城年鉴. 2010/11
北京西城年鉴. 2011/11
北京西城年鉴. 2012/11
北京西城年鉴. 2013/11
北京西城年鉴. 2014/12
北京西城花园式单位 /162
北京西城往事. 6/80
北京西城往事. 7/80
北京西城往事 /79
北京西城往事. 第四部，西城追忆集粹 /79
北京西城革命史词典 /72
北京西城统计年鉴：中英文对照. 2011/144
北京西城统计年鉴：中英文对照. 2012/144
北京西城旅游一册通 = A Tour of Beijing, a Discovery of Xicheng：2010年版 /55
北京西城旅游一册通 = A Tour of Beijing, a Discovery of Xicheng：2012年版 /54
北京西黄寺重修纪念 /46
北京在前进：北京通讯、特写选集 /218

北京百科词典，科学技术卷 /185
北京百家佛寺寻踪 /43
北京同仁堂史 /172
北京年鉴 2014 市民生活年鉴．2014/93
北京先农坛 /43
北京华天饮食文化集萃 /173
北京向导 /95
北京名人故居，西城卷 /47
北京名人故居，宣武卷 /47
北京名胜 = Best sights in Beijing：[中英文本]/34
北京名胜楹联 /220
北京交通旅游全图：全开等比例不变形六环图 /66
北京交通旅游详图 /66
北京交通游览图：最新版．2002/67
北京安徽会馆志稿 /47
北京技术市场与高新技术企业相关政策选编 /172
北京抗击非典的日日夜夜 /210
北京志．1，综合卷 /1
北京志．12，政权·政协卷 /1
北京志．16，政务卷 /1
北京志．18，共产党卷 /1
北京志．23，人民团体卷 /2
北京志．27，政法卷 /2
北京志．31，军事卷 /2
北京志．38，综合经济管理卷 /2
北京志．40，综合经济管理卷 /2
北京志．55，市政卷 /2
北京志．58，市政卷 /3
北京志．59，市政卷 /3
北京志．61，市政卷 /3
北京志．62，工业卷 /3
北京志．71，工业卷 /3

北京志．72，农业卷 /3
北京志．79，商业卷 /4
北京志．80A，商业卷 /4
北京志．80D，商业卷 /4
北京志．90B，文化艺术卷 /4
北京志．94，档案卷 /4
北京志．95，著述卷 /5
北京志．103，卫生卷 /5
北京志．105A，民族·宗教卷 /5
北京志．107A，民俗·方言卷 /5
北京志．110，商业卷 /5
北京志：北京奥运会志．上 /5
北京志：北京奥运会志．下 /6
北京园林优秀设计集锦 /160
北京邮政日戳图谱：1949 年 2 月至 1996 年 8 月，市区支局、所卷 /165
北京邮政史料选编：1949 年至 1956 年．第 1 辑 /166
北京邮政史料选编：1957 年至 1965 年．第 1 辑 /166
北京我童年的故乡 /89
北京体育辞典 = Beijing Sports Dictionary/207
北京佛寺：[画册]/44
北京近千年生态环境变迁研究 /163
北京近代建筑史 = The Modern Architectural History of Beijing From the End of 19th Century to 1930s/150
北京这么吃 /102
北京改革开放二十年 =Two Decades of Reform and Opening To the Outside in Beijing：1978—1998/137
北京青年运动 70 年大事记：1919 年 5 月 4 日—1989 年 5 月 4 日 /113
北京规划建设．1994 年 16 期 /158
北京画卷 /97

北京非物质文化遗产保护工作高级研讨班专家专题讲稿汇编 /16
北京侨联 /126
北京的一百张面孔：志书撷英 /18
北京的山水 /50
北京的门墩 = The Gate Piers in Beijing：[中英日文本] /228
北京的中国银行：1914-1949 年 /149
北京的文化名片什刹海．上 /51
北京的文化名片什刹海．下 /51
北京的四合院：砖瓦建成的北京文化 /229
北京的老字号 = TimeHonored Brands in Beijing：[中英文本] /167
北京的社会调查．上 /96
北京的社会调查．下 /96
北京的宗教 /103
北京的胡同四合院：展览画册 /33
北京的胡同四合院 = Hutong and Siheyuan in Beijing：[画册] /30
北京的桥 /51
北京的第三产业 /143
北京的商业街和老字号 /168
北京往事 /57
北京往事：渐行渐远老北京 /61
北京金牌居住区 /156
北京金融街 = Beijing Fnance Street：中国财富中枢 /162
北京金融街档案史料图集 /159
北京京城文化 /62
北京京剧百科全书 = Encyclopedia of Beijing Opera in Beijing /233
北京学研究．2012，北京文化与北京学研究 /16
北京实用资料大全 /10
北京话旧 = The Old Story of Beijing /101

北京建设年鉴．2012 /155
北京建筑志设计资料汇编．上册 /151
北京建筑志设计资料汇编．下册 /152
北京城区历史文化传承论坛材料汇编 /57
北京城旧影寻踪 /30
北京城市内部人口迁居研究 = A Study on Residential Mobility in Beijing /98
北京城市地图（2009） /67
北京城市地图（2011） /66
北京城市地图集 = Beijing City Atlas：中英文对照 /66
北京城市规划图志：1949—2005 /157
北京城市建设开发集团总公司志：1977—1995 /151
北京拾遗 /219
北京胡同 /28
北京胡同 = Hutong in Beijing /28
北京胡同文化 /33
北京胡同四合院类型学研究 = Study on Typology of Beijing Hutong Sihe Yuan /26
北京胡同记忆 = Hutongs of old Beijing：[中英文本] /29
北京胡同名称集注 /30
北京胡同玩全指南 = Beijinghutong Guide & Map /28
北京胡同故事 /32
北京残疾人事业志参考资料：公元前 156 年—公元 1998 年 /124
北京皇家园林树木文化图考 /40
北京皇家建筑遗址发掘报告 /82
北京宣武百科全书 /15
北京宣武年鉴：2010 /13
北京宣武改革开放 30 年专题文集．上卷下卷 /121
北京宣南历史地图集 /68

北京宣南文化游 /54
北京宣南寺庙文化通考．下 /45
北京宣南会馆拾遗 /47
北京统计研究报告．2002—2003/137
北京档案史料．2009.4/75
北京档案史料．2010.1/75
北京档案史料．2010.2/75
北京档案史料．2010.4/76
北京档案史料．2011.1/76
北京档案史料．2011.4/76
北京档案史料．2013.1/77
北京档案史料．2013.2/77
北京档案史料．2009.2，档案中的北京五四 /75
北京档案史料．2009.3，庆祝中华人民共和国成立60周年专辑 /75
北京档案史料．2010.3，档案中的北平抗战 /75
北京档案史料．2011.2，档案中的北京党史与党建 /76
北京档案史料．2011.3，辛亥革命后的北京 /76
北京档案史料．2012.2，档案中的北京文化 /76
北京档案珍藏展图录 /182
北京秘境．贰，48段重新发现北京的旅程 /37
北京秘境 = Inside Beijing：52段重新发现北京的旅程 /36
北京旅行指南 /55
北京旅游手册 /55
北京旅游手册：北京寺庙游 /43
北京旅游生活 /67
北京旅游摄影 = Beijing Tourism Photography/226
北京读本 /59

北京陶然亭地区名人及旧址 /85
北京通史．第一卷 /70
北京辅仁大学校史 /197
北京辅仁大学校史资料革命史部分 /197
北京深处：帝业 仙境 不拔地 /38
北京深度游 Follow Me/174
北京博物馆精华 = The Essence of Museums in Beijing：[中英文本]/181
北京博览：北京的博物馆 /181
北京奥运场馆旅游交通图 = Beijing Olympic Venues Tourism and Transport Map，交通篇B/208
北京街巷地名趣谈 /27
北京新老字号名匾荟萃 /176
北京新视野地图册：8月新版中英对照．2009/65
北京新视野地图册：新版中英对照．2010/65
北京精神与文化 /61
北京精神新民谣 /220
北京：[精编版]/230
北京中国大学校友会成立20周年专辑：1989—2009/197
北洋北京 = The Pageant of Peking：摄影大师的视界 /62
北海大佛殿遗址2010年考古发掘完工报告：[图集]/41
北海北岸风光 /41
北海团城 /40
北海琼华岛 /41
北海景山公园志 /40
北海 /41
旧日西单商场 /171
旧京史照 = Historical Photos of Old Beijing：[摄影集]/226

旧京市井风情图谱 /70
旧京环顾图 /224
旧京城市建设寻踪追迹 /155
史说北京：插图本 /24
四月丁香梦 /217
生正逢时：清皇族后裔金毓嶂口述家族史 /92
生产安全责任事故模拟责任追究资料汇编：西城区餐饮企业名录 /173
白纸坊太狮 /232
白塔寺地区 /13
用药常识 200 问 /213
玄识清远：恭王府志愿者李振生文集 /50
记忆邮递 = From 1900 Mail to 2000：百年前发自中国的 50 张明信片 /226
记忆宣武报 /17
记忆：北京市西城区档案馆建馆 30 周年回顾 /182
永定河与北京城 /21
司法要览. 2008 年第 12 期（总第 21 期）/134
民间瑰宝耀京华：[中英对照]，西城区非物质文化遗产保护成果概览 /17
民苑集 /215
民国二十一年（1932 年）最新北平全书详图 /64
民国北京宗教社团 = Religious Organization in Beijing：文献、历史与影响 /103
民族的脊梁时代的先锋：全国"双百"评选候选人风采录 /201
加快南城及南部地区发展研究 /137
加快南城及南部地区发展研究，专题报告 /138
加强政治协商工作研讨文章选编 /128
加摹乾隆京城全图 /63

六画

寺·塔·亭 /51

寺庙北京 /42
老天桥说杂技人生 /89
老北平的故古典儿 /100
老北京，巷陌民风 /93
老北京人文地图 /57
老北京人的口述历史. 上 /74
老北京人的口述历史. 下 /74
老北京五十年 /60
老北京叫卖调 /100
老北京民居宅院 = Old Beijing's Courtyard Houses：[中英文本] /102
老北京杂吧地：天桥的记忆与诠释 /95
老北京那些事儿：三品顶戴洋教士看中国 /56
老北京的民间传说 /221
老北京的记忆 /16
老北京的洋建筑 = Old Beijing's Foreign Buildings /231
老北京的趣闻传说 /18
老北京城 /25
老北京旅行指南：《北平旅行指南》重排本 /53
老北京新北京：2012—2013 /53
老同学：北京二龙路学校 1967 届高中师生文集 /192
老房子，北京四合院 /102
老耄说贾：京城老商号练习生纪实 /176
老烟画中的风景 = Scenery in the Old Cigarette Cards [中英对照] /184
地方电子政务"十大应用"丛书，北京西城区卷 /119
地名与北京城 /29
地名里的老北京 /31
地安门的前世今生 /40
地图 = Map：北京人文地理. 2010 增刊 /23
扬帆·启程：2006—2010 年西城区经济社

会发展情况 /139

西长安街中心组理论调研文章汇编.2012/118

西长安街机关干部读书心得选编 /111

西长安街街道廉政文化宣传册 /111

西长安街道"两新"党建工作专刊.2007年第2期（总第2期）/110

西引时尚 城载盛典 = A Fashionable and Fabulous Xicheng District/54

西直门车务段志：1905—2000/165

西城人力社保.2012年第1期（总第7期）/124

西城九三.2015年第2期（总第40期）/129

西城之最 =Xicheng District´s Greatests/13

西城女性.2012.6（2012第3期）/113

西城区·帕萨迪那市友好城市十周年：1999—2009/125

西城区2008年环境建设任务书 /164

西城区2009年教育法律法规执行情况 自查全面实施素质教育自评文件汇编 /202

西城区"十一五"时期经济发展主要数据汇编 /139

西城区"十二五"规划纲要中期评估监督工作资料汇编 /142

西城区"十二五"规划解读 /142

西城区人口计生.2008年第1期（总第1期）/99

西城区干部教育培训工作月报.2009年第2期（总第17期）/200

西城区文化资源手册 /182

西城区文明机关达标活动手册.2011年3月 /115

西城区平安医院院刊.2008年第9期（总第30期），奥运专刊 /213

西城区生产经营单位安全质量标准化文件汇编．一 /146

西城区生产经营单位安全质量标准化文件汇编．二 /146

西城区产业政策汇编 /134

西城区安全生产监督管理局内部管理工作规则 /147

西城区劳动和社会保障工作会议材料汇编 /146

西城区体育局规章制度汇编（试行）/207

西城区社区地图集 /65

西城区社区居委会行政区划代码手册 /12

西城区社区健康生育全程服务工程．指导手册 /100

西城区社区健康生育全程服务工程．调研成果 /100

西城区社会发展资料汇编.2010/118

西城区社会组织名录 = Xicheng District Sociai Organization List：德胜街道 /95

西城区社会科学重点课题研究成果汇编.2009年度第1辑 /185

西城区社会科学重点课题研究成果汇编.2009年度第2辑 /185

西城区社会科学重点课题研究成果汇编.2010年度 /186

西城区社会科学重点课题研究成果汇编.2011年度 /186

西城区社科知识普及市民读本 /185

西城区直机关首届文化节 /184

西城区图书馆年鉴.2006年 /180

西城区图书馆年鉴.2007年 /180

西城区图书馆年鉴.2008年 /180

西城区图书馆年鉴.2009年 /180

西城区空气质量安全手册．/163

西城区居民应急手册 /164

西城区组织工作手册 .2010/110
西城区经济社会发展季报．2011，华彩西城 /140
西城区经济社会发展季报．2011，特色功能区 /140
西城区经济社会发展季报．2011，特色功能区 /140
西城区经济社会发展季报．2010，缤纷街道 /139
西城区经济社会发展季报．2011，缤纷街道 /139
西城区贯彻实施《北京市行政问责办法》学习手册 /119
西城区城市管理体制改革及和谐社区建设调研文章汇编 /123
西城区政协机关规章制度和工作规范 /128
西城区按比例安排残疾人就业工作经验材料选编 /55
西城区重点行业领域安全生产隐患专项整治资料汇编 /147
西城区统计工作会议材料汇编 /145
西城区统计局执法文书实用手册．/143
西城区校园安全自护教师指导手册 /188
西城区特色功能区经济社会发展解析 /139
西城区第一次全国经济普查代码手册 /145
西城区情．2007 年 /14
西城区情．2009 年 /14
西城区情．2010 年 /14
西城区情．2011 年 /14
西城区街道地图集 /64
西城区廉政风险防范管理工作实用手册 /155
西城区精神文明创建活动先进集体和个人光荣册．[2007]/129
西城区精神文明创建活动先进集体和个人光荣册．[2008]/130
西城区精神文明创建活动先进集体和个人光荣册．[2009]/130
西城史迹：辛亥前后三十年 /80
西城史迹：宫苑·坛庙·王府 /37
西城外事 2012 出访报告汇编 /125
西城礼物 = Xicheng Gifts/168
西城记忆 =The Memory of Xicheng/12
西城老年大学建校 25 周年校庆诗文选集 /203
西城老年大学建校 25 周年校庆画册 /203
西城成人教育．2009.1（总第 9 期）/187
西城成教通讯．2005 年第 1/199
西城回眸：北京西城老同志回忆 /74
西城网格视窗：创刊号．2010 年 1 月（总第 1 期）/116
西城行政服务：试刊号．2010 年 3 月（总第 1 期）/117
西城行政服务：期刊合订本．2012.01—2013.12（10—18）期 /117
西城企联：创刊号．2009 年 /147
西城名师录 = Famous Teachers in Xicheng District/88
西城抗战图史 /73
西城园林 /161
西城体育五十年：1958—2008/207
西城改革开放 30 年 /115
西城环卫奥运服务模式 /208
西城非公经济通讯．2009.1（总第 17 期）/148
西城法官．2009 年第 2 期（总第 19 期）/135
西城建设史 /73
西城城市管理．2010.1（总第 242 期）/153
西城城管精神：专刊 /132
西城政法．2008 年第 1 期（创刊号）/134
西城政法．2008 年第 3 期（总第 3 期），奥运特刊 /134
西城故事与中国梦 /120

西城残疾人.2010年创刊号（总第1期）/115
西城信息化：西城信息化成果汇编.2011/120
西城追忆·文物保护专辑/80
西城追忆·抗战西城/73
西城追忆.2011.1（总第39期）/80
西城宣传.2010.09（总第1期）/110
西城致公.2015年4月第1期（总第13期）/129
西城调研与决策.（连续）/96
西城教育思想录/187
西城检察印记/135
西城梨园史料.上/232
西城梨园史料.下/232
西城普法.2009年/132
西城普法.2012年第4期（总第6期）/132
西检反腐实录：职务犯罪典型案例精析/135
百年中国大学/198
百年立德：史立德在中国大学/88
百年校史：1912−2012/190
百花成蜜/170
百草西城：创刊号2008．1/211
百草西城．2/211
百草西城．3/211
百草西城．4/211
百草西城．5/211
百草西城．6/211
百家公共文化服务设施指南/178
成长的故事：征文作品集/204
光影余韵/227
当代中国先进文化及其传播路径研究/177
当代中国的北京：（征求意见稿）．上册/9
当代中国的北京：（征求意见稿）．中册/9
当代中国的北京：（征求意见稿）．下册/9
当代北京公园史话/160

当代北京古建筑保护史话/39
当代北京考古史话/83
当代北京饮用水史话/163
当代北京宗教史/103
当代北京城市发展＝Contemporary Urban Development of Beijing．2013/156
当代北京铁路史话/165
当代北京阅读史话/184
当代北京剧场影院史话/182
当代北京教育史话/188
当代北京副食品商业/171
当代北京商号史话/170
当代北京道路史话
当代咏北京诗词选/217
岁月回响：首都城市规划事业60年纪事.上/157
岁月回响：首都城市规划事业60年纪事.下/157
回首当年：中国戏曲学院老戏单/232
回眸当年教改：记五十年前北京二龙路学校的教改/192
回望老北京/56
先农神坛/43
传奇老北京：《日下旧闻考》解读/57
传承久远的古塔建筑/226
华府新辉：2009−2012年新闻报道/48
华彩宣武：[画册]/15
自主学习·自助学习·自新学习，第十期领导干部理论进修班研究式教学资料汇编/124
自主学习·自助学习·自新学习，第十一期领导干部理论进修班研究式教学资料汇编/125
伊斯兰教与北京清真寺文化/104
向着共同愿景：西城区商务局创建学习型机关纪实/201

全响应网格化社会服务管理政策文件汇编 /95

合作共赢 同创未来：北京西城社区学习中心10年足迹 /123

企业规章制度和劳动合同示范文本 /146

创建学习型组织简明学习手册 /203

创建学习型城区简明学习手册 /203

创新发展 永葆先进：西城区基层党组织先进性建设纪实 /111

创意无垠：首都文化创意产业大家谈 /178

名人故居博览，北京卷 /47

名医李德衔先生：百年华诞纪念集 /91

名胜巡礼 = A Glance at Historical Relice：[中英文本] /224

冰点与熔点：西单商场树立新观念大胆闯新路 /171

庆祝北京一五六中学建校80周年教职工及校友名册：1932—2012/92

刘乃和教授纪念集 /91

刘和霞 /130

关公的一百张面孔 /85

关爱生命全程 = Care For the Whole Life：213S 医药卫生2009版 /212

兴慈运悲 同心同德：2008年 /45

安全生产执法检查资料汇编 /147

安全用药知识随读 /214

寻找老北京 = In Search of Old Peking/61

红色足迹 =Red Foofprint：纪念中国共产党建党90周年 /112

纪念西城区职业教育三十年论文集：2010/199

纪念陈垣校长诞生110周年学术论文集 /90

七画

进一步加强专委会建设研讨文章选编 /117

进一步发挥委员主体作用研讨文章选编 /128

运动与健康 /206

运动健康——走进2008．2008年7月总第4期 /208

走进西城 /38

走读京城角落 /62

走街串巷品文化：大栅栏胡同游 /32

走遍北京．2008年 /95

走遍北京．2011年 /95

孝星风采录．2010年 /87

坊间珍闻：什刹海访谈录 /34

志说北京：修志人眼中的北京 /18

把握城市功能定位 促进首都持续健康发展 /138

把群众放在心上：西城区开展的群众路线教育实践活动心得 /111

报国寺 /44

劳动合同法暨实施条例培训讲义 /146

杏坛细雨：北京市二龙路中学90周年纪念文集 /191

李乃甘寿字书刻集 /226

李大钊北京十年，交往篇 /86

李大钊北京十年，事件篇 /87

李大钊北京十年，思想篇 /87

李大钊传．上 /86

李大钊传 /86

李大钊研究资料索引：1927—2008/86

李大钊家族史研究 /86

励耘学术承习录：纪念陈垣先生诞辰120周年 /90

时代先锋：宣武区保持共产党员先进性教育活动辅助读本 /111

园林胜境 = Classical Gardens and Parks：[中英文本]/34

我与"西城之最"读书征文活动获奖文

集 /179
我与中轴线 /24
我与中轴线 /215
我与西城经济普查同行 /143
我也是鲁迅的遗物：朱安传 /92
我心目中的英雄：手绘报 /223
我们的父亲杨易辰：1914—1997/88
我们的父亲陈一帆 /88
我在人大十年 /113
我的父亲程砚秋 /89
我的母校中国大学 /198
我的老北京印象＝Peking Studies：荷兰大使夫人之民国见闻 /61
我爱我的家园：环境与可持续发展教育 /190
我爱你北京："爱北京 照北京"摄影文化活动优秀作品集 /226
我眼中的西城 /15
私家北京 /174
体育博览：北京师范大学体育90年特刊 /207
你不知道的京城旧事 /17
佛教与北京寺庙文化 /104
近世名人大出殡 /103
这里才是北京！/176
这里是北京．第6辑 /16
辛亥革命与北京 /72
辛亥革命与北京西城：1911-2011/72
闲话北京往事 /58
沐浴书香 ·传承精神：2012年读者主题征文活动征文集 /179
沐浴书香 ·低碳生活：2010年读者主题征文活动征文集 /179
沐浴书香 ·品味西城：读《北京西城文化史》征文集 /58
沈崇艳 /131
快乐健康 童年时光：西城区中小学生优 秀绘画作品集 /225
启迪民智 书脉传承：首都图书馆建馆百 年纪念文集 /179
社区民警故事＝Community Police Story/87
社区建设资料汇编．三 /122
局级领导调研报告汇编 /108
改革开放话北京 /115
张雪娣 /131
阿龙聊北京 /56
陈垣先生的史学研究与教育事业：纪念陈垣先生诞辰130周年学术论文集 /91
陈垣校长诞生110周年纪念册 /90
陈垣校长诞生百年纪念文集 /90
纵横北京 /56

八画

环渤海地区社区教育协作组织第四届研讨会文集 /202
青春西城．（连续）/97
规划决策 调研先行：规划系统2002年调研成果选编 /157
拙斋文存 /216
苦草争春：并非一个人的历史 /218
构筑终身教育体系 创建学习型社会，学习资料选编 /202
事业单位人事制度文件汇编 /124
事说心语：让心理卫生的阳光洒向全社会 /97
非公企业党建通讯．2007年第2期 /109
非物质文化遗产纵横谈：北京市非物质文化遗产保护工作高级研讨班论文集 /177
国立北平师范大学附属女子中学概览 /192
明代北京佛教寺院修建研究．下 /104
明代北京佛教寺院修建研究．上 /104
明实录北京史料．一 /70

明信片清末中国 /184
明清北京城图 /64
图说北京历史上的今天 /23
图说北京城 /228
图说老北京：京门九衢 /34
知学．2007 年第 1 期（总第 45 期）/128
物业管理文件汇编 /162
和恭仁文：恭王府大事记 /48
和谐"四点一线"多元化纠纷解决机制工作专刊．第 4 期 2009.03/135
岳美中纪念文集 /91
使命与责任：政协委员风采录 /87
金融街．2009 年 5 月（总第 8 期）/148
金融街·二十年 /162
金融街书画展 /223
金融街论坛文集 /149
金融街建设与发展二十年主题展（1992—2012）/159
金融街增绿工程方案汇报．/162
刹海与北京城的中轴线 /52
京门九衢图．下卷 /39
京门九衢图．上卷 /39
京师贤良祠入祀名臣传 /46
京华龙影 = Beijing's Dragons：[摄影集]/227
京华康居 = Residential Construction in Beijing/162
京华遗韵 /231
京华感旧录 /58
京版报刊上的北京邮政，解放前部分 /165
京版报刊上的北京邮政 /165
京城水上游 /174
京城文脉／沐浴书香·品鉴西城：2011 年读者主题征文活动征文集 /59
京城故事 /74
京城烧烤 /101

京城清真餐饮第一楼 /172
京津沪渝四市八区第 19 次、全国十二城区第 21 次人大工作交流会材料汇编 /114
京都志趣 /58
京商论 /168
京腔京韵 /60
京韵杂述 /56
享受习作乐趣 /190
夜 @ 北京 /221
放手拈花：居士佛学培训班学员感悟集．一 /44
浅谈宣南文化 /57
法律服务便民手册 /134
法律援助在西城 /134
法惠于民，西城区公益法律服务优秀案例选编 /133
法惠于民，西城区公益法律服务实践与探索 /133
法惠民生：宣武区"五五"普法纪行 /133
学习无限·创新无限·发展无限 /200
学习和贯彻科学发展观调研报告汇编．2008—2009/114
学习型城区建设科研成果汇编．[2012]/204
学在西城 = Manual of Base of Lifelong Learning in Xicheng District：西城区市民终身学习服务基地手册．[2009]/201
学在西城 = Manual of Base of Lifelong Learning in Xicheng District：西城区市民终身学习服务基地手册．[2011]/201
学知录：2006 年西城区委区政府中心组 学习报告汇编 /129
学知录：2007 年西城区委区政府中心组 学习报告汇编 /129
学知录：2008 年西城区委区政府中心组 学习报告汇编 /129

实用北京街巷指南 /27
实践与思考：北京市第十二届人大常委会五年工作回顾与总结．上下 /113
试点单位开展深入学习实践科学发展观活动经验交流材料 /108
诗行皇城根：诗人眼中的北京西城 /217
诗画京华老字号 /167
建设和谐的幼儿园：2005 年西城区园长管理经验研讨会 /188
建国后的西单商场 /171
建筑北京：北京值得一看的当代建筑 /231
建筑师之笔 = A Architect Rendering in Beijing：北京建筑启示录 /228
弦歌不辍传薪火　桃李不言芳满园：1932—2012 /191
孟祥贤 /131
降糖太极操标准化教程 /208

九画

帮您就业 100 问 /97
城市中国，北京之西贵 /60
城市中国，北京之南贫 /61
城市记忆：镜头中的老北京 /228
城市社会学 = Urban Sociology：北京城市社会生活调查 /96
城市居民应急避险手册 /164
城市绿化法律法规执法检查资料汇编 /162
城色 /62
城池漫游 = Strolling Around the City：[中英文本] /9
城脉：图解北京古城古建 /36
城脉：图解北京坛庙 /43
城脉：都市交通大写真 /164
城粹：西直门 /33
城默：北京名人故居的人文发现 /48

政协北京市西城区委员会（临时）资料汇编．2009 年度 /127
政协北京市西城区委员会资料汇编．1998 年度 /126
政协北京市西城区委员会资料汇编．2004 年度 /126
政协北京市西城区委员会资料汇编．2006 年度 /127
政协北京市西城区委员会资料汇编．2007 年度 /127
政协北京市西城区委员会资料汇编．2008 年度 /127
政协北京市西城区委员会资料汇编．2009 年度 /127
拾年 /158
草长莺飞：少儿作文博客版 /189
茶余饭后话北京．2010 年版 /15
茶余饭后话北京．2011 年版 /15
茶余饭后话北京．2012 年版 /16
故宫墙外那些事儿 /63
胡同与北京城 /29
胡同寻故 /27
胡同里的老北京 /31
胡同味道 /219
胡同保护规划研究 /159
胡同氤氲：北京卷 /49
柳青 /131
星光闪烁映陶然：教师"十五"科研成果汇编 /189
思索：2007 年调研课题文选．2007 年 7 月（总第 9 期）/169
思索．2007 年 6 月（总第 8 期）/168
品物记：重温古人的优雅生活 /176
科学发展　社会和谐：来自北京西城的实践与思考 /117

科学发展在区县：区县党政主要领导谈科学
发展．上下册 /106
科学发展在区县：区县党政主要领导谈科学
发展．上下册 /106
科学发展在宣武：北京市宣武区落实科学发
展观经验总结及典型实例汇编 /106
信步胡同 /28
皇城 = Imperial City /25
皇城北京 /63
侯仁之与北京地图 /64
追寻：北京市爱国主义教育基地导览手册 /39
食品安全执法检查资料汇编 /213
帝京景物略 /38
美丽北京 /54
前门志稿．卷一，会馆 1/6
前门志稿．卷二，会馆 2/6
前门志稿．卷五，院落 3/6
前门志稿．卷七，院落 5/7
前门志稿．卷八，商号 1/7
前门志稿．卷九，商号 2/7
前门志稿．卷九，商号 2/7
前进中的西城区医学会：1979—2009/212
前进中的西城区侨联：成立 17 周年（1986—
2003）纪念专刊 /126
前进中的——西城交警 /124
前瞻前行 /13
前门志稿．卷六，院落 4/7
首都区：实现区域可持续发展的战略构
想 /137
首都体制下的北京规划建设管理：封建帝都
600 年与新中国首都 60 年 /153
首都图书馆百年纪念事 /180
洋洋婆孙成长手记 /205
宣武区 2004 年"儿童成长"论坛：暨"未
成年人思想道德建设"专题研讨会 /205

宣武区党政机构改革 20 年资料汇编 /121
宣武区第五次人口普查文件资料汇编 /98
宣武文史．第十五辑 /81
宣武文史．第十四辑 /81
宣武文史集萃 /80
宣武邮协 20 年 /185
宣武改革开放 30 年 /120
宣武集邮年鉴．2011—2012/184
宣南：清代京师士人聚居区研究 /71
宣南士乡 /81
宣南女杰 /92
宣南文化 /17
宣南文化便览 /178
宣南文脉：一个街道主任眼中的城市性格 /13
宣南民谣 /221
宣南老字号 /167
宣南鸿雪图志 /23
宣南赋 /57
宫墙内外的老北京文化 /227
穿过幸福时差：月坛 90 位老党员的光荣和
梦想．Ⅱ，红色故事会 /123
穿过幸福时差，听月坛老人讲故事 /123
神州古塔录 /231
结构奇巧的楼阁建筑 /229

十画

都市旅游品质 = Top, Urban, Toursm Research：
北京市西城区旅游发展研究．上卷 /173
都市旅游品质 = Top, Urban, Toursm Research：
北京市西城区旅游发展研究．上卷 /173
都发展轨迹扫描 /25
逝去的风韵 = Twilight of the Imperial Capital：
德国摄影师镜头下的老北京 /59
恭王府：[中英文本]，花园 /50
恭王府：[画册]/49

恭王府：[中英文本]，府邸 /50
恭王府 = Prince Gong's Mansion：[中英文本] /46
恭王府 = Prince Gong's Mansion：探游之旅 /49
恭王府 = Prince Gong's Mansion /49
恭王府手绘图 = A Hand Painting of Prince Gong's Mansion：珍藏版 /47
恭王府风水大观 /49
晋阳饭庄 = Jinyang Restaurant：1959—2009 /172
校友通讯．2000年12月第2期（总第26期）/198
贾立群B超：做人做出品牌来 /91
砺宣武纪情三十年：1978—2008 /111
原来他们这样做校长：北京西城智慧校长访谈录 /189
党在我心中：西城区直机关纪念建党90周年优秀征文作品汇编 /120
党旗飘扬在西城：庆祝中国共产党成立90周年西城区美术作品集 /223
笔触西城：庆祝《北京西城报》创刊1000期 /120
健康急救速查手册 /212
爱与梦 /190
爱祖国知荣辱：西城区爱国主义教育场所导览手册 /182
留住记忆：北京二龙路学校65届教改试验班回忆 /191
料汇编 = Data of the Second National Census of Basic Units of Beijing, 2001 /96
烟雨楼台：北京大学图书馆藏西籍中的
烟袋斜街：老北京风情典藏 /28
消逝中的风情：京城胡同 /32
流动人口安居首都法律指南 /98

读书的艺术摄影作品选 /227
读北京游西城：西城故事．下册 /55
读北京游西城：西城故事．上册 /55
谁识杜陵忧患意　尘封诗史待重光：癸卯进士、诗人郭家声先生纪念专辑 /88
展望．2007年第2期 /110
陶然记忆 /218
陶然亭小学管理制度汇编 /189
陶然亭端午诗歌 /216
陶然亭（1958）/161
陶然亭（1983）/161
陶然亭（1995）/161
难忘的往事：北京二龙路学校1962届高中毕业50周年纪念文集 /192

十一画
理论·实践·探讨：北京市西城区青少年儿童图书馆论文集 /179
琉璃厂小志 /29
琉璃厂古韵今朝，文集 /31
琉璃厂古韵今朝，图集 /31
琉璃厂史画 /28
教师研修在网上：北京西城教育研修网5周年纪念 /199
教育社会化　社会教育化：社区教育与社区发展文集 /202
教育研修理论与实践探究：2006—2010．下册 /188
教育研修理论与实践探究：2006—2010．上册 /188
教育督导工作汇编．2002—2005年 /187
教育督导工作汇编．2002—2005年 /187
教科文卫体委员会五年工作资料汇编：2007—2011 /114
培养小学生良好做事习惯的实践与研究，研

究案例集 /204
培养小学生良好做事习惯的实践与研究，家长教子经验集 /204
培养小学生良好做事习惯的实践与研究，课题研究报告集 /204
接地气的历史书：从前有个老北京 /60
职业技能培训与西城发展同行 /199
基层司法行政 30 年：1981—2011 /135
基础教育的研究与探索：北京市西城区"十五"教育研究成果 /188
基督教与北京教堂文化 /105
梦回北京：现代作家笔下的北京 /219
梅兰芳：[摄影集] /89
曹雁 /132
盛世长安图 /224
辅仁大学师生书画集 /223
辅仁往事. 第一辑 /196
辅仁往事. 第二辑 /196
辅仁往事. 第三辑 /196
辅仁往事. 第五辑 /197
辅仁往事. 第四辑 /197
辅仁校友通讯. 10/193
辅仁校友通讯. 11/193
辅仁校友通讯. 12/193
辅仁校友通讯. 13/193
辅仁校友通讯. 14/193
辅仁校友通讯. 15/193
辅仁校友通讯. 16/194
辅仁校友通讯. 17/194
辅仁校友通讯. 18/194
辅仁校友通讯. 19/194
辅仁校友通讯. 20/194
辅仁校友通讯. 21/194
辅仁校友通讯. 22/194
辅仁校友通讯. 23/195
辅仁校友通讯. 24/195
辅仁校友通讯. 25/195
辅仁校友通讯. 26/195
辅仁校友通讯. 27/195
辅仁校友通讯. 28/195
辅仁校友通讯. 29/195
辅仁校友通讯. 30/196
辅仁校友通讯. 31/196
辅仁校友通讯. 32/196
辅仁校友通讯. 33/196
常人春讲北京 /100
晨钟暮鼓 /44
晚学集 /215
晚清明信片集萃 /59
晚清京师南城政治文化研究 /71
崇文梨园史料 /232
铮鸣：赵铮同志从教四十年论文集 /190
梨园旧匾 /233
第一至五批全国重点文物保护单位保护管理调研资料手册 /36
第五次会员代表大会暨第五次统计科学研讨会文件汇编 /144
馆藏石刻目 /182
清代北京皇城写真帖 = Photographs of Palace Buildings of BeiJing /40
清代建筑图像 /37
清代宣南人物事略初编 /85
清代宣南诗词选 /218
清代翰林院制度 = The Imperial Academy System in Qing Dynasty /71
清宫述闻：初续编合编本. 上 /71
清宫述闻：初续编合编本. 下 /71
清真古韵 = An Old Musilm TonBeijing Niujie Mosque：北京牛街礼拜寺 /44
凌河诗词稿：增订本 /216

鸿爪雪泥：孙方之书艺与人生 /215
鸿雁情 /217
梁军生 /131
谋略 /167
绿色西城．2008年第2期（总第2期）/161

十二画
搭乘地铁游逛北京 = Beijing City Guide by Subway/174
董少诗书法作品汇编 /225
葡萄常秘史：传女不传男的独门手艺 /152
惠游西城 /54
紫禁城行走漫笔 /71
景山公园年鉴汇编：2003—2010/42
景山寿皇殿历史文化研究 /42
景山牡丹 /41
景山 /41
践行环保理念 共建绿色未来 /164
智化寺：[中英文本]/46
智汇宣武 · 博士论坛：暨高校博士、青年干部挂职工作总结会议调研成果汇编 /121
智能德胜：德胜街道"全响应"社会服务管理创新实践 /118
鲁迅名言录 /89
普法．2012年第2期（总第9期）/132
普法．2012年增刊 /132
道教全真第一丛林北京白云观 /46
湖帆山水画集 /224
游遍中国，北京卷 /53

十三画
瑞蚨祥 /172
蓝调城南：老北京的记忆 /219
感悟生命之美：2009版 /93
跨向新世纪：社会文化文论集 /182
跨越天堑的桥梁建筑 /229
像史学家一样逛北京 /36
微观北京 ＆ 广角北京 = Zoom in & Out Beijing/158
微观北京 = Zoomin Beijing/157
解说老北京 =A Journey to Old Beijing/18
解读北京 =Reading Beijing/16
新北京，老名片 /232
新西城与五环同辉 = New Xicheng,Olympic Glory：北京市西城区奥运环境建设工作巡礼 /208
新街口之窗．2010年第1期（创刊号）/122
新街口街道"两新"党建工作专刊．2007年第2期 /109
新街口街道第三届百名文明市民、十佳文明之星表彰及事迹材料汇编 /132
数说北京改革开放三十年 = The 30th 1978-2008 Anniversary of Reform and Opening Up/144
慈悲梁皇宝忏．上 /104
缤纷西城映京华 /163

十四画
聚焦中轴线 /25
暮鼓晨钟：西城历史文化述要 /60
槛外论道：建筑史论杂谈 /152
魅力大栅栏 /32
魅力宣武 /61
旗下絮语 /103
精彩宣博 /181

十五画
撑起女三中的人们：记1949—1966年的教职工 /88
聪慧教育 /189

暴风雨的记忆：1965—1970年的北京四中 /191

影像展览路 /123

德胜公园 /160

德胜时间：十八大专刊．总第9期 /143

德胜时间．2012年1月（总第1期）/143

德胜时间．2012年终专刊（总第11期）/143

德胜映像＝Dengsheng Impression/30

德胜街道"两新"党建工作专刊．2007年第2期 /109

德语文献中晚清的北京 /72

熟悉·陌生北京城 /62

十六画

燕京春秋 /79

燕都春秋 /78

燕都览古诗话 /217

融通历史文脉　共建美好西城：西城区政协委员谈古都历史文化传承 /62

霍心散文集．第七部 /218

霍心散文集．第六部 /218

凝聚．2007年第2期 /110

凝聚复兴　远见未来：首都医科大学附属复兴医院建院60周年 /213

激情宣武：凝眸 2009/12

二十画

巍巍古都 /35

其他

2005—2007文物、博物馆法规规章文件汇编 /133

2006—2007西城区成人教育论文集 /200

2007年度西城区依法治区工作材料汇编 /117

2008发展的脚步：宣武区发展改革工作研究汇编．上册 /138

2008发展的脚步：宣武区发展改革工作研究汇编．下册 /139

2008年西城区依法治区工作材料汇编 /117

2009城市可持续发展·什刹海论坛＝Shichahai Fornm:Urban Sustainable Development：人口·环境·健康 /163

2009年西城区教育科研周程序册 /191

2010年西城区政府系统各单位工作计划汇编 /118

2014金融街论坛文集 /149

50周年园庆：纪念北京市第六幼儿园50周年 /189

后 记

中国地方文献门类及数量之多、史料价值之高、功能之广泛，已经得到社会普遍认同。地方文献的搜集、整理是公共图书馆的重要工作之一，不断加大对地方文献的整理、开发和利用，是公共图书馆更好地履行自身职能、为读者提供多层次服务的重要条件。为此，北京市西城区第一图书馆经过近两年的努力，编辑了《北京市西城区第一图书馆入藏地方文献目录提要（2010–2015）》。

《北京市西城区第一图书馆入藏地方文献目录提要（2010–2015）》是一本反映馆藏文献信息、方便读者查找相关地方文献资料的工具书，共收入2010年初至2015年底之前入藏的相关文献目录1236条。

全区各单位、社会各界人士为我们提供了宝贵的地方文献，北京市西城区第一图书馆领导高度重视本书的编辑工作，图书馆众多同仁给予了大力支持，全体编撰人员付出了自己的心血和汗水。

在本书的编辑出版过程中，还得到了区文委、区社科联、区史志办等单位及有关人士的热情鼓励与帮助；学苑出版社鼎力支持，确保本书按期出版，在此一并表示感谢！值本书出版之际，也向一贯支持和帮助西城区第一图书馆的各界人士表示衷心感谢！

由于水平所限，纰漏之处在所难免，恳请广大读者批评指正。

编者

2016年8月

图书在版编目（CIP）数据

北京市西城区第一图书馆入藏地方文献目录提要：2010-2015 / 北京市西城区第一图书馆编．— 北京：学苑出版社，2016.9

ISBN 978-7-5077-5091-1

Ⅰ．①北… Ⅱ．①北… Ⅲ．①地方文献－图书目录－西城区②地方文献－内容提要－西城区 Ⅳ．① Z812.213

中国版本图书馆 CIP 数据核字（2016）第 212081 号

责任编辑：李 媛 潘占伟
特约编辑：殷 芳
装帧设计：徐道会
出版发行：学苑出版社
社　　址：北京市丰台区南方庄 2 号院 1 号楼
邮政编码：100079
网　　址：www.book001.com
电子信箱：xueyuanpress@163.com
联系电话：010-67601101（销售部） 67603091（总编室）
印 刷 厂：北京朝阳印刷厂有限责任公司
开本尺寸：787×1092 1/16
印　　张：18.5
字　　数：400 千字
版　　次：2016 年 9 月北京第 1 版
印　　次：2016 年 9 月北京第 1 次印刷
定　　价：78.00 元